本书获得以下项目资助：

中央本级重大增减支项目（2060302）
中药标准化项目"中药质量标准库—中药材实物库"（ZYBZH-K-ZY-02）
全国中药资源普查（GZY-KJS-2018-004）
国家自然科学基金重大项目"中药道地性环境成因"（81891014）
国家科技部重点研发计划"中药材生态种植技术研究及应用"（2017YFC1700701）

中 药 材 商 品 规格等级标准汇编

第二辑

黄璐琦　詹志来　郭兰萍　主编

中国中医药出版社

图书在版编目（CIP）数据

中药材商品规格等级标准汇编：全2册/黄璐琦，詹志来，郭兰萍主编.—北京：中国中医药出版社，2019.9
（2024.9 重印）

ISBN 978－7－5132－5594－3

Ⅰ.①中…　Ⅱ.①黄…　②詹…　③郭…　Ⅲ.①中药材－商品规则质量－标准－汇编　Ⅳ.①F762.2－65

中国版本图书馆 CIP 数据核字（2019）第 105658 号

中国中医药出版社出版

北京经济技术开发区科创十三街 31 号院二区 8 号楼
邮政编码　100176
传真　010－64405721
北京盛通印刷股份有限公司印刷
各地新华书店经销

开本 880×1230　1/16　印张 109.5　字数 3235 千字
2019 年 9 月第 1 版　2024 年 9 月第 2 次印刷
书号　ISBN 978－7－5132－5594－3

定价　450.00 元（全两册）
网址　www.cptcm.com

服 务 热 线　010－64405510

购 书 热 线　010－89535836

维 权 打 假　010－64405753

微信服务号　zgzyycbs

微商城网址　https://kdt.im/LIdUGr

官 方 微 博　http://e.weibo.com/cptcm

天猫旗舰店网址　https://zgzyycbs.tmall.com

如有印装质量问题请与本社出版部联系（010－64405510）

目　次

第一辑

第二辑

ICS 11.120.01
C 23

团 体 标 准

T/CACM 1021.113—2018

代替T/CACM 1021.219—2018

中药材商品规格等级 石斛

Commercial grades for Chinese materia medica

DENDROBII CAULIS

2018-12-03 发布   2018-12-03 实施

中华中医药学会 发布

目　次

前　言

T/CACM 1021《中药材商品规格等级》标准分为 226 个部分：

——第 1 部分：中药材商品规格等级标准编制通则；

……

——第 112 部分：中药材商品规格等级　山豆根；

——第 113 部分：中药材商品规格等级　石斛；

——第 114 部分：中药材商品规格等级　重楼；

……

——第 226 部分：中药材商品规格等级　玄明粉。

本部分为 T/CACM 1021 的第 113 部分。

本部分代替 T/CACM 1021.219—2018。

本部分按照 GB/T 1.1—2009《标准化工作导则　第 1 部分：标准的结构和编写》给出的规则起草。

本部分代替 T/CACM 1021.219—2018，与 T/CACM 1021.219—2018 相比较，标准编号进行了调整，并重新进行了编辑。

本部分由中药材商品规格等级标准研究技术中心及道地药材国家重点实验室培育基地提出。

本部分由中华中医药学会归口。

本部分起草单位：康美药业股份有限公司、康美（北京）药物研究院有限公司、康美药业（文山）药材种植管理有限公司、广东康美药物研究院有限公司、康美（亳州）华佗国际中药城商业有限公司、中国中医科学院中药资源中心、广西壮族自治区药用植物园、陕西中医药大学、山东省分析测试中心、内蒙古自治区中医药研究所、湖北中医药大学、昆明理工大学、广东药科大学、福建农林大学、北京联合大学、贵阳中医学院、重庆市中药研究院、南京中医药大学、皖西学院、江西省中医药研究院、新疆维吾尔自治区中药民族药研究所、浙江寿仙谷医药股份有限公司、中药材商品规格等级标准研究技术中心、北京中研百草检测认证有限公司。

本部分主要起草人：许冬瑾、乐智勇、严新、黄璐琦、郭兰萍、詹志来、姜涛、黄龙涛、张正川、刘洋清、白宗利、缪剑华、唐志书、王晓、李旻辉、刘大会、张元、崔秀明、杨全、张重义、周涛、李隆云、严辉、韩邦兴、虞金宝、徐建国、李振皓、李明焱、金艳、杨光、何雅莉。

本部分所代替标准的历次版本发布情况为：

——T/CACM 1021.219—2018。

中药材商品规格等级　石斛

1　范围

本部分规定了石斛的商品规格等级。

本部分适用于石斛药材生产、流通以及使用过程中的商品规格等级评价。

2　规范性引用文件

下列文件对于本部分的应用是必不可少的。凡是注明日期的引用文件，仅所注明日期的版本适用于本部分。凡是不注明日期的引用文件，其最新版本（包括所有的修改版本）适用于本部分。

T/CACM 1021. 1—2016 中药材商品规格等级编制通则

3　术语和定义

T/CACM 1021. 1—2016 以及下列术语和定义适用于本部分。

3.1

石斛　DENDROBII CAULIS

本品为兰科植物金钗石斛 *Dendrobium nobile* Lindl. 、鼓槌石斛 *Dendrobium chrysotoxum* Lindl. 或流苏石斛 *Dendrobium fimbriatum* Hook. 的栽培品及其同属植物近似种的新鲜或干燥茎。全年均可采收，鲜用者除去根和泥沙；干用者采收后，除去杂质，用开水略烫或烘软，再边搓边烘晒，至叶鞘搓净，干燥。

注：通过对产地及市场调查，目前销售主流石斛同属植物近似种有：矮石斛 *Dendrobium bellatulum* Rolfe、齿瓣石斛 *Dendrobium devonianum* Paxt. 、束花石斛 *Dendrobium chrysanthum* Wall. ex Lindl. 、细叶石斛 *Dendrobium hancockii* Rolfe、叠鞘石斛 *Dendrobium aurantiacum* Rchb. f. var. *denneanum*（Kerr.）Z. H. Tsi、美花石斛 *Dendrobium loddigesii* Rolfe、细茎石斛 *Dendrobium moniliforme*（L.）Sw.、霍山石斛 *Dendrobium huoshanense* C. Z. Tang et S. J. Cheng。

3.2

金钗石斛　*jinchaishihu*

兰科植物金钗石斛 *Dendrobium nobile* Lindl. 栽培品的新鲜或干燥茎。

3.3

鼓槌石斛　*guchuishihu*

兰科植物鼓槌石斛 *Dendrobium chrysotoxum* Lindl. 栽培品的新鲜或干燥茎。

3.4

流苏石斛　*liusushihu*

兰科植物流苏石斛 *Dendrobium fimbriatum* Hook. 栽培品的新鲜或干燥茎。

3.5

矮石斛　*aishihu*

兰科植物矮石斛 *Dendrobium bellatulum* Rolfe 的新鲜或干燥茎，习称虎牙石斛。

3.6

齿瓣石斛　*chibanshihu*

兰科植物齿瓣石斛 *Dendrobium devonianum* Paxt. 的新鲜或干燥茎，习称紫皮石斛、紫皮兰。

3.7

束花石斛　*shuhuashihu*

兰科植物束花石斛 *Dendrobium chrysanthum* Wall. ex Lindl. 的新鲜或干燥茎，习称黄草石斛。

3. 8

细叶石斛 *xiyeshihu*

兰科植物细叶石斛 *Dendrobium hancockii* Rolfe 的新鲜或干燥茎,习称黄草石斛。

3. 9

叠鞘石斛 *dieqiaoshihu*

兰科植物叠鞘石斛 *Dendrobium aurantiacum* Rchb. f. var. *denneanum*(Kerr.)Z. H. Tsi 的新鲜或干燥茎。

3. 10

美花石斛 *meihuashihu*

兰科植物美花石斛 *Dendrobium loddigesii* Rolfe 的新鲜或干燥茎,习称环草石斛。

3. 11

细茎石斛 *xijingshihu*

兰科植物细茎石斛 *Dendrobium moniliforme*(L.)Sw. 的新鲜或干燥茎,习称铜皮石斛。

3. 12

霍山石斛 *huoshanshihu*

兰科植物霍山石斛 *Dendrobium huoshanense* C. Z. Tang et S. J. Cheng 的新鲜或干燥茎。

4 规格等级划分

根据市场流通情况,按照基原的不同,将石斛药材分为"金钗石斛"等十一个规格,各规格项下均为统货。应符合表1要求。

表 1 规格等级划分

规格		等级	性状描述	
			共同点	区别点
药典品种	鲜石斛	统货	呈圆柱形或扁圆柱形,长约30cm,直径0.4~1.2cm。表面黄绿色,光滑或有纵纹,节明显,色较深,节上有膜质叶鞘。肉质多汁,易折断。气微,味微苦而回甜,嚼之有黏性	
	金钗石斛	统货	呈扁圆柱形,长20~40cm,直径0.4~0.6cm,节间长2.5~3cm。表面金黄色或黄中带绿色,有深纵沟。质硬而脆,断面较平坦而疏松。气微,味苦	
	鼓槌石斛	统货	呈粗纺锤形,中部直径1~3cm,具3~7节。表面光滑,金黄色,有明显凸起的棱。质轻而松脆,断面海绵状。气微,味淡,嚼之有黏性	
	流苏石斛	统货	呈长圆柱形,长20~150cm,直径0.4~1.2cm,节明显,节间长2~6cm。表面黄色至暗黄色,有深纵槽。质疏松,断面平坦或呈纤维性。味淡或微苦,嚼之有黏性	
药典同属植物近似品种	矮石斛	选货	呈纺锤形,常弯曲,长2.0~4.0cm,直径0.4~1.0cm,具2~5节,节间长0.1~1.4cm。表面金黄色或棕黄色,有细密浅纵皱纹。质坚,易折断,断面灰白色,略显纤维性。味淡,嚼之有黏性	颜色均匀,大小一致
		统货		颜色不均,大小不分
	齿瓣石斛	统货	呈长圆柱形,长20~60cm,直径0.2~0.4cm。表面黄绿色或灰绿色,有的带有紫色,有细纵皱纹,节明显,节上可见残留的膜质叶鞘,多破碎成纤维状。质坚实,略韧,断面不平坦,略显纤维性。气微,味淡,嚼之有黏滞感,有渣	

续表

规格	等级	性状描述	
		共同点	区别点
药典同属植物近似品种	束花石斛 统货	呈细长圆柱形，长50~150cm，直径0.3~0.6cm，常弯曲不挺直。表面金黄色或枯黄色，棱条不明显而现纵皱纹。体轻质实，易折断，断面略具纤维性。气淡，嚼之有黏性	
	细叶石斛 统货	呈长圆柱形，长可达80cm，直径0.2~1.0cm，节间2.5~4.5cm，接近根部1~3节较细，以上较粗。表面黄色，暗黄色或金黄色，具深槽。近基部1~2节光滑无槽。上部多分枝，分枝细，形同竹丫，直径0.1~0.2cm，节间0.5~2cm，光滑或具稀少的棱，节上可见花梗脱落后的疤痕。质硬，不易折断，断面不平，略呈纤维状，无嗅，味淡	
	叠鞘石斛 统货	呈长圆柱形，长可达200cm，直径0.3~1.0cm，节间长2.5~4.0cm。表面黄色至黄绿色，具纵槽，上部多曲折，近基部光滑无槽。质脆易折断，断面纤维性。气微，味微苦，嚼之有黏性	
	美花石斛 统货	呈细长圆柱形，常弯曲、盘缠成疏松团状，长10~20cm，直径0.1~0.2cm，节间长1.0~2.0cm。表面金黄色或枯黄色，有旋状纵皱纹。质实体轻，易折断，断面颗粒状或略呈纤维状。无嗅，味淡，嚼之有黏性	
	细茎石斛 统货	呈圆柱形，通常长25~40cm，直径0.3~0.5cm。表面黄绿色或棕绿色。质硬而脆，易折断，断面平坦，灰白色。气微，味微苦，嚼之少黏滞感，有渣	
	霍山石斛 统货	呈类圆柱形或类圆锥形，长1~12cm，直径0.1~0.4cm。外表面黄绿色，有细皱纹。质硬而脆，易折断，断面平坦。气微，味淡，嚼之微有黏性	

注1：石斛基原复杂，仅从性状难以判定，建议采用分子、化学等综合手段予以鉴定。
注2：关于石斛药材历史产区沿革参见附录A。
注3：关于石斛药材品质评价沿革参见附录B。

5 要求

除应符合T/CACM 1021.1—2016的第7章规定外，还应符合下列要求：

——无枯死草；
——无虫蛀；
——无霉变；
——杂质不得过3%。

附录 A

（资料性附录）

石斛药材历史产区沿革

石斛入药始载于《神农本草经》："生山谷。"

魏晋《名医别录》："石斛，生六安（今安徽省六安市）山谷水傍石上。"

南北朝《本草经集注》："生六安山谷水旁石上。……今用石斛，出始兴（今广东省韶关一带）。"

唐《新修本草》："今始安（今广西桂林一带）亦出……今荆襄及江左（今湖北省中部、中北部及长江以南一带）又有二种。"

宋《本草图经》："石斛生六安山谷水傍石上，今荆、湖、川、广州郡及温、台州亦有之，以广南者为佳。"

宋《证类本草》沿用上述记载，并列出温州石斛和春州石斛。

明《本草蒙筌》："石斛，多产六安，亦生两广。"

明《本草纲目》："今蜀人栽之，呼为金钗花。……耒阳（今湖南省衡阳市南部）龙石山多石斛，……以蜀中者为胜。"

清《本草纲目拾遗》："出江南霍山，……系出六安州及颍州府霍山县（今安徽六安市霍山县），名霍山石斛。"

清《本草从新》："光泽如金钗，股短中实味甘者良（温州最上，广西略次，广东最下）。"

清《神农本草经百种录》："出庐江六安者色青。"

附录 B

（资料性附录）

石斛药材品质评价沿革

南北朝《本草经集注》："色如金，形似蚱蜢髀者为佳。"

唐《新修本草》："形似蚱蜢髀者为佳。"

宋《本草图经》："以广南者为佳。"

宋《证类本草》："形似蚱蜢髀者为佳，……以广南者为佳。"

明《本草纲目》："形似蚱蜢髀者为佳，……以广南者为佳，……惟生石上者为胜，……以蜀中者为胜。"

清《本草纲目拾遗》："出六安州及颍州府霍山县，名霍山石斛。最佳。"

《广东中药志》：石斛均以色金黄、有光泽、质柔韧、无须根及叶鞘者为佳。

《中国药材学》：鲜石斛以色黄绿、饱满多汁、嚼之发黏者为佳。干石斛以色金黄、有光泽、质柔软者为佳。

《道地药材图典》与《中华本草》：干石斛均以色金黄、有光泽、质柔韧者为佳。鲜石斛以青绿色，肥满多汁，嚼之发黏者为佳。

《现代中药材商品通鉴》：干石斛均以色金黄、有光泽、质柔韧者为佳。

《金世元中药材传统鉴别经验》：鲜石斛以青绿色、肥满多汁、嚼之有黏性者为佳。干石斛以色金黄、有光泽、质柔韧者为佳。

1977 年版《中国药典》：干品以色金黄、有光泽、质柔韧者为佳。

ICS 11.120.01
C 23

团 体 标 准

T/CACM 1021.114—2018

代替T/CACM 1021.145—2018

中药材商品规格等级 重楼

Commercial grades for Chinese materia medica

PARIDIS RHIZOMA

2018-12-03 发布   2018-12-03 实施

中 华 中 医 药 学 会 发布

目　次

前　言

T/CACM 1021《中药材商品规格等级》标准分为 226 个部分：
——第 1 部分：中药材商品规格等级标准编制通则；
……
——第 113 部分：中药材商品规格等级　石斛；
——第 114 部分：中药材商品规格等级　重楼；
——第 115 部分：中药材商品规格等级　菊花；
……
——第 226 部分：中药材商品规格等级　玄明粉。
本部分为 T/CACM 1021 的第 114 部分。

本部分代替 T/CACM 1021.145—2018。

本部分按照 GB/T 1.1—2009《标准化工作导则　第 1 部分：标准的结构和编写》给出的规则
起草。

本部分代替 T/CACM 1021.145—2018，与 T/CACM 1021.145—2018 相比较，标准编号进行了调
整，并重新进行了编辑。

本部分由中药材商品规格等级标准研究技术中心及道地药材国家重点实验室培育基地提出。

本部分由中华中医药学会归口。

本部分起草单位：云南省农业科学院药用植物研究所、中国中医科学院中药资源中心、陕西中医
药大学、天津大学、中药材商品规格等级标准研究技术中心、云南白药集团中药资源有限公司、北京
中研百草检测认证有限公司。

本部分主要起草人：张金渝、杨美权、杨天梅、左应梅、杨维泽、黄璐琦、郭兰萍、詹志来、唐
志书、杨绍兵、许宗亮、赵仁、刘大会、高文远、陈秀花、李新华、金艳、杨光。

本部分所代替标准的历次版本发布情况为：
——T/CACM 1021.145—2018。

中药材商品规格等级　重楼

1　范围

本部分规定了重楼的商品规格等级。

本部分适用于重楼药材生产、流通以及使用过程中的商品规格等级评价。

2　规范性引用文件

下列文件对于本部分的应用是必不可少的。凡是注明日期的引用文件，仅所注明日期的版本适用于本部分。凡是不注明日期的引用文件，其最新版本（包括所有的修改版本）适用于本部分。

T/CACM 1021.1—2016 中药材商品规格等级编制通则

3　术语和定义

T/CACM 1021.1—2016 以及下列术语和定义适用于本部分。

3.1

重楼　PARIDIS RHIZOMA

本品为百合科植物云南重楼 *Paris polyphylla* Smith var. *yunnanensis*（Franch.） Hand. – Mazz. 或七叶一枝花 *Paris polyphylla* Smith var. *chinensis*（Franch.） Hara 的干燥根茎。秋季采挖，除去须根，洗净，晒干。

3.2

直径　max diameter

药材根茎全长中上部最粗部位的直径。

3.3

单个重量　single weight

单个重楼药材根茎的质量。

3.4

每千克个数　number of per kg

每1000g重楼药材中根茎个数。

3.5

粉质　powder rhizoma

断面白色，单支一半以上为粉性的药材。

3.6

角质　cutin rhizoma

断面浅棕色，单支一半以上为胶性的药材。

4　规格等级划分

根据市场流通情况，将重楼药材分成"选货"和"统货"两个等级，"选货"项下按直径、单个重量和每千克个数等进行等级划分。应符合表1要求。

表 1 规格等级划分

等级		性状描述	
		共同点	区别点
选货	一等	结节状扁圆柱形，略弯曲。表面黄棕色或灰棕色，密具层状突起的粗环纹，结节上具椭圆形凹陷茎痕，另一面有疣状须根痕，顶端具鳞叶和茎的残基。质坚实，断面平坦，白色或浅棕色，粉性或角质。气微，味微苦、麻	个体较长，直径≥3.5cm，单个重量≥50g，每千克个数≤20，大小均匀
	二等		个体较长，直径≥2.5cm，单个重量≥25g，每千克个数≤40，大小均匀
	三等		个体较短，直径≥2.0cm，单个重量≥10g，每千克个数≤100，大小均匀
统货		结节状扁圆柱形或长条形。断面黄白色或棕黄色，表面黄棕色或灰棕色，粗环纹明显，结节上具椭圆形凹陷茎痕，有须根或疣状须根痕，顶端具鳞叶和茎的残基。质坚实，粉性或角质。气微，味微苦，麻。大小不等	

注1：粉质重楼和角质重楼可根据市场需求分开定级。重楼同属近缘物种较多，仅采用外观性状难以鉴定准确的物种，建议采用现代理化、分子方法加以鉴别。此外尚有进口品，基原不明。

注2：同一级别中，粉质重楼优于角质重楼。

注3：角质重楼在市场上常被称为胶质重楼。

注4：关于重楼药材历史产区沿革参见附录A。

注5：关于重楼药材品质评价沿革参见附录B。

5 要求

除应符合 T/CACM 1021.1—2016 的第7章规定外，还应符合下列要求：

——无变色；

——无虫蛀；

——无霉变；

——杂质不得过3%。

附录 A

（资料性附录）

重楼药材历史产区沿革

重楼原名蚤休，在秦汉时期的《神农本草经》中被列为下品，《滇南本草》首次以"重楼"（"蚩蒌"，"重楼"）作为正式药名记载。曰："一名紫河车，一名独脚莲。"《本草纲目》记载"重楼金线，处处有之。生于深山阴之地，一茎独上，茎当叶心，叶绿色似芍药，凡二三层，每一层七叶。茎头夏月开花、一花七瓣，有金丝蕊，长三四寸。王屋山产者至五、七层。根如鬼臼、苍术状，外紫中白，有粳、糯二种。"详细叙述了重楼的植物形态、药材加工方法，对根"有粳、糯二种"的叙述则是已把重楼药材区分为角质重楼和粉质重楼。《中华本草》记载重楼药材基原为："云南重楼、七叶一枝花、华重楼的根茎。"历版《中国药典》记载重楼药材基原为"云南重楼、七叶一枝花"。现代"七叶一枝花"和"华重楼"通用。

《常用中药材品种整理和质量研究》记载："滇重楼（云南重楼）主要分布在云南、四川、贵州，缅甸也有分布；七叶一枝花主要分布于江苏、浙江、安徽、江西、福建、台湾、湖北、广东、湖南、广西、四川、贵州、云南，越南北部也有分布。"《中药大辞典》记载："云南重楼主产于云南滇西、滇西北、滇中和滇东及四川西部的攀枝花、米易、会理、会东等地，贵州西部的兴义、毕节、赫章、六盘水等邻近云南的区域；七叶一枝花主产于四川盆地以及长江以南广大区域，以四川、云南、贵州、广西、江西、湖北、湖南等地为主。"

由于我国重楼野生资源匮乏，人工种植在 20 世纪 90 年代逐渐形成规模，产地主要集中在云南、四川、贵州等地。其中云南的种植面积较大，主要分布在滇西北的丽江、大理、怒江地区，滇西的保山、临沧地区，滇中的玉溪、曲靖地区以及滇东南的文山、红河地区，尤以云南滇西北、滇西、滇中产的粉质重楼为优，并视为道地药材。

附录 B

（资料性附录）

重楼药材品质评价沿革

《云南药品标准》（1974 年版）："以粗壮，体实，断面白色、粉性足者为佳。"

1977 年版《中国药典》："以粗壮、质坚实、断面色白、粉性足者为佳。"

《常用中药材品种整理和质量研究》（1992 年）："统货，以根条肥大，质坚实，断面白色，粉性足者为佳。通常认为，七叶一枝花优于云南重楼。在云南重楼中，粉质重楼又优于胶质重楼。"

《中国药材学》（1996 年）："以身干、条粗大、质坚实、断面色白、粉性足者为佳。"

《中药材商品规格质量鉴别》（1995 年）：统货，分广西统装、四川原装等规格，以身干、根条粗大、质坚实、断面色白、粉性足者为佳。

综上，质量好的重楼商品外部特征一般为：身干，根茎粗壮、质坚实、断面色白、粉性足，无须根、杂质、霉变。本次制定重楼商品规格等级标准以近现代书籍对重楼药材的质量评价和市场调查情况为依据，根据重楼药材个头的重量和大小等方面进行评价、分级。

ICS 11.120.01
C 23

团 体 标 准

T/CACM 1021.115—2018

代替T/CACM 1021.170—2018

中药材商品规格等级　菊花

Commercial grades for Chinese materia medica

CHRYSANTHEMI FLOS

2018-12-03 发布　　　　　　　　　　　　　　2018-12-03 实施

中华中医药学会 发布

目　次

前　言

T/CACM 1021《中药材商品规格等级》标准分为 226 个部分：
——第 1 部分：中药材商品规格等级标准编制通则；
……
——第 114 部分：中药材商品规格等级　重楼；
——第 115 部分：中药材商品规格等级　菊花；
——第 116 部分：中药材商品规格等级　桔梗；
……
——第 226 部分：中药材商品规格等级　玄明粉。

本部分为 T/CACM 1021 的第 115 部分。

本部分代替 T/CACM 1021.170—2018。

本部分按照 GB/T 1.1—2009《标准化工作导则　第 1 部分：标准的结构和编写》给出的规则起草。

本部分代替 T/CACM 1021.170—2018，与 T/CACM 1021.170—2018 相比较，标准编号进行了调整，并重新进行了编辑。

本部分由中药材商品规格等级标准研究技术中心及道地药材国家重点实验室培育基地提出。

本部分由中华中医药学会归口。

本部分起草单位：康美药业股份有限公司、康美（北京）药物研究院有限公司、广东康美药物研究院有限公司、康美（亳州）华佗国际中药城商业有限公司、中国中医科学院中药资源中心、广西壮族自治区药用植物园、陕西中医药大学、山东省分析测试中心、内蒙古自治区中医药研究所、湖北中医药大学、昆明理工大学、广东药科大学、福建农林大学、贵阳中医学院、重庆市中药研究院、南京中医药大学、皖西学院、江西省中医药研究院、新疆维吾尔自治区中药民族药研究所、天津大学、山东省分析测试中心、浙江寿仙谷医药股份有限公司、无限极（中国）有限公司、中药材商品规格等级标准研究技术中心、北京中研百草检测认证有限公司。

本部分主要起草人：许冬瑾、乐智勇、黄璐琦、郭兰萍、刘洋清、姜涛、黄龙涛、白宗利、金艳、詹志来、杨光、何雅莉、缪剑华、唐志书、王晓、李旻辉、刘大会、崔秀明、杨全、张重义、周涛、李隆云、严辉、韩邦兴、虞金宝、徐建国、高文远、王晓、刘伟、李振皓、王瑛、余意、马方励。

本部分所代替标准的历次版本发布情况为：
——T/CACM 1021.170—2018。

中药材商品规格等级 菊花

1 范围

本部分规定了菊花的商品规格等级。

本部分适用于菊花药材生产、流通以及使用过程中的商品规格等级评价。

2 规范性引用文件

下列文件对于本部分的应用是必不可少的。凡是注明日期的引用文件，仅所注明日期的版本适用于本部分。凡是不注明日期的引用文件，其最新版本（包括所有的修改版本）适用于本部分。

T/CACM 1021. 1—2016 中药材商品规格等级编制通则

3 术语和定义

T/CACM 1021. 1—2016 以及下列术语和定义适用于本部分。

3.1

菊花 CHRYSANTHEMI FLOS

本品为菊科植物菊 *Chrysanthemum morifolium* Ramat. 的干燥头状花序。9～11 月花盛开时分批采收，阴干或焙干，或熏、蒸后晒干。

3.2

亳菊 *boju*

产于安徽省亳州市的菊花。种植品种为亳菊。

3.3

杭菊 *hangju*

产于浙江省桐乡市等地的菊花。种植品种为小洋菊、早小洋菊、大洋菊等菊花品种。

3.4

贡菊 *gongju*

产于安徽省黄山市歙县的菊花，也称为徽菊。种植品种为贡菊。

3.5

怀菊 *huaiju*

产于河南省武陟县等地的菊花。种植品种为小白菊、小黄菊、大白菊等菊花品种。

3.6

滁菊 *chuju*

产于安徽省滁州市南谯区、全椒县等地的菊花。种植品种为滁菊。

3.7

潽汤花 *putanghua*

蒸制时锅中水过多，造成水烫花，晒后呈褐色的花。

3.8

霜打花 *shuangdahua*

采摘前遭遇早霜危害，造成花瓣颜色变紫红的花。

4 规格等级划分

根据市场流通情况，按照产地和加工方法不同，将菊花药材分为"亳菊""杭菊""贡菊""怀菊""滁菊"五个规格；在规格项下，根据是否进行等级划分，将"亳菊""杭菊""贡菊"分成"选货"和"统货"两个等级。应符合表 1 要求。

表 1 规格等级划分

规格	等级	性状描述	
		共同点	区别点
亳菊	选货	呈倒圆锥形或圆筒形，有时稍压扁呈扇形，直径 1.5~3cm，离散。总苞碟状；总苞片 3~4 层，卵形或椭圆形，草质，黄绿色或褐绿色，外面被柔毛，边缘膜质。花托半球形，无托片或托毛。舌状花数层，雌性，位于外围，类白色，茎直，上举，纵向折缩，散生金黄色腺点；管状花多数，两性，位于中央，为舌状花所隐藏，黄色，顶端 5 齿裂。瘦果不发育，无冠毛。体轻，质柔润，干时松脆。气清香，味甘、微苦	花朵均匀，碎朵率 ≤10%，花梗、枝叶 ≤1%
	统货		花朵欠均匀，碎朵率 ≤30%，花梗、枝叶、霜打花 ≤3%
杭菊	选货	呈碟形或扁球形，直径 2.5~4cm，常数个相连成片。舌状花类白色或黄色，平展或微折叠，彼此粘连，通常无腺点；管状花多数，外露	花朵均匀，碎朵率 ≤5%，潜汤花、花梗、枝叶 ≤1%
	统货		花朵欠均匀，碎朵率 ≤30%，潜汤花、花梗、枝叶 ≤3%
贡菊	选货	呈扁球形或不规则球形，直径 1.5~2.5cm。舌状花白色或类白色，斜升，上部反折，边缘稍内卷而皱缩，通常无腺点；管状花少，外露	花朵均匀，碎朵率 ≤5%，花梗、枝叶 ≤1%
	统货		花朵欠均匀，碎朵率 ≤50%，花梗、枝叶 ≤3%
怀菊	统货	呈不规则球形或扁球形，直径 1.5~2.5cm。多数为舌状花，舌状花类白色或黄色，不规则扭曲，内卷，边缘皱缩，有时可见腺点；管状花大多隐藏。碎朵率 ≤50%。花梗、枝叶 ≤3%	
滁菊	统货	呈不规则球形或扁球形，直径 1.5~2.5cm。舌状花类白色，不规则扭曲，内卷，边缘皱缩，有时可见淡褐色腺点；管状花大多隐藏。花梗、枝叶 ≤3%	
注 1：目前药材市场已无滁菊销售。			
注 2：目前药材市场有硫黄熏蒸的菊花销售，应注意鉴别。			
注 3：关于菊花药材历史产区沿革参见附录 A。			
注 4：关于菊花药材品质评价沿革参见附录 B。			

5 要求

除应符合 T/CACM 1021.1—2016 的第 7 章规定外，还应符合下列要求：

——无虫蛀；

——无霉变。

附录 A

（资料性附录）

菊花药材历史产区沿革

菊花以鞠华之名始载于《神农本草经》，列为上品，又称为节华。谓"一名节华，生川泽及田野"。

南北朝《本草经集注》："生雍州川泽及田野。""南阳郦县最多，今近道处处有，取种之便得。"

宋《图经本草》："生雍州川泽及田野，今处处有之，以南阳菊潭者为佳。"又曰：白菊"元生南阳山谷及田野中，颖川人呼为回蜂菊，汝南名茶苦蒿，上党及建安郡、顺政郡并名羊欢草，河内名地薇蒿。诸郡皆有"。

明《本草品汇精要》："生雍州川泽及南阳山谷田野中，南京颖川，汝南，上党，建安、顺政郡，河内，今处处有之。""南阳菊潭者佳。"

明《本草纲目》："大抵惟单叶味甘者入药，菊谱所载甘菊、邓州黄、邓州白者是矣。甘菊始生于山野，今则皆栽植之。"

明《本草乘雅半偈》："出川泽田野间，雍州南阳山谷者最胜。"

清《本草从新》："家园所种，杭产者良。"

民国《增订伪药条辨》："黄菊，即黄色之茶菊，较家菊朵小、心多而色紫。杭州钱塘所属各乡，多种菊为业。""其浙省城头一带所产名城头菊，……""菊花种类甚杂，惟黄菊产杭州、海宁等处，……城头菊，野生城墙阴处，色黄，朵较少，浙名野菊花。""白滁菊出安徽滁州者，……出浙江德清县者。""白菊，河南出者为亳菊，……苏州浒墅产出为杜菊……海宁出者，名白茶菊，……江西南昌府出，名淮菊，……厦门出者曰洋菊。"

附录 B

（资料性附录）

菊花药材品质评价沿革

宋《图经本草》："以南阳菊潭者为佳。"

宋《证类本草》："陶隐居云：菊有两种：一种茎紫，气香而味甘，叶可作羹食者，为真。一种青茎而大，作蒿艾气，味苦不堪食者名苦薏，非真。"

宋《本草衍义》："近世有二十余种，惟单叶、花小而黄绿，叶色深小而薄，应候而开者是也。"

明《本草品汇精要》："花叶甘美者为好。"

明《本草蒙筌》："种类颜色多品，应候黄小为良。《月令》云：菊有黄花是也。余色不入药。"

明《本草纲目》："大抵惟单叶味甘煮入药，菊谱所载甘菊、邓州黄、邓州白者是矣。"

清《本草崇原》："生于山野田泽，开花不起楼子，色只黄白二种，名茶菊者，方可入药，以味甘者为胜。"

清《本草从新》："家园所种，杭产者良。……有黄、白两种，单瓣味甘者入药"。

清《本草求真》：甘菊"以单瓣味甘者入药。"

清《张山雷医集》："惟正名定分，仍当属之黄华。而近今药物恒用之品，则以杭产黄色小华为正"。

民国《增订伪药条辨》："菊花种类甚杂，惟黄菊产杭州、海宁等处，味苦兼甜，香气甚雅，有蒸、晒二种。……城头菊，野生城墙阴处，色黄，朵较少，浙名野菊花，亦蒸晒为善。味苦性凉，香气亦佳……""白滁菊出安徽滁州者，……气芬芳，味先微苦后微甘。口含后，香气甚久不散为最佳。出浙江德清县者，花瓣阔而糙，蕊心微黄，蒂大柄脐凹陷，气味香不浓，为略次。""白菊，河南出者为亳菊，蒂绿，千瓣细软，无心蕊，气清香，味苦微甘为最佳。苏州浒墅产出为杜菊，色白味甘，又出单瓣，亦佳。海宁出者，名白茶菊，色白瓣粗，心蕊黄，味甜，多茶叶店买，亦佳。江西南昌府出，名淮菊，朵小色白带红，味苦，气浊，梗多，亦次。厦门出者曰洋菊，朵大而扁，心亦大，气浊味甘，更次。"

1977 年版《中国药典》："以完整、色鲜艳、清香气浓者为佳。"

———————

ICS 11.120.10
C 10/29

团 体 标 准

T/CACM 1021.116—2018

代替T/CACM 1021.34—2017

中药材商品规格等级 桔梗

Commercial grades for Chinese materia medica

PLATYCODONIS RADIX

2018-12-03 发布   2018-12-03 实施

中华中医药学会 发布

目　次

前　言

T/CACM 1021《中药材商品规格等级》标准分为 226 个部分：

——第 1 部分：中药材商品规格等级标准编制通则；

……

——第 115 部分：中药材商品规格等级　菊花；

——第 116 部分：中药材商品规格等级　桔梗；

——第 117 部分：中药材商品规格等级　夏枯草；

……

——第 226 部分：中药材商品规格等级　玄明粉。

本部分为 T/CACM 1021 的第 116 部分。

本部分代替 T/CACM 1021.34—2017。

本部分按照 GB/T 1.1—2009《标准化工作导则　第 1 部分：标准的结构和编写》给出的规则起草。

本部分代替 T/CACM 1021.34—2017，与 T/CACM 1021.34—2017 相比较，标准编号进行了调整，并重新进行了编辑。

本部分由中药材商品规格等级标准研究技术中心及道地药材国家重点实验室培育基地提出。

本部分由中华中医药学会归口。

本部分起草单位：山东省中医药研究院、中国中医科学院中药资源中心、中药材商品规格等级标准研究技术中心、山东宏济堂制药集团股份有限公司、陕西中医药大学、内蒙古自治区中医药研究所、重庆市中药研究院、天津大学、山东省分析测试中心、浙江寿仙谷医药股份有限公司、无限极（中国）有限公司、北京中研百草检测认证有限公司。

本部分主要起草人：管仁伟、黄璐琦、郭兰萍、詹志来、范圣此、林慧彬、路俊仙、王萌、梁瑞雪、李岩、曲永胜、唐志书、李旻辉、李隆云、高文远、王晓、刘伟、李振皓、李明焱、余意、马方励。

本部分所代替标准的历次版本发布情况为：

——T/CACM 1021.34—2017。

中药材商品规格等级 桔梗

1 范围

本部分规定了桔梗的商品规格等级。

本部分适用于桔梗药材生产、流通以及使用过程中的商品规格等级评价。

2 规范性引用文件

下列文件对于本部分的应用是必不可少的。凡是注明日期的引用文件，仅所注明日期的版本适用于本部分。凡是不注明日期的引用文件，其最新版本（包括所有的修改版本）适用于本部分。

T/CACM 1021.1—2016 中药材商品规格等级编制通则

3 术语和定义

T/CACM 1021.1—2016 以及下列术语和定义适用于本部分。

3.1

桔梗 PLATYCODONIS RADIX

桔梗科植物桔梗 *Platycodon grandiflorum*（Jacq.）A. DC. 的干燥根。春、秋二季采挖，洗净，除去须根，趁鲜剥去外皮或不去外皮，干燥。

4 规格等级划分

根据市场流通情况，按照加工方法不同，将桔梗药材分为"去皮桔梗""带皮桔梗"两个规格；在规格项下，根据是否进行等级划分，分成"选货"和"统货"两个等级。应符合表 1 要求。

表 1 规格等级划分

规格	等级	性状描述	
		共同点	区别点
去皮桔梗	选货	呈圆柱形或略呈纺锤形。除去须根，趁鲜剥去外皮。表面淡黄白色至黄色，具纵扭皱沟，并有横长的皮孔样斑痕及支根痕，上部有横纹。质脆，断面不平坦，形成层环棕色，皮部黄白色，木部淡黄色。气微，味微甜后苦	芦下直径 1.0 ~ 2.0cm，长 12 ~ 20cm。质充实，少有断节
	统货		芦下直径 ≥0.7cm，长度 ≥7cm
带皮桔梗	选货	呈圆柱形或略呈纺锤形。除去须根，不去外皮。表面黄棕色至灰棕色，具纵扭皱沟，并有横长的皮孔样斑痕及支根痕，上部有横纹。质脆，断面不平坦，形成层环棕色，皮部黄白色，木部淡黄色。气微，味微甜后苦	芦下直径 1.0 ~ 2.0cm，长 12 ~ 20cm。质充实，少有断节
	统货		芦下直径 ≥0.7cm，长度 ≥7cm

注1：桔梗规格原来根据产地有南桔梗与北桔梗之分，而目前市场上已经淡化桔梗南北之分的概念。但当前市场上桔梗药材依然有产地区别，主要产地是安徽和内蒙古等地区。

注2：目前市场上偶见硫熏后的桔梗，主要是为了便于晒干、防止走油、发霉、增加白度，但不符合药典规定，应注意拒绝使用。

注3：关于桔梗药材历史产区沿革参见附录 A。

注4：关于桔梗药材品质评价沿革参见附录 B。

5 要求

除应符合 T/CACM 1021.1—2016 的第 7 章规定外，还应符合下列要求：

——无硫熏；

——无虫蛀；

——无霉变；

——杂质不得过3%。

附录 A

（资料性附录）

桔梗药材历史产区沿革

桔梗始载于秦汉时期的《神农本草经》，列为下品，《神农本草经》曰："味辛，微温。主胸胁痛如刀刺，腹满，肠鸣幽幽，惊恐悸气。（御览引云：一名利如，大观本，作黑字）生山谷。"

魏晋时期《名医别录》记载："生嵩高及宛朐。二、八月采根，暴干。"《吴普本草》载："生嵩山山谷及冤句。"嵩高：即嵩山，在今河南登封县。冤句：今山东菏泽曹县西北。

梁·陶弘景《本草经集注》载："桔梗，近道处处有，叶名隐忍，二三月生，可煮食之。"

唐代苏敬《新修本草》描述为："生嵩高山谷及宛朐。"与《名医别录》的生境描述一致。

宋代苏颂《本草图经》描述为："生嵩山山谷及冤句，今在处有之。"唐慎微《证类本草》记载："生嵩高山谷及冤句。"嵩高：即嵩山，在今河南登封县。冤句：即今山东菏泽曹县西北。冤句是鲁西南中心城市菏泽最古老的地名之一，与《新修本草》《名医别录》描述的生境分布基本一致。

明代朱橚《救荒本草》记载："生嵩高山谷及冤句、和州、解州。今钩州、密县山野亦有之。"和州：即今安徽和县。解州：即今山西解县。钧州：即今河南禹州市。密县：即今河南新密市。增加了安徽和县、山西解县、河南禹州、河南新密等地区。

明·刘文泰《本草品汇精要》记载："【地】《图经》曰：生嵩高山谷及冤句，在处有之。【道地】解州、成州、和州。【用】根坚直白者为好。【质】类人参。【色】白。【味】辛，苦。"和州：即今安徽和县。解州：即今山西解县。成州：即今甘肃省东南部，邻接陕西省，包括成县、西和县、礼县、徽县、两当县和康县部分地区，治所在今甘肃省成县境内，增加了甘肃成县等地区。指出道地产区为山西解县、安徽和县、甘肃成县等地区。并说根坚直白者为好。

明·陈嘉谟《本草蒙筌》记载："桔梗，嵩山虽盛，近道亦多。"

明·卢之颐《本草乘雅半偈》记载："出嵩山山谷及冤句，今在处有之。"

清·吴其浚《植物名实图考》记载："桔梗，处处有之。"

近代，《新编中药志》记载："全国南北各省区均有分布，并有栽培。"《中国植物志》记载："产东北、华北、华东、华中各省以及广东、广西（北部）、贵州、云南东南部（蒙自、砚山、文山）、四川（平武、凉山以东）、陕西。"《中国药材学》记载："生于山坡林下、草丛中。并有栽培。全国大部分地区均产。"

附录 B

（资料性附录）

桔梗药材品质评价沿革

明·刘文泰《本草品汇精要》记载："【道地】解州、成州、和州。【用】根坚直白者为好。"

明·贾九如《药品化义》记载："桔梗，用南产者佳。北方者味甘，但能提载，不能开散，宜辨之。"

清·顾元交《本草汇笺》记载："桔梗与荠苨乃一类，而甜苦各别。甘桔必兼用者，借甘味能提载，而桔梗之苦能开散耳。故桔梗贵南产者，以北产者味甘，不能开散。"

民国时期，《中药药材集解》记载："以体重结实，色白枝粗，有皱皮的为好货，体轻皮宽，空泡无皱纹者为次。秋货好，春货次。"

近代，《新编中药志》记载："以根肥大，色白，质充实，味苦者为佳。"

《中国药材学》记载："以东北、华北产量大，称北桔梗，以华东产的质量较好，称南桔梗。"

《500味常用中药材的经验鉴别》记载："桔梗商品以条粗，色洁白，体实，味苦者为佳；反之条细，体虚色黄者为次。"

《金世元中药材传统鉴别经验》记载："桔梗从产地来讲，有南桔梗和北桔梗之分，南桔梗主产江苏、浙江、安徽、湖南、湖北、河南、四川、贵州等地。北桔梗主产河北、山西、内蒙古及东北三省。以根粗长，质坚硬，表面白色，中心为淡黄色为佳。"

1977年版《中国药典》："以根肥大、色白、体实，味苦者为佳。"

综上，历代对于桔梗的规格等级划分强调药材外形和内在质量，以"根坚直白者为好"。以根肥大、条粗均匀，色白，质充实、坚硬，中心淡黄色，味苦者为佳。其中也提及桔梗依产地有南北之分，而根据目前市场调查的实际情况，桔梗规格已经淡化桔梗南北之分的概念。但当前市场上桔梗药材依然有产地区别，主要产地是安徽和内蒙古等地区。在综合考虑古今文献基础上，结合桔梗药材性状及市场调查等进行评价，为制定桔梗商品规格等级标准提供了依据。

ICS 11.120.10
C 10/29

团 体 标 准

T/CACM 1021.117—2018
代替T/CACM 1021.48—2017

中药材商品规格等级　夏枯草

Commercial grades for Chinese materia medica

PRUNELLAE SPICA

2018-12-03 发布   2018-12-03 实施

中华中医药学会 发布

目　次

前　言

T/CACM 1021《中药材商品规格等级》标准分为 226 个部分：
——第 1 部分：中药材商品规格等级标准编制通则；
……
——第 116 部分：中药材商品规格等级　桔梗；
——第 117 部分：中药材商品规格等级　夏枯草；
——第 118 部分：中药材商品规格等级　刺五加；
……
——第 226 部分：中药材商品规格等级　玄明粉。
本部分为 T/CACM 1021 的第 117 部分。
本部分代替 T/CACM 1021.48—2017。
本部分按照 GB/T 1.1—2009《标准化工作导则　第 1 部分：标准的结构和编写》给出的规则
起草。
本部分代替 T/CACM 1021.48—2017，与 T/CACM 1021.48—2017 相比较，标准编号进行了调整，
并重新进行了编辑。
本部分由中药材商品规格等级标准研究技术中心及道地药材国家重点实验室培育基地提出。
本部分由中华中医药学会归口。
本部分起草单位：湖北中医药大学、中国中医科学院中药资源中心、中药材商品规格等级标准研
究技术中心、湖北金贵中药饮片有限公司、北京中研百草检测认证有限公司。
本部分主要起草人：杨红兵、黄璐琦、郭兰萍、詹志来、石磊、杨钊、明孟碟、王众宽。
本部分所代替标准的历次版本发布情况为：
——T/CACM 1021.48—2017。

中药材商品规格等级 夏枯草

1 范围

本部分规定了夏枯草的商品规格等级。

本部分适用于夏枯草药材生产、流通以及使用过程中的商品规格等级评价。

2 规范性引用文件

下列文件对于本部分的应用是必不可少的。凡是注明日期的引用文件，仅所注明日期的版本适用于本部分。凡是不注明日期的引用文件，其最新版本（包括所有的修改版本）适用于本部分。

T/CACM 1021.1—2016 中药材商品规格等级编制通则

3 术语和定义

T/CACM 1021.1—2016 以及下列术语和定义适用于本部分。

3.1

夏枯草 PRUNELLAE SPICA

本品为唇形科植物夏枯草 *Prunella vulgaris* L. 的干燥果穗。夏季果穗呈棕红色时采收，除去杂质，晒干。

4 规格等级划分

根据市场流通情况，根据长度、颜色及其均匀性划分等级，将夏枯草药材分成"选货"和"统货"两个等级。应符合表1要求。

表 1 规格等级划分

等级	性状描述	
	共同点	区别点
选货	果穗呈圆柱形或棒状，略扁。直径 0.8~1.5cm。体轻，摇之作响。全穗由数轮至十数轮宿存的宿萼与苞片组成，每轮有对生苞片2片，呈扇形，先端尖尾状，脉纹明显，外表面有白毛。每一苞片内有花3朵，花冠多已脱落，花萼二唇形，内有小坚果4枚。果实卵圆形，棕色，尖端有白色突起。气微，味淡。残留果穗梗的长度≤1.5cm	果穗长≥3cm。淡棕色至棕红色
统货		果穗长 1.5~8cm。淡棕色至棕红色，间有黄绿色、暗褐色，颜色深浅不一

注1：当前药材市场夏枯草规格不分，等级则是按照表面颜色深浅及长短大小的均匀度或一致性进行划分的。野生品与各地引种品，均可按以上标准划分。夏枯草饮片规格等级同药材。在药材市场上夏枯草也称作夏枯球。

注2：市场上部分夏枯草商品中可见残留果梗较长（超过2cm），应加以控制。

注3：颜色发黑，质地酥脆易碎者，均不宜作为夏枯草商品供药用。标准中，"选货"又称选装货、手选货等，是目前市场上对同种药材商品中经过挑选分离得到质量优良者的俗称。选货中也可根据需要，依据果穗的长短大小及均匀度，再分出选一、选二等级别。

注4：关于夏枯草药材历史产区沿革参见附录 A。

注5：关于夏枯草药材品质评价沿革参见附录 B。

5 要求

除符合 T/CACM 1021.1—2016 的第7章规定外，还应符合下列要求：

—— 无虫蛀；

—— 无霉变；

—— 杂质不得过3%。

附录 A

（资料性附录）

夏枯草药材历史产区沿革

　　夏枯草药用始载于《神农本草经》："夏枯草，味苦辛、寒。主寒热，瘰疬，鼠瘘，头疮，破癥，散瘿结气，脚肿湿痹，轻身。一名夕句，一名乃东。生川谷。"

　　《名医别录》曰："夏枯草，无毒。一名燕面。生蜀郡（今四川成都一带）。四月采。土瓜为之使。"

　　唐代《新修本草》："生蜀郡川谷，四月采。土瓜为之使。【谨案】此草，生平泽，叶似旋覆，首春即生，四月穗出，其花紫白似丹参花，五月便枯。处处有之。"

　　宋代《证类本草》，除照录《新修本草》原文以外，另引《图经》曰："生蜀郡川谷，今河东、淮、浙州郡亦有之。冬至后生，叶似旋覆；三月、四月开花，作穗紫白色，似丹参花；结子亦作穗，至五月枯。四月采。"

　　明代《本草品汇精要》："【生】冬至后生苗。【采】四月取茎、叶。【收】日干。"

　　明代《本草纲目》："震亨曰：此草夏至后即枯，盖禀纯良之气，得阴气则枯，故有是名。【集解】《别录》曰：夏枯草生蜀郡川谷，四月采。恭曰：处处有之，生平泽。颂曰：冬至后生，叶似旋覆。三月、四月开花，作穗紫白色，似丹参花；结子亦作穗，五月便枯。四月采之。时珍曰：原野间甚多，苗高一二尺许，其茎微方。叶对节生，似旋覆叶而长大，有细齿，背白多纹。茎端作穗，长一二寸，穗中开淡紫色小花，一穗有细子四粒。丹溪云无子，亦欠察矣。"

　　明代《本草乘雅半偈》："冬至生，夏至枯。"

　　清代《植物名实图考》收载了夏枯草的墨线图。

　　民国《中国药学大辞典》："处方用名：夏枯花。""制法：采得阴干。取叶茎用。亦有用其花者（花穗）。"

　　《现代中药材商品通鉴》（2001 年）："【采集及加工】6～7 月间，穗呈棕红色时摘取果穗，剪去果柄，晒干。"

附录 B

（资料性附录）

夏枯草药材品质评价沿革

明代《本草品汇精要》："【用】茎、叶。【质】叶似旋覆而短。【色】绿……"

1963 年版《中国药典》："以果穗正齐、无枝叶者为佳。"

1977 年版《中国药典》："以穗大、色棕红者为佳。"

《中华本草》（1999 年）："【炮制】取原药材，除去杂质，去柄，筛去灰屑。"

《现代中药材商品通鉴》（2001 年）："以穗大、色棕红色、摇之作响者为佳。""【商品规格】统货。分江苏、浙江、安徽统装等。"

综上所述，在古今文献中，由于药用部位的变化，由以带花及果穗的茎、叶形式入药到现代以成熟果穗入药，质量要求也有所变化，古人要求药材的颜色带有绿色（茎叶的颜色），现代则以穗大、色棕红色、摇之作响者为佳（果穗成熟、饱满、新鲜的标志）。历代对于夏枯草没有划分规格等级。目前夏枯草用量大、价格低、产地广，来源单一，产地间无显著差异；果穗数量不计其数，人力、物力不支持细致地挑拣分等。因此，在制定夏枯草商品规格等级标准时，主要依据的是色泽的均匀性。它代表了夏枯草的成熟程度、新鲜程度，生产、运输及存储过程是否受到降雨、温湿度及其他不利因素的影响等。

ICS 11.120.01
C 23

团 体 标 准

T/CACM 1021.118—2018
代替T/CACM 1021.180—2018

中药材商品规格等级 刺五加

Commercial grades for Chinese materia medica

ACANTHOPANACIS SENTICOSI RADIX ET RHIZOMA SEU CAULIS

2018-12-03 发布

2018-12-03 实施

中华中医药学会 发布

目　次

前　言

T/CACM 1021《中药材商品规格等级》标准分为 226 个部分：
——第 1 部分：中药材商品规格等级标准编制通则；
……
——第 117 部分：中药材商品规格等级　夏枯草；
——第 118 部分：中药材商品规格等级　刺五加；
——第 119 部分：中药材商品规格等级　川楝子；
……
——第 226 部分：中药材商品规格等级　玄明粉。

本部分为 T/CACM 1021 的第 118 部分。

本部分代替 T/CACM 1021.180—2018。

本部分按照 GB/T 1.1—2009《标准化工作导则　第 1 部分：标准的结构和编写》给出的规则起草。

本部分代替 T/CACM 1021.180—2018，与 T/CACM 1021.180—2018 相比较，标准编号进行了调整，并重新进行了编辑。

本部分由中药材商品规格等级标准研究技术中心及道地药材国家重点实验室培育基地提出。

本部分由中华中医药学会归口。

本部分起草单位：康美药业股份有限公司、康美（北京）药物研究院有限公司、广东康美药物研究院有限公司、中国中医科学院中药资源中心、中药材商品规格等级标准研究技术中心、北京中研百草检测认证有限公司。

本部分主要起草人：许冬瑾、乐智勇、黄璐琦、郭兰萍、姜涛、黄龙涛、白宗利、金艳、詹志来、杨光、何雅莉。

本部分所代替标准的历次版本发布情况为：
——T/CACM 1021.180—2018。

中药材商品规格等级 刺五加

1 范围

本部分规定了刺五加的商品规格等级。

本部分适用于刺五加药材生产、流通以及使用过程中的商品规格等级评价。

2 规范性引用文件

下列文件对于本部分的应用是必不可少的。凡是注明日期的引用文件，仅所注明日期的版本适用于本部分。凡是不注明日期的引用文件，其最新版本（包括所有的修改版本）适用于本部分。

T/CACM 1021.1—2016 中药材商品规格等级编制通则

3 术语和定义

T/CACM 1021.1—2016 以及下列术语和定义适用于本部分。

3.1

刺五加 ACANTHOPANACIS SENTICOSI RADIX ET RHIZOMA SEU CAULIS

本品为五加科植物刺五加 *Acanthopanax senticosus*（Rupr. et Maxim.）Harms 的干燥根和根茎或茎。春、秋二季采收，洗净，干燥。

4 规格等级划分

根据市场流通情况，按照部位不同，将刺五加药材分为"刺五加根和根茎"和"刺五加茎"两个规格。各规格项下均为统货。应符合表1要求。

表 1 规格等级划分

规格	等级	性状描述
刺五加根和根茎	统货	根茎呈结节状不规则圆柱形，直径 1.4 ~ 4.2cm。根呈圆柱形，多扭曲，长 3.5 ~ 12cm，直径 0.3 ~ 1.5cm；表面灰褐色或黑褐色，粗糙，有细纵沟和皱纹，皮较薄，有的剥落，剥落处呈灰黄色。质硬，断面黄白色，纤维性。有特异香气，味微辛、稍苦涩
刺五加茎	统货	呈长圆柱形，多分枝，长短不一，直径 0.5 ~ 2cm。表面浅灰色，老枝灰褐色，具纵裂沟，无刺；幼枝黄褐色，密生细刺。质坚硬，不易折断，断面皮部薄，黄白色，木部宽广，淡黄色，中心有髓。气微，味微辛

注1：药材市场有刺五加根、刺五加茎、刺五加皮（根皮、茎皮）规格，刺五加皮不符合中国药典要求。

注2：刺五加多用于中成药投料，绝大多数进行产地加工，将茎切成段或厚片；将根或根茎切成类圆形或不规则厚片，均为统货。

注3：药材市场存在少量红毛刺五加充当刺五加销售，应注意。

注4：关于刺五加药材历史产区沿革参见附录 A。

注5：关于刺五加药材品质评价沿革参见附录 B。

5 要求

除应符合 T/CACM 1021.1—2016 的第7章规定外，还应符合下列要求：

——无虫蛀；

——无霉变；

——杂质不得过 3%。

附录 A

（资料性附录）

刺五加药材历史产区沿革

《中国药材学》：产于辽宁、吉林、黑龙江等地。

《中华本草》：产于辽宁、吉林、黑龙江、河北、陕西等地。

《中药大辞典》：产于辽宁、吉林、黑龙江、河北、陕西等地。

《现代中药材商品通鉴》：主产于黑龙江、吉林、辽宁、河北、山西等地。

《新编中药志》：刺五加主产于辽宁、吉林、黑龙江、河北、陕西等地。

《道地药材图典》：主产于黑龙江小兴安岭、张广材岭、老爷岭、完达山，吉林长白、安图、抚松、通化、和龙，辽宁桓仁、宽甸、铁岭，及河北、山西、宁夏。

附录 B

（资料性附录）

刺五加药材品质评价沿革

《中国药材学》：以条粗、质硬、断面黄白色、气清香者为佳。

《现代中药材商品通鉴》：以个大、坚实、断面黄白色者为佳。

《道地药材图典》：以身干，根条饱满，根皮厚，质坚实，气香者为佳。

_____

ICS 11.120.10
C 10/29

团 体 标 准

T/CACM 1021.119—2018

代替T/CACM 1021.72—2017

中药材商品规格等级 川楝子

Commercial grades for Chinese materia medica

TOOSENDAN FRUCTUS

2018-12-03 发布   2018-12-03 实施

中 华 中 医 药 学 会 发布

目　次

前　言

T/CACM 1021《中药材商品规格等级》标准分为 226 个部分：
——第 1 部分：中药材商品规格等级标准编制通则；
……
——第 118 部分：中药材商品规格等级　刺五加；
——第 119 部分：中药材商品规格等级　川楝子；
——第 120 部分：中药材商品规格等级　石膏；
……
——第 226 部分：中药材商品规格等级　玄明粉。
本部分为 T/CACM 1021 的第 119 部分。
本部分代替 T/CACM 1021.72—2017。
本部分按照 GB/T 1.1—2009《标准化工作导则　第 1 部分：标准的结构和编写》给出的规则起草。
本部分代替 T/CACM 1021.72—2017，与 T/CACM 1021.72—2017 相比较，标准编号进行了调整，并重新进行了编辑。
本部分由中药材商品规格等级标准研究技术中心及道地药材国家重点实验室培育基地提出。
本部分由中华中医药学会归口。
本部分起草单位：四川省中医药科学院、中国中医科学院中药资源中心、中药材商品规格等级标准研究技术中心、北京中研百草检测认证有限公司。
本部分主要起草人：肖特、李青苗、黄璐琦、郭兰萍、詹志来、张美、周先建、陈铁柱、方清茂、夏燕莉、杨玉霞、郭俊霞。
本部分所代替标准的历次版本发布情况为：
——T/CACM 1021.72—2017。

中药材商品规格等级 川楝子

1 范围

本部分规定了川楝子的商品规格等级。

本部分适用于川楝子药材生产、流通以及使用过程中的商品规格等级评价。

2 规范性引用文件

下列文件对于本部分的应用是必不可少的。凡是注明日期的引用文件，仅所注明日期的版本适用于本部分。凡是不注明日期的引用文件，其最新版本（包括所有的修改版本）适用于本部分。

T/CACM 1021.1—2016 中药材商品规格等级编制通则

3 术语和定义

T/CACM 1021.1—2016 以及下列术语和定义适用于本部分。

3.1

川楝子 TOOSENDAN FRUCTUS

本品为楝科植物川楝 *Melia toosendan* Sieb. et Zucc. 的干燥成熟果实。冬季果实成熟时采收，除去杂质，干燥。

4 规格等级划分

根据市场流通情况，将川楝子药材商品分成"选货"和"统货"两个规格，"选货"项下根据川楝子直径大小分为"一等"和"二等"两个等级。应符合表1要求。

表1 规格等级划分

等级		性状描述	
		共同点	区别点
选货	一等	本品呈类球形。表面金黄色至棕黄色、果肉黄白色，饱满，微有光泽，少数凹陷或皱缩，具深棕色小点。顶端有花柱残痕，基部凹陷，有果梗痕。外果皮革质，与果肉间常成空隙，果肉松软，淡黄色，遇水润湿显黏性。果核球形或卵圆形，质坚硬，两端平截，有6~8条纵棱，内分6~8室，每室含黑棕色长圆形的种子1粒。气特异，味酸、苦	2.5≤直径≤3.2cm，个头均匀，杂质不得过1%
	二等		2.0≤直径<2.5cm，个头均匀
统货			2.0≤直径≤3.2cm，大小不均一

注1：当前药材主产地、市场销售的川楝子药材为选货和统货，市场根据大小、饱满度、外皮和果肉颜色，所含杂质比例进行等级的划分，即个大、饱满、外皮金黄色至棕黄色、果肉黄白色，同时含杂质越低等级越高。

注2：主产地、市场另有陈货，即存放时间较长的川楝子商品，由于暴露空气中或贮藏时间过长，药材虫蛀、霉变，这类商品容易不合格，需注意区分，因此本部分不制定陈货规格等级。

注3：关于川楝子药材历史产区沿革参见附录A。

注4：关于川楝子药材品质评价沿革参见附录B。

5 要求

除应符合 T/CACM 1021.1—2016 的第7章规定外，还应符合下列要求：

——无变色；

——无虫蛀；

——无霉变；

——杂质不得过3%。

附录 A

（资料性附录）

川楝子药材历史产区沿革

川楝子始载于秦汉时期的《神农本草经》，原名为楝实，列为下品。《神农本草经》曰："楝实味苦，寒。生荆山山谷（今湖北省南漳县西南的荆山）。"说明秦汉时期就开始药用。

宋代《证类本草》：楝实，生荆山山谷，今处处有之，以蜀川者为佳。所附梓州（今四川三台县）楝花，楝实图及简州（今四川简阳）楝子图，说明川楝子产四川一带。

明代《本草纲目》："（楝）其子正如圆枣，以川中者良。"说明四川为道地产区。

清《本草求真》中写道："川楝因出于川，故以川名。"说明四川为道地产区。

《中国药材学》（1996 年）："川楝子主产四川、云南，湖北、湖南、河南、甘肃、贵州等地亦产。四川产量最大，质量亦优，畅销全国。"

《中华本草》（1998 年）："川楝子主产四川、湖北、安徽、江苏、河南、贵州，山东、陕西、云南、甘肃亦产。销全国。"

《现代中药材商品通鉴》（2001 年）："川楝子主产四川、云南、贵州，四川产量最大，质量最优，销全国。"

《金世元中药材传统鉴别经验》（2010 年）记载："川楝子主产于四川绵阳、乐山、南充、温江；重庆地区的万州、涪陵、长寿、城口、璧山、巫山、巫溪、奉节。"

附录 B

（资料性附录）

川楝子药材品质评价沿革

1963 年版《中国药典》："以外皮金黄色、肉黄白色、厚而松软者为佳。"

1996 年版《中国药材学》："以个大、外皮金黄色、肉黄白色、厚而松软者为佳。"

1977 年版《中国药典》："以个大、饱满、外皮金黄色、肉黄白者为佳。"

《中华本草》（1998 年）："以个大、饱满、外皮金黄色、肉黄白色者为佳。"

《现代中药材商品通鉴》（2010 年）："均为统货。以个大、饱满、外皮金黄色、肉黄白色者为佳。"

《中华药海》（2010 年）："以表皮金黄色、肉黄白色、厚而松软者为佳。"

《金世元中药材传统鉴别经验》（2010 年）："以个大、饱满、外皮黄色、果肉黄白者佳。"

综上，川楝子的规格等级划分强调产地质量，以四川为道地药材。本次制定川楝子商品规格等级标准是以现代文献对川楝子药材的质量评价和市场调查情况为依据，根据上述的规格，再从川楝子药材个子直径、色泽和质地等方面进行评价、分级。

ICS 11.120.01
C 23

团 体 标 准

T/CACM 1021.120—2018
代替T/CACM 1021.85—2018

中药材商品规格等级 石膏

Commercial grades for Chinese materia medica

GYPSUM FIBROSUM

2018-12-03 发布   2018-12-03 实施

中华中医药学会 发布

目　次

前　言

T/CACM 1021《中药材商品规格等级》标准分为 226 个部分：
——第 1 部分：中药材商品规格等级标准编制通则；
……
——第 119 部分：中药材商品规格等级　川楝子；
——第 120 部分：中药材商品规格等级　石膏；
——第 121 部分：中药材商品规格等级　牛蒡子；
……
——第 226 部分：中药材商品规格等级　玄明粉。
本部分为 T/CACM 1021 的第 120 部分。
本部分代替 T/CACM 1021.85—2018。
本部分按照 GB/T 1.1—2009《标准化工作导则　第 1 部分：标准的结构和编写》给出的规则起草。

本部分代替 T/CACM 1021.85—2018，与 T/CACM 1021.85—2018 相比较，标准编号进行了调整，并重新进行了编辑。

本部分由中药材商品规格等级标准研究技术中心及道地药材国家重点实验室培育基地提出。

本部分由中华中医药学会归口。

本部分起草单位：石家庄以岭药业股份有限公司、中国中医科学院中药资源中心、中药材商品规格等级标准研究技术中心、北京中研百草检测认证有限公司。

本部分主要起草人：张丽丽、黄璐琦、郭兰萍、詹志来、田清存、崔旭盛、马召。

本部分所代替标准的历次版本发布情况为：
——T/CACM 1021.85—2018。

中药材商品规格等级 石膏

1 范围

本部分规定了石膏的商品规格等级。

本部分适用于石膏药材生产、流通以及使用过程中的商品规格等级评价。

2 规范性引用文件

下列文件对于本部分的应用是必不可少的。凡是注明日期的引用文件，仅所注明日期的版本适用于本部分。凡是不注明日期的引用文件，其最新版本（包括所有的修改版本）适用于本部分。

T/CACM 1021.1—2016 中药材商品规格等级编制通则

3 术语和定义

T/CACM 1021.1—2016 以及下列术语和定义适用于本部分。

3.1

石膏 GYPSUM FIBROSUM

本品为硫酸盐类矿物硬石膏族石膏，主含含水硫酸钙（$CaSO_4 \cdot 2H_2O$），采挖后，除去杂石及泥沙。

4 规格等级划分

根据市场流通情况，将石膏分为"大块"和"块粒"两个规格；在规格项下，按照石膏块粒长直径的长短，将石膏"块粒"分为"大粒""中粒""小粒"三个等级。应符合表1要求。

表1 规格等级划分

规格	等级	性状描述
大块	—	为纤维状的集合体，呈不规则块状。白色、灰白色或淡黄色，有的半透明。体重，质软。纵断面具绢丝样光泽。气微，味淡
块粒	大粒	为均匀的块粒，长1.2~4.2cm
	中粒	为均匀的块粒，长0.8~2.4cm
	小粒	为均匀的块粒，长0.3~1.2cm

注1：通过调研发现，产地根据市场所需，将原矿水洗、清除杂质后加工成不同大小的块粒及粉末的不同规格。

注2：以色白、纵断面具绢丝样光泽、无杂者为佳。

注3：关于石膏药材历史产区沿革参见附录A。

注4：关于石膏药材品质评价沿革参见附录B。

5 要求

除应符合 T/CACM 1021.1—2016 的第7章规定外，还应符合下列要求：

——无变色；

——杂质不得过3%。

附录 A

（资料性附录）

石膏药材历史产区沿革

石膏始载于《神农本草经》，列为中品。魏晋时期的《名医别录》记载："细理白泽者良，黄者令人淋。生齐山山谷（今在山东历城）及齐庐山（今在山东诸城县）、鲁蒙山（今在山东鲁山及蒙阴县），采无时。"

唐代《新修本草》记载："二郡之山，即青州（今在山东的东部一带）、徐州（今在山东省东南部和江苏省的北部）也。今出钱塘县，皆在地中，雨后时时自出，取之皆方如棋子，白澈最佳。比难得，皆用虚隐山者。彭城者亦好。"

宋代寇宗奭《本草衍义》记载："二书纷辨不决，未悉厥理。详《本经》元无方解石之文，止缘《唐本》注：石膏、方解石大体相似。因此一说，后人遂惑。经曰：生齐山山谷，及齐卢山、鲁蒙山。采无时，即知他处者为非。"

清代王翃《握灵本草》记载："石膏生齐州山谷。今钱塘山中甚，浙人呼为寒水石。"

综上所述，历代本草记载，石膏主产于山东、江苏等地。

《中华地道药材》记载："主产于湖北应城、安徽新安、西藏昌都、安徽凤阳等地。以湖北应城石膏最为著名，为道地药材。此外，四川、甘肃、新疆、贵州、云南也蕴藏有资源。"

《新编中药志》记载："石膏主产于湖北省，以湖北应城石膏最为有名，为道地药材。另一主产地是安徽凤阳、河南新安、西藏昌都。此外，山西、甘肃、四川、贵州等亦产。"

附录 B

（资料性附录）

石膏药材品质评价沿革

唐代《新修本草》记载"今出钱塘县，皆在地中，雨后时时自出，取之皆方如棋子，白澈最佳……"，提及了石膏"方如棋子，白澈最佳"，认为白色清澈的质量好。

《中华地道药材》记载："以块大、色白、质纯、半透明、纤维状、纵断面如丝、无杂质者为佳。"

《新编中药志》记载："以块大、色白、纵面纤维状、有光泽、无杂质者为佳。"

1977 年版《中国药典》："以色白、半透明、纵断面如丝者为佳。"

综上所述，石膏以色白、半透明、纵断面如丝者为佳。

ICS 11.120.10
C 10/29

团 体 标 准

T/CACM 1021.121—2018
代替T/CACM 1021.70—2017

中药材商品规格等级　牛蒡子

Commercial grades for Chinese materia medica

ARCTII FRUCTUS

2018-12-03 发布

2018-12-03 实施

中华中医药学会 发布

目　次

前　言

T/CACM 1021《中药材商品规格等级》标准分为 226 个部分：
——第 1 部分：中药材商品规格等级标准编制通则；
……
——第 120 部分：中药材商品规格等级　石膏；
——第 121 部分：中药材商品规格等级　牛蒡子；
——第 122 部分：中药材商品规格等级　女贞子；
……
——第 226 部分：中药材商品规格等级　玄明粉。

本部分为 T/CACM 1021 的第 121 部分。

本部分代替 T/CACM 1021.70—2017。

本部分按照 GB/T 1.1—2009《标准化工作导则　第 1 部分：标准的结构和编写》给出的规则起草。

本部分代替 T/CACM 1021.70—2017，与 T/CACM 1021.70—2017 相比较，标准编号进行了调整，并重新进行了编辑。

本部分由中药材商品规格等级标准研究技术中心及道地药材国家重点实验室培育基地提出。

本部分由中华中医药学会归口。

本部分起草单位：辽宁中医药大学、中国中医科学院中药资源中心、山东省分析测试中心、中药材商品规格等级标准研究技术中心、北京中研百草检测认证有限公司。

本部分主要起草人：许亮、王冰、康廷国、梁勇满、陈思有、黄璐琦、郭兰萍、詹志来、王晓、刘伟、尹海波、张建逵、赵容。

本部分所代替标准的历次版本发布情况为：
——T/CACM 1021.70—2017。

中药材商品规格等级 牛蒡子

1 范围

本部分规定了牛蒡子的商品规格等级。

本部分适用于牛蒡子药材生产、流通以及使用过程中的商品规格等级评价。

2 规范性引用文件

下列文件对于本部分的应用是必不可少的。凡是注明日期的引用文件，仅所注明日期的版本适用于本部分。凡是不注明日期的引用文件，其最新版本（包括所有的修改版本）适用于本部分。

T/CACM 1021.1—2016 中药材商品规格等级编制通则

3 术语和定义

T/CACM 1021.1—2016 以及下列术语和定义适用于本部分。

3.1

牛蒡子　ARCTII FRUCTUS

菊科植物牛蒡 *Arctium lappa* L. 的干燥成熟果实。秋季果实成熟时采收果序，晒干，打下果实，除去杂质，再晒干。

3.2

瘪粒　*bieli*

指不受精的空粒和受精后不能发育的半空粒。

3.3

瘪粒率　shriveled grain rate

指单位牛蒡子中瘪粒所含的比率。

4 规格等级划分

根据市场流通情况，按照牛蒡子药材的饱满度、均匀度及杂质的多少等分为"选货"和"统货"两个等级。应符合表1要求。

表1 规格等级划分

等级	性状描述	
	共同点	区别点
选货	呈长倒卵形，略扁，长 0.5～0.7cm，宽 0.2～0.3cm。微弯曲，表面带紫黑色斑点，有数条纵棱，通常中间 1～2 条较明显。顶端圆钝，稍宽，顶面有圆环，中间具点状花柱残迹；	颗粒饱满、大小均匀，含杂率≤1.5%，瘪粒率≤3.0%
统货	基部略窄，有一小突起，凹侧有果梗痕。质硬。果皮较硬，与种子不易分离；种子 1 枚，子叶 2，黄白色，有油性。气微，味苦后微辛而稍麻舌	颗粒不饱满、大小不均匀，含杂率＜3.0%，瘪粒率≤5.0%

注1：当前药材市场牛蒡子规格无明显划分，但是颗粒饱满程度、均匀程度、含杂率较明显，因此应分为统货、选货。

注2：牛蒡子习称"大力子""牛大力""关大力"等。毛头牛蒡子、水飞蓟的果实与其外观十分相似，易混淆，应注意区分。

(1) 毛头牛蒡果实浅褐色，倒长卵形或偏斜倒长卵形，两侧压扁，有多数突起的细脉纹及深棕褐色的形状各异的色斑。

(2) 水飞蓟果实长倒卵形或椭圆形，表面淡灰棕色至黑褐色，光滑，有细纵花纹。顶端钝圆，稍宽，有一圆环，中间具点状花柱残迹，基部略窄。质坚硬。破开后可见子叶 2 片，浅黄白色，富油性。气微，味淡。

注3：关于牛蒡子药材历史产区沿革参见附录 A。

注4：关于牛蒡子药材品质评价沿革参见附录 B。

5 要求

除符合 T/CACM 1021. 1—2016 的第 7 章规定外，还应符合下列要求：

—— 无变色；

—— 不走油；

—— 无虫蛀；

—— 无霉变。

附录 A

（资料性附录）

牛蒡子药材历史产区沿革

牛蒡子始载于《名医别录》曰："恶实，味辛、平，无毒。主明目，补中，除风伤。根茎治伤寒、寒热、汗出、中风、面肿、消渴、热中逐水。久服轻身耐老。生鲁山平泽。"列为中品，记载了牛蒡子的功效主治，并提及了牛蒡子的产地。

唐代《新修本草》记录为："恶实，味辛、平，无毒。主明目，补中，除风伤。根茎治伤寒、寒热、汗出、中风、面肿、消渴、热中逐水。久服轻身耐老。生鲁山平泽。鲁山在邓州东北。其草叶大如芋，子壳如茺蔚子。根主牙齿疼痛，劳疟，脚缓弱，风毒痈疽，咳嗽伤肺，肺壅，疝瘕，积血，主诸风，症瘕，冷气。吞一枚，出痈疽头。《别录》名牛蒡，一名鼠粘草。"《新修本草》中提及了牛蒡子的详细功效主治和植物形态及根的功效。

宋代《本草图经》记载："叶如芋而长。实似葡萄核而褐色，外壳如栗球，小而多刺。鼠过之则缀惹不可脱，故谓之鼠粘子。"并记载"生鲁山平泽。今处处有之"。说明牛蒡子已经有广泛分布。

宋代《证类本草》记载："恶实，味辛、平、无毒。主明目，补中，除风伤。根茎治伤寒、寒热、汗出、中风、面肿、消渴、热中逐水。久服轻身耐老。生鲁山平泽，今处处有之。"文中介绍牛蒡子功效主治及分布广泛。

宋代《本草衍义》中记载："恶实是子也，今谓之牛蒡。未去萼时，又谓之鼠粘子，根谓之牛菜。疏风壅涎唾多，咽膈不利。微炒，同入荆芥穗各一两，甘草炙半两，并为末。食后、夜卧，汤点二钱服，当缓取效。子在萼中，萼上有细钩，多至百十，谓之芒则误矣。根长一二尺，粗如拇指，煮烂为菜。"文中介绍牛蒡子用法用量，及牛蒡子形态描述。

明代《本草纲目》中记载："时珍曰：牛蒡古人种子，以肥壤栽之。剪苗淘为蔬，取根煮曝为脯，云甚益人，今人亦罕食之。三月生苗，起茎高者三、四尺。四月开花成丛，淡紫色。结实如枫而小，萼细刺百十攒簇之，一有子数十颗。其根大者如臂，长者近尺，其色灰黵。七月采子，十月采根。"说明在明代牛蒡子已经开始栽培。

明代官修本草《本草品汇精要》记载："【地】（图经曰）生鲁山平泽，今处处有之。（道地）蜀州。"说明牛蒡子分布广泛，以蜀州为牛蒡子的道地。

附录 B

（资料性附录）

牛蒡子药材品质评价沿革

1963 年版《中国药典》："以粒大，饱满，外皮灰褐色者为佳。"

1977 年版《中国药典》："以粒大，饱满，外皮灰褐色者为佳。"

《中华本草》："以粒大，饱满、灰褐色者为佳。"

《500 味常用中药材的经验鉴别》："牛蒡子商品以粒大均匀，饱满，色质黑，无杂质，无瘪瘦粒者为佳。栽培品优于野生品。"

张贵军《现代中药材商品通鉴》："以粒大饱满，外皮灰黑色，无杂质者为佳。"

《金世元中药材传统鉴别经验》："以粒大饱满，无杂质者为佳。"

综上，结合近代文献对牛蒡子质量的描述，牛蒡子的品质评价以颗粒大而饱满、无杂质者为佳。

ICS 11.120.01
C 23

团 体 标 准

T/CACM 1021.122—2018
代替T/CACM 1021.101—2018

中药材商品规格等级 女贞子

Commercial grades for Chinese materia medica

LIGUSTRI LUCIDI FRUCTUS

2018-12-03 发布
2018-12-03 实施

中华中医药学会 发布

目　次

前　言

T/CACM 1021《中药材商品规格等级》标准分为 226 个部分：
——第 1 部分：中药材商品规格等级标准编制通则；
……
——第 121 部分：中药材商品规格等级　牛蒡子；
——第 122 部分：中药材商品规格等级　女贞子；
——第 123 部分：中药材商品规格等级　红景天；
……
——第 226 部分：中药材商品规格等级　玄明粉。
本部分为 T/CACM 1021 的第 122 部分。

本部分代替 T/CACM 1021. 101—2018。

本部分按照 GB/T 1. 1—2009《标准化工作导则　第 1 部分：标准的结构和编写》给出的规则起草。

本部分代替 T/CACM 1021. 101—2018，与 T/CACM 1021. 101—2018 相比较，标准编号进行了调整，并重新进行了编辑。

本部分由中药材商品规格等级标准研究技术中心及道地药材国家重点实验室培育基地提出。

本部分由中华中医药学会归口。

本部分起草单位：河北中医学院、中国中医科学院中药资源中心、中药材商品规格等级标准研究技术中心、河北省农科院药用植物研究中心、清华德人西安幸福制药有限公司、北京中研百草检测认证有限公司。

本部分主要起草人：谢晓亮、郑玉光、黄璐琦、郭兰萍、詹志来、张天天、薛紫鲸、木盼盼、曹兆军、刘红娜、范海刚。

本部分所代替标准的历次版本发布情况为：
——T/CACM 1021. 101—2018。

中药材商品规格等级 女贞子

1 范围

本部分规定了女贞子的商品规格等级。

本部分适用于女贞子药材生产、流通以及使用过程中的商品规格等级评价。

2 规范性引用文件

下列文件对于本部分的应用是必不可少的。凡是注明日期的引用文件，仅所注明日期的版本适用于本部分。凡是不注明日期的引用文件，其最新版本（包括所有的修改版本）适用于本部分。

T/CACM 1021.1—2016 中药材商品规格等级编制通则

3 术语和定义

T/CACM 1021.1—2016 以及下列术语和定义适用于本部分。

3.1

女贞子 LIGUSTRI LUCIDI FRUCTUS

本品为木犀科植物女贞 *Ligustrum lucidum* Ait. 的干燥成熟果实。冬季果实成熟时采收，除去枝叶，稍蒸或置沸水中略烫后干燥，或直接干燥。

4 规格等级划分

根据市场流通情况，女贞子药材商品均为统货。应符合表 1 要求。

表 1 规格等级划分

等级	性状描述
统货	本品呈卵形、椭圆形或肾形，长 6 ~ 8.5mm，直径 3.5 ~ 5.5mm。表面黑紫色或灰黑色，皱缩不平，基部有果梗痕或具宿萼及短梗。体轻。外果皮薄，中果皮较松软，易剥离，内果皮木质，黄棕色，具纵棱，破开后种子通常为 1 粒，肾形，紫黑色，油性。气微，味甘、微苦涩

注1：市场上女贞子存在销售未成熟果实（提前采收）现象，呈肾形，略干瘪，几乎无中果皮，成熟度不够，不建议使用，应注意鉴别。建议入药多使用成熟果实。

注2：关于女贞子药材历史产区沿革参见附录 A。

注3：关于女贞子药材品质评价沿革参见附录 B。

5 要求

除应符合 T/CACM 1021.1—2016 的第 7 章规定外，还应符合下列要求：

——无变色；

——无虫蛀；

——无霉变；

——杂质不得过 3%。

附录 A

（资料性附录）

女贞子药材历史产区沿革

女贞子始载于《神农本草经》，列为上品，名为女贞实，历代本草皆有记载。《神农本草经》记载："女贞实味苦平。主补中，安五藏，养精神，除百疾。久服肥健，轻身不老。生山谷。"书中只记载了女贞子的生长环境。

魏晋时期的《名医别录》记载："味甘，无毒。生武陵，立冬采。"其中武陵即指现在的湖南常德市。

梁代的陶弘景在其本草著作《本草经集注》中记载："味苦、甘，平，无毒。主治补中，安五脏，养精神，除百疾，久服肥健，轻身，不老，生武陵川谷。立冬采。"武陵即指现在的湖南常德市。

唐朝时期的《唐本草》中记载："味苦、甘，平，无毒。主补中，安五脏，养精神，除百疾，久服肥健，轻身不老。生武陵川谷。"唐慎微的《证类本草》云：女贞实，味苦、甘，平，无毒。主补中，安五脏，养精神，除百疾。久服肥健，轻身不老。生武陵川谷，立冬采。其中武陵即指现在的湖南常德市。

到了北宋时期，苏颂在《图经本草》中讲到："生武陵川谷，今处处有之。《山海经》云：泰山多贞木。是此木也。"其中的泰山即为现在的山东泰山一带。

明朝时期的许希周所著的《药性粗评》中："冬青子，一名女贞实。即今俗名冻青木也，江南山谷处处有之。"该书中指出女贞子生长在江南山谷之中。同时期的《太乙仙制本草药性大全》中记载："女贞实，一名冬青，一名冻生。生武陵川谷，今处处有之。"其中武陵即指现在的湖南常德市。

清朝时期《本草乘雅半偈》云："女贞实出武陵川谷，诸处时有，木有肌白腻，叶厚而柔，长者约四五寸，碧绿色，面深背淡，花有繁冗，结子累累满树而色褐，即蜡树也。"同时期的王翃所著的《握灵本草》中记载："女贞实处处有之，泰山者最有名。"此书中指出泰山上生长的女贞子最好。张志聪的《本草崇原》中记载："女贞木始出武陵山谷，今处处有之。"书中指出女贞子最早出现在湖南省常德市，清朝时期产地较多。

到了民国时期，《药物出产辨》云："产广东北三江、连州、乐昌等处。"

附录 B

（资料性附录）

女贞子药材品质评价沿革

古本草中对女贞子的品质评价很少，部分本草中记载了其产地来源，未对品质进行评价，现代的本草著作中可见女贞子的品质评价。

《陕西中药志》中认为女贞子以干燥、粒大、饱满、灰黑色及质坚实者为佳。

1963 年版《中国药典》认为女贞子以粒大、饱满、色灰黑、质坚实者为佳。

1977 年版《中国药典》认为女贞子以粒大、饱满、色黑紫者为佳。

《中国药材学》中认为女贞子以粒大、饱满、色黑紫者为佳。

《中华本草》中认为女贞子粒大、饱满、色黑紫者为佳。

《500 味常用中药材的经验鉴别》中认为女贞子商品以粒大、饱满、色灰黑、质坚实者为佳。

《现代中药材商品通鉴》中认为女贞子以粒大、饱满、质坚实、色灰黑为佳。

《中药大辞典》中认为女贞子以粒大、饱满、色蓝黑，质坚实者为佳。

《金世元中药材传统鉴别经验》中认为女贞子以粒大、饱满、色黑紫者为佳。

《中华药海》中认为女贞子以粒大、饱满、色蓝黑、质坚实者为佳。

综上所述，古本草中记载的女贞子多产自武陵常德市，到民国时期其产地才开始广泛，古本草中关于女贞子的品质评价几乎没有。市场上女贞子主要是以成熟度划分等级，因此结合本草书籍和市场调查认为女贞子以粒大、饱满、色蓝黑、质坚实者为佳。

ICS 11.120.01
C 23

团 体 标 准

T/CACM 1021.123—2018

代替T/CACM 1021.149—2018

中药材商品规格等级 红景天

Commercial grades for Chinese materia medica

RHODIOLAE CRENULATAE RADIX ET RHIZOMA

2018-12-03 发布　　　　　　　　　　　　　　　2018-12-03 实施

中华中医药学会 发布

目　次

前　言

T/CACM 1021《中药材商品规格等级》标准分为 226 个部分：
——第 1 部分：中药材商品规格等级标准编制通则；
……
——第 122 部分：中药材商品规格等级　女贞子；
——第 123 部分：中药材商品规格等级　红景天；
——第 124 部分：中药材商品规格等级　胡黄连；
……
——第 226 部分：中药材商品规格等级　玄明粉。

本部分为 T/CACM 1021 的第 123 部分。

本部分代替 T/CACM 1021. 149—2018。

本部分按照 GB/T 1.1—2009《标准化工作导则　第 1 部分：标准的结构和编写》给出的规则起草。

本部分代替 T/CACM 1021. 149—2018，与 T/CACM 1021. 149—2018 相比较，标准编号进行了调整，并重新进行了编辑。

本部分由中药材商品规格等级标准研究技术中心及道地药材国家重点实验室培育基地提出。

本部分由中华中医药学会归口。

本部分起草单位：北京城市学院、中国医学科学院药物研究所、中国中医科学院中药资源中心、中药材商品规格等级标准研究技术中心、石家庄以岭药业股份有限公司、北京中研百草检测认证有限公司。

本部分主要起草人：王丹、张培成、杨亚楠、黄璐琦、郭兰萍、詹志来、崔旭盛、马召、石登龙、杨光、李颖。

本部分所代替标准的历次版本发布情况为：
——T/CACM 1021. 149—2018。

中药材商品规格等级　红景天

1　范围

本部分规定了红景天的商品规格等级。

本部分适用于红景天药材生产、流通以及使用过程中的商品规格等级评价。

2　规范性引用文件

下列文件对于本部分的应用是必不可少的。凡是注明日期的引用文件，仅所注明日期的版本适用于本部分。凡是不注明日期的引用文件，其最新版本（包括所有的修改版本）适用于本部分。

T/CACM 1021.1—2016 中药材商品规格等级编制通则

3　术语和定义

T/CACM 1021.1—2016 以及下列术语和定义适用于本部分。

3.1

红景天　RHODIOLAE CRENULATAE RADIX ET RHIZOMA

本品为景天科植物大花红景天 *Rhodiola crenulata*（Hook. f. et Thoms.）H. Ohba 的干燥根和根茎。秋季花茎凋枯后采挖，除去粗皮，洗净，晒干。

4　规格等级划分

根据市场流通情况，将红景天药材分为"选货"和"统货"两个等级。应符合表1要求。

表1　规格等级划分

等级	性状描述
选货	根茎呈圆柱形，粗短，略弯曲，少数有分枝，长5～20cm，直径≥3.5cm。表面棕色或褐色，粗糙有褶皱，剥开外表皮有一层黄色膜质表皮且具粉红色花纹。主根呈圆柱形，粗短；断面橙红色或紫红色，有时具裂隙。气芳香，味微苦涩、后甜
统货	根茎呈圆柱形，粗短，略弯曲，少数有分枝，长5～20cm，直径2.9～4.5cm。表面棕色或褐色，粗糙有褶皱，剥开外表皮有一层黄色膜质表皮且具粉红色花纹。主根呈圆柱形，粗短；断面橙红色或紫红色，有时具裂隙。气芳香，味微苦涩、后甜

注1：《中国药典》规定产地加工需除去粗皮，当前药材市场红景天分为去粗皮和去皮两种情况。

注2：红景天药用部位为根和根茎，市场上有根和根茎混合、根和根茎两个药用部位分开销售的情况。

注3：市场存在较多切制的红景天厚片。

注4：市场上另有常见混淆品，习称小花红景天，其基原可能为圣地红景天，然非药典品，应当注意鉴别。

注5：红景天陈货不易达到药典标准，购买时除外观性状外，还应对药典中含量测定项下红景天苷含量进行检测。

注6：关于红景天药材历史产区沿革参见附录A。

注7：关于红景天药材品质评价沿革参见附录B。

5　要求

除应符合 T/CACM 1021.1—2016 的第7章规定外，还应符合下列要求：

——无虫蛀；

——无霉变。

附录 A

（资料性附录）

红景天药材历史产区沿革

红景天别名索罗玛布、参玛、米旺洛娃、洛门其兔。其中"索罗玛布"记载于《四部医典》，"参玛"记载于《蓝琉璃》，"米旺洛娃""洛门其兔"记载于《晶珠本草》。

红景天始载于《四部医典》，书中记载原名索罗玛布。《晶珠本草》曰："索罗玛布生长在高山、石山、草地、水边等。无论生长于何处，茎均为红色，根色如人肺；皮厚，气味大，茎多数，红色，较硬，全茎被叶。叶厚，簇生，有银色露状物。秋天叶、花、果实及种子皆红色，粗糙，尖端截形。"根据各地藏医用药，索罗玛布均为景天科植物，共计 3 属 10 种。其中红景天属有大花红景天、唐古特红景天、喜玛红景天、四裂红景天等 7 种。这七种红景天的形态与上述记载相近，尤其是前 3 种，秋天叶、花、种子皆红色，根色如人肺，更为符合上述记载，使用广泛。西藏各地藏医院以大花红景天为常用药材。现代文献中西藏红景天主产于西藏南部、云南北部、四川西北部。

附录 B

（资料性附录）

红景天药材品质评价沿革

　　我国使用红景天的历史悠久。清代就有人将它作为滋补强壮药，用来消除疲劳，抵御寒冷。在藏医巨著《四部医典》中，便有"神药苏罗玛宝"的记载，将其归为涩药部，记载红景天"性凉、清热、滋补元气"，称红景天为"长生不老草""九死还生草"。《神农本草经》第二十卷载，服用红景天"轻身益气、不老延年"，盛赞红景天"主养命以应天，无毒，多服、久服不伤人"，列其为上品之药；明代李时珍《本草纲目·草部》中称其为"本草上品"，有扶正固本、补气养血、清热润肺、醒脑明目、久服通神不老之功效。

ICS 11.120.01
C 23

团 体 标 准

T/CACM 1021.124—2018

代替T/CACM 1021.150—2018

中药材商品规格等级 胡黄连

Commercial grades for Chinese materia medica

PICRORHIZAE RHIZOMA

2018-12-03 发布

2018-12-03 实施

中华中医药学会 发布

目　次

前　言

T/CACM 1021《中药材商品规格等级》标准分为 226 个部分：

——第 1 部分：中药材商品规格等级标准编制通则；

……

——第 123 部分：中药材商品规格等级　红景天；

——第 124 部分：中药材商品规格等级　胡黄连；

——第 125 部分：中药材商品规格等级　藁本；

……

——第 226 部分：中药材商品规格等级　玄明粉。

本部分为 T/CACM 1021 的第 124 部分。

本部分代替 T/CACM 1021.150—2018。

本部分按照 GB/T 1.1—2009《标准化工作导则　第 1 部分：标准的结构和编写》给出的规则起草。

本部分代替 T/CACM 1021.150—2018，与 T/CACM 1021.150—2018 相比较，标准编号进行了调整，并重新进行了编辑。

本部分由中药材商品规格等级标准研究技术中心及道地药材国家重点实验室培育基地提出。

本部分由中华中医药学会归口。

本部分起草单位：北京城市学院、中国中医科学院中药资源中心、中药材商品规格等级标准研究技术中心、北京中研百草检测认证有限公司。

本部分主要起草人：王丹、黄璐琦、郭兰萍、詹志来、尉捷。

本部分所代替标准的历次版本发布情况为：

——T/CACM 1021.150—2018。

中药材商品规格等级　胡黄连

1　范围

本部分规定了胡黄连的商品规格等级。

本部分适用于胡黄连药材生产、流通以及使用过程中的商品规格等级评价。

2　规范性引用文件

下列文件对于本部分的应用是必不可少的。凡是注明日期的引用文件，仅所注明日期的版本适用于本部分。凡是不注明日期的引用文件，其最新版本（包括所有的修改版本）适用于本部分。

T/CACM 1021.1—2016 中药材商品规格等级编制通则

3　术语和定义

T/CACM 1021.1—2016 以及下列术语和定义适用于本部分。

3.1

胡黄连　PICRORHIZAE RHIZOMA

本品为玄参科植物胡黄连 *Picrorhiza scrophulariiflora* Pennell 的干燥根茎。秋季采挖，除去须根和泥沙，晒干。

4　规格等级划分

根据市场流通情况，将胡黄连药材分为"选货"和"统货"两个等级。应符合表1要求。

表1　规格等级划分

等级	性状描述
选货	呈圆柱形，略弯曲，偶有分枝，长3～12cm，直径≥0.6cm。表面灰棕色至暗棕色，粗糙，有较密的环状节，具稍隆起的芽痕或根痕，上端密被暗棕色鳞片状的叶柄残基。体轻，质硬而脆，易折断，断面略平坦，淡棕色至暗棕色，木部有4～10个类白色点状维管束排列成环。气微，味极苦
统货	呈圆柱形，略弯曲，偶有分枝，长3～12cm，直径0.3～1cm。表面灰棕色至暗棕色，粗糙，有较密的环状节，具稍隆起的芽痕或根痕，上端被暗棕色鳞片状的叶柄残基。体轻，质硬而脆，易折断，断面略平坦，淡棕色至暗棕色，木部有4～10个类白色点状维管束排列成环。气微，味极苦

注1：胡黄连在历史上为进口药材，主产于印度、尼泊尔、锡金。我国过去一直从印度进口，1960年中国医学科学院药物研究所在西藏发现了与印度胡黄连同属的植物西藏胡黄连，经研究，所含成分及苦味度与疗效同进口胡黄连相似，认为可与进口胡黄连同供药用。1977年版《中国药典》将胡黄连的来源由胡黄连（进口）*Picrorrhiza kurrooa* Benth. 改为胡黄连（西藏）*Picrorhiza scrophulariflora* Pennell 的干燥根茎。

注2：当前药材市场胡黄连，根据产地不同分为国产与进口两种，国产胡黄连即西藏胡黄连，为药典规定品种；进口胡黄连即印度胡黄连。

注3：关于胡黄连药材历史产区沿革参见附录A。

注4：关于胡黄连药材品质评价沿革参见附录B。

5　要求

除应符合 T/CACM 1021.1—2016 的第7章规定外，还应符合下列要求：

——无虫蛀；

——无霉变；

——杂质不得过3%。

附录 A

（资料性附录）

胡黄连药材历史产区沿革

胡黄连的生境分布最早记载于宋《开宝本草》，《开宝本草》曰："生胡国。"《本草图经》记载曰："生胡国，今南海及秦陇间亦有之。"《证类本草》曰："出波斯国，生海畔陆地。"

明代《医学统旨》曰："胡黄连，本出胡地，故名。出波斯国海畔陆地，今南海及秦陇间亦有之。"《太乙仙制本草药性大全》曰："出波斯国，生海畔陆地，又种生羌胡国土，因以胡黄连为名。"《本草纲目》曰："［集解苗］恭曰：胡黄连出波斯国，生海畔陆地。颂曰：今南海及秦陇间亦有之。"

1963 年版《中国药典》一部收载胡黄连均系野生，我国西藏有产，部位系进口。

徐国钧《中国药材学》收载胡黄连主产于西藏。

《中华本草》收载曰："胡黄连始载于《新修本草》，曰：'胡黄连出波斯国（今伊朗）。生海畔陆地。'《本草图经》曰：'今南海及秦陇间亦有之（今广东、陕西、甘肃）。'《本草图经》所载胡黄连之产地，今均未发现有分布。但药材形态则多有类似。胡黄连过去一直从印度进口。"

《中华本草·藏药卷》记载曰："根据各地藏医用药，洪连最佳的二类是从印度、尼泊尔等地（也即上部高原）的进口药，其原植物为玄参科的胡黄连，西藏藏医所用'洪连窍'则是西藏胡黄连。"

《中华药海》收载胡黄连均为进口，产地为印度，我国无栽培，西藏胡黄连野生于西藏南部、云南西北部。

金世元《金世元中药材传统鉴别经验》收载胡黄连为历史上的进口药材。主产于印度、尼泊尔、锡金，一向由香港转口，西藏胡黄连分布于喜马拉山区西部。

《中药植物原色图鉴》收载胡黄连生于海波 3600m 以上高寒地区的岩石上及石堆中或浅土层的向阳处，分布于我国西藏南部、云南北部、四川西北部。

《中药材及原植物彩色图鉴》收载胡黄连生境分布生于海拔 3600～4400m 的高寒地区的岩石上及石堆或草地。分布于四川西部、云南西北部及西藏东南部。

综合以上古文献及现代文献考证，古文献中胡黄连主产于印度、尼泊尔。

现代文献中西藏胡黄连主产于西藏南部、云南北部、四川西北部。

综合以上古文献及现代文献所述，胡黄连为历史上的进口药材，主产于印度、尼泊尔、锡金，一向由香港转口，西藏胡黄连分布海拔在 3600m 以上高寒地区的岩石上及石堆中或浅土层的向阳处，分布于我国西藏南部、云南北部、四川西北部。

附录 B

（资料性附录）

胡黄连药材品质评价沿革

宋《开宝本草》记载："折之尘出如烟者真，肉似鸜鹆眼者良。"《证类本草》描述为："苗若夏枯草、根头似乌嘴，折之肉似鸜鹆眼者良。"《本草纲目》描述为："苗若夏枯草，根头似乌嘴，折之肉似鸜鹆眼者良。"《本草经疏》描述为："折之尘如烟者真。肉似鸜鹆眼者良。"《本草汇言》描述为："根头似乌嘴，折之内黑外黄，似鸜鹆眼，尘出如烟者良。"

历代本草均以横断面内黑外黄，形似鸜鹆眼，折断时有尘如烟者为好。

1963 年版《中国药典》一部：以条粗、折断时有粉尘、断面灰黑色、有花白点、味苦者为佳。

1977 年版《中国药典》一部：以条粗、体轻、质脆、味苦重者为佳。

《500 味常用中药材的经验鉴别》：过去进口胡黄连分为胡连王、原胡连、统胡连三等。现均为统货，不分等级。西藏胡黄连：以根茎粗大，无细根，体轻质脆、苦味浓者为佳。进口胡黄连：以条粗、折断时有粉尘、断面灰黑色，味苦者为佳。

《金世元中药材传统鉴别经验》：进口胡黄连以条粗、折断时有粉尘飞出、断面灰黑色、味苦者为佳；西藏胡黄连以根茎粗壮、无细根、体轻质脆、苦味浓者为佳。

《新编中药志》：以条粗、体轻、质脆、苦味浓者为佳。

综上所述，胡黄连的品质评价，进口胡黄连以条粗、折断时有粉尘飞出、断面灰黑色、味苦者为佳；西藏胡黄连以根茎粗壮、无细根、体轻质脆、苦味浓者为佳。

ICS 11.120.01
C 23

团 体 标 准

T/CACM 1021.125—2018

代替T/CACM 1021.151—2018

中药材商品规格等级 藁本

Commercial grades for Chinese materia medica

LIGUSTICI RHIZOMA ET RADIX

2018-12-03 发布   2018-12-03 实施

中华中医药学会 发布

目　次

前　言

T/CACM 1021《中药材商品规格等级》标准分为 226 个部分：
——第 1 部分：中药材商品规格等级标准编制通则；
……
——第 124 部分：中药材商品规格等级　胡黄连；
——第 125 部分：中药材商品规格等级　藁本；
——第 126 部分：中药材商品规格等级　柏子仁；
……
——第 226 部分：中药材商品规格等级　玄明粉。

本部分为 T/CACM 1021 的第 125 部分。

本部分代替 T/CACM 1021.151—2018。

本部分按照 GB/T 1.1—2009《标准化工作导则　第 1 部分：标准的结构和编写》给出的规则起草。

本部分代替 T/CACM 1021.151—2018，与 T/CACM 1021.151—2018 相比较，标准编号进行了调整，并重新进行了编辑。

本部分由中药材商品规格等级标准研究技术中心及道地药材国家重点实验室培育基地提出。

本部分由中华中医药学会归口。

本部分起草单位：甘肃中医药大学、中国中医科学院中药资源中心、中药材商品规格等级标准研究技术中心、北京中研百草检测认证有限公司。

本部分主要起草人：晋玲、黄璐琦、郭兰萍、詹志来、黄得栋。

本部分所代替标准的历次版本发布情况为：
——T/CACM 1021.151—2018。

中药材商品规格等级 藁本

1 范围

本部分规定了藁本的商品规格等级。

本部分适用于藁本药材生产、流通以及使用过程中的商品规格等级评价。

2 规范性引用文件

下列文件对于本部分的应用是必不可少的。凡是注明日期的引用文件，仅所注明日期的版本适用于本部分。凡是不注明日期的引用文件，其最新版本（包括所有的修改版本）适用于本部分。

T/CACM 1021.1—2016 中药材商品规格等级编制通则

3 术语和定义

T/CACM 1021.1—2016 以及下列术语和定义适用于本部分。

3.1

藁本 LIGUSTICI RHIZOMA ET RADIX

本品为伞形科植物藁本 *Ligusticum sinense* Oliv. 或辽藁本 *Ligusticum jeholense* Nakai et Kitag. 的干燥根茎和根。秋季茎叶枯萎或次春出苗时采挖，除去泥沙，晒干或烘干。

4 规格等级划分

根据市场流通情况，按照产地及野生栽培的不同，将藁本药材分为"辽藁本野生品""辽藁本栽培品""藁本野生品"三个规格；在规格项下，根据是否进行等级划分，分成"选货"和"统货"两个等级。应符合表1要求。

表1 规格等级划分

规格	等级	性状描述	
		共同点	区别点
辽藁本野生品	选货	根茎呈不规则圆柱状或团块状。表面棕褐色，上端有数个丛生的叶基及突起的节，下端有多数细长而弯曲的根，根茎及根均有点状须根痕，气芳香，味苦辛，微麻	根长≥8.0cm，直径≥2.0cm
	统货		根长1.0～8.0cm，直径0.6～2.0cm
辽藁本栽培品	选货	不规则块状或圆柱状。表面棕褐色，上端残留数个细长而中空的地上茎，下端有多数细长而弯曲的根，根基根茎均有点状根痕，断面黄白色，有散在的细孔，质脆，易折断，气芳香，味苦辛，微麻	根长≥9.0cm，直径≥1.8cm
	统货		根长1.0～9.0cm，直径0.6～1.8cm
藁本野生品	选货	呈不规则结节状或团块状，稍扭曲，略有分支。表面黄棕色或暗棕色，有纵皱纹，栓皮易剥脱，上端有圆孔状茎基，下侧有少数须根及点状须根残痕，体轻，质较硬，断面黄白色或淡黄色，纤维性，气芳香，味苦、辛，微麻	根长≥7.4cm，直径≥1.6cm
	统货		根长3～7.4cm，直径1.0～1.6cm

注1：当前市场藁本药材存在混用情况。

注2：市售新疆藁本较多属于地方习用品需注意鉴别使用；市售有进口北朝鲜藁本［*Ligusticum tenuissimum*（Nakai）Kitagawa］和水藁本（*Ligusticum acuminatum* Franch）需注意鉴别使用。

注3：关于藁本药材历史产区沿革参见附录A。

注4：关于藁本药材品质评价沿革参见附录B。

5 要求

除应符合 T/CACM 1021.1—2016 的第 7 章规定外，还应符合下列要求：

——无变色；

——无虫蛀；

——无霉变；

——杂质不得过 3%。

附录 A

（资料性附录）

藁本药材历史产区沿革

藁本入药始载于秦汉时期的《神农本草经》，列为中品，书中记载原名本。《神农本草经》曰："味辛，温。主妇人疝瘕，阴中寒、肿痛，腹中急，除风头痛，长肌肤，悦颜色。一名鬼卿，一名地新。生山谷。"

隋代《桐君药录》说："今出宕州（今甘肃宕昌南阳）者，佳也。"

宋代苏颂《本草图经》记载藁本为："生崇山山谷，今西川（今四川）、河东州郡（今山西运城、临汾）及兖州（今山东西部）。"

明代李时珍《本草纲目》记载藁本为："古人香料用之，呼为本香。《山海经》名藁。《别录》：曰本，生崇山山谷。正月、二月采根曝干，三十日成。弘景曰：俗中皆用芎根须，其形气乃相类。"

明代陈家谟《本草蒙筌》记载藁本为："味辛、苦，气温。气浓味薄，升也，阳也，无毒。多产河东（今山西运城、临汾），亦生杭郡。春采根曝，三十日成。因其根上苗下，状与禾相同，故以本为名尔。"

明代卢之颐《本草乘雅半偈》记载："辛温，无毒。主妇人疝瘕，阴中寒肿痛，腹中急，除风头痛，长肌肤，悦颜色。曰：出西川（今四川），及河东（今山西运城、临汾）、兖州（今山东西部）、杭州诸处，多生山中。苗叶都似白芷，又似川芎而稍细。"

赵中振、肖培根主编的《当代药用植物典》描述为：藁本始载于《神农本草经》，列为中品。古代藁本原植物有2种，即分布于黄河上游及长江流域的藁本和黄河流域下游以北地区的辽藁本，与现代所用藁本主流品质一致。

附录 B

（资料性附录）

藁本药材品质评价沿革

唐代《新修本草》记录为："藁本今出宕州（今甘肃宕昌南阳）者佳也。"

1977 年版《中国药典》一部：均以香气浓者为佳。

《中华本草》：均以个大体粗、质坚，香气浓郁者为佳。

《北京市中药饮片炮制规范》（2008 年版）上册：以身干、质坚实、香气浓者为佳。

《500 味常用中药材的经验鉴别》：以个大，须根少，茎残基短，气香浓郁者为优。

《金世元中药材传统鉴别经验》中金世元主编描述为：均以身干、体长、质坚、香气浓者为佳。

综上所述中，藁本均以个大体粗、质坚，香气浓郁者为佳。

ICS 11.120.01
C 23

团 体 标 准

T/CACM 1021.126—2018

代替T/CACM 1021.182—2018

中药材商品规格等级 柏子仁

Commercial grades for Chinese materia medica

PLATYCLADI SEMEN

2018-12-03 发布

2018-12-03 实施

中华中医药学会 发布

目　　次

前　言

T/CACM 1021《中药材商品规格等级》标准分为 226 个部分：

——第 1 部分：中药材商品规格等级标准编制通则；

……

——第 125 部分：中药材商品规格等级　藁本；

——第 126 部分：中药材商品规格等级　柏子仁；

——第 127 部分：中药材商品规格等级　太子参；

……

——第 226 部分：中药材商品规格等级　玄明粉。

本部分为 T/CACM 1021 的第 126 部分。

本部分代替 T/CACM 1021.182—2018。

本部分按照 GB/T 1.1—2009《标准化工作导则　第 1 部分：标准的结构和编写》给出的规则起草。

本部分代替 T/CACM 1021.182—2018，与 T/CACM 1021.182—2018 相比较，标准编号进行了调整，并重新进行了编辑。

本部分由中药材商品规格等级标准研究技术中心及道地药材国家重点实验室培育基地提出。

本部分由中华中医药学会归口。

本部分起草单位：九州通中药材电子商务有限公司、中国中医科学院中药资源中心、中药材商品规格等级标准研究技术中心、北京中研百草检测认证有限公司。

本部分主要起草人：杨元、黄璐琦、郭兰萍、金艳、詹志来、黄本锐、张怀、林飞、蔡丽娟、崔灿。

本部分所代替标准的历次版本发布情况为：

——T/CACM 1021.182—2018。

中药材商品规格等级 柏子仁

1 范围

本部分规定了柏子仁的商品规格等级。

本部分适用于柏子仁药材生产、流通以及使用过程中的商品规格等级评价。

2 规范性引用文件

下列文件对于本部分的应用是必不可少的。凡是注明日期的引用文件，仅所注明日期的版本适用于本部分。凡是不注明日期的引用文件，其最新版本（包括所有的修改版本）适用于本部分。

T/CACM 1021.1—2016 中药材商品规格等级编制通则

3 术语和定义

T/CACM 1021.1—2016 以及下列术语和定义适用于本部分。

3.1

柏子仁 PLATYCLADI SEMEN

本品为柏科植物侧柏 *Platycladus orientalis*（L.）Franco 的干燥成熟种仁。秋、冬二季采收成熟种子，晒干，除去种皮，收集种仁。

4 规格等级划分

根据市场流通情况，按照含杂率、碎粒的比例，将柏子仁药材分成"选货"和"统货"两个等级。应符合表1要求。

表1 规格等级划分

等级	性状描述	
	共同点	区别点
选货	呈长卵形或长椭圆形，长 4~7mm，直径 1.5~3mm。表面黄白色或淡黄棕色，外包膜质内种皮，顶端略尖，有深褐色的小点，基部钝圆。质软，富油性。气微香，味淡	杂质<1%；碎粒<3%
统货		杂质>1%，且≤3%；碎粒<5%

注1：带壳的与药典中柏子仁性状不符。

注2：市场上出售的柏子仁所谓的 95 货、93 货杂质超过 3%，注意区分。

注3：碎的柏子仁是不可避免的，因此此在规格等级划分中也增加了破碎率来区分选货和统货。

注4：柏子仁易黄曲霉毒素超标。发霉的柏子仁肉眼就可以看出来，性状不符；没有发霉的柏子仁，肉眼看不出来，虽然黄曲霉毒素超标，但是只能靠检验手段来区分，肉眼无法区分，也无法在规格等级中用来区分等级。

注5：关于柏子仁药材历史产区沿革参见附录 A。

注6：关于柏子仁药材品质评价沿革参见附录 B。

5 要求

除应符合 T/CACM 1021.1—2016 的第 7 章规定外，还应符合下列要求：

——无虫蛀；

——无泛油；

——无霉变。

附录 A

（资料性附录）

柏子仁药材历史产区沿革

柏子仁的生境分布最早记载于秦汉时期的《神农本草经》，《神农本草经》曰："生山谷。"未明确具体位置。

魏晋时期《名医别录》描述为："生太山（即今山东泰山）。"生境分布为山东泰山。

南朝《本草经集注》描述为："柏处处有，当以太山（即今山东泰山）为佳，并忌取冢墓上也。"描述了以山东泰山产者为质量好。

唐代苏敬《新修本草》描述为："柏处处有，当以太山（即今山东泰山）为佳，并忌取冢墓上也。"描述了以山东泰山产者为质量好，并且不要取坟墓上的为药用。

宋代苏颂《本草图经》描述为："柏实生泰山（即今山东泰山）山谷，今处处有之，而干州（今陕西省乾县、武功、周至、礼泉等县地）者最佳。"描述了柏子仁生境处处都有，在以山东泰山产地为质量好的基础上，增加了陕西省乾县、武功、周至、礼泉等县地。

宋代《证类本草》描述为："生太山（即今山东泰山）山谷，当以太山（即今山东泰山）为佳，今子仁为出陕州（河南省三门峡市及陕县、卢氏、灵宝等县地）、宜州（今广西宜州市）为胜，太山无复采者。图经曰：柏实，生泰山（即今山东泰山）山谷，今处处有之，而乾州（今陕西省乾县、武功、周至、礼泉等县地）者最佳。"描述了柏子仁生长在泰山，并且以山东泰山、陕州（河南省三门峡市及陕县、卢氏、灵宝等县地）、宜州（今广西宜州市）、乾州（今陕西省乾县、武功、周至、礼泉等县地）产的质量为好。增加了陕州、宜州两个地方的质量为好的记载。

宋代陈衍宝《庆本草折衷》记载："生太山山谷，及陕、宜、乾、密、益州。今处处有之。"以上记载地点分别为山东泰山山谷，河南省三门峡市及陕县、卢氏、灵宝等县地，广西宜州市，陕西省乾县、武功、周至、礼泉等县地，山东省诸城（山东东南）、四川省、重庆市全境和陕西省南部，云南省西北部。

元代尚从善的《本草元命苞》记载："柏实生泰山（即今山东泰山）山谷，今在处有之，乾州（今陕西省乾县、武功、周至、礼泉等县地）者最上。"至元代尚从善的《本草元命苞》一直以乾州（今陕西省乾县、武功、周至、礼泉等县地）产的质量为好。

明代《本草品汇精要》记载了："【地】〔图经曰〕生泰山山谷陕州（河南省三门峡市及陕县、卢氏、灵宝等县地）、宜州（今广西宜州市）、益州（今天的四川省、重庆市全境和陕西省南部，云南省西北部）、终南山（今陕西省西安市南）。〔道地〕干州（今陕西省乾县、武功、周至、礼泉等县地）、密州（今现在的山东省诸城，在山东东南）。"至明代《本草品汇精要》首次按产地、道地的分布来描述柏子仁，其产地分布为山东泰山、陕州（河南省三门峡市及陕县、卢氏、灵宝等县地）、宜州（今广西宜州市）、益州（今天的四川省、重庆市全境和陕西省南部，云南省西北部）、终南山（今陕西省西安市南），道地分布为干州（今陕西省乾县、武功、周至、礼泉等县地）密州（今山东省诸城，在山东东南）。在明代以前记载中，均记载了以干州产的质量为好，说明了干州为柏子仁的道地药材。

明代卢之颐撰《本草乘雅半偈》描述为："处处有之，当以太山（即今山东泰山）、陕州（河南省三门峡市及陕县、卢氏、灵宝等县地）、宜州（今广西宜州市）、干陵（陕西干县梁山）者为胜。"描述了以山东泰山、河南省三门峡市及陕县、卢氏、灵宝等县地、广西宜州市、陕西干县梁山者为质量好。

明代许希周《药性粗评》记载："南北原野处处有之，以川陕（今川西高原和大凉山地区）、乾密等州（今陕西省乾县、武功、周至、礼泉等县地，山东省诸城，在山东东南）者为胜。"明代许希周《药性粗评》增加了以川陕（今川西高原和大凉山地区）这个地方的质量为好。

明代《本草蒙筌》记载为："干州（今陕西省乾县、武功、周至、礼泉等县地）独佳。"同样记载为陕西省乾县、武功、周至、礼泉等县地产的质量为好。

清代张志聪《本草崇原》描述为："柏木处处有之，其实先以太山（即今山东泰山）者为良，今以陕州（河南省三门峡市及陕县、卢氏、灵宝等县地）、宜州（今广西宜州市）、干州（今陕西省乾县、武功、周至、礼泉等县地）为胜。"描述了以山东泰山，河南省三门峡市及陕县、卢氏、灵宝等县地，广西宜州市，陕西省乾县、武功、周至、礼泉等县地产者为质量好。

吴其濬《植物名实图考长编》中的记载为："《名医别录》记载为生泰山山谷，柏叶优良。陶隐居（陶弘景）云：柏处处有，当以泰山（今山东泰山）为佳，并忌取冢墓上也。唐本草注：'今子仁为出陕州（河南省三门峡市及陕县、卢氏、灵宝等县地）、宜州（今广西宜州市），泰山无复采者。'图经：柏实生泰山山谷，今处处有之，而乾州者最佳。[陈承曰]陶隐居说柏忌家墓上者，而今乾州者皆是乾陵所出，他处皆无大者，但取其州土所宜，子实气味丰美可也。"吴其濬《植物名实图考长编》记载了泰山（今山东泰山）、陕州（河南省三门峡市及陕县、卢氏、灵宝等县地）、宜州（今广西宜州市）、乾州（今陕西省乾县、武功、周至、礼泉等县地）产的质量为好。

1963年版《中国药典》一部收载："柏子仁主产于山东、河南、河北等地。"

徐国钧《中国药材学》收载："柏子仁主产于山东、辽宁、河南、河北、陕西、湖北、甘肃、云南等地亦产"。

《中华本草》收载："柏子仁主产于山东、河北、河南，陕西、湖北、甘肃、云南等地亦产"。

《中药大全》收载："柏子仁主产于山东、山西、河北、河南、辽宁等地。"

张贵君《现代中药材商品通鉴》收载："柏子仁主产于山东济宁、荷泽、泰安，辽宁沈阳、凌源，河南许昌、信阳、南阳、开封，河北安国；此外，山西、内蒙古、江苏、安徽、浙江、四川等省区亦产"。

《实用本草纲目彩色图鉴》收载："柏子仁生于湿润肥沃地。石灰岩山地也有生长。分布于内蒙古南部，东北南部，经华北向南达广东、广西北部，西至陕西、甘肃，西南至四川、贵州、云南。"

《中国药材图鉴 中药材及混伪品鉴别》收载："柏子仁生于向阳山坡疏林中。除新疆、青海外，全国各地区多有栽植。"

《中华药海》收载："柏子仁主产山东、河南、河北。此外，陕西、湖北、甘肃、云南等地亦产。"

金世元《金世元中药材传统鉴别经验》收载："柏子仁分布极广，黄河流域广为栽培。主要分布长江以北各省、市、自治区（东北、新疆较少），主产于山东安丘、淄川、费县、邹县、菏泽、济宁；河南浙川、南阳、信阳、卢氏、灵宝、淇县；江苏盱眙、泗洪、新沂；河北平山、迁安、唐县、武安、承德；山西交城、原平、吉县；陕西洋县、旬阳、蓝田等地。"

以上古文献中记载柏子仁的产地为：生长在山谷中，以山东泰山山谷，陕西省乾县、武功、周至、礼泉、干县梁山等县地，河南省三门峡市及陕县、卢氏、灵宝等县地，广西宜州市所产者质量为好。

现代文献中记载柏子仁产地分布极广，主产于山东安丘、淄川、费县、邹县、菏泽、济宁、泰安，河南浙川、南阳、信阳、卢氏、灵宝、淇县、许昌、开封，河北平山、迁安、唐县、武安、承德、安国，陕西洋县、旬阳、蓝田，山西交城、原平、吉县。此外，甘肃、湖北、安徽、云南、内蒙古、江苏、浙江、广西、四川等省区也产。

综上，柏子仁以山东泰山山谷，河南三门峡市及陕县、卢氏、灵宝等县地，陕西省乾县、武功、周至、礼泉、干县梁山等县地，广西宜州市产者为好，河北、山西也为主产。此外，甘肃、湖北、安徽、云南、内蒙古、江苏、浙江、广西、四川等省区也产。

附录 B

（资料性附录）

柏子仁药材品质评价沿革

历代对柏子仁品质评价较少。南朝《本草经集注》记载："柏处处有，当以太山（今指山东泰山）为佳，并忌取冢墓上也。"说明以太山（今指山东泰山）产的质量为好。

唐代苏敬《新修本草》描述为："柏处处有，当以太山（即今山东泰山）为佳，并忌取冢墓上也。"说明以太山（今指山东泰山）产的质量为好，并且要求不要取坟墓上的侧柏。

宋代苏颂《本草图经》描述为："柏实生泰山（即今山东泰山）山谷，今处处有之，而干州（今陕西省乾县、武功、周至、礼泉等县地）者最佳。"说明以干州（今陕西省乾县、武功、周至、礼泉等县地）产的质量为好。

明代卢之颐撰《本草乘雅半偈》描述为："处处有之，当以太山（即今山东泰山）、陕州（河南省三门峡市及陕县、卢氏、灵宝等县地）、宜州（今广西宜州市）、干陵（陕西干县梁山）者为胜。"说明以太山（即今山东泰山）、陕州（河南省三门峡市及陕县、卢氏、灵宝等县地）、宜州（今广西宜州市）、干陵（陕西干县梁山）产的质量为好。

清代张志聪《本草崇原》描述为："柏木处处有之，其实先以太山（即今山东泰山）者为良，今以陕州（河南省三门峡市及陕县、卢氏、灵宝等县地）、宜州（今广西宜州市）、干州（今陕西省乾县、武功、周至、礼泉等县地）为胜。"说明以太山（即今山东泰山）者为良，今以陕州（河南省三门峡市及陕县、卢氏、灵宝等县地）、宜州（今广西宜州市）、干州（今陕西省乾县、武功、周至、礼泉等县地）产的质量为好。

从上述历代文献总结出柏子仁以山东泰山山谷，河南三门峡市及陕县、卢氏、灵宝等县地，陕西省乾县、武功、周至、礼泉、干县梁山等县地，广西宜州市产者为好。主要记载了产地方面的评价，柏子仁具体性状质量方面的评价较少，无品质方面的具体记载。

在近代文献中描述如下：

1963 年版《中国药典》一部收载："以颗粒充实，黄白色、油性大而不泛油，无皮壳及杂质者为佳。"

《中国药材学》收载："以粒充实、色嫩黄、油性大而不泛油者为佳。"

1977 年版《中国药典》一部收载："以粒饱满、色黄白者为佳。"

《中华本草》收载："以粒饱满、黄白色、油性大而不泛油、无皮壳杂质者为佳。"

《中药大全》收载："以颗粒充实，黄白色、不泛油，无皮壳者为佳。"

《现代中药材商品通鉴》收载："以子粗、饱满、黄白色、油性大而不泛油、无皮壳杂质者为佳。"

《中华药海》收载："以粒饱满、黄白色，油性大而不泛油，无皮壳杂质者为佳。"

《金世元中药材传统鉴别经验》收载："以粒饱满、油性大、不浸油、无杂质者为佳。"

综上，柏子仁的品质评价以颗粒饱满充实、黄白色、油性大而不泛油、无皮壳杂质者为佳。

ICS 11.120.10
C 10/29

团 体 标 准

T/CACM 1021.127—2018

代替T/CACM 1021.2—2016

中药材商品规格等级　太子参

Commercial grades for Chinese materia medica

PSEUDOSTELLARIAE RADIX

2018-12-03 发布　　　　　　　　　　　　　　2018-12-03 实施

中华中医药学会 发布

目　次

前　言

T/CACM 1021《中药材商品规格等级》标准分为 226 个部分：
——第 1 部分：中药材商品规格等级标准编制通则；
……
——第 126 部分：中药材商品规格等级　柏子仁；
——第 127 部分：中药材商品规格等级　太子参；
——第 128 部分：中药材商品规格等级　猪苓；
……
——第 226 部分：中药材商品规格等级　玄明粉。

本部分为 T/CACM 1021 的第 127 部分。

本部分代替 T/CACM 1021.2—2016。

本部分按照 GB/T 1.1—2009《标准化工作导则　第 1 部分：标准的结构和编写》给出的规则起草。

本部分代替 T/CACM 1021.2—2016，与 T/CACM 1021.2—2016 相比较，标准编号进行了调整，并重新进行了编辑。

本部分由中药材商品规格等级标准研究技术中心及道地药材国家重点实验室培育基地提出。

本部分由中华中医药学会归口。

本部分起草单位：贵阳中医学院、中国中医科学院中药资源中心、广西壮族自治区药用植物园、陕西中医药大学、山东省分析测试中心、内蒙古自治区中医药研究所、湖北中医药大学、昆明理工大学、广东药科大学、福建农林大学、贵阳中医学院、重庆市中药研究院、南京中医药大学、皖西学院、江西省中医药研究院、北京联合大学、新疆维吾尔自治区中药民族药研究所、中药材商品规格等级标准研究技术中心、广东太安堂药业股份有限公司、北京中研百草检测认证有限公司。

本部分主要起草人：周涛、康传志、黄璐琦、郭兰萍、金艳、江维克、缪剑华、唐志书、王晓、李旻辉、刘大会、崔秀明、杨全、张重义、张元、李隆云、严辉、韩邦兴、虞金宝、徐建国、杨光、詹志来、何雅莉。

本部分所代替标准的历次版本发布情况为：
——T/CACM 1021.2—2016。

中药材商品规格等级 太子参

1 范围

本部分规定了太子参的商品规格等级。

本部分适用于太子参药材生产、流通以及使用过程中的商品规格等级评价。

2 规范性引用文件

下列文件对于本部分的应用是必不可少的。凡是注明日期的引用文件，仅所注明日期的版本适用于本部分。凡是不注明日期的引用文件，其最新版本（包括所有的修改版本）适用于本部分。

T/CACM 1021.1—2016 中药材商品规格等级编制通则

3 术语和定义

T/CACM 1021.1—2016 以及下列术语和定义适用于本部分。

3.1

太子参 PSEUDOSTELLARIAE RADIX

石竹科植物孩儿参 *Pseudostellaria heterophylla*（Miq.）Pax ex Pax et Hoffm. 的干燥块根。夏季茎叶大部分枯萎时采挖，洗净，除去须根，置沸水中略烫后晒干或直接晒干。

3.2

上中部直径 *shangzhongbuzhijing*

药材块根全长中部的上折半处（约为全长四分之一处），最粗部位的直径。

3.3

50g 块根数 number of units equaling 50g

每 50g 太子参药材块根中的个数。

4 规格等级划分

根据市场流通情况，将太子参分为"选货"和"统货"两个等级。"选货"根据上中部直径和每 50g 块根数进行等级划分。应符合表 1 要求。

表 1 规格等级划分

等级		性状描述	
		共同点	区别点
选货	一等	长纺锤形，较短，直立。表面黄白色，少有纵皱纹，饱满，凹陷处有须根痕。质硬，断面平坦，淡黄白色或类白色。气微，味微甘。无须根	上中部直径≥0.4cm，每50g 块根数≤130 个，个头均匀
	二等		上中部直径≥0.3cm，每50g 块根数≤250 个，个头均匀
统货		细长纺锤形或长条形，稍弯曲。表面黄白色或棕黄色，纵皱纹明显，凹陷处有须根痕。质硬，断面平坦，淡黄白色或类白色。气微，味微甘	

注1：市场上贵州、安徽、山东、福建等地的太子参外观稍有差异，但各产区均以个体大小、均匀度、颜色等进行等级划分。

注2：当前市场太子参药材存在产地混杂情况。

注3：关于太子参药材历史产区沿革参见附录 A。

注4：关于太子参药材品质评价沿革参见附录 B。

5 要求

除应符合 T/CACM 1021.1—2016 的第 7 章规定外，还应符合下列要求：

——无变色；

——无虫蛀；

——无霉变；

——杂质不得过3%。

附录 A

（资料性附录）

太子参药材历史产区沿革

太子参之名始见于清代吴仪洛《本草从新》，在人参项下，与参须、参芦并列。谓："太子参，大补元气，虽甚细如条参，短紧坚实而有芦纹，其力不下大参。"赵学敏《本草纲目拾遗》引《百草镜》云："太子参即辽参之小者，非别种也，味甘苦，功同辽参。"所记载的太子参实为五加科人参的根之小者。中华人民共和国成立后，杭州一带药店所售的太子参也为五加科植物人参之小者。谢宗万在《中药材品种论述》中提出，虽然有《本草纲目拾遗》为依据，但本草正品太子参迄今尚无定论，此小条辽参仍以称人参为宜，不必与石竹科太子参相混。

《中药大辞典》描述太子参主产于江苏、安徽和山东。《中国道地药材》在太子参道地沿革中描述目前市售太子参系江苏民间草药发展起来的道地药材。谢宗万在《中药材品种论述》中提出，目前市售之太子参，主产于江苏、安徽与南京一带，而山东近亦栽培的太子参为石竹科孩儿参。此外，依据各省植物志的记载，野生太子参资源在辽宁省金县、庄河、桓仁，内蒙古乌兰察布盟、阿拉善盟，河北省秦皇岛、迁西、景县，山东省临沭、莒县，安徽省黄山、宣城、铜陵，江苏省句容、南京，浙江省杭州、临安、天台，陕西省西安、宝鸡，山西省长治，河南省焦作、新乡、鹤壁，湖北省通山、钟祥以及湖南省安化县等地区分布。

20 世纪 70 年代之后，太子参逐渐发展为栽培。据考证，太子参已有近百年的栽培历史，传统产区有山东、安徽、江苏、福建省区。江苏句容为太子参药材的道地产区。福建柘荣 1967 年从杭州玲珑山引种太子参，于 1972 年开始大面积种植。贵州施秉于 1993 年从福建柘荣引种太子参，并形成一定种植规模，现今的年产量占全国总产量的近三分之一。太子参的栽培主产区呈现从北到南变迁的趋势，形成了安徽宣州、福建柘荣、贵州施秉三大主产区。

附录 B

（资料性附录）

太子参药材品质评价沿革

1963 年版《中国药典》："以肥润、黄白色、无须根者为佳。"

《中国常用中药材》（1995 年，中国药材公司）："产区不分等级，商品以身干，条长粗肥，黄白色、无杂质不霉蛀者为佳。"

《中华本草》（1999 年）："以条粗、色黄白者为佳。"

综上，质量好的太子参商品外观特征一般为：块根短粗，呈纺锤形，饱满，直立不弯曲，表面黄白色，较光滑，断面平坦。无须根、杂质、霉变。本次制定太子参商品规格等级标准以现代文献对太子参药材的质量评价和市场调查情况为依据，根据太子参药材个子、重量、大小和色泽等方面进行评价、分级。

ICS 11.120.01
C 23

团 体 标 准

T/CACM 1021.128—2018
代替T/CACM 1021.173—2018

中药材商品规格等级　猪苓

Commercial grades for Chinese materia medica

POLYPORUS

2018-12-03 发布

2018-12-03 实施

中 华 中 医 药 学 会 发布

目　次

前　言

T/CACM 1021《中药材商品规格等级》标准分为 226 个部分：
——第 1 部分：中药材商品规格等级标准编制通则；
……
——第 127 部分：中药材商品规格等级　太子参；
——第 128 部分：中药材商品规格等级　猪苓；
——第 129 部分：中药材商品规格等级　川牛膝；
……
——第 226 部分：中药材商品规格等级　玄明粉。
本部分为 T/CACM 1021 的第 128 部分。
本部分代替 T/CACM 1021.173—2018。
本部分按照 GB/T 1.1—2009《标准化工作导则　第 1 部分：标准的结构和编写》给出的规则
起草。
本部分代替 T/CACM 1021.173—2018，与 T/CACM 1021.173—2018 相比较，标准编号进行了调
整，并重新进行了编辑。
本部分由中药材商品规格等级标准研究技术中心及道地药材国家重点实验室培育基地提出。
本部分由中华中医药学会归口。
本部分起草单位：康美药业股份有限公司、北京大学、康美（北京）药物研究院有限公司、西
北农林科技大学、陕西汉王略阳中药科技有限公司、广东康美药物研究院有限公司、中国中医科学院
中药资源中心、中药材商品规格等级标准研究技术中心、北京中研百草检测认证有限公司。
本部分主要起草人：许冬瑾、乐智勇、王弘、张跃进、孙建华、黄璐琦、郭兰萍、姜涛、黄龙
涛、白宗利、金艳、詹志来、杨光、何雅莉。
本部分所代替标准的历次版本发布情况为：
——T/CACM 1021.173—2018。

中药材商品规格等级　猪苓

1　范围

本部分规定了猪苓的商品规格等级。

本部分适用于猪苓药材生产、流通以及使用过程中的商品规格等级评价。

2　规范性引用文件

下列文件对于本部分的应用是必不可少的。凡是注明日期的引用文件，仅所注明日期的版本适用于本部分。凡是不注明日期的引用文件，其最新版本（包括所有的修改版本）适用于本部分。

T/CACM 1021.1—2016 中药材商品规格等级编制通则

3　术语和定义

T/CACM 1021.1—2016 以及下列术语和定义适用于本部分。

3.1

猪苓　POLYPORUS

本品为多孔菌科真菌猪苓 *Polyporus umbellatus*（Pers.）Fries 的干燥菌核。春、秋二季采挖，除去泥沙，干燥。

3.2

猪屎苓　*zhushiling*

多孔菌科真菌猪苓 *Polyporus umbellatus*（Pers.）Fries 的干燥菌核，个大，多呈类圆形或扁块状，离层少，分枝少或无分枝。

3.3

鸡屎苓　*jishiling*

多孔菌科真菌猪苓 *Polyporus umbellatus*（Pers.）Fries 的干燥菌核，个小，呈条形，离层多，分枝多。

4　规格等级划分

根据市场流通情况，按照形状大小，将猪苓药材分为"猪屎苓""鸡屎苓"两个规格。"猪屎苓"项下根据每千克所含个数进行等级划分。应符合表1要求。

表1　规格等级划分

规格	等级		性状描述	
			共同点	区别点
猪屎苓	选货	一等	多呈类圆形或扁块状、少有条形，离层少，分枝少或无分枝。长 5~25cm，直径 2~6cm。表面黑色、灰黑色或棕黑色，皱缩或有瘤状突起。形如猪屎。体轻，质硬，断面类白色或黄白色，略呈颗粒状。气微，味淡	每千克 <160 个
		二等		每千克 160~340 个
		三等		每千克 >340 个
	统货		多呈类圆形或扁块状、少有条形，离层少，分枝少或无分枝。长 5~25cm，直径 2~6cm。表面黑色、灰黑色或棕黑色，皱缩或有瘤状突起。大小不等，形如猪屎。体轻，质硬，断面类白色或黄白色，略呈颗粒状。气微，味淡	
鸡屎苓	统货		呈条形，离层多，分枝多。长 3~9cm。表面黑色、灰黑色或棕黑色，皱缩或有瘤状突起。形如鸡屎。体轻，质硬，断面类白色或黄白色，略呈颗粒状。气微，味淡	

规格	等级	性状描述	
		共同点	区别点
注1：药材市场多以饮片为主，少量药材。 注2：不同产地的猪苓菌核、同一产区野生和栽培的猪苓菌核，其外观性状差别均较大，交易时应根据需求，注意区分产地。 注3：关于猪苓药材历史产区沿革参见附录A。 注4：关于猪苓药材品质评价沿革参见附录B。			

5 要求

除应符合 T/CACM 1021.1—2016 的第7章规定外，还应符合下列要求：

——杂质不得过3%。

附录 A

（资料性附录）
猪苓药材历史产区沿革

猪苓始载于《神农本草经》，列为中品，曰："猪苓，味甘，平。主治痎疟，解毒，辟蛊疰不祥，利水道。久服轻身，耐老。一名猳猪矢。生衡山谷。"

魏晋《吴普本草》："如茯苓，或生冤句（今山东菏泽市）。八月采。"

唐《新修本草》："生衡山山谷及济阴（今山东省定陶县西北）、冤句。"

宋《本草图经》："猪苓，生衡山山谷及济阴、冤句，今蜀州、眉州亦有之。""旧说是枫木苓，今则不必枫根下，乃有生土底，皮黑作块似猪粪，故以名之。"

明《本草纲目》："生衡山山谷及济阴、冤句，今蜀州、眉州亦有之。"

民国《药材出产辨》："以陕西兴安县、江中府为佳。"

附录 B

（资料性附录）

猪苓药材品质评价沿革

南北朝《本草经集注》："是枫树苓，其皮至黑作块。肉白而实者佳，用之削去黑皮乃秤之。"

宋《本草图经》："旧说是枫木苓，今则不必枫根下，乃有生土底，皮黑作块似猪粪，故以名之。又名地乌桃。二月、八月采阴干，削去皮，肉白而实者佳。"

宋《绍兴本草》："生山东，取去皮、白实而不蛀者佳。"

清《本草备要》："多生枫树下。肉白而实者良。去皮用。"《本草从新》亦记载："肉白而实者良。"

民国《药材出产辨》："以陕西兴安县、江中府为佳。"

ICS 11.120.10
C 10/29

团 体 标 准

T/CACM 1021.129—2018

代替T/CACM 1021.43—2017

中药材商品规格等级 川牛膝

Commercial grades for Chinese materia medica

CYATHULAE RADIX

2018-12-03 发布

2018-12-03 实施

中 华 中 医 药 学 会 发布

目　次

前　言

T/CACM 1021《中药材商品规格等级》标准分为 226 个部分：

——第 1 部分：中药材商品规格等级标准编制通则；

……

——第 128 部分：中药材商品规格等级　猪苓；

——第 129 部分：中药材商品规格等级　川牛膝；

——第 130 部分：中药材商品规格等级　紫草；

……

——第 226 部分：中药材商品规格等级　玄明粉。

本部分为 T/CACM 1021 的第 129 部分。

本部分代替 T/CACM 1021.43—2017。

本部分按照 GB/T 1.1—2009《标准化工作导则　第 1 部分：标准的结构和编写》给出的规则起草。

本部分代替 T/CACM 1021.43—2017，与 T/CACM 1021.43—2017 相比较，标准编号进行了调整，并重新进行了编辑。

本部分由中药材商品规格等级标准研究技术中心及道地药材国家重点实验室培育基地提出。

本部分由中华中医药学会归口。

本部分起草单位：雅安三九中药材科技产业化有限公司、中国中医科学院中药资源中心、中药材商品规格等级标准研究技术中心、广东太安堂药业股份有限公司、北京中研百草检测认证有限公司。

本部分主要起草人：王巧、李莹露、徐攀辉、刘天成、黄璐琦、郭兰萍、金艳、江维克、詹志来、杨光、何雅莉。

本部分所代替标准的历次版本发布情况为：

——T/CACM 1021.43—2017。

中药材商品规格等级 川牛膝

1 范围

本部分规定了川牛膝的商品规格等级。

本部分适用于川牛膝药材生产、流通以及使用过程中的商品规格等级评价。

2 规范性引用文件

下列文件对于本部分的应用是必不可少的。凡是注明日期的引用文件，仅所注明日期的版本适用于本部分。凡是不注明日期的引用文件，其最新版本（包括所有的修改版本）适用于本部分。

T/CACM 1021.1—2016 中药材商品规格等级编制通则

3 术语和定义

T/CACM 1021.1—2016 以及下列术语和定义适用于本部分。

3.1

川牛膝 CYATHULAE RADIX

本品为苋科植物川牛膝 *Cyathula officinalis* Kuan. 的干燥根。秋、冬二季采挖，除去芦头、须根及泥沙，烘或晒至半干，堆放回润，再烘干或晒干。

3.2

上中部直径 *shangzhongbuzhijing*

药材干燥根全长中部的上折半处（约为全长四分之一处），最粗部位的直径。

3.3

同心环 *tongxinhuan*

川牛膝药材横断面上的异型维管，排列成数层同心性圆形的环圈纹。

4 规格等级划分

根据市场流通情况，将川牛膝药材分为"选货"和"统货"两个等级。"选货"项下根据上部直径分为三个等级。应符合表1要求。

表1 规格等级划分

等级		性状描述	
		共同点	区别点
选货	一等	呈近圆柱形，微扭曲，向下略细或有少数分枝，长30~60cm。表面黄棕色或灰褐色，具纵皱纹、支根痕和多数横长的皮孔样突起。质韧，不易折断，断面浅黄色或棕黄色，维管束点状，排列成数轮同心环。气微，味甜	上中部直径≥1.5cm
	二等		上中部直径≥1.0cm，<1.5cm
	三等		上中部直径<1.0cm，≥0.5cm
统货		呈近圆柱形，微扭曲，向下略细或有少数分枝，长30~60cm。表面黄棕色或灰褐色，具纵皱纹、支根痕和多数横长的皮孔样突起。质韧，不易折断，断面浅黄色或棕黄色，维管束点状，排列成数轮同心环。气微，味甜。中上部直径≥0.5cm，粗细不等	

注1：当前药材市场上有部分也将麻牛膝归入川牛膝，但麻牛膝 *Cyathual capitata*（Wall）Moq. 与川牛膝基原不同，为地方习惯用药品种，不符合药典规定。

注2：此外，目前市场上以及产地的川牛膝统货大部分没有将川牛膝的须根去掉，不符合药典规定。

注3：关于川牛膝药材历史产区沿革参见附录A。

注4：关于川牛膝药材品质评价沿革参见附录B。

5 要求

除应符合 T/CACM 1021.1—2016 的第 7 章规定外，还应符合下列要求：

——无芦头；

——无须根；

——无虫蛀；

——无霉变；

——杂质不得过 3%。

附录 A

（资料性附录）

川牛膝药材历史产区沿革

牛膝始载于《神农本草经》，记载"味苦平，生川谷"，未明确具体位置。魏晋陶弘景的《名医别录》中记载"生河内及临朐"。唐·孙思邈的《千金翼方》、宋·苏颂的《本草图经》载"生于河内川谷及临朐，今江淮、闽、粤、关中亦有之，然不及怀州者为真"。唐宋以及更早期的本草、方书并没有对牛膝的产地加以明确区分，但根据其对牛膝产地、原植物的描述，认为这些本草记载的牛膝多指怀牛膝，而非川牛膝。

明清时期，《本草纲目》中记载："惟北土及川中人家栽莳者为良。"《本草备要》中记载："牛膝苦酸而平，出西川及怀庆府，长大肥润者良。"《药品化义》："取川产而肥润根长者佳，去芦根用。"《本草备要》中记载："牛膝苦酸而平，出西川及怀庆府，长大肥润者良。"《本草求真》《本草便读》中记载："出于川者性味形质虽与续断相似。""川产者形同续断，补益功多。"

以上文献等均出现了对牛膝加以怀、川区分的文献描述，并且认为牛膝产地不同，其性状、功效不同，怀牛膝产于怀庆府（今河南省沁阳、焦作、武陟、修武、博爱等市县），以行瘀达下为主；而川牛膝产于西川（今四川中西部，成都平原一带），根条粗壮、质柔韧且分枝少，以补益肝肾见长。

近代许多著作对川牛膝产地变迁描述更为详细、准确。如《中药植物原色图鉴》《中华人民共和国药典中药材及原植物彩色图鉴》及《药材资料汇编》等均指出川牛膝产地主要分布于四川雅安、乐山、西昌，贵州，云南等省市。

附录 B

（资料性附录）

川牛膝药材品质评价沿革

明清以来，不少典籍对川牛膝药材性状、品质及功效等有了更完善的记载。清·汪昂《本草备要》："出西川及怀庆府，长大肥润者良。"清·黄宫绣《本草求真》："出于川者性味形质虽与续断相似，服之可无精滑之弊。杜牛膝较之川牛膝，微觉有别。牛膝出西川及怀庆府，长大肥润者良。"清·杨时泰《本草述钩元》："川牛膝粗而黄者能生精。"

近代许多著作对川牛膝的品质有更明确的描述。《陕西植物志》中记载："本品以干燥、粗壮、分歧少、外皮淡棕色、无沙土者为佳。"1963年版《中国药典》一部记载："以条大、质柔韧、断面色棕黄者为佳。条不均匀、体硬、断面灰白色、筋脉多者质次。"1977年版《中国药典》一部记载："以条粗壮、质柔韧、分枝少、断面色浅黄者为佳。"《中国药材学》中指出："本品以根粗、质韧、不易折断、断面暗棕色为佳。"2008版《北京市中药饮片炮制规范》记载："以条粗壮、质柔韧、分枝少、断面色浅黄者为佳。"《500味常用中药材的经验鉴别》中记载："本品以根粗壮，分枝少，无芦头，质柔韧，纤维少者为佳。各种产品中以天全、金口河所产之地道产品为最佳。栽培品质量通常优于野生品。"

综上所述，川西产区川牛膝为道地药材，川牛膝的历代品质评价主要以根条的粗细结合质地、颜色、分支等进行评价。为制定川牛膝商品规格等级标准提供了依据。

ICS 11.120.01
C 23

团 体 标 准

T/CACM 1021.130—2018

代替T/CACM 1021.191—2018

中药材商品规格等级 紫草

Commercial grades for Chinese materia medica

ARNEBIAE RADIX

2018-12-03 发布

2018-12-03 实施

中华中医药学会 发布

目 次

前　言

T/CACM 1021《中药材商品规格等级》标准分为226个部分：

——第1部分：中药材商品规格等级标准编制通则；

......

——第129部分：中药材商品规格等级　川牛膝；

——第130部分：中药材商品规格等级　紫草；

——第131部分：中药材商品规格等级　土茯苓；

......

——第226部分：中药材商品规格等级　玄明粉。

本部分为T/CACM 1021的第130部分。

本部分代替T/CACM 1021.191—2018。

本部分按照GB/T 1.1—2009《标准化工作导则　第1部分：标准的结构和编写》给出的规则起草。

本部分代替T/CACM 1021.191—2018，与T/CACM 1021.191—2018相比较，标准编号进行了调整，并重新进行了编辑。

本部分由中药材商品规格等级标准研究技术中心及道地药材国家重点实验室培育基地提出。

本部分由中华中医药学会归口。

本部分起草单位：河北百草康神药业有限公司、中国中医科学院西苑医院、中国中医科学院中药资源中心、中药材商品规格等级标准研究技术中心、北京中研百草检测认证有限公司。

本部分主要起草人：高峰、黄璐琦、郭兰萍、詹志来、李培红、高善荣、庞颖、田佳鑫、李坤玉。

本部分所代替标准的历次版本发布情况为：

——T/CACM 1021.191—2018。

中药材商品规格等级　紫草

1　范围

本部分规定了紫草的商品规格等级。

本部分适用于紫草药材生产、流通以及使用过程中的商品规格等级评价。

2　规范性引用文件

下列文件对于本部分的应用是必不可少的。凡是注明日期的引用文件，仅所注明日期的版本适用于本部分。凡是不注明日期的引用文件，其最新版本（包括所有的修改版本）适用于本部分。

T/CACM 1021.1—2016 中药材商品规格等级编制通则

3　术语和定义

T/CACM 1021.1—2016 以及下列术语和定义适用于本部分。

3.1

紫草　ARNEBIAE RADIX

本品为紫草科植物新疆紫草 *Arnebia euchroma*（Royle）Johnst. 或内蒙紫草 *Arnebia guttata* Bunge 的干燥根。春、秋二季采挖，除去泥沙，干燥。

3.2

毛头　*maotou*

指紫草原药材干燥后附带的茎叶残基。

4　规格等级划分

根据市场流通情况，按照基原的不同，将紫草药材分成新疆紫草一个规格；根据是否进行等级划分，分成"选货"和"统货"两个等级。"选货"项下根据个头、颜色等进行等级划分。应符合表1要求。

表1　规格等级划分

规格	等级		性状描述	
			共同点	区别点
新疆紫草	选货	一等	呈不规则的长圆柱形，多扭曲，长 7～20cm，直径 1～2.5cm。表面紫红色或紫褐色，皮部疏松，呈条形片状，常 10 余层重叠，易剥落。体轻，质松软，易折断，断面不整齐，木部较小，黄白色或黄色。气特异，味微苦、涩	条粗大、色紫红、皮厚、无毛头
		二等		条较细小、皮薄、偶见毛头，残留泥沙
	统货			条粗细大小不一

注1：目前市场中新疆紫草产量很小，以统货居多，但不同统货之间根据条的粗细、皮的薄厚、毛头残留比例决定其价格。

注2：当前药材市场紫草按照产地划分为新疆紫草和进口紫草，但进口紫草与《中国药典》不符，因此本次标准不制定此规格。

注3：关于紫草药材历史产区沿革参见附录A。

注4：关于紫草药材品质评价沿革参见附录B。

5　要求

除应符合 T/CACM 1021.1—2016 的第7章规定外，还应符合下列要求：

——无变色；

——不走油；

——无虫蛀；

——无霉变；

——杂质不得过3%。

附录 A

（资料性附录）

紫草药材历史产区沿革

紫草的分布最早记载于秦汉时期的《神农本草经》。《神农本草经》曰："生砀山山谷。"未明确具体位置。

魏晋时期《名医别录》描述为："生砀山及楚地。"应为今江苏、浙江、四川、广西、陕西、湖南、湖北一带。

南朝《本草经集注》描述为："生砀山山谷及楚地。三月采根，阴干。今出襄阳，多从南阳、新野来，彼人种之……平氏阳山紫草特好魏国以染色殊黑。比年东山亦种，色小浅于北者。"描述了以北者为质好。唐代苏敬《新修本草》描述与陶氏一致。

李时珍在《本草纲目》中收录："恭曰：所在皆有，人家或种之。苗似兰香，茎赤节青。二月开花紫白色。结实白色，秋月熟。"

明代《本草品汇精要》记载了："［地］《图经》曰：生砀山山谷及楚地，今处处有之。陶隐居云：襄阳、南阳。道地：单州、东京为胜。"认为单州、东京所产为佳（东京、单州分别为今河南开封、山东单县）。

吴其浚《植物名实图考》载："湘中徭峒及黔滇山中野生甚繁，根长粗紫黑，初生铺地，叶尖长浓密白毛长分许渐抽圆茎独立，亭亭高及人肩，四面生叶，叶亦有毛，夏开红筒子，花无瓣亦不舒放，茸跗半含柔枝盈，干茂盛四垂宛如璎珞，遵义府志叶似胡麻，干圆结子如苏麻子，秋后叶落干枯，其根始红，较诸书叙述尖而能类。"认为与今用滇紫草一致。

1963 年版《中国药典》一部收载软紫草主产于新疆，硬紫草主产于辽宁、湖南、湖北等地。其中（软紫草、硬紫草）均以条粗长、肥大、色紫、质软、皮厚、木心小者为佳。1990 年版《中国药典》一部增加为"新疆紫草、紫草（硬紫草）、内蒙紫草"。2005 年版《中国药典》一部改为只收载"软紫草"，产于新疆、内蒙古。

《中药材品种论述》第一版记载：新疆紫草 Arnebia euchroma （Royle） Johnst. 主产新疆伊犁哈萨克族自治州，紫草 (*Lithospermum erythrorhizon* Sieb. et Zucc.) "山东、山西、河南、湖南、湖北、贵州、甘肃、广西等省及东北均产"，滇紫草"主产云南及四川西昌、甘孜自治州"，火黄花紫草 (*Arnebia guttata* Bge.) 主产内蒙古。

《常用中药材品种整理和质量研究》（南方协作组 第一册）中对紫草的药源进行了详细的调查，认为：软紫草主产于新疆巴音郭楞蒙古自治州、伊犁哈萨克自治州、昌吉回族自治州、博尔塔拉蒙古自治州和克孜勒苏柯尔克孜自治州等地。全新疆分布面积约 200 万亩，蕴藏量 16000 吨，年收购约 130 吨，新疆紫草产量占全国紫草产量的 70% 以上，全自治区每年以收购 100 吨左右为宜；内蒙紫草主产区为内蒙古巴颜淖尔盟、乌兰察布盟、阿拉善盟，在新疆、西藏、甘肃、宁夏也有分布；紫草主产于河北和辽宁，销东北、华北。其他省区如山东、河南、江苏、安徽、江西、湖南、广西、贵州、四川、陕西、甘肃等地也有分布，产量较小；滇紫草产于云南昆明、大理、丽江等地，自产自销，四川和贵州也有分布；露蕊滇紫草分布于云南省大理、弥渡、华坪、蒙自、鹤庆、楚雄等地，四川西部也有分布；密花滇紫草产于云南和四川，在四川凉山州作紫草皮用。

徐国钧《中国药材学》收载新疆紫草主产于新疆，产量大，销全国大部分地区。紫草（硬紫草）主产于东北、华北。此外，长江流域中下游也产，销部分地区。并以根条粗长、色紫红、质软、皮厚、木心小、无残茎泥沙者为佳。

《中华本草》收载软紫草产于新疆，产量大，销全国大部分地区；硬紫草主产于东北、华北，销部分省区。此外，长江流域中下游亦产。黄花软紫草产于内蒙古、甘肃等地，自产自销。并以条粗长、肥大、色紫、皮厚、木心小者为佳。

张贵军《现代中药材商品通鉴》收载软紫草主产于新疆伊犁哈萨克族自治州、甘肃武都等地。硬紫草主产于黑龙江、吉林、辽宁、河北、河南、湖南、广西等地。内蒙紫草主产于内蒙古、甘肃等地，销全国各地。

卢赣鹏编著的《500味常用中药材的经验鉴别》收载：紫草商品主要来源于野生资源。新疆紫草主要分布于新疆天山南北部、西藏西部、甘肃省也有分布。主产于新疆叶城、察布查尔、和硕、阿图什、昭苏、温泉、塔什库尔干、乌恰、阿克苏、和静、木垒、阿合奇、博乐、伊宁、乌鲁木齐、霍城、精河、玛纳斯、乌苏、奇台、库车、裕民、托里、温宿、石河子、托克逊、乌什、柯坪、哈密。紫草分布于全国除西北外大部分地区，主产于吉林汪清、珲春、通化；辽宁本溪、义县等地。内蒙紫草分布于内蒙古、新疆、甘肃、宁夏，河北也有少量分布，主产于内蒙古阿拉善、乌拉特后、额尔古纳右、喀喇沁旗、林西、扎兰屯、阿鲁科尔沁、鄂伦春旗和宁城等地。传统仍以硬紫草为佳，主产于广西的老条紫草更为紫草中上品。硬紫草以条粗长、肥壮、暗紫色、质柔软、无残茎和杂质、皮厚木心小者为佳；以体细短、色淡、折断面黄白色、体硬并带残茎和泥土为次。软紫草以条粗大、暗紫色、质柔软、无残茎和杂质、外皮剥落者为佳。近年亦有认为软紫草质量不次于硬紫草者。

《中华药海》收载紫草分布于黑龙江、吉林、辽宁、河北、广西、贵州、江苏等地，新疆软紫草分布于新疆、西藏、甘肃等地；滇紫草分布于云南、西藏、四川、贵州等地。

《金世元中药材传统鉴别经验》收载新疆紫草主产于新疆昭苏、温泉、乌恰、木垒、阿克苏、博乐、伊宁，紫草主产于辽宁、吉林、黑龙江、河北、北京山区。内蒙古紫草主产于内蒙古阿拉善右旗、乌拉特后旗、额尔古纳等地。此外，近年来从新疆边贸进口有巴基斯坦、吉尔吉斯斯坦的紫草，亦属软紫草，并以条粗大、色紫、皮厚者为佳。

综合以上古文献及现代文献考证，发现古文献中用紫草为南方广泛种植品，明代认为河南开封、山东单县者为佳，另外云南、西藏、四川产的滇紫草也为古代常用品种。现代文献中收载紫草则以新疆、内蒙古所产紫草为佳。但经过对四个市场调研后发现，依据产地不同，市场上将紫草药材划分为"新疆紫草""内蒙紫草""进口紫草"。现安国、亳州、荷花池中药材市场上已没有"内蒙紫草"规格的商品，玉林市场上出现标有内蒙古产地的紫草，其性状与药典中不符，但与"进口紫草"相同。荷花池市场中产地标注为"云南"的紫草性状与药典中"新疆紫草""内蒙紫草"的描述均不符，实际为"进口紫草"。四个市场中"新疆紫草"产量也很小。目前市场上主流货为"进口紫草"，其基原暂不确定。据了解，进口紫草来源于巴基斯坦、阿富汗、塔吉克斯坦、吉尔吉斯斯坦等新疆周边国家，因为产量大，价格便宜，外观性状与新疆紫草类似，目前已经成为市场中紫草的主流商品。"进口紫草"又根据其外观性状不同，市场自发归类为"进口软皮紫草""进口硬皮紫草"。

附录 B

（资料性附录）

紫草药材品质评价沿革

1963 年版《中国药典》一部：（软紫草、硬紫草）均以条粗长、肥大、色紫、质软、皮厚、木心小者为佳。

1977 年版《中国药典》一部：（软紫草、硬紫草）均以条粗大、色紫、皮厚者为佳。

徐国钧《中国药材学》：本品以根条粗长、色紫红、质软、皮厚、木心小、无残茎泥沙者为佳。

《中华本草》：以条粗长、肥大、色紫、皮厚、木心小者为佳。

《新编中药志》按来源区分：新疆紫草以条粗大、色紫、质软，外皮成层剥离者为佳。内蒙紫草以条粗长肥大，色紫，皮厚木心小者为佳。

卢赣鹏编著的《500 味常用中药材的经验鉴别》：传统仍以硬紫草为佳，主产于广西的老条紫草更为紫草中上品。硬紫草以条粗长、肥壮、暗紫色、质柔软，无残茎和杂质、皮厚木心小者为佳；以体细短、色淡、折断面黄白色，体硬并带残茎和泥土为次。软紫草以条粗大、暗紫色、质柔软、无残茎和杂质、外皮剥落者为佳。近年亦有认为软紫草质量不次于硬紫草者。

《金世元中药材传统鉴别经验》：以条粗大、色紫、皮厚者为佳。

综上，历代对于紫草的规格等级划分强调产地质量因素，中华人民共和国成立前所使用紫草为硬紫草，中华人民共和国成立后扩充了软紫草作为新药源，并在此基础上结合性状，如以条粗大、色紫红、皮厚、无残茎泥沙者为佳，为制定紫草商品规格等级标准提供了依据。

ICS 11.120.01
C 23

团 体 标 准

T/CACM 1021.131—2018
代替T/CACM 1021.192—2018

中药材商品规格等级 土茯苓

Commercial grades for Chinese materia medica

SMILACIS GLABRAE RHIZOMA

2018-12-03 发布

2018-12-03 实施

中 华 中 医 药 学 会 发布

目　次

前　言

T/CACM 1021《中药材商品规格等级》标准分为226个部分：
——第1部分：中药材商品规格等级标准编制通则；
……
——第130部分：中药材商品规格等级　紫草；
——第131部分：中药材商品规格等级　土茯苓；
——第132部分：中药材商品规格等级　玉竹；
……
——第226部分：中药材商品规格等级　玄明粉。

本部分为T/CACM 1021的第131部分。

本部分代替T/CACM 1021.192—2018。

本部分按照GB/T 1.1—2009《标准化工作导则　第1部分：标准的结构和编写》给出的规则起草。

本部分代替T/CACM 1021.192—2018，与T/CACM 1021.192—2018相比较，标准编号进行了调整，并重新进行了编辑。

本部分由中药材商品规格等级标准研究技术中心及道地药材国家重点实验室培育基地提出。

本部分由中华中医药学会归口。

本部分起草单位：河北百草康神药业有限公司、中国中医科学院西苑医院、中国中医科学院中药资源中心、中药材商品规格等级标准研究技术中心、北京中研百草检测认证有限公司。

本部分主要起草人：高峰、黄璐琦、郭兰萍、詹志来、李培红、高善荣、庞颖、田佳鑫、吕端端。

本部分所代替标准的历次版本发布情况为：
——T/CACM 1021.192—2018。

中药材商品规格等级 土茯苓

1 范围

本部分规定了土茯苓的商品规格等级。

本部分适用于土茯苓药材生产、流通以及使用过程中的商品规格等级评价。

2 规范性引用文件

下列文件对于本部分的应用是必不可少的。凡是注明日期的引用文件，仅所注明日期的版本适用于本部分。凡是不注明日期的引用文件，其最新版本（包括所有的修改版本）适用于本部分。

T/CACM 1021.1—2016 中药材商品规格等级编制通则

3 术语和定义

T/CACM 1021.1—2016 以及下列术语和定义适用于本部分。

3.1

土茯苓 SMILACIS GLABRAE RHIZOMA

本品为百合科植物光叶菝葜 *Smilax glabra* Roxb. 的干燥根茎。夏、秋二季采挖，除去须根，洗净，干燥；或趁鲜切成薄片，干燥。

4 规格等级划分

根据市场流通情况，按照药材大小，将土茯苓药材分成"选货"和"统货"两个等级。应符合表1 要求。

表 1 规格等级划分

等级	性状描述	
	共同点	区别点
选货	呈不规则的片状，边缘不整齐。切面黄白色或红棕色，粉性，可见点状维管束及多数小亮点，水湿润后有黏滑感。气微，味微甘、涩	根据要求大小分档，或筛去小于1cm的药屑、小片
统货		大小不等，未去除药屑、碎片

注1：目前市场上土茯苓多为产于越南等周边国家的进口土茯苓，国产土茯苓因资源以及采挖成本等原因而相对较少。

注2：土茯苓干燥后不易润透，均为产地趁鲜切制。故市场未见原药材，均为切好的土茯苓片，因此该标准未对土茯苓原药材规格等级进行划分。

注3：目前市场还有菝葜（红土茯苓）、白土苓等易与土茯苓混淆，注意鉴别。

注4：市场上土茯苓含硫与否对价格影响不甚显著，但硫熏者质量较差，故同等规格的土茯苓无硫者为优。

注5：关于土茯苓药材历史产区沿革参见附录 A。

注6：关于土茯苓药材品质评价沿革参见附录 B。

5 要求

除应符合 T/CACM 1021.1—2016 的第 7 章规定外，还应符合下列要求：

——无变色；

——无虫蛀；

——无霉变；

——杂质不得过 3%。

附录 A

（资料性附录）

土茯苓药材历史产区沿革

李时珍《本草纲目》和李中立《本草原始》中记载"楚、蜀山箐中甚多"，提到土茯苓分布在湖北、四川山中较多，在《本草纲目》附方中有"江西所出色白者良"，这是古代本草文献中唯一一处提到土茯苓道地产区的记载。

清代《本草乘雅半偈》中记载土茯苓"生楚、蜀、闽、浙山箐，及海畔山谷中"，进一步扩大了土茯苓的生长环境。

《中药材手册》中记载："我国南方地区多有生产。"

《全国中药炮制规范》中记载："本品为百合科植物光叶菝葜 *Smilax glabra* Roxb. 的干燥根茎。均系野生。主产于广东、湖南、湖北、浙江、安徽、四川、江西等地。"

《中药大辞典》（第二版）记载土茯苓"生长于海拔 1800m 以下的林下、灌木丛中、河岸或山谷中，也见于林缘与疏林中。分布于长江流域以南及海南、云南、甘肃（南部）、台湾等地"，"主产于广东、湖南、湖北、浙江、四川、安徽等地"。

《中国医学百科全书 中医学》中记载土茯苓："主产于中国广东、湖南、湖北、浙江、四川、安徽等省。"

《药材资料汇编》记载："现时主产于浙江温州、兰溪；江苏镇江、苏州；广东，广西，福建，湖北，湖南，四川等地。"

《新编中药志》对土茯苓的分布和主产区分别做了统计，应该是中华人民共和国成立以后出版的本草文献中对土茯苓分布和产区总结最全面的。《新编中药志》中记载土茯苓分布于甘肃、陕西、江苏、安徽、浙江、江西、福建、台湾、湖北、湖南、广东、广西、四川、贵州、云南等省（自治区）；主产于广东、湖南、湖北、浙江、四川、安徽等省；此外，福建、江西、广西、江苏等地亦产。

徐国钧院士主编的《中草药彩色图谱》中记载："药材主产于广东、湖南、湖北、浙江、江苏、四川。"

《中药材鉴定图典》中记载土茯苓主产于广东、湖南、湖北、浙江等地。

《金世元中药材传统鉴别经验》中所持观点与《新编中药志》相同，认为土茯苓我国南方多有生产，主产于广东、湖南、湖北、浙江、安徽、四川等省。

《中华道地药材》中认为土茯苓分布于甘肃南部和长江流域以南各省区，直到台湾、海南岛和云南。浙江温州、兰溪、江苏镇江、苏州以及广东、广西、福建、湖南、湖北、四川等地均适宜其生产，尤以浙江温州最为适宜。

《全国中草药汇编》（第三版）中记载土茯苓生于山坡林下、路旁丛林及山谷向阳处。分布于华东、中南、西南及陕西等地。

附录 B

（资料性附录）

土茯苓药材品质评价沿革

土茯苓之名始载于梁代陶弘景的《本草经集注》，陶弘景在描述《本草经集注》"石部"项下禹余粮时特意指出："南人又呼平泽中有一种藤，叶如菝葜，根作块有节，似菝葜而色赤，根形似薯蓣，谓为禹余粮。言昔禹行山乏食，采此以充粮，而弃其余。此云白余粮也。"

明代李时珍《本草纲目》中对土茯苓描述甚详："土茯苓，楚、蜀山箐中甚多。蔓生如莶，茎有细点。其叶不对，状颇类大竹叶而质厚滑，如瑞香叶而长五、六寸。其根状如菝葜而圆，其大若鸡鸭子，连缀而生，远者离尺许，近或数寸，其肉软，可生啖。有赤、白二种，入药用白者良。"李时珍指出了土茯苓分布在湖北、四川的山林里，既指出了分布范围，又指出了生长环境，对原植物和土茯苓根茎的外观进行了描述；并指土茯苓有赤白之分，色白的土茯苓质量较好，这些记载比以前的本草记叙要详细甚多。

汪昂在《本草备要》中对土茯苓的产地分布、基原鉴别、规格等级等情况未做记载，唯一涉及土茯苓药材品质评价的记载："大如鸭子，连缀而生，俗名冷饭团。有赤白二种，白者良"。

此后，清代出版的《本草乘雅半偈》《本草从新》《本草求真》等本草记载中，也都提到"入药以白色者为良"，或者"白者良"。

中华人民共和国药政管理局出版《全国中药炮制规范》认为"药材以粉性足、筋脉少、断面色淡棕者为佳"。

《药材资料汇编》中"以身干，粉性大，筋脉少，断面淡棕色者为佳"。

《新编中药志》中以"断面淡棕色，粉性足者为佳。"

《现代商品学》中认为土茯苓"不分等级，均以外皮淡棕色、内心粉白色、筋少粉足者为佳"。

陈虎彪、赵中振主编的《中药材鉴定图典》中归纳："传统经验认为，以外皮淡棕色、质坚实、断面色白或淡红棕、筋脉少、粉性足者为佳"。

国医大师金世元先生认为："以身干、片大、粉性大、筋脉少、断面淡棕色者为佳。"

1963 年版《中国药典》一部指出：以淡棕色、粉性足、断面粗糙、筋脉少者为佳。

1977 年版《中国药典》一部性状中说道：以断面色淡棕、粉性足者为佳。

综上，古代医家对于土茯苓重功效而轻质量评价，没有提及道地产区、分布范围等问题，只有明代李时珍《本草纲目》中出现了"有赤、白二种，入药用白者良"的记载，后世医家也屡次提到肉质白色的土茯苓品质为佳。中华人民共和国成立后相关学者对土茯苓质量评价做了归纳，并且整理出"以身干、粉性大、筋脉少、断面淡棕色者为佳"为制定土茯苓商品规格等级标准提供了依据。

ICS 11.120.01
C 23

团 体 标 准

T/CACM 1021.132—2018

代替T/CACM 1021.193—2018

中药材商品规格等级 玉竹

Commercial grades for Chinese materia medica

POLYGONATI ODORATI RHIZOMA

2018-12-03 发布

2018-12-03 实施

中 华 中 医 药 学 会 发布

目　次

前　言

T/CACM 1021《中药材商品规格等级》标准分为 226 个部分：

——第 1 部分：中药材商品规格等级标准编制通则；

……

——第 131 部分：中药材商品规格等级　土茯苓；

——第 132 部分：中药材商品规格等级　玉竹；

——第 133 部分：中药材商品规格等级　桑叶；

……

——第 226 部分：中药材商品规格等级　玄明粉。

本部分为 T/CACM 1021 的第 132 部分。

本部分代替 T/CACM 1021.193—2018。

本部分按照 GB/T 1.1—2009《标准化工作导则　第 1 部分：标准的结构和编写》给出的规则起草。

本部分代替 T/CACM 1021.193—2018，与 T/CACM 1021.193—2018 相比较，标准编号进行了调整，并重新进行了编辑。

本部分由中药材商品规格等级标准研究技术中心及道地药材国家重点实验室培育基地提出。

本部分由中华中医药学会归口。

本部分起草单位：广西壮族自治区药用植物园、中国中医科学院中药资源中心、天津大学、浙江寿仙谷医药股份有限公司、中药材商品规格等级标准研究技术中心、北京中研百草检测认证有限公司。

本部分主要起草人：黄浩、韦树根、刘丽辉、缪剑华、韦坤华、黄璐琦、郭兰萍、詹志来、高文远、李振皓、李明焱。

本部分所代替标准的历次版本发布情况为：

——T/CACM 1021.193—2018。

中药材商品规格等级 玉竹

1 范围

本部分规定了玉竹的商品规格等级。

本部分适用于玉竹药材生产、流通以及使用过程中的商品规格等级评价。

2 规范性引用文件

下列文件对于本部分的应用是必不可少的。凡是注明日期的引用文件，仅所注明日期的版本适用于本部分。凡是不注明日期的引用文件，其最新版本（包括所有的修改版本）适用于本部分。

T/CACM 1021.1—2016 中药材商品规格等级编制通则

3 术语和定义

T/CACM 1021.1—2016 以及下列术语和定义适用于本部分。

3.1

玉竹 POLYGONATI ODORATI RHIZOMA

本品为百合科植物玉竹 *Polygonatum ordoratum*（Mill.）Druce 的干燥根茎。春、秋二季采挖，除去须根和泥沙，晒干。

3.2

长度 length

单个玉竹药材的长度。

3.3

直径 diametre

单个玉竹药材根茎中部的直径。

4 规格等级划分

根据市场流通情况，按照根茎的长度和直径进行等级划分，将玉竹药材分为"选货"和"统货"两个等级；"选货"项下根据长度、直径进行等级划分。应符合表1要求。

表1 规格等级划分

等级		性状描述	
		共同点	区别点
选货	一等	长圆柱形，略扁。表面黄白色或淡黄棕色，半透明，具纵皱纹和微隆起的环节，有白色圆点状的须根痕和圆盘状茎痕。质硬而脆或稍软，易折断，断面角质样或显颗粒性。气微，味甘，嚼之发黏	长度≥14cm，直径≥1.2cm
	二等		长度≥9cm，直径≥0.9cm
统货		圆柱形或略扁。表面黄白色或淡黄棕色，具纵皱纹和微隆起的环节，有白色圆点状的须根痕和圆盘状茎痕。质硬而脆或稍软，易折断，断面角质样或显颗粒性。气微，味甘，嚼之发黏。长度≥4cm，直径≥0.5cm	长短、直径不均一

注1：关于玉竹药材历史产区沿革参见附录A。
注2：关于玉竹药材品质评价沿革参见附录B。

5 要求

除应符合 T/CACM 1021.1—2016 的第7章规定外，还应符合下列要求：

——无变色；
——无虫蛀；
——无霉变；
——杂质不得过3%。

附录 A

（资料性附录）

玉竹药材历史产区沿革

玉竹产地始载于汉朝《神农本草经》"……生太山山谷"，为今山东省泰安市一带。

魏晋南北朝《名医别录》和《吴普本草》均有记载"立春后采，阴干，生太山山谷"。记载亦为今山东省泰安市一带。

宋朝《本草图经》记载"葳蕤，生泰山山谷丘陵，今滁州、舒州及汉中皆有之。叶狭而长，表白里青，亦类黄精。茎秆强直，似竹箭杆，有节；根黄多须，大如指，长一、二尺，或云可啖；三月开青花，结圆实。立春后采根，阴干用之"。产地除记载山东外，增加了滁州（今江苏省徐州市），舒州（今安徽省安庆市、舒城县），以及汉中（今陕西省汉中市）等分布地。

明代《救荒本草》记载"萎蕤，一名女萎，一名玉竹，生太山山谷及舒州、滁州、均州（今南阳府）、马鞍山亦有。苗高一二尺，茎斑……"。又增加了均州（今湖北省十堰市）和南阳（今河南省南阳市）二分布地。记录产地增加为山东、江苏、安徽、湖北、河南。

明朝李时珍著《本草纲目》（四库全书版）中记载"处处山中有之。其根横生似黄精，差小，黄白色，性柔多须，最难燥……"。产地的记录不仅前人所述的滁州、舒州、汉中、均州有分布，表明其他地方也有分布。

民国期间《中国药学大辞典》记录"产地：……北江（今广东韶关市区）连州乐昌（今广东省连州、乐昌）一带。名曰西竹……。有产河北北山（河北秦皇岛市抚宁县）一带，名海竹，又曰津竹。身短。味甜香浓厚。有产湖南名曰广竹。糖质与海竹同。凡山野邱谷之阴地间，恒有生焉"。产地增加了广东的分布记录。

《中国药材学》记载的产地为"黑龙江、吉林、辽宁、河北、河南、山东、山西、江苏、安徽、浙江、江西、台湾、湖南、湖北、陕西、甘肃、青海、内蒙古。主产于湖南、河南、江苏、浙江；安徽、江西及东北等地亦产。以湖南、河南产量大"。

肖培根著的《中药植物原色图鉴》记录，玉竹生于林下、林缘、灌草丛或山野阴湿地。分布于我国东北、华北、华东、西北及湖北、湖南等省。

《中华本草》记录"主产于浙江、湖南、广东、江苏、河南等地，江西、安徽、山东、辽宁、吉林等地亦产"。

《金世元中药材传统鉴别经验》记录为"我国野生玉竹分布较广，全国大部分地区均有出产。栽培玉竹主产于湖南耒阳、隆回、新宁、涟源、新化、桂阳；广东连县；江苏宜兴、南通、江门；浙江东阳、盘安、新昌、嵊州等地。以湖南产量大，质优"。

综上所述，古代本草记载玉竹最早发现产于山东，后来在安徽、湖北、河南、广东等省发现有分布。目前，我国东北、华北、华东、西北及湖北、湖南等省均有分布，并形成了以湖南为主的玉竹人工栽培产地。在走访调研亳州、荷花池和玉林等药材市场中，发现市面所售玉竹大部分为湘玉竹，且现代文献均表明湖南产玉竹产量大、品质佳。

附录 B

（资料性附录）

玉竹药材品质评价沿革

1963 年版《中国药典》记载"以条长、肉肥、黄白色、光泽柔润者为佳"。

1977 年版《中国药典》记载"以条长、肥壮、色黄白者为佳"。

《陕西中药志》记载"以条大、肥满、呈角质状者为佳"。

《中国药材学》记载"以条长、肥壮、色黄白、光泽柔润者为佳"。

《500 味常用中药材的经验鉴别》记载"以湖南所产量大质优，为地道产品……玉竹商品以条粗长、淡黄色饱满质结，半透明状，体重，糖分足者为佳。条细瘪瘦、色深体松或发硬，糖分不足者为次。以栽培之湘玉竹及海门玉竹为佳，其他地区栽培品亦优，野生品则较次"。湘玉竹即主产于湖南邵东、邵阳、耒阳等地的玉竹。

《中华药海（精华本）》记载"以条长、肉肥、黄白色、光泽柔润者为佳"。

《金世元中药材传统鉴别经验》记载"……栽培玉竹主产于湖南耒阳、隆回、新宁、涟源、新化、桂阳；广东连县；江苏宜兴、南通、江门；浙江东阳、盘安、新昌、嵊州等地。以湖南产量大，质优"。

《北京市中药饮片炮制规范》（2008 年版）记载"以条长、肥壮、色黄白、光泽柔润者为佳"。

综上，历代对于玉竹的规格等级均没有进行详细评价和划分。近代文献除了从产地评价其品质外，还从根茎的长度、粗细、色泽等外观对玉竹进行等级划分，以根状茎条长、粗壮、黄白色、光泽柔润的玉竹质量优。

因此，玉竹的等级标准主要以 1963 年版《中国药典》的描述"条长、肉肥、黄白色、光泽柔润者为佳"为基础，结合产地、市场实际，按玉竹药材长度、直径和色泽对其规格等级进行评价。

ICS 11.120.10
C 10/29

团 体 标 准

T/CACM 1021.133—2018
代替T/CACM 1021.26—2017

中药材商品规格等级 桑叶

Commercial grades for Chinese materia medica

MORI FOLIUM

2018-12-03 发布   2018-12-03 实施

中华中医药学会 发布

目　次

前　言

T/CACM 1021《中药材商品规格等级》标准分为 226 个部分：
——第 1 部分：中药材商品规格等级标准编制通则；
......
——第 132 部分：中药材商品规格等级　玉竹；
——第 133 部分：中药材商品规格等级　桑叶；
——第 134 部分：中药材商品规格等级　桑白皮；
......
——第 226 部分：中药材商品规格等级　玄明粉。
本部分为 T/CACM 1021 的第 133 部分。

本部分代替 T/CACM 1021.26—2017。

本部分按照 GB/T 1.1—2009《标准化工作导则　第 1 部分：标准的结构和编写》给出的规则起草。

本部分代替 T/CACM 1021.26—2017，与 T/CACM 1021.26—2017 相比较，标准编号进行了调整，并重新进行了编辑。

本部分由中药材商品规格等级标准研究技术中心及道地药材国家重点实验室培育基地提出。

本部分由中华中医药学会归口。

本部分起草单位：江苏大学、中国中医科学院中药资源中心、无限极（中国）有限公司、中药材商品规格等级标准研究技术中心、北京中研百草检测认证有限公司。

本部分主要起草人：欧阳臻、黄璐琦、郭兰萍、詹志来、谢鲁灵枫、王笃军、王丹、成胜荣、闻崇炜、余意、马方励。

本部分所代替标准的历次版本发布情况为：
——T/CACM 1021.26—2017。

中药材商品规格等级 桑叶

1 范围

本部分规定了桑叶的商品规格等级。

本部分适用于桑叶药材生产、流通以及使用过程中的商品规格等级评价。

2 规范性引用文件

下列文件对于本部分的应用是必不可少的。凡是注明日期的引用文件，仅所注明日期的版本适用于本部分。凡是不注明日期的引用文件，其最新版本（包括所有的修改版本）适用于本部分。

T/CACM 1021.1—2016 中药材商品规格等级编制通则

3 术语和定义

T/CACM 1021.1—2016 以及下列术语和定义适用于本部分。

3.1

桑叶 MORI FOLIUM

本品为桑科植物桑 *Morus alba* L. 的干燥叶。初霜后采收，除去杂质、晒干。

4 规格等级划分

根据市场流通情况，该药材商品均为统货。应符合表1要求。

表1 规格等级划分

等级	性状描述
统货	本品多皱缩、破碎。完整者有柄，叶片展平后呈卵形或宽卵形。长8~15cm，宽7~13cm。先端渐尖，基部截形、圆形或心形，边缘有锯齿或钝锯齿，有的不规则分裂。上表面多为黄绿色或浅黄棕色，有的有小疣状突起；下表面颜色稍浅，叶脉突出，小脉网状，脉上被疏毛，脉基具簇毛。质脆。气微，味淡、微苦涩

注1：当前药材市场上桑叶规格分为青桑叶、霜桑叶两种，青桑叶为夏、秋季霜前或无霜地区采收的桑叶，霜桑叶为初霜后采收的桑叶。

注2：青桑叶其叶片色绿而薄，质稍软；霜桑叶多为黄绿色或浅黄棕色，质脆。《中国药典》规定，桑叶为初霜后采收，市场上所售青桑叶不符合药典要求，因此不对其制定标准。

注3：市场上还有部分霜桑叶为霜后落叶，其不符合药典标准，应为不合格品，需注意鉴别。

注4：关于桑叶药材历史产区沿革参见附录A。

注5：关于桑叶药材品质评价沿革参见附录B。

5 要求

除应符合 T/CACM 1021.1—2016 的第7章规定外，还应符合下列要求：

——无虫蛀；

——无霉变；

——杂质不得过3%。

附录 A

（资料性附录）

桑叶药材历史产区沿革

　　桑叶入药始载于秦汉时期的《神农本草经》，《神农本草经》曰："桑根白皮，味甘寒。主伤中，五劳六极，羸瘦，崩中，脉绝，补虚益气。叶主除寒热出汗。桑耳黑者，主女子漏下，赤白汁，血病，症瘕积聚，阴补阴阳，寒热，无子。五木耳名糯，益气不饥，轻身强志。生山谷。"

　　南朝时期《本草经集注》记载："叶：主除寒热，出汗。汁：解蜈蚣毒。生犍（即今四川省犍为县）为山谷。"

　　宋代苏颂《图经本草》记载："不着所出州土，今处处有之。"

　　明代陈嘉谟《本草蒙筌》记载："山谷出少，家园植多。"

　　清代张志聪《本草崇原》记载："桑处处有之，而江浙独盛。"

　　民国时期《中国药学大辞典》记载："陈仁山《药物生产辨》云：桑叶产广东以南海，顺德为最。凡江浙养蚕区域恒多生焉。"

　　1962 年《陕西中药志》记载："到处皆产，以关中各县较多。野生或栽培。全省年产量约50000 斤。"

　　1963 年版《中国药典》记载："全国大部分地区均有分布，主产于江苏、浙江等地。"

　　1996 年版徐国钧《中国药材学》记载："全国各地有栽培。生于村旁、田埂、山坡。"

　　1999 年《中华本草》记载："生态环境：生于丘陵、山坡、村旁、田野等外，多为人工栽培。资源分布：分布于全国各地。"

　　2001 年张贵君《现代中药材商品通鉴》记载："全国各地均有生产。"

　　2002 年肖培根《新编中药志》记载："生于山地，常栽培于村旁、地边、田间或山坡及城市住家附近。分布于全国各省（自治区），主为栽培，尤以江苏、浙江一带为多。"

　　2006 年《中药大辞典》记载："主产于江苏、浙江、安徽、湖南、河北、四川。"

　　2010 年冉先德《中华药海》记载："全国各地有栽培，以江苏、浙江一带为多。"

　　2010 年金世元《金世元中药材传统鉴别经验》记载："桑叶商品野生、栽培均有，但以栽培为主。全国大部分地区均有分布。以南方养蚕区产量较大，如安徽、江苏、浙江、四川、湖南、河南等省区，主产于浙江湖州、嘉兴；江苏苏州、无锡、丹阳、镇江等地。"

附录 B

（资料性附录）

桑叶药材品质评价沿革

宋代苏颂《本草图经》记载："桑叶以夏秋再生者为上，霜后采之。"宋代的《开宝本草》记载："霜后叶煮汤，淋渫手足，去风痹殊胜。"

明代的《本草蒙筌》记载："叶采经霜者煮汤，洗眼去风泪殊胜。盐捣敷蛇虫蜈蚣咬毒，蒸捣扑损瘀血滞凝。煎代茶，消水肿脚浮，下气令关节利。"

清代《本草崇原》记载："或值桑落时，干者亦堪用，但力不如新采者。"《本草新编》记载："所用桑叶，必须头次为妙，采后再生者，功力减半矣。桑叶采叶如茶，种大者第一，再大者次之，再小者又次之。与其小，无宁大也。"《本草纲目拾遗》记载："桑叶采过二桑者勿用，只采过头叶，其二叶力全，至大雪后，犹青于枝上，或黄枯于枝上，皆可用。须经大雪压过，次日雪晴采下，线穿悬户阴干，其色多青黑色，风吹作铁气声，故名铁扇子。冬至后采者良。"

1996 年的《中国药材学》记载："本品以色青黄，完整，无枝梗者为佳。"

1999 年的《中华本草》记载："本品以色青黄，完整，无枝梗者为佳。"

2001 年的《现代中药材商品通鉴》记载："一般认为经霜后的桑叶品质较佳。"

2010 年的《中华药海》记载："以叶片完整、大而厚、色黄绿、质碎、无杂质者为佳。习惯应用桑叶以经霜得为好，称'霜桑叶'或'冬桑叶'。"

2010 年的《金世元中药材传统鉴别经验》记载："品质以叶大、叶厚、筋脉突出、黄绿色握之刺手者为佳。"

综上，历代对桑叶的采收有经霜的要求，以霜桑叶为佳。此外，采摘叶大而厚的质量较好。为制定桑叶商品规格等级标准提供了依据。

ICS 11.120.10
C 10/29

团 体 标 准

T/CACM 1021.134—2018
代替T/CACM 1021.24—2017

中药材商品规格等级 桑白皮

Commercial grades for Chinese materia medica

MORI CORTEX

2018-12-03 发布

2018-12-03 实施

中 华 中 医 药 学 会 发布

目　次

前　言

T/CACM 1021《中药材商品规格等级》标准分为 226 个部分：
——第 1 部分：中药材商品规格等级标准编制通则；
……
——第 133 部分：中药材商品规格等级　桑叶；
——第 134 部分：中药材商品规格等级　桑白皮；
——第 135 部分：中药材商品规格等级　桑椹；
……
——第 226 部分：中药材商品规格等级　玄明粉。
本部分为 T/CACM 1021 的第 134 部分。
本部分代替 T/CACM 1021.24—2017。
本部分按照 GB/T 1.1—2009《标准化工作导则　第 1 部分：标准的结构和编写》给出的规则起草。
本部分代替 T/CACM 1021.24—2017，与 T/CACM 1021.24—2017 相比较，标准编号进行了调整，并重新进行了编辑。
本部分由中药材商品规格等级标准研究技术中心及道地药材国家重点实验室培育基地提出。
本部分由中华中医药学会归口。
本部分起草单位：江苏大学、中国中医科学院中药资源中心、中药材商品规格等级标准研究技术中心、北京中研百草检测认证有限公司。
本部分主要起草人：欧阳臻、黄璐琦、郭兰萍、詹志来、袁婷、王丹、魏渊、王琳炜、赵明。
本部分所代替标准的历次版本发布情况为：
——T/CACM 1021.24—2017。

中药材商品规格等级 桑白皮

1 范围

本部分规定了桑白皮的商品规格等级。

本部分适用于桑白皮药材生产、流通以及使用过程中的商品规格等级评价。

2 规范性引用文件

下列文件对于本部分的应用是必不可少的。凡是注明日期的引用文件，仅所注明日期的版本适用于本部分。凡是不注明日期的引用文件，其最新版本（包括所有的修改版本）适用于本部分。

T/CACM 1021.1—2016 中药材商品规格等级编制通则

3 术语和定义

T/CACM 1021.1—2016 以及下列术语和定义适用于本部分。

3.1

桑白皮 MORI CORTEX

桑科植物桑 *Morus alba* L. 的干燥根皮。秋末叶落时至次春发芽前采挖根部，刮去黄棕色粗皮，纵向剖开，剥取根皮，晒干。

4 规格等级划分

根据市场流通情况，按照颜色、厚度等，将桑白皮药材分成"选货"和"统货"两个等级。应符合表1要求。

表1 规格等级划分

等级	性状描述	
	共同点	区别点
选货	本品呈扭曲的卷筒状、槽状或板片状，长短宽窄不一。内表面黄白色或灰黄色，有细纵纹。体轻、质韧，纤维性强，难折断，易纵向撕裂，撕裂时有粉尘飞扬。气微，味微甘	外表面白色或淡黄白色，较平坦，厚度≥0.3cm。刮皮率≥80%
统货		外表面黄白色，有的残留橙黄色或棕黄色鳞片状粗皮，厚度0.1~0.4cm。刮皮率≥50%

注1：当前药材市场桑白皮有刮皮和未刮皮两种规格，分刮皮选货、刮皮统货和未刮皮统货。

注2：未刮皮的桑白皮药材，与《中国药典》要求不符，因此，本次标准不制定未刮皮桑白皮规格等级。

注3：当前药材市场上大部分为切制后的桑白皮丝，原药材较少，应当注意鉴别。桑白皮丝在市场亦有选货、统货之分。

注4：关于桑白皮药材历史产区沿革参见附录A。

注5：关于桑白皮药材品质评价沿革参见附录B。

5 要求

除应符合 T/CACM 1021.1—2016 的第7章规定外，还应符合下列要求：

——无虫蛀；

——无霉变；

——杂质不得过3%。

附录 A

（资料性附录）

桑白皮药材历史产区沿革

桑白皮始载于秦汉时期《神农本草经》，名为桑根白皮，列为中品，"味甘寒，主伤中，五劳六极，羸瘦，崩中，脉绝，补虚益气。生山谷"。

南北朝《本草经集注》："生犍为（即今四川省犍为县）山谷。"说明南北朝时期桑白皮的产地为四川省犍为县。

唐代《新修本草》："生犍为山谷。"说明唐代时，桑白皮的产地为四川省犍为县。

宋代《本草图经》："桑根白皮，《本经》不著所出州土，今处处有之。"说明从宋代开始，桑白皮产地扩大，开始处处有之。

明代《救荒本草》："本草有桑根白皮旧不载所出州土处处有之。"说明明代时桑白皮处处有之。

清代《本草崇原》："桑处处有之，而江浙独盛。"说明清代时桑各地均有分布，江浙地带生长最多。

民国时期《中国药学大辞典》："凡养蚕区域恒有生焉。陈仁山《药物生产辨》云：桑白皮以产东南海西樵、三水横江为好。味以东沙岛为好肉。粉口、清远次之。其余东莞等处亦有。"说明养蚕的区域都有桑白皮生产，并且以产东南海西樵、三水横江为好，即今天的广东省佛山市南海区西樵镇、三水区横江村一带。

1996 年版《中国药材学》："主产于河南、安徽、四川、湖南、河北、广东。以河南、安徽产量大，并以亳桑皮质量佳。"

1999 年版《500 味常用中药材的经验鉴别》："桑白皮野生、栽培均有。全国大部分地区均有生产。主产于河南商丘；安徽阜阳、亳县；四川涪陵、南充；湖南会同、沅陵、怀北；河北涞源、易县；广东顺德、南海等地。以河南、安徽产量大。桑白皮商品常按产地不同分有：亳桑皮（主产于亳州，皮质厚，宽阔而硬）；严桑皮（浙江所产，皮质薄，条细长而整齐，洁白柔软）；苏北桑皮（产于江苏，皮质薄而软）。"

2005 年版《中草药与民族药药材图谱》："主产于河南、安徽、浙江、江苏、河北、湖南、广东、四川等地。以安徽产的'亳桑皮'质量佳。"

2006 年版《中药大辞典》："主产安徽、河南、浙江、江苏、湖南等地；其他各地亦产。"

2010 年版《金世元中药材传统鉴别经验》："桑白皮野生、栽培均有，但以栽培为主。全国大部分地区均有生产。主产于河南商丘，安徽阜阳、涡阳、亳州，四川涪陵、南充，湖南会同、沅陵、怀化，河北涞源、易县，广东顺德、南海等地。以河南、安徽产量大，统称'亳桑皮'，为'地道药材'，行销全国并出口。生于丘陵、山坡、村旁、田野。本品喜温暖气候，耐旱，不怕涝，耐贫瘠，对土壤适宜性强。"

2013 年版《中华道地药材》："全国各地均有栽培，以浙江、江苏、广东、四川、安徽、河南、湖南等地栽培较多。河南商丘，安徽阜阳、亳州，浙江淳安，江苏南通，四川南充，重庆涪陵，湖南会同、沅陵，河北涞源、易县，广东顺德、南海等均适宜其生产；尤以安徽亳州、阜阳最为适宜。"

附录 B

（资料性附录）

桑白皮药材品质评价沿革

明代《救荒本草》："桑根白皮东行根益佳，肥白者良。"

1963 年版《中国药典》："以色白、皮厚、质柔韧、无粗皮、粉性足者为佳。"

1977 年版《中国药典》："以色白、粉性足者为佳。"

1996 年版《中国药材学》："以皮厚、色白、质柔韧者为佳。"

1999 年版《中华本草》："以色白、皮厚、柔韧者为佳。"

1999 年版《500 味常用中药材的经验鉴别》："桑白皮商品以纯根皮、色白、皮厚、质柔韧、无粗皮、嚼之有粘性、成丝团者为佳。"

2001 年版《现代中药材商品通鉴》："以皮厚、色白、质柔韧、粉性足者为佳。"

2010 年版《金世元中药材传统鉴别经验》："以纯根皮、色白、皮厚、质柔韧、无粗皮、嚼之有黏性、成团状丝者为佳。"

2010 年版《中华药海》："以色白、皮厚、粉性足者为佳。"

综上，桑白皮以色白、皮厚、质柔韧、粉性足者为佳。全国各地均产，主产于河南、安徽、四川、湖南、河北、广东等地，以亳桑皮质量为佳，为道地药材。为制定桑白皮商品规格等级标准提供了依据。

ICS 11.120.10
C 10/29

团 体 标 准

T/CACM 1021.135—2018
代替T/CACM 1021.25—2017

中药材商品规格等级 桑椹

Commercial grades for Chinese materia medica

MORI FRUCTUS

2018-12-03 发布

2018-12-03 实施

中 华 中 医 药 学 会 发布

目　次

前　言

T/CACM 1021《中药材商品规格等级》标准分为 226 个部分：
——第 1 部分：中药材商品规格等级标准编制通则；
……
——第 134 部分：中药材商品规格等级　桑白皮；
——第 135 部分：中药材商品规格等级　桑椹；
——第 136 部分：中药材商品规格等级　金荞麦；
……
——第 226 部分：中药材商品规格等级　玄明粉。
本部分为 T/CACM 1021 的第 135 部分。

本部分代替 T/CACM 1021.25—2017。

本部分按照 GB/T 1.1—2009《标准化工作导则　第 1 部分：标准的结构和编写》给出的规则起草。

本部分代替 T/CACM 1021.25—2017，与 T/CACM 1021.25—2017 相比较，标准编号进行了调整，并重新进行了编辑。

本部分由中药材商品规格等级标准研究技术中心及道地药材国家重点实验室培育基地提出。

本部分由中华中医药学会归口。

本部分起草单位：江苏大学、清华德人西安幸福制药有限公司、中国中医科学院中药资源中心、中药材商品规格等级标准研究技术中心、北京中研百草检测认证有限公司。

本部分主要起草人：欧阳臻、黄璐琦、郭兰萍、詹志来、曹兆军、刘红娜、范海刚、李海雪、汤建、陈红霞、赵明、王琳炜。

本部分所代替标准的历次版本发布情况为：
——T/CACM 1021.25—2017。

中药材商品规格等级 桑椹

1 范围

本部分规定了桑椹的商品规格等级。

本部分适用于桑椹药材生产、流通以及使用过程中的商品规格等级评价。

2 规范性引用文件

下列文件对于本部分的应用是必不可少的。凡是注明日期的引用文件，仅所注明日期的版本适用于本部分。凡是不注明日期的引用文件，其最新版本（包括所有的修改版本）适用于本部分。

T/CACM 1021.1—2016 中药材商品规格等级编制通则

3 术语和定义

T/CACM 1021.1—2016 以及下列术语和定义适用于本部分。

3.1

桑椹 MORI FRUCTUS

桑科植物桑 *Morus alba* L. 的干燥果穗。4~6月果实变红时采收，晒干，或略蒸后晒干。

4 规格等级划分

根据市场流通情况，按照颜色、直径等，将桑椹分成"选货"和"统货"两个等级。应符合表1要求。

表1 规格等级划分

等级	性状描述	
	共同点	区别点
选货	为聚花果，由多数小瘦果集合而成，呈长圆形。有短果序梗。小瘦果卵圆形，稍扁，长约2mm，宽约1mm，外具肉质花被片4枚。气微，味微酸而甜	长1.5~2.0cm，直径0.6~0.8cm。表面暗紫色，完整
统货		长1~2cm，直径0.5~0.8cm。表面黄棕色、棕红色或暗紫色，间有破碎

注1：当前药材市场上，桑椹按照个头大小、饱满度、颜色、糖性大小并过筛等进行分拣划分为选货、统货两个规格。

注2：市场调查发现，部分市场上有青桑椹、白桑椹出售。《中国药典》规定桑椹"4~6月果实变红时采收"，颜色为"黄棕色、棕红色或暗紫色"。因此青桑椹、白桑椹均不符合药典规定，本部分未制定其规格等级。此外尚有同属近缘物种，个体较大，注意区分。

注3：关于桑椹药材历史产区沿革参见附录A。

注4：关于桑椹药材品质评价沿革参见附录B。

5 要求

除应符合 T/CACM 1021.1—2016 的第7章规定外，还应符合下列要求：

——无虫蛀；

——无霉变；

——杂质不得过3%。

附录 A

（资料性附录）

桑椹药材历史产区沿革

桑椹最早见于《尔雅》，但作为药用始载于唐代《新修本草》，列于木部中品，述于桑根白皮项下："生犍为（即今四川省犍为县）山谷。桑椹，味甘寒、无毒，单食主消渴。"

宋代《本草图经》："桑根白皮，《本经》不着所出州土，今处处有之。其实，椹。有白、黑二种，暴干，皆主变白发，皮上白藓。椹，利五脏、关节，通血气。久服不饥。"说明早在宋代，桑就已分布在全国各地。

明代《本草蒙筌》："山谷出少，家园植多。"该处记载明代时期桑多为栽培，野生较少。

清代《本草崇原》："桑处处有之，而江浙独盛。二月发叶，深秋黄陨，四月椹熟，其色赤黑，味甘性温。"

民国《中国药学大辞典》："陈仁山《药物生产辨》云：本品以中国地产者佳。尤以广东南海顺德更好。桑椹原产波斯国，今我国养蚕各地，皆有之。"该处记载桑椹原产于波斯国（今伊朗），现我国养蚕各地均有，尤以广东南海顺德的品质更好。

1995 年版《常用中药鉴定大全》："主产于四川、江苏、山东、辽宁、山西等地。"

2002 年版《新编中药志》："全国大部分地区均产，主产四川南充、合州、涪陵，江苏南通、镇江，浙江嘉兴、吴兴、桐乡、余杭，山东临朐、菏泽，安徽阜阳、芜湖、蚌埠，辽宁彰武、绥中、凤城，河南商丘、许昌，山西太原等地。主销天津（制桑椹蜜）并出口。此外，新疆、云南、陕西、湖南、湖北等地亦产，均自销。"

附录 B

（资料性附录）

桑椹药材品质评价沿革

清代《本草新编》："桑椹紫者为第一，红者次之，青则不可用。"该处记载桑椹以色紫者品质最佳。

民国《中国药学大辞典》："桑椹初结色青黄，成熟色紫黑。每年四月间成熟时。采之日干。椹有乌白二种。而乌者良。"记载桑椹初结时为青黄色，成熟时紫黑色。桑椹有黑、白两种，黑色的品质更佳。

1963 年版《中国药典》："以个大、肉厚、紫黑色、糖性大、完整无杂质者为佳。干瘦、松散、系白色、无糖性者不宜入药。"

1977 年版《中国药典》："以个大、色暗紫、肉厚者为佳。"

1995 年版《常用中药鉴定大全》："分黑桑椹和白桑椹 2 种，均为统货。以紫黑色者为优。"

2010 年版《金世元中药材传统鉴别经验》："以个大、色暗紫、质油润、肉厚者为佳。药用桑椹均为黑色，白色者不入药。"

综上，桑椹全国大部分地区均产，主产于江苏、浙江、四川、山东、辽宁、山西等地。桑椹初结色青黄，成熟色紫黑，少有白色的。以个大、肉厚、紫黑色、糖性大、完整无杂质者为佳。干瘦、松散、系白色、无糖性者不宜入药。为制定桑椹商品规格等级标准提供了依据。

ICS 11.120.10
C 10/29

团 体 标 准

T/CACM 1021.136—2018
代替T/CACM 1021.14—2017

中药材商品规格等级 金荞麦

Commercial grades for Chinese materia medica

FAGOPYRI DIBOTRYIS RHIZOMA

2018-12-03 发布

2018-12-03 实施

中华中医药学会 发布

目 次

前　言

T/CACM 1021《中药材商品规格等级》标准分为 226 个部分：
——第 1 部分：中药材商品规格等级标准编制通则；
……
——第 135 部分：中药材商品规格等级　桑椹；
——第 136 部分：中药材商品规格等级　金荞麦；
——第 137 部分：中药材商品规格等级　仙茅；
……
——第 226 部分：中药材商品规格等级　玄明粉。

本部分为 T/CACM 1021 的第 136 部分。

本部分代替 T/CACM 1021.14—2017。

本部分按照 GB/T 1.1—2009《标准化工作导则　第 1 部分：标准的结构和编写》给出的规则起草。

本部分代替 T/CACM 1021.14—2017，与 T/CACM 1021.14—2017 相比较，标准编号进行了调整，并重新进行了编辑。

本部分由中药材商品规格等级标准研究技术中心及道地药材国家重点实验室培育基地提出。

本部分由中华中医药学会归口。

本部分起草单位：贵阳中医学院、中国中医科学院中药资源中心、中药材商品规格等级标准研究技术中心、北京中研百草检测认证有限公司。

本部分主要起草人：周涛、肖承鸿、江维克、黄璐琦、郭兰萍、詹志来、冯汪银、杨昌贵。

本部分所代替标准的历次版本发布情况为：
——T/CACM 1021.14—2017。

中药材商品规格等级　金荞麦

1　范围

本部分规定了金荞麦的商品规格等级。

本部分适用于金荞麦药材生产、流通以及使用过程中的商品规格等级评价。

2　规范性引用文件

下列文件对于本部分的应用是必不可少的。凡是注明日期的引用文件，仅所注明日期的版本适用于本部分。凡是不注明日期的引用文件，其最新版本（包括所有的修改版本）适用于本部分。

T/CACM 1021.1—2016 中药材商品规格等级编制通则

3　术语和定义

T/CACM 1021.1—2016 以及下列术语和定义适用于本部分。

3.1

金荞麦　FAGOPYRI DIBOTRYIS RHIZOMA

蓼科植物金荞麦 *Fagopyrum dibotrys*（D. Don）Hara 的干燥根茎。冬季采挖，除去茎和须根，洗净，晒干。

4　规格等级划分

根据市场流通情况，按照大小、个数等，将金荞麦药材分成"选货"和"统货"两个等级。应符合表1要求。

表1　规格等级划分

等级	性状描述		区别点
	共同点		
选货	本品呈不规则团块或圆柱状，常有瘤状分枝，顶端有的有茎残基，长3～15cm，直径1～4cm。表面棕褐色，有横向环节和纵皱纹，密布点状皮孔，并有凹陷的圆形根痕和残存须根。质坚硬，不易折断，断面淡黄白色或淡棕红色，有放射状纹理，中央髓部色较深。气微，味微涩		每千克根茎数≤45个，大小较均匀，杂质<2%
统货			大小不等，杂质≤3%

注1：目前市场上所售金荞麦多为切片，与《中国药典》性状描述不同，本部分不制定此切片规格。

注2：关于金荞麦药材历史产区沿革参见附录A。

注3：关于金荞麦药材品质评价沿革参见附录B。

5　要求

除应符合 T/CACM 1021.1—2016 的第7章规定外，还应符合下列要求：

——无虫蛀；

——无霉变。

附录 A

（资料性附录）

金荞麦药材历史产区沿革

　　金荞麦之名始见于《植物名实图考》曰："江西、湖南通呼为天荞麦，亦曰金荞麦。茎柔披靡，不缠绕，茎赤叶青，花叶俱如荞麦，其根赭硬……"在此前的本草记载名为"赤地利"，始载于唐代《唐本草》。《唐本草》曰"所在山谷有之"。宋代《本草图经》记载："生溪谷之阴，出襄州。"描述了其生境和产地，襄州今为湖北襄阳。宋代《嘉佑本草》载："生江东平地。"江东现今为皖南、赣东及南京等地区。宋代《宝庆本草折衷》载："生华山即华州山谷，今所在有之。"至明代的《本草品汇精要》首次记载其道地产区，曰"道地华州"，今华州为陕西省渭南市华州区周边。明代《本草纲目》载"所在皆有，今惟华山有之"。清代《本草从新》"产江浙"。清代《植物名实图考》"产南安……江西、湖南通呼为天荞麦，亦曰金荞麦"，表明产地有江西、湖南、福建等。

　　从以上本草记载可知金荞麦产地分布较广，有湖北、江西、湖南、江苏等地，而关于道地产区仅有《本草品汇精要》一书记载，未见有本草从外观形态描述其药材品质。

　　《中国药材学》（1996 年）记载："分布于河南、江苏、安徽、浙江、江西、湖北、广东、广西、陕西、甘肃、西藏等地。"《中华本草》（1999 年）记载："主产于江苏、浙江、江西、湖南、湖北、广东、广西、贵州等地。"《500 味常用中药材的经验鉴别》（2002 年）记载："金荞麦的商品均来源野生，主产于江苏、江西、四川等地。"表明金荞麦产地较广，道地不明显。

附录 B

（资料性附录）

金荞麦药材品质评价沿革

《中国药材学》（1996 年）记载："本品以个大、质坚硬者为佳。"《中华本草》（1999 年）记载："以个大、质坚硬者为佳。"《500 味常用中药材的经验鉴别》（2002 年）记载："商品以粗大，质坚实者为佳。"

综上，金荞麦为广布种，在我国多省均有分布，关于道地产区仅有一部本草记载金荞麦道地产区为陕西省渭南市华州区周边，而目前市场上基本不按产地区分；从近代书籍记载发现，金荞麦按药材形态来判断其品质基本一致，以粗大、质坚实者为佳。为制定金荞麦商品规格等级标准提供了依据。

ICS 11.120.10
C 10/29

团 体 标 准

T/CACM 1021.137—2018

代替T/CACM 1021.16—2017

中药材商品规格等级　仙茅

Commercial grades for Chinese materia medica

CURCULIGINIS RHIZOMA

2018-12-03 发布

2018-12-03 实施

中 华 中 医 药 学 会 发布

目 次

前　言

T/CACM 1021《中药材商品规格等级》标准分为 226 个部分：
——第 1 部分：中药材商品规格等级标准编制通则；
......
——第 136 部分：中药材商品规格等级　金荞麦；
——第 137 部分：中药材商品规格等级　仙茅；
——第 138 部分：中药材商品规格等级　续断；
......
——第 226 部分：中药材商品规格等级　玄明粉。
本部分为 T/CACM 1021 的第 137 部分。
本部分代替 T/CACM 1021.16—2017。
本部分按照 GB/T 1.1—2009《标准化工作导则　第 1 部分：标准的结构和编写》给出的规则
起草。
本部分代替 T/CACM 1021.16—2017，与 T/CACM 1021.16—2017 相比较，标准编号进行了调整，
并重新进行了编辑。
本部分由中药材商品规格等级标准研究技术中心及道地药材国家重点实验室培育基地提出。
本部分由中华中医药学会归口。
本部分起草单位：贵阳中医学院、中国中医科学院中药资源中心、中药材商品规格等级标准研究
技术中心、北京中研百草检测认证有限公司。
本部分主要起草人：肖承鸿、江维克、周涛、黄璐琦、郭兰萍、詹志来、冯汪银、杨昌贵。
本部分所代替标准的历次版本发布情况为：
——T/CACM 1021.16—2017。

中药材商品规格等级　仙茅

1　范围

本部分规定了仙茅的商品规格等级。

本部分适用于仙茅药材生产、流通以及使用过程中的商品规格等级评价。

2　规范性引用文件

下列文件对于本部分的应用是必不可少的。凡是注明日期的引用文件，仅所注明日期的版本适用于本部分。凡是不注明日期的引用文件，其最新版本（包括所有的修改版本）适用于本部分。

T/CACM 1021.1—2016 中药材商品规格等级编制通则

3　术语和定义

T/CACM 1021.1—2016 以及下列术语和定义适用于本部分。

3.1

仙茅　CURCULIGINIS RHIZOMA

石蒜科植物仙茅 *Curculigo orchioides* Gaertn. 的干燥根茎。秋、冬二季采挖，除去根头和须根，洗净，干燥。

3.2

中部直径　*zhongbuzhijing*

测量仙茅药材全长中部的直径。

4　规格等级划分

根据市场流通情况，按照长度、中部直径等，将仙茅药材分成"选货"和"统货"两个等级。应符合表 1 要求。

表 1　规格等级划分

等级	性状描述	
	共同点	区别点
选货	呈圆柱形，略弯曲。表面棕色至褐色，粗糙，有细孔状的须根痕和横皱纹。质硬而脆，易折断，断面不平坦，灰白色至棕褐色，近中心处色较深。气微香，味微苦、辛	长 7.5～10cm，中部直径 0.7～1.2cm，大小长短均匀，杂质（须根、芦头）＜2%
统货		长 3～10cm，中部直径 0.4～1.2cm，大小长短不一，杂质（须根、芦头）＜4%

注 1：《中国药典》规定仙茅的来源为石蒜科植物仙茅 *Curculigo orchioides* Gaertn. 的干燥根茎，当前药材市场存在进口仙茅，其直径较粗，价格较便宜，因未确定其基原是否正确，故本部分制定此类仙茅的规格。

注 2：存在不同干燥方法的仙茅，性状稍有差异，注意鉴别。

注 3：关于仙茅药材历史产区沿革参见附录 A。

注 4：关于仙茅药材品质评价沿革参见附录 B。

5　要求

除应符合 T/CACM 1021.1—2016 的第 7 章规定外，还应符合下列要求：

——无虫蛀；

——无霉变。

附录 A

（资料性附录）

仙茅药材历史产区沿革

仙茅始载于《雷公炮炙论》，历代本草主要记载其植物形态、性味归经、功效及毒性等方面，产地和道地产区仅有少数本草记载。其产地记载首见于宋代的《本草图经》（1062 年）："生西域及大庾岭，今蜀川、江湖、两浙诸州亦有之。"有产地记载的本草还有宋代的《证类本草》（1082 年）："生西域，又大庾。"明朝的《本草蒙筌》（1565 年）"西域多有，蜀浙亦生"，以及清代的《本草乘雅半偈》（1647 年）"生西域及大庾岭，今川蜀、两浙诸州亦有之"。明确载其道地的本草则见于明代的《本草品汇精要》（1505 年）"道地戎州、江宁、衡山"、清代的《植物名实图考》（1848 年）"今大庾岭产甚夥，土人以为茶饮，盖岭北泉涧阴寒……川中产亦多"。上述记载表明，仙茅作为药材使用最早是来源于中亚地区，中国四川、浙江、广西、广东、江西等省区亦有资源分布，其中以四川出产为主产区；《道地药材图典》（西南卷，2003 年）将仙茅列为川药，明确仙茅的道地产区为四川戎州，即现今的宜宾市。

附录 B

（资料性附录）

仙茅药材品质评价沿革

1965 年《贵州省中药材标准规格》质量要求为"身干、条长、体肥、质坚、无茎芦及细须根，外表黑褐色"。

2002 年《500 味常用中药材的经验鉴别》优劣评价以"以身干、条粗匀、质坚、表面色黑者为佳"。

1996 年《中国药材学》描述"以条粗、表面黑褐色者为佳"。

1999 年《中华本草》描述"以条粗壮，表面色黑褐者为佳"。

2003 年《道地药材图典》描述"以身干、条粗、质坚、表面黑色者为佳"。

综上，历代对仙茅的品质评价主要集中在产地和药材形态，但仙茅道地产区记载的书籍较少，现代专著以形态来判断其品质基本一致，以条粗壮、表面色黑褐者为佳。为制定仙茅商品规格等级标准提供了依据。

ICS 11.120.10
C 10/29

团 体 标 准

T/CACM 1021.138—2018
代替T/CACM 1021.17—2017

中药材商品规格等级 续断

Commercial grades for Chinese materia medica

DIPSACI RADIX

2018-12-03 发布

2018-12-03 实施

中 华 中 医 药 学 会 发布

目　次

前　言

T/CACM 1021《中药材商品规格等级》标准分为226个部分：
——第1部分：中药材商品规格等级标准编制通则；
……
——第137部分：中药材商品规格等级　仙茅；
——第138部分：中药材商品规格等级　续断；
——第139部分：中药材商品规格等级　桑枝；
……
——第226部分：中药材商品规格等级　玄明粉。
本部分为 T/CACM 1021 的第138部分。
本部分代替 T/CACM 1021.17—2017。
本部分按照 GB/T 1.1—2009《标准化工作导则　第1部分：标准的结构和编写》给出的规则起草。
本部分代替 T/CACM 1021.17—2017，与 T/CACM 1021.17—2017 相比较，标准编号进行了调整，并重新进行了编辑。
本部分由中药材商品规格等级标准研究技术中心及道地药材国家重点实验室培育基地提出。
本部分由中华中医药学会归口。
本部分起草单位：贵阳中医学院、中国中医科学院中药资源中心、中药材商品规格等级标准研究技术中心、北京中研百草检测认证有限公司。
本部分主要起草人：肖承鸿、周涛、江维克、黄璐琦、郭兰萍、詹志来、冯汪银、杨昌贵。
本部分所代替标准的历次版本发布情况为：
——T/CACM 1021.17—2017。

中药材商品规格等级 续断

1 范围

本部分规定了续断的商品规格等级。

本部分适用于续断药材生产、流通以及使用过程中的商品规格等级评价。

2 规范性引用文件

下列文件对于本部分的应用是必不可少的。凡是注明日期的引用文件，仅所注明日期的版本适用于本部分。凡是不注明日期的引用文件，其最新版本（包括所有的修改版本）适用于本部分。

T/CACM 1021.1—2016 中药材商品规格等级编制通则

3 术语和定义

T/CACM 1021.1—2016 以及下列术语和定义适用于本部分。

3.1

续断 DIPSACI RADIX

川续断科植物川续断 *Dipsacus asper* Wall. ex Henry 的干燥根。秋季采挖，除去根头和须根，用微火烘至半干，堆置"发汗"至内部变绿色时，再烘干。

4 规格等级划分

根据市场流通情况，按照根的长度、中部直径等进行等级划分，将续断药材分为"选货"和"统货"两个等级；"选货"根据长度、中部直径等进行等级划分。应符合表 1 要求。

表 1 规格等级划分

等级		性状描述	
		共同点	区别点
选货	大选	呈圆柱形，略扁，有的微弯曲。表面灰褐色或黄褐色，有稍扭曲或明显扭曲的纵皱及沟纹，可见横列的皮孔样斑痕和少数须根痕。质软，久置后变硬，易折断，断面不平坦，皮部外缘褐色或淡褐色，木部黄褐色，异型维管束呈放射状排列。气微香，味苦、微甜而后涩	长 8～15cm，中部直径 >1.2～2.0cm；断面皮部墨绿色
	小选		长 8～15cm，中部直径 ≥0.8～1.2cm；断面皮部浅绿色或棕色
统货			长 5～15cm，中部直径 0.5～2.0cm，断面皮部墨绿色、浅绿色或棕色

注1：当前市场续断药材有部分根未完全去除根头或直接干燥未堆置发汗，不符合《中国药典》的规定。

注2：关于续断药材历史产区沿革参见附录 A。

注3：关于续断药材品质评价沿革参见附录 B。

5 要求

除应符合 T/CACM 1021.1—2016 的第 7 章规定外，还应符合下列要求：

——杂质不得过 3%；

——无虫蛀；

——无霉变。

附录 A

（资料性附录）

续断药材历史产区沿革

续断之名首见于《神农本草经》，历代古本草中，续断基原极其混乱，有菊科的大蓟、唇形科的糙苏和川续断科的川续断等。至明代《滇南本草》以川续断作为续断入药，到《本草纲目》描述四川产的续断好，但并没有进行形态描述，到清《植物名实图考》川续断已经成为续断的唯一正品来源。所以关于目前使用的正品续断的产地主要以《滇南本草》《本草纲目》和《植物名实图考》为准。

《滇南本草》首先引入续断科植物作为续断入药，《滇南本草》曰："续断一名鼓槌草，又名和尚头。"又云："鼓槌草，独苗对叶，苗上开花似槌。"本书虽未有产地记载，但此书中药记载为云南分布的药材，可以推测续断在云南有分布。明代《本草纲目》中提到"今用从川中来"，表明产地在四川。《滇南本草》和《本草纲目》对续断品质未做陈述。

清代《植物名实图考》记载："今滇中生一种续断，……今所用皆川中产。范汪以为即大蓟根，恐误。"表明川续断在四川和云南有分布。

1995 年的《中药材商品规格质量鉴别》记载："以湖北产量大，质量好，尤以鹤峰所产质量佳。"1996 年的《中国药材学》记载："产于湖北、湖南、四川，江西、广东、陕西、云南等地亦产。以湖北产量最大，质量最好。"2010 年的《金世元中药材传统鉴别经验》记载："以五峰、鹤峰产品质优，俗称五鹤续断。"

附录 B

（资料性附录）

续断药材品质评价沿革

1965 年《贵州省中药材标准规格》记载的质量要求："根条粗壮，断面带绿色，无芦头细须，无霉变及泥沙夹杂物。"表明质量要求的基本特征是粗壮、断面绿色等。

1995 年《中药材商品规格质量鉴别》记载："以条粗，剪净头尾，表面灰褐色，断面绿褐色，质柔糯者为好。"

1996 年《中国药材学》记载："以条粗、质软、断面带墨绿色者为佳。"

1999 年《中华本草》记载："以条粗、质软、皮部绿褐色为佳。"

2001 年《现代中药材商品通鉴》记载："以条粗、质软、易折断、断面带墨绿色者为佳。"

2010 年《金世元中药材传统鉴别经验》记载："以条粗、断面墨绿色为佳。"

2014 年《全国中草药汇编》（第 3 版）记载："以根条粗壮、质软、断面绿褐色者为佳。"

综上，历代对于续断的品质评价主要集中在产地和药材形态，从现代书籍记载发现，续断主产于四川、湖北、贵州、云南等省区，以湖北五峰、鹤峰为道地产区。以药材形态来判断其品质基本一致，以条粗、断面墨绿色为佳。为制定续断商品规格等级标准提供了依据。

ICS 11.120.10
C 10/29

团 体 标 准

T/CACM 1021.139—2018

代替T/CACM 1021.27—2017

中药材商品规格等级 桑枝

Commercial grades for Chinese materia medica

MORI RAMULUS

2018-12-03 发布

2018-12-03 实施

中华中医药学会 发布

目　次

前　言

T/CACM 1021《中药材商品规格等级》标准分为 226 个部分：

——第 1 部分：中药材商品规格等级标准编制通则；

……

——第 138 部分：中药材商品规格等级　续断；

——第 139 部分：中药材商品规格等级　桑枝；

——第 140 部分：中药材商品规格等级　珠子参；

……

——第 226 部分：中药材商品规格等级　玄明粉。

本部分为 T/CACM 1021 的第 139 部分。

本部分代替 T/CACM 1021. 27—2017。

本部分按照 GB/T 1. 1—2009《标准化工作导则　第 1 部分：标准的结构和编写》给出的规则起草。

本部分代替 T/CACM 1021. 27—2017，与 T/CACM 1021. 27—2017 相比较，标准编号进行了调整，并重新进行了编辑。

本部分由中药材商品规格等级标准研究技术中心及道地药材国家重点实验室培育基地提出。

本部分由中华中医药学会归口。

本部分起草单位：江苏大学、中国中医科学院中药资源中心、中药材商品规格等级标准研究技术中心、北京中研百草检测认证有限公司。

本部分主要起草人：欧阳臻、黄璐琦、郭兰萍、詹志来、成胜荣、王丹、王琳炜、魏渊、王笃军。

本部分所代替标准的历次版本发布情况为：

——T/CACM 1021. 27—2017。

中药材商品规格等级 桑枝

1 范围

本部分规定了桑枝的商品规格等级。

本部分适用于桑枝药材生产、流通以及使用过程中的商品规格等级评价。

2 规范性引用文件

下列文件对于本部分的应用是必不可少的。凡是注明日期的引用文件，仅所注明日期的版本适用于本部分。凡是不注明日期的引用文件，其最新版本（包括所有的修改版本）适用于本部分。

T/CACM 1021.1—2016 中药材商品规格等级编制通则

3 术语和定义

T/CACM 1021.1—2016 以及下列术语和定义适用于本部分。

3.1

桑枝 MORI RAMULUS

桑科植物桑 *Morus alba* L. 的干燥嫩枝。春末夏初采收，去叶，晒干，或趁鲜切片，晒干。

4 规格等级划分

根据市场流通情况，按药材的直径进行等级划分，将桑枝药材分为"选货"和"统货"两个等级。"选货"项下根据直径进行等级划分。应符合表1要求。

表1 规格等级划分

等级		性状描述	
		共同点	区别点
选货	一等	本品呈类圆形或椭圆形的厚片，外表皮灰黄色或黄褐色，有多数黄褐色点状皮孔及细纵纹，有的有灰白色略呈半圆形的叶痕和黄棕色的腋芽。切片厚0.2～0.5cm，皮部较薄，木部黄白色，射线放射状，髓部白色或黄白色。气微，味淡	直径0.5～1.0cm
	二等		直径1.0～1.5cm
统货			大小不等

注1：目前市场上所售桑枝多为趁鲜切片药材，并根据其均一性以及直径大小等并过筛进行分拣，划分为选货与统货两种规格；其中桑枝选货又依据直径的大小划分为小选和大选。传统以枝细质嫩者为佳，因此小选优于大选，所以小选为一等品，大选为二等品。

注2：市场上所售桑枝药材有圆片和斜片两类，但它们除了外形不同，并无其余差别。此外，市场上尚有直径大于1.5cm的桑枝药材切片，不符合药典标准，此类桑枝药材应为不合格品。

注3：关于桑枝药材历史产区沿革参见附录A。

注4：关于桑枝药材品质评价沿革参见附录B。

5 要求

除应符合 T/CACM 1021.1—2016 的第7章规定外，还应符合下列要求：

——无虫蛀；

——无霉变；

——杂质不得过3%。

附录 A

（资料性附录）

桑枝药材历史产区沿革

桑枝入药始载于宋代苏颂《本草图经》，名为桑条，处处有之，书中曰："桑枝疗遍体风痒干燥，脚气风气，四肢拘挛，上气，眼晕，肺气嗽，消食，利小便，疗口干及痈疽后渴。"宋朝唐慎微《证类本草》记载："桑枝，平；《本经》不着所出州土，今处处有之。"说明在宋代桑枝在各地均有分布。

明代《本草经疏》记载："桑枝苦，平，性不冷不热。明代《本草蒙筌》记载："山谷出少，家园植多。山桑质坚，木堪作檐。家桑气浓，叶可饲蚕。"说明此时桑多以栽培为主，其来源有山桑、家桑。

清代《本草崇原》记载"桑处处有之，而江浙独盛"。说明了桑各地均有分布，但是江浙地带生长最多。说明桑枝分布于养蚕区。

民国《中国药学大辞典》记载："桑枝为桑科桑属之嫩枝。长者七八尺，短者三四尺，有粗有细，枝茎色青褐，略有弯形，梢端细下端粗，皮内有白色黏汁，叶柄生于枝之左右侧面，差错而生。冬月叶落之后，其枝间有叶柄蒂痕，蒂痕之下有新叶苗芽。凡养蚕区域恒有生焉。"

《新编中药志》记载："桑枝为桑科植物桑的干燥嫩枝。生于山地，常成片栽培于山坡、平地、河滩上，亦零星见于村旁、农家附近。分布于全国各省（自治区），尤以江苏、浙江一带为多。"

《中药大辞典》记载："为桑科植物桑的嫩枝。春末夏初采收，去叶，略晒，趁新鲜时切成长30~60cm的段或斜片，晒干。嫩枝呈长圆柱形，少有分枝，长短不一，直径0.5~1.5cm。表面灰黄色或黄褐色，有多数黄褐色点状皮孔及细纵纹，并有灰白色略呈半圆形的叶痕和黄棕色的腋芽。质坚韧，不易折断；断面纤维性。切片厚0.2~0.5cm，皮部较薄，木部黄白色，射线放射状，髓部白色或黄白色。气微，味淡。主产于江苏、浙江、安徽、湖南、河北、四川。"

附录 B

（资料性附录）

桑枝药材品质评价沿革

1962 年版《陕西中药志》记载："唯以当年生之嫩枝，且在七八月间采收者为好。"

1963 年版《中国药典》记载："以枝细质嫩而坚韧，断面黄白色、嚼之发黏者为佳。"

1977 年版《中国药典》记载："以枝细质嫩、断面色黄白者为佳。"

1996 年版《中国药材学》记载："以茎细、质嫩、无残叶者为佳。"

1999 年版《中华本草》记载："以质嫩、断面黄白色者为佳。"

2006 年版《中华药海》记载："以质嫩，断面黄白色为佳。"

2010 年版《金世元中药材传统鉴别经验》记载："以身干、质嫩、断面黄白色为佳。"

综上，桑枝主要以栽培品为主，在全国各地均有分布，主产于江苏、浙江、安徽、河北、河南、四川等地，尤以江浙一带最盛。历代本草文献对于桑枝的规格等级划分强调外观性状，以枝细质嫩、断面色黄白者为佳。为制定桑枝商品规格等级标准提供了依据。

ICS 11.120.10
C 10/29

团 体 标 准

T/CACM 1021.140—2018
代替T/CACM 1021.54—2017

中药材商品规格等级　珠子参

Commercial grades for Chinese materia medica

PANACIS MAJORIS RHIZOMA

2018-12-03 发布 　　　　　　　　　　　　　　2018-12-03 实施

中 华 中 医 药 学 会 发布

目　次

前　言

T/CACM 1021《中药材商品规格等级》标准分为 226 个部分：
——第 1 部分：中药材商品规格等级标准编制通则；
……
——第 139 部分：中药材商品规格等级　桑枝；
——第 140 部分：中药材商品规格等级　珠子参；
——第 141 部分：中药材商品规格等级　白附子；
……
——第 226 部分：中药材商品规格等级　玄明粉。
本部分为 T/CACM 1021 的第 140 部分。
本部分代替 T/CACM 1021.54—2017。
本部分按照 GB/T 1.1—2009《标准化工作导则　第 1 部分：标准的结构和编写》给出的规则起草。
本部分代替 T/CACM 1021.54—2017，与 T/CACM 1021.54—2017 相比较，标准编号进行了调整，并重新进行了编辑。
本部分由中药材商品规格等级标准研究技术中心及道地药材国家重点实验室培育基地提出。
本部分由中华中医药学会归口。
本部分起草单位：陕西中医药大学、中国中医科学院中药资源中心、中药材商品规格等级标准研究技术中心、北京中研百草检测认证有限公司。
本部分主要起草人：王薇、宋小妹、杨新杰、黄璐琦、郭兰萍、詹志来、邓翀、彭亮、张化为。
本部分所代替标准的历次版本发布情况为：
——T/CACM 1021.54—2017。

中药材商品规格等级　珠子参

1　范围

本部分规定了珠子参的商品规格等级。

本部分适用于珠子参药材生产、流通以及使用过程中的商品规格等级评价。

2　规范性引用文件

下列文件对于本部分的应用是必不可少的。凡是注明日期的引用文件，仅所注明日期的版本适用于本部分。凡是不注明日期的引用文件，其最新版本（包括所有的修改版本）适用于本部分。

T/CACM 1021.1—2016 中药材商品规格等级编制通则

3　术语和定义

T/CACM 1021.1—2016 以及下列术语和定义适用于本部分。

3.1

珠子参　PANACIS MAJORIS RHIZOMA

本品为五加科植物珠子参 *Panax japonicus* C. A. Mey. var. *major*（Burk.）C. Y. Wu et K. M. Feng 或羽叶三七 *Panax japonicus* C. A. Mey. var. *bipinnatifidus*（Seem.）C. Y. Wu et K. M. Feng 的干燥根茎。秋季采挖，除去粗皮及须根，干燥；或蒸（煮）透后干燥。

3.2

僵子　*jiangzi*

指珠子参干后萎缩者。

3.3

竹节　*zhujie*

指珠子参药材节与节之间的部分，即节间。

4　规格等级划分

根据市场流通情况，按照直径、每千克所含个数，将珠子参分为"选货"和"统货"两个等级；"选货"项下根据长度、直径等进行等级划分。应符合表 1 要求。

表 1　规格等级划分

等级		性状描述	
		共同点	区别点
选货	一等	略呈扁球形、圆锥形或不规则菱角形，偶呈连珠状。表面棕黄色或黄褐色，有明显的疣状突起和皱纹，偶有圆形凹陷的茎痕，有的一侧或两侧残存细的节间。质坚硬，断面不平坦，淡黄白色，粉性。气微，味苦、微甘，嚼之刺喉。蒸（煮）者断面黄白色或黄棕色，略呈角质样，味微苦、微甘，嚼之不刺喉	直径≥2.0cm。每千克≤240个
	二等		直径≥1.5cm。每千克≤400个
统货			大小不等

注1：市场上部分珠子参商品中混有须根等药典规定的非药用部位，应注意区别。

注2：珠子参以身干、个大、色明亮、无粗皮僵子、无竹节、无须根及破碎者为佳。

注3：关于珠子参药材历史产区沿革参见附录 A。

注4：关于珠子参药材品质评价沿革参见附录 B。

5　要求

除符合 T/CACM 1021.1—2016 的第 7 章规定外，还应符合下列要求：

——无虫蛀；
——无霉变；
——杂质不得过3%。

附录 A

（资料性附录）

珠子参药材历史产区沿革

珠子参最早记载于明代兰茂所著的《滇南本草》中，"珠子参（图缺），味甘、微苦，性温、平。止血生肌，服之无甚功效。今人假充鸡肾参，误矣。古土方：将珠子参为末，捻刀伤疮，收口甚速"，说明在明代已经药用。

清《书影丛说》曰："云南姚安府也产人参，其形扁而圆，谓之珠儿参。"《本草从新》："珠儿参，出闽中，以大而明透者为佳，须多去皮，再用滚水泡，以其苦之味在外皮，近中心则苦味减而稍甘。下气，肺热其性大约与西洋参人参相同，不过清热之功，热去则火不刑金而肺脏受益，非真能补也。"说明在清代对珠子参已经有了产地调查和炮制的研究，且以大而明透者为佳。

清《本草纲目拾遗》记载："按珠参本非参类，前未闻有此，近年始行，然南中用之绝少，或云来自粤西，是三七子，又云草根。大约以参名。其性必补，医每患其苦寒，友人朱秋亭客山左，闻货珠参者，有制法服之可代辽参，每五钱索价五十金，秋亭罄千金市其方，秘不轻授，子恳其弟退谷始得其术，因录之以济贫：珠参切片，每五钱以附子三分研末拌匀，将鸡蛋一个去黄白，每壳纳参片五钱封口，用鸡哺，待小鸡出时，取出将笔画一圈于蛋上作记，如此七次，共成七圈，其药即成矣，每遇垂危大症并产蓐无力，吃参者煎服五钱，力胜人参，并能起死回生，较腊狐心功力尤捷，不得少服，约人以五钱为率，每次须多做数两救人。"说明清代对珠子参有不同称谓，但临床应用方面已有详细记载。

清《维西见闻纪》称"茎叶皆类人参，根皮质亦多相似而圆如珠故云。奔子栏、粟地坪产之，皆在冬日盛雪之区，味苦而性燥，远不及人参也"。《滇南闻见录》"珠参"条："永川宾川之间产珠参，大者如莲子，小如梧子，红黄色，似人参。以糯米拌蒸之，晶莹可爱，味苦中带甘，亦似参性宜补。疑偏于热，土人以为性凉，《本草》所未载，未知何如也。"说明在清代已经对珠子参的形状大小和色泽有了记载。

清《植物名实图考》记载珠子参有图无文。但云南省药物研究所依据《滇南本草》各历史版本（范本、务本、于本、从本、琴本）的内容整理出版了《滇南本草》；在珠子参描述上以《滇南本草》（务本）为基础，植物图是以《植物名实图考》卷二十三蔓草类"珠子参"来编辑。说明在清代已经对珠子参有了图片的记载。

附录 B

（资料性附录）

珠子参药材品质评价沿革

历代本草对珠子参的品质评价记载较少，《本草从新》："珠儿参，出闽中，以大而明透者为佳，须多去皮，再用滚水泡，以其苦之味在外皮，近中心则苦味减而稍甘。"

1977 年版《中国药典》："以个大、质坚实者为佳。"

综上，历代对于珠子参的规格等级划分强调产地质量，云南为珠子参道地产地之一，并在此基础上结合性状，如个子的大小、质地的坚实等进行评价。为制定珠子参商品规格等级标准提供了依据。

ICS 11.120.10
C 10/29

团 体 标 准

T/CACM 1021.141—2018

代替T/CACM 1021.57—2017

中药材商品规格等级 白附子

Commercial grades for Chinese materia medica

TYPHONII RHIZOMA

2018-12-03 发布

2018-12-03 实施

中 华 中 医 药 学 会 发布

目　次

前　言

T/CACM 1021《中药材商品规格等级》标准分为 226 个部分：
——第 1 部分：中药材商品规格等级标准编制通则；
……
——第 140 部分：中药材商品规格等级　珠子参；
——第 141 部分：中药材商品规格等级　白附子；
——第 142 部分：中药材商品规格等级　银柴胡；
……
——第 226 部分：中药材商品规格等级　玄明粉。

本部分为 T/CACM 1021 的第 141 部分。

本部分代替 T/CACM 1021.57—2017。

本部分按照 GB/T 1.1—2009《标准化工作导则　第 1 部分：标准的结构和编写》给出的规则起草。

本部分代替 T/CACM 1021.57—2017，与 T/CACM 1021.57—2017 相比较，标准编号进行了调整，并重新进行了编辑。

本部分由中药材商品规格等级标准研究技术中心及道地药材国家重点实验室培育基地提出。

本部分由中华中医药学会归口。

本部分起草单位：河南中医药大学、中国中医科学院中药资源中心、中药材商品规格等级标准研究技术中心、北京中研百草检测认证有限公司。

本部分主要起草人：陈随清、黄璐琦、郭兰萍、詹志来、张飞、刘嘉。

本部分所代替标准的历次版本发布情况为：
——T/CACM 1021.57—2017。

中药材商品规格等级　白附子

1　范围

本部分规定了白附子的商品规格等级。

本部分适用于白附子药材生产、流通以及使用过程中的商品规格等级评价。

2　规范性引用文件

下列文件对于本部分的应用是必不可少的。凡是注明日期的引用文件，仅所注明日期的版本适用于本部分。凡是不注明日期的引用文件，其最新版本（包括所有的修改版本）适用于本部分。

T/CACM 1021.1—2016 中药材商品规格等级编制通则

3　术语和定义

T/CACM 1021.1—2016 以及下列术语和定义适用于本部分。

3.1

白附子　TYPHONII RHIZOMA

本品为天南星科植物独角莲 *Typhonium giganteum* Engl. 的干燥块茎。秋季采挖，除去须根和外皮，晒干。

3.2

破损　broken

药材块茎在加工过程中产生的破碎。

3.3

道地药材　禹白附　*daodi* herbs *yubaifu*

指产于河南省禹州市及周边地区的白附子。

4　规格等级划分

根据市场流通情况，按照每千克个数、破损率，将白附子药材分为"选货"和"统货"两个等级，"选货"项下根据破碎率、每千克所含个数进行等级划分。应符合表 1 要求。

表 1　规格等级划分

等级		性状描述	
		共同点	区别点
选货	一等	呈椭圆形或卵圆形，长 2~5cm，直径1~3cm。表面白色至黄白色，略粗糙，有环纹及须根痕，顶端有茎痕或芽痕。质坚硬，断面白色，粉性。气微，味淡、麻辣刺舌	每千克个数≤60 个，破损率 <5%
	二等		60 个 < 每千克个数≤140 个，破损率 <3%
	三等		每千克个数 >140 个，破损率 <3%
统货			每千克破损率 <5%

注1：市场上有少数白附子药材没有去外皮，不符合药典规定，注意区分。

注2：个大不易干燥，少部分农户将白附子新鲜药材去皮后破开或直接切片，以利于干燥和炮制，与药典不符，不做特殊规定。

注3：白附子为 28 种毒性药材之一。

注4：关于白附子药材历史产区沿革参见附录 A。

注5：关于白附子药材品质评价沿革参见附录 B。

5　要求

除应符合 T/CACM 1021.1—2016 的第 7 章规定外，还应符合下列要求：

——无硫黄熏制；

——无空心；
——无虫蛀；
——无霉变；
——杂质不得过3%。

附录 A

（资料性附录）

白附子药材历史产区沿革

白附子始载于《名医别录》。《本草乘雅半偈》记载："生砂碛下湿地，独茎，类鼠尾草，细叶周匝，生于穗间。形似天雄，根如草乌头小者，长寸许，干皱有节。白附子，形肖附子而色白。"现代学者认为：古文献中记载的白附子与现代药典记载的植物来源明显不同。

查阅多版禹州地方志，自明代嘉靖年间《钧州志》卷一物产中出现对白附子的记载，以后各版禹州地方志均有对白附子的记载。

30 年代《药物出产辨》记载："白附子，产河南禹州。近日多由牛庄帮运来，用姜煲过，乃能用之。"可以推测独角莲自清朝后期逐渐作为白附子正品来源。

《中华本草》记载："白附子主产于河南禹县（今禹州）、长葛。甘肃天水、武都等地，此外湖北、山西、河北、四川、陕西等地也产。"

《500 味常用中药材的经验鉴别》记载："主产于河南禹县（今禹州）、长葛、栾川、南召；湖北襄阳、恩施；山西平顺、壶关、垣曲；四川中江、金堂、宜宾、乐山；陕西石泉、西乡、洋县、汉阴；甘肃天水、武都等地，以河南禹县所产量大质优，故名'禹白附'。"

附录 B

（资料性附录）

白附子药材品质评价沿革

《现代中药材商品通鉴》记载"均以个大、均匀、肥厚坚实、色白、粉性强、无外皮者为佳"。

《500味常用中药材的经验鉴别》记载"白附子商品以个大肥壮，色白粉足，质坚实无外皮者为佳；个小身瘦，未去粗皮者均质次，以河南禹县（今禹州）所产最佳"。

从历史上看，白附子一直有两个品种关白附和禹白附，清代及之前本草对白附子的描述与禹白附性状不符。《中国药典》从1985年版以后删除了关白附，仅保留"白附子"（即禹白附）。目前，白附子产地以河南省、四川省、湖北省为主，道地产区为河南省禹州市。品质评价以个大、均匀、肥厚坚实、色白、粉性足为佳。

综上，经过查阅古今文献资料、市场及产地调查，可知现如今以河南省、四川省以及湖北省为主产区，河南省禹州市是白附子道地产区，禹白附被国家质检总局批准为"国家地理标志产品"。并在此基础上结合重量、破损率等进行评价，为制定白附子商品规格等级标准提供了依据。

ICS 11.120.10
C 10/29

团 体 标 准

T/CACM 1021.142—2018

代替T/CACM 1021.62—2017

中药材商品规格等级　银柴胡

Commercial grades for Chinese materia medica

STELLARIAE RADIX

2018-12-03 发布

2018-12-03 实施

中 华 中 医 药 学 会 发布

目　次

前　言

T/CACM 1021《中药材商品规格等级》标准分为226个部分：

——第1部分：中药材商品规格等级标准编制通则；

……

——第141部分：中药材商品规格等级　白附子；

——第142部分：中药材商品规格等级　银柴胡；

——第143部分：中药材商品规格等级　苦参；

……

——第226部分：中药材商品规格等级　玄明粉。

本部分为 T/CACM 1021 的第142部分。

本部分代替 T/CACM 1021.62—2017。

本部分按照 GB/T 1.1—2009《标准化工作导则　第1部分：标准的结构和编写》给出的规则起草。

本部分代替 T/CACM 1021.62—2017，与 T/CACM 1021.62—2017 相比较，标准编号进行了调整，并重新进行了编辑。

本部分由中药材商品规格等级标准研究技术中心及道地药材国家重点实验室培育基地提出。

本部分由中华中医药学会归口。

本部分起草单位：内蒙古自治区中医药研究所、中国中医科学院中药资源中心、中药材商品规格等级标准研究技术中心、北京中研百草检测认证有限公司。

本部分主要起草人：李旻辉、黄璐琦、郭兰萍、詹志来、王文乐、郭文芳、侯兴坤。

本部分所代替标准的历次版本发布情况为：

——T/CACM 1021.62—2017。

中药材商品规格等级 银柴胡

1 范围

本部分规定了银柴胡的商品规格等级。

本部分适用于银柴胡药材生产、流通以及使用过程中的商品规格等级评价。

2 规范性引用文件

下列文件对于本部分的应用是必不可少的。凡是注明日期的引用文件，仅所注明日期的版本适用于本部分。凡是不注明日期的引用文件，其最新版本（包括所有的修改版本）适用于本部分。

T/CACM 1021.1—2016 中药材商品规格等级编制通则

3 术语和定义

T/CACM 1021.1—2016 以及下列术语和定义适用于本部分。

3.1

银柴胡 STELLARIAE RADIX

石竹科繁缕属植物银柴胡 *Stellaria dichotoma* L. var. *lanceolata* Bge. 的干燥根。一般在种植后第三年 9 月中旬或第四年 4 月中旬采挖，除去残茎、须根及泥沙，晒干。

3.2

砂眼 shayan

银柴胡根表面的孔穴状或盘状凹陷。

4 规格等级划分

根据市场流通情况，将银柴胡药材分为"选货"和"统货"两个等级。"选货"项下根据药材颜色、直径等进行等级划分。应符合表 1 要求。

表 1 规格等级划分

等级		性状描述	
		共同点	区别点
选货	一等	根呈类圆柱形，偶有分枝。纵皱纹细腻明显，细支根痕多呈点状凹陷，几无砂眼。根头部有多数疣状突起。折断面质地较紧密，几无裂隙，略呈粉性，木部放射状纹理不甚明显。气微，味微甜	表面浅棕黄色，条形顺直，直径 >0.8cm，杂质 ≤0.5%
	二等		表面浅棕黄色至浅棕色，条形较顺，直径 0.6~0.8cm，杂质 ≤1%
统货			表面浅棕黄色至浅棕色，不分条形，直径 0.5~2.5cm，杂质不得过 3%

注1：野生银柴胡市场少见，故将栽培品药材进行分析后综合归纳整理，划分出了以上规格等级。

注2：药典对银柴胡直径的描述在 0.5cm 以上，而目前市场上有很多不符合药典描述的银柴胡商品，本次标准是依据药典、产地及市场情况综合制定的。

注3：关于银柴胡药材历史产区沿革参见附录 A。

注4：关于银柴胡药材品质评价沿革参见附录 B。

5 要求

除应符合 T/CACM 1021. 1—2016 的第 7 章规定外，还应符合下列要求：

——无虫蛀；

——无霉变。

附录 A

（资料性附录）

银柴胡药材历史产区沿革

在明代《本草纲目》之前，由于柴胡和银柴胡的混用，银柴胡为银夏柴胡，无法准确记载石竹科银柴胡的具体生境分布。石竹科银柴胡的生境分布最早准确记载于明代李时珍《本草纲目》，列于柴胡项下，作为柴胡的伪充品被记载，曰："银川，即今延安府神木县（今为陕西榆林道），五原城（今为内蒙古绥远五原县）是其废迹。所产柴胡长尺余而微白且软，不易得也。……今时有一种，根似桔梗、沙参，白色而大，市人以伪充银柴胡，殊无气味，不可不辨。"

明代《本草原始》载：今以银（今陕西省米脂、佳县、榆林等地）、夏（今陕西省大理河以北红柳河流域以及内蒙古自治区杭锦旗、乌审旗等地）者为佳。

明代倪朱谟《本草汇言》云："柴胡有银柴胡、北柴胡、软柴胡三种之分。银柴胡出关西诸路，色白而松，形长似鼠尾……银柴胡清热，治阴虚内热也……"

清代张志聪《本草崇原》云："小柴胡生于银州者为胜，故又有银柴胡之名。"

清代张璐《本经逢原》记载："银州者良。今延安府、五原城所产者长尺余，肥白而软。"

清代赵学敏《本草纲目拾遗》，银柴胡被专条列出，载："经疏云俗用柴胡有二种，一种色白黄而大者，名银柴胡，专用治劳热骨蒸。色微黑而粗者用以解表发散。本经并无二种之说，功用亦无分别，但云银州者为最。"并引用《翁有良辨误》云："银柴胡，产银州者佳。"同时亦引用《金御乘》云："银州柴胡软而白，北产亦有白色者，今人以充白头翁，此种亦可谓银柴胡，盖银指色言，不指地言。犹金银花白色者曰银花是也，银柴胡原有西产北产之分，不必定以银夏者为银柴胡也，然入药以西产者胜。"

清代《本草正义》云："柴胡，古以银州产者为胜。"

清《增订伪药条辨》中对柴胡项下云："银柴胡，陕西宁夏府甘甫州及山西大同府皆产。选肥大坚实、色白软糯、无沙心者为佳。伪者尚无。"

《中华本草》收载银柴胡分布于东北及内蒙古、河北、陕西、甘肃、宁夏等地。近年来宁夏的陶乐、平罗、固原、西吉、隆德、彭阳等县试行栽培。

《500 味常用药材的经验鉴别》记载银柴胡商品主要来源于野生资源，今年亦有少量栽培品在市场上出现，主要分布于内蒙古和宁夏，此外西北、华北、东北诸省亦有分布。主产于宁夏陶乐、盐池、灵武、同心、中卫；内蒙古阿巴嘎旗、鄂托克前旗、苏尼特左旗、乌审旗、鄂托克旗；河北平山、隆化、阜平、迁安、康保、邢台、抚宁及青海门源、循化、民和、乐都等县。

《现代中药材商品通鉴》记载主产于宁夏、甘肃、内蒙古等地。

《中药植物原色图鉴》记载分布于我国东北及河北、内蒙古、甘肃、陕西、宁夏等省区。

综上，历代本草中所载银柴胡产地位于古银州、夏州，即今陕西、宁夏、内蒙古交界地区。

现代文献中银柴胡产地分布广，主产于宁夏陶乐、盐池、灵武、同心、中卫；内蒙古阿巴嘎旗、鄂托克前旗、苏尼特左旗、乌审旗、鄂托克旗；河北平山、隆化、阜平、迁安、康保、邢台、抚宁及青海门源、循化、民和、乐都，此外西北、华北、东北诸省亦有分布。

附录 B

（资料性附录）

银柴胡药材品质评价沿革

明代《本草纲目》曰："银州即今延安府神木县，五原城是其废迹。所产柴胡，长尺余而微白且软，不易得也。"

明代《本草原始》载："今以银夏者为佳，根长尺余，色白而软。俗称银柴胡。"

清代张璐《本经逢原》载："甘微寒，无毒。银州者良。今延安府、五原城所产者，长尺余，肥白而软。"

清赵学敏《本草纲目拾遗》，载："本经逢原云：银柴胡，银州者良，今延安府、五原城所产者，长尺余，肥白而软，翁有良云：银柴胡，产银州者佳，今银柴胡粗细不等，大如拇指，长数尺，形不类鼠尾又不似前胡。"认为以银州地区出产的银柴胡品质为佳，并且从大小、颜色及质地对银柴胡药材进行了简单的描述。

清《增订伪药条辨》中柴胡项下云："银柴胡，陕西宁夏府甘甫州及山西大同府皆产。选肥大坚实、色白软糯、无沙心者为佳。伪者尚无。"

在近代文献中描述如下：

1963年版及1977年版《中国药典》一部：以条长均匀，圆柱形、外皮淡黄棕色、断面黄白色者为佳。

《中华药海》中记载："以条长、外皮淡黄棕色、断面黄白色、产于宁夏银川者为佳。"

《500味常用药材的经验鉴别》中［优劣评价］中记载：银柴胡商品以根条粗长均匀，表面淡黄棕色，皮紧纹细，断面色粉白质柔，根顶珍珠盘明显为佳。商品来源以野生品为优，野生品中，又以生长于砂质土为佳，生长于壤土者较次。

《金世元中药材传统鉴别经验》记载：以根长均匀、外皮淡黄色、断面黄白色者为佳。

综上所述，古代书籍对银柴胡主要是从产地来说明其品质，主要以陕西、宁夏、内蒙古交界处及部分甘肃地区出产的银柴胡品质为佳，性状描述为肥白而软；近代文献除了从产地评价其品质外，还从根的粗细、断面颜色、珍珠盘等性状来对银柴胡进行等级划分，以根粗壮、断面色粉白质柔、根顶珍珠盘明显为佳。为制定银柴胡商品规格等级标准提供了依据。

ICS 11.120.10
C 10/29

团 体 标 准

T/CACM 1021.143—2018
代替T/CACM 1021.29—2017

中药材商品规格等级 苦参

Commercial grades for Chinese materia medica

SOPHORAE FLAVESCENTIS RADIX

2018-12-03 发布

2018-12-03 实施

中 华 中 医 药 学 会 发布

目　次

前　言

T/CACM 1021《中药材商品规格等级》标准分为 226 个部分：

——第 1 部分：中药材商品规格等级标准编制通则；

……

——第 142 部分：中药材商品规格等级　银柴胡；

——第 143 部分：中药材商品规格等级　苦参；

——第 144 部分：中药材商品规格等级　龙胆；

……

——第 226 部分：中药材商品规格等级　玄明粉。

本部分为 T/CACM 1021 的第 143 部分。

本部分代替 T/CACM 1021.29—2017。

本部分按照 GB/T 1.1—2009《标准化工作导则　第 1 部分：标准的结构和编写》给出的规则起草。

本部分代替 T/CACM 1021.29—2017，与 T/CACM 1021.29—2017 相比较，标准编号进行了调整，并重新进行了编辑。

本部分由中药材商品规格等级标准研究技术中心及道地药材国家重点实验室培育基地提出。

本部分由中华中医药学会归口。

本部分起草单位：山西振东道地药材开发有限公司、中国中医科学院中药资源中心、中药材商品规格等级标准研究技术中心、北京中研百草检测认证有限公司。

本部分主要起草人：王玉龙、黄璐琦、郭兰萍、詹志来、关扎根、吴尚英、李浩男。

本部分所代替标准的历次版本发布情况为：

——T/CACM 1021.29—2017。

中药材商品规格等级 苦参

1 范围

本部分规定了苦参的商品规格等级。

本部分适用于苦参药材生产、流通以及使用过程中的商品规格等级评价。

2 规范性引用文件

下列文件对于本部分的应用是必不可少的。凡是注明日期的引用文件，仅所注明日期的版本适用于本部分。凡是不注明日期的引用文件，其最新版本（包括所有的修改版本）适用于本部分。

T/CACM 1021.1—2016 中药材商品规格等级编制通则

3 术语和定义

T/CACM 1021.1—2016 以及下列术语和定义适用于本部分。

3.1

苦参 SOPHORAE FLAVESCENTIS RADIX

本品为豆科植物苦参 Sophora flavescens Ait. 的干燥根。春、秋二季采挖，除去根头和小支根，洗净，干燥；或趁鲜切片，干燥。

4 规格等级划分

根据市场流通情况，按照生长环境不同，将苦参药材分为"野生苦参"和"栽培苦参"两个规格；各规格项下，根据是否进行等级划分，分为"选货"和"统货"两个等级。应符合表 1 要求。

表 1 规格等级划分

规格	等级	性状描述		
		共同点	区别点	
野生苦参	统货	本品呈类圆形或不规则形，片厚 3~6mm。外表面灰棕色或棕黄色，具纵皱纹和横长皮孔样突起，外皮薄，多破裂反卷，易剥落，剥落处显黄色，光滑。断面纤维性；切面黄白色，具放射状纹理及裂隙，有的具异型维管束呈同心性环列或不规则散在。气微，味极苦	异型维管束明显	片直径≥1.0 cm，异形片率≤40%，碎屑率≤28%
	选货			片直径≥2.0 cm，异形片率≤24%，碎屑率≤7%
栽培苦参	统货		异型维管束较明显	片直径≥1.0 cm，异形片率≤18%，碎屑率≤23%
	选货			片直径≥2.5 cm，异形片率≤16%，碎屑率≤3%

注1：当前药材市场苦参来源按照野生和家种进行划分，有选货和统货两个规格，其中野生比家种生长年限长，根形分支多，质地疏松，因此野生的异形片率和碎屑率高于家种的苦参。选货是将统货过筛和人工拣选得到的，过筛去掉较小的杂质和碎屑，人工拣选是捡去杂质和未成片的小根条。

注2：关于苦参药材历史产区沿革参见附录 A。

注3：关于苦参药材品质评价沿革参见附录 B。

5 要求

除符合 T/CACM 1021.1—2016 的第 7 章规定外，还应符合下列要求：

——无变色；

——无虫蛀；

——无霉变；

——杂质不得过 3%。

附录 A

（资料性附录）

苦参药材历史产区沿革

苦参的生境分布最早记载于秦汉时期的《神农本草经》，《神农本草经》曰："生山谷及田野。"未明确具体位置。

魏晋时期《名医别录》描述为，生汝南。古代汝南范围大，现今的河南汝县、湖北的江夏均在其管辖范围，也就是豫南鄂北一带。

南朝时期《本草经集注》记录为：生山谷及田野。

宋代苏颂《本草图经》记录为：苦参，生汝南山谷及田野，今近道处处皆有之。

宋代《证类本草》记载：今出近道处处有。

明代的《本草乘雅半偈》记载：生汝南山谷，及田野间，近道处处有之。

清代的《本草崇原集说》记载：苦参分布在汝南的山谷及田野。

综上，在历代本草记载中对苦参生境和分布的描述均为"苦参，生汝南山谷及田野，今近道处处皆有之"。历代对苦参的规格等级划分并未强调产地质量，指出全国均有分布。

附录 B

（资料性附录）

苦参药材品质评价沿革

历代本草对苦参品质并未作出评价。

综上，历代对于苦参的规格等级划分并未强调产地质量和品质评价，因此本商品规格等级标准是以市场实际数据为依据而制定的。

ICS 11.120.10
C 10/29

团 体 标 准

T/CACM 1021.144—2018

代替T/CACM 1021.69—2017

中药材商品规格等级 龙胆

Commercial grades for Chinese materia medica

GENTIANAE RADIX ET RHIZOMA

2018-12-03 发布   2018-12-03 实施

中华中医药学会 发布

目　次

前　　言

T/CACM 1021《中药材商品规格等级》标准分为 226 个部分：
——第 1 部分：中药材商品规格等级标准编制通则；
……
——第 143 部分：中药材商品规格等级　苦参；
——第 144 部分：中药材商品规格等级　龙胆；
——第 145 部分：中药材商品规格等级　天花粉；
……
——第 226 部分：中药材商品规格等级　玄明粉。

本部分为 T/CACM 1021 的第 144 部分。

本部分代替 T/CACM 1021.69—2017。

本部分按照 GB/T 1.1—2009《标准化工作导则　第 1 部分：标准的结构和编写》给出的规则起草。

本部分代替 T/CACM 1021.69—2017，与 T/CACM 1021.69—2017 相比较，标准编号进行了调整，并重新进行了编辑。

本部分由中药材商品规格等级标准研究技术中心及道地药材国家重点实验室培育基地提出。

本部分由中华中医药学会归口。

本部分起草单位：辽宁中医药大学、中国中医科学院中药资源中心、中药材商品规格等级标准研究技术中心、北京中研百草检测认证有限公司。

本部分主要起草人：许亮、王冰、康廷国、梁勇满、陈思有、黄璐琦、郭兰萍、詹志来、尹海波、张建逵、赵容。

本部分所代替标准的历次版本发布情况为：
——T/CACM 1021.69—2017。

中药材商品规格等级 龙胆

1 范围

本部分规定了龙胆的商品规格等级。

本部分适用于龙胆药材生产、流通以及使用过程中的商品规格等级评价。

2 规范性引用文件

下列文件对于本部分的应用是必不可少的。凡是注明日期的引用文件，仅所注明日期的版本适用于本部分。凡是不注明日期的引用文件，其最新版本（包括所有的修改版本）适用于本部分。

T/CACM 1021.1—2016 中药材商品规格等级编制通则

3 术语和定义

T/CACM 1021.1—2016 以及下列术语和定义适用于本部分。

3.1

龙胆 GENTIANAE RADIX ET RHIZOMA

龙胆科植物条叶龙胆 Gentiana manshurica Kitag. 、龙胆 Gentiana scabra Bge. 、三花龙胆 Gentiana triflora Pall. 或坚龙胆 Gentiana rigescens Franch. 的干燥根及根茎。前三种习称"关龙胆"，后一种习称"坚龙胆"。春、秋二季采挖，洗净，干燥。

4 规格等级划分

根据市场流通情况，按照不同基原，将龙胆药材分为"关龙胆"和"坚龙胆"两个规格；各规格项下，根据是否进行等级划分，分为"选货"和"统货"两个等级。应符合表1要求。

表1 规格等级划分

规格	等级	性状描述	
		共同点	区别点
坚龙胆	选货	根茎呈不规则结节状，表面黄棕色，1至数个。根略呈角质状，无横皱纹，外皮膜质，易脱落。质坚脆易折断，断面皮部黄棕色或棕色，木部黄白色，气微、味甚苦	长短粗细均匀，完整，根条较多，根表面红棕色或黄棕色，中部直径≥0.2cm
	统货		长短粗细欠均匀，不完整，根条较少，根表面深红棕色或深棕色
关龙胆	选货	根茎呈不规则块状，表面灰棕色，顶端有突起的茎痕或残留茎基，周围和下端着生多数细长的根。根圆柱形，表面淡黄色或黄棕色，略扭曲，上部多有显著横皱纹，下部较细，有纵皱纹和支根痕。质脆易断，断面略平坦，皮部黄白色或淡黄棕色，木部色较浅，成点状环列。气微、味甚苦	长短粗细均匀，完整，根条较多，中部直径≥0.2cm
	统货		长短粗细欠均匀，不完整，根条较少

注1：2015 年版《中国药典》收载为：龙胆科植物条叶龙胆 Gentiana manshurica Kitag. 、龙胆 Gentiana scabra Bge. 、三花龙胆 Gentiana triflora Pall. 或坚龙胆 Gentiana rigescens Franch. 的干燥根和根茎。前三种统称"关龙胆"，市场流通的两个主要商品规格即坚龙胆和关龙胆。

注2：经市场调查，存在坚龙胆茎叶等非药用部位单独或掺入坚龙胆药材作为商品流通，称为"龙胆草"，价格便宜。

注3：市场另有陈货，即存放时间较长的龙胆商品，由于暴露空气中，成分容易散失以及氧化发霉，这类商品容易不合格，需注意区分，因此本部分不制定陈货规格。

注4：市场坚龙胆商品，多有残留茎和茎基。

注5：关于龙胆药材历史产区沿革参见附录 A。

注6：关于龙胆药材品质评价沿革参见附录 B。

5 要求

除符合 T/CACM 1021.1—2016 的第 7 章规定外，还应符合下列要求：

—— 无变色；

—— 不走油；

—— 无虫蛀；

—— 无霉变；

—— 杂质不得过 3%。

附录 A

（资料性附录）

龙胆药材历史产区沿革

龙胆最早记载于《神农本草经》中，列为上品，主骨间寒热，惊痫，邪气续绝伤，定五脏，杀蛊毒，久服，益智，不忘，轻身，耐老，一名陵游，生山谷。《名医别录》《本草经集注》《新修本草》中都记载："大寒，无毒。主除胃中伏热，时气温热，热曳下痢，去肠中小蛊，益肝胆气，止惊惕，生齐朐及宛朐（山东菏泽）。二月，八月，十一月，十二月采根，阴干。"说明了龙胆的性味寒，无毒，生长在今山东菏泽一带，及龙胆的功效主治、采收时间和方法。

宋代《图经本草》曰："生齐朐及宛句（山东菏泽），今近道亦有之。宿根黄白色，下抽根十余条，类牛膝；直上生苗，高尺余。四月生叶似柳叶而细，茎如小竹枝；七月花开如牵牛花，作铃铎形，青碧色；冬后结子，苗便枯。二月，八月，十一月，十二月采根，阴干，俗呼为草龙胆。浙中又有山龙胆草，味苦涩，去根细锉，用生姜自然汁浸一宿，去其性，烘干，捣，水煎一钱匕，温服之。治四肢疼痛。采无时候，叶经霜雪不凋，次同类而别种也。古方治疸多用之。"详细记载了植株形态和炮制及使用方法，并且初步做了分类。

宋代《证类本草》记载："大寒，无毒。主除胃中伏热，时气温热，热曳下痢，去肠中小蛊，益肝胆气，止惊惕。久服益智不忘，轻身耐老。一名陵游。生齐朐山谷及宛句（山东菏泽）。二月，八月，十一月，十二月采根，阴干。贯众为之使，恶地黄、防葵。陶隐居云：今出近道，吴兴为胜。状似牛膝，味甚苦，故以胆为名。今按别本注云：叶似龙葵，味苦如胆，因以为名。臣禹锡等谨按药性论云：龙胆，君，能生小儿惊痫，入心，壮热，骨热，痈肿，治时疾，热黄，口疮。日华子云：小豆为使。治客忤疳气，热病狂语及疮疥，明目，止烦，益智，治健忘。"更加详尽地记载了功效主治，以浙江吴兴地区出产的龙胆产量大品质好。

明代《本草纲目》："龙胆生齐朐山谷及宛句，今出近道，义吴兴者为胜。""四月生叶似柳叶而细""二月，八月，十一月，十二月采下。阴干。直上生苗，高尺余。四月生叶如嫩蒜，茎如小竹枝；七月花开如牵牛花，作铃铎形，青碧色；冬后结子，苗便枯。"更加详尽地记载了龙胆的植株特征。

附录 B

（资料性附录）

龙胆药材品质评价沿革

《中华本草》："关龙胆主产于辽宁、吉林、黑龙江、内蒙古，品质优，产量大。"

《500味常用中药材的经验鉴别》："龙胆以跟条粗大饱满、长条顺直、根上有环纹，质柔软，色黄或黄棕，不带茎枝，味极苦者为佳。各种商品中以关龙胆为最佳，山龙胆次之，坚龙胆最次。"

《现代中药材商品通鉴》："龙胆以跟条粗大饱满、长条顺直、根上有环纹，质柔软，色黄或黄棕，不带茎枝，味极苦者为佳，坚龙胆以根细长，黄色及黄棕色为佳。"

《常用中药材品种整理和质量研究》："关龙胆产量较大，品质最优，严龙胆经验认为品质较优。"

《中华药海》：以根条粗长，黄色或黄棕色、无碎断者为佳，根条细短或者根条少，色红黄者质次。龙胆根通常二十余条，三花龙胆根约十五条，条叶龙胆根通常小于十条。

《金世元中药材传统鉴别经验》：以东北三省所产的三种龙胆质量为优，并以根条粗长，黄色或黄棕色者为佳。

综上，龙胆的品质评价以根条粗长饱满，长条顺直、根上有环纹，质柔软，黄色或黄棕色、无碎断者，不带茎枝，味极苦，秋季采摘者为佳，根条细短或者根条少，色红黄者质次。历代对于龙胆的规格等级划分强调产地质量，关龙胆主产东北，是东北的道地药材，而坚龙胆主产于云南，为云南的道地药材，并在此基础上结合性状，如根中部直径等评价。为制定龙胆商品规格等级标准提供了依据。

ICS 11.120.01
C 23

团 体 标 准

T/CACM 1021.145—2018

代替T/CACM 1021.105—2018

中药材商品规格等级 天花粉

Commercial grades for Chinese materia medica

TRICHOSANTHIS RADIX

2018-12-03 发布

2018-12-03 实施

中华中医药学会 发布

目　次

前　言

T/CACM 1021《中药材商品规格等级》标准分为 226 个部分：
——第 1 部分：中药材商品规格等级标准编制通则；
……
——第 144 部分：中药材商品规格等级　龙胆；
——第 145 部分：中药材商品规格等级　天花粉；
——第 146 部分：中药材商品规格等级　板蓝根；
……
——第 226 部分：中药材商品规格等级　玄明粉。
本部分为 T/CACM 1021 的第 145 部分。
本部分代替 T/CACM 1021.105—2018。
本部分按照 GB/T 1.1—2009《标准化工作导则　第 1 部分：标准的结构和编写》给出的规则起草。
本部分代替 T/CACM 1021.105—2018，与 T/CACM 1021.105—2018 相比较，标准编号进行了调整，并重新进行了编辑。
本部分由中药材商品规格等级标准研究技术中心及道地药材国家重点实验室培育基地提出。
本部分由中华中医药学会归口。
本部分起草单位：河北中医学院、广州白云山中一药业有限公司、中国中医科学院中药资源中心、中药材商品规格等级标准研究技术中心、北京中研百草检测认证有限公司。
本部分主要起草人：郑玉光、黄璐琦、郭兰萍、詹志来、张天天、薛紫鲸、韩晓伟、邹琦、尹震。
本部分所代替标准的历次版本发布情况为：
——T/CACM 1021.105—2018。

中药材商品规格等级 天花粉

1 范围

本部分规定了天花粉的商品规格等级。

本部分适用于天花粉药材生产、流通以及使用过程中的商品规格等级评价。

2 规范性引用文件

下列文件对于本部分的应用是必不可少的。凡是注明日期的引用文件，仅所注明日期的版本适用于本部分。凡是不注明日期的引用文件，其最新版本（包括所有的修改版本）适用于本部分。

T/CACM 1021.1—2016 中药材商品规格等级编制通则

3 术语和定义

T/CACM 1021.1—2016 以及下列术语和定义适用于本部分。

3.1

天花粉 TRICHOSANTHIS RADIX

本品为葫芦科植物栝楼 *Trichosanthes kirilowii* Maxim. 或双边栝楼 *Trichosanthes rosthornii* Harms. 的干燥根。秋、冬二季采挖，洗净，除去外皮，切段或纵剖成瓣，干燥。

4 规格等级划分

根据市场流通情况，将天花粉药材分为"选货"和"统货"两个等级；应符合表1要求。

表 1 规格等级划分

等级	性状描述	
	共同点	区别点
选货	本品呈不规则圆柱形、纺锤形或瓣块状，表面黄白色或淡棕黄色，有纵皱纹、细根痕及略凹陷的横长皮孔，有的有黄棕色外皮残留。质坚实，断面白色或淡黄色，富粉性，横切面可见黄色木质部，略呈放射状排列，纵切面可见黄色条纹状木质部。气微，味微苦	直径 3.0 ~ 5.5 cm，大小较均匀
统货		直径 1.5 ~ 5.5 cm，大小不分

注1：市场有天花粉熏硫现象，色较白，气味刺鼻，应注意鉴别。
注2：天花粉由于粉性较足，干燥不及时或干燥不充分，极易发生霉变现象；同时在干燥过程中，由于淀粉糊化，易产生角质化。
注3：关于天花粉药材历史产区沿革参见附录A。
注4：关于天花粉药材品质评价沿革参见附录B。

5 要求

除应符合 T/CACM 1021.1—2016 的第7章规定外，还应符合下列要求：

——无变色；

——无虫蛀；

——无霉变；

——杂质不得过3%。

附录 A

（资料性附录）

天花粉药材历史产区沿革

天花粉入药始载于先秦本草著作《神农本草经》，列为中品。记载为"味苦寒。主消渴，身热，烦满，大热，补虚安中，续绝伤。一名地楼。生川谷，及山阴。……"，指出其生境为川谷及山阴。

宋·唐慎微所著《证类本草》记载栝楼"根味苦，寒，无毒。……生洪农川谷及山阴地，入土深者良，生卤地者有毒。…今出陕州者，白实最佳。……"，介绍了生境为洪农川谷及山阴地。

宋·唐慎微所著《证类本草》记载天花粉"生明州。味苦，寒，无毒。主消渴，身热，烦满，大热，补气安中，续绝伤，除肠中固热，八疸，身面黄，唇干口燥，短气，通月水，止小便利。十一月、十二月采根用"。指出天花粉生于明州（宁波市鄞州区鄞江镇）。

明·兰茂所著《滇南本草》卷中记录了栝楼的产地即"迤西各处俱有。性微寒。入肺经，化痰。治寒嗽、伤寒、结胸、解渴、止烦。要去壳用仁。重纸包好，砖压掺之，去油用"。迤西即明清时称云南西部地区，大致包括现在大理、丽江、永昌等地。

明·刘文泰《本草品汇精要》所记载与宋代唐慎微《证类本草》内容相同。

明·李时珍《本草纲目》对前人著作进行总结如下："许慎云：木上曰果，地下曰蓏。此物蔓生附木，故得兼名。《诗》云：果之实，亦施于宇，是矣。栝蒌，即果蓏二字音转也，亦作瓜蒌，后人又转为栝蒌，愈转愈失其真矣。古者瓜姑同音，故有泽姑之名。齐人谓之天瓜，象形也。"

雷敩《炮炙论》，以圆者为栝，长者为蒌，亦出牵强，但分雌雄可也。其根作粉，洁白如雪，故谓之天花粉。苏颂《图经》重出天花粉，谬【集解】《别录》曰：栝蒌，生弘农川谷及山阴地。根入土深者，良；生卤地者，有毒。二月、八月采根曝干，三十日成。弘景曰：出近道。藤生，状如土瓜而叶有叉。入土六、七尺，大二、三围者，服食亦用之。实入摩膏用。恭曰：出陕州者，白实最佳。颂曰：所在有之。三、四月生苗，引藤蔓。叶如甜瓜叶而窄，作叉，有细毛。七月开花，似壶卢花，浅黄色。结实在花下，大如拳，生青，至九月熟，赤黄色。其形有正圆者，有锐而长者，功用皆同。根亦名白药，皮黄肉白。时珍曰：其根直下生，年久者长数尺。秋后掘者结实有粉。夏月掘者有筋无粉，不堪用。其实圆长，青时如瓜，黄时如熟柿，山家小儿亦食之。内有扁子，大如丝瓜子，壳色褐，仁色绿，多脂，作青气。炒干捣烂，水熬取油，可点灯。书中对前人的著作进行了总结，介绍了天花粉的入药部位、采收时间、生境和产区以及植物形态。

明·薛己所著的《本草约言》记载天花粉的来源有两种即"红而小者为栝蒌，黄而大者为瓜蒌。天花粉即其根也"。书中明确了天花粉的两种植物来源。

明·李中立所著《本草原始》中记载"瓜蒌始生洪浓山谷及山阴地，今所在有之。三四月生苗引藤"。记录了瓜蒌的生境及种植方法，并描述其形态。

明代倪朱谟所著的《本草汇言》、明代卢之颐所著的《本草乘雅半偈》、清代刘云密所著《本草述》、清《本草崇原》、清代杨时泰《本草述钩元》中记载了栝楼的生境及形态，即"栝楼出洪农、陕州山谷者最胜。今江南、江北、闽、浙、河南山野僻地间亦有"。这些本草著作中指出天花粉的生长地方比较广泛，在弘农（位于河南省）、陕州（三门峡市陕县）、江南、江北、闽、浙、河南山野同时指出来自河南省和三门峡的天花粉质量最佳。

明·郑二阳所著《仁寿堂药镜》记载了栝楼根品质特点即"生洪农川谷山阴地，入土深者良"。

近代著作《现代中药材商品通鉴》记载天花粉的来源为天花粉以栝楼根之名始载于《神农本草经》，列为中品。指出河南安阳产量最大，品质佳，素有"安阳花粉"之称。此外河北安国近年产量也较大。

《金世元中药材传统鉴别经验》记载天花粉的来源为葫芦科植物栝楼 *Trichosanthes kirilowii* Maxim. 或双边栝楼 *Trichosanthes rosthornii* Harms 的干燥根。指出天花粉以块大、色白、粉性足、质坚细腻、筋脉少者为佳。

综上所述，古本草中天花粉的产地主要为河南、陕州、江南、江北、闽、浙、河南山野，同时指出来自河南省和三门峡的天花粉质量最佳。现代本草著作中天花粉的道地产区为河南省，其中安阳产的天花粉最好，但是调查时发现市场上河北产的天花粉质优，并未发现河南产的天花粉。

附录 B

（资料性附录）

天花粉药材品质评价沿革

《名医别录》曰：栝蒌，生弘农川谷及山阴地。根入土深者，良；生卤地者，有毒。二月、八月采根曝干，三十日成。弘景曰：出近道。藤生，状如土瓜而叶有叉。入土六、七尺，大二、三围者，服食亦用之。实入摩膏用。

《新修本草》曰：出陕州者，白实最佳。

宋·唐慎微所著《证类本草》记载栝蒌"根味苦，寒，无毒。主消渴，……入土深者良，生卤地者有毒。二月、八月采根。……今出陕州者，白实最佳。……"介绍了栝蒌的入药部位有果实即栝蒌，根即天花粉，采收时间多为二月、八月采根。品质为入土深者良，生卤地者有毒，出陕州者，白实最佳即出自三门峡市陕县的天花粉颜色洁白质量好。

《本草纲目》曰："其根直下生，……炒干捣烂，水熬取油，可点灯。"书中对前人的著作进行了总结，介绍了天花粉的入药部位、采收时间、生境和产区以及植物形态。

明·薛己所著的《本草约言》记载天花粉的来源有两种即"红而小者为栝蒌，黄而大者为瓜蒌。天花粉即其根也"。书中明确了天花粉的两种植物来源。

明·倪朱谟所著的《本草汇言》、明代卢之颐所著的《本草乘雅半偈》、清代刘云密所著《本草述》、清《本草崇原》、清代杨时泰《本草述钩元》中记载了栝蒌的生境及形态，即"栝蒌出洪农、陕州山谷者最胜。今江南、江北、闽、浙、河南山野僻地间亦有"。这些本草著作中指出天花粉的生长地方比较广泛，在弘农（位于河南省）、陕州（三门峡市陕县）、江南、江北、闽、浙、河南山野同时指出来自河南省和三门峡的天花粉质量最佳。

明·郑二阳所著《仁寿堂药镜》记载了栝蒌根品质特点即"生洪农川谷山阴地，入土深者良"。

近代著作《现代中药材商品通鉴》记载天花粉的来源为天花粉以栝蒌根之名始载于《神农本草经》，列为中品。指出河南安阳产量最大，品质佳，素有"安阳花粉"之称。此外河北安国近年产量也较大。

《金世元中药材传统鉴别经验》记载天花粉的来源为葫芦科植物栝蒌 *Trichosanthes kirilowii* Maxim. 或双边括楼 *Trichosanthes rosthornii* Harms 的干燥根。指出天花粉以块大、色白、粉性足、质坚细腻、筋脉少者为佳。

综上所述，制定商品规格等级标准时天花粉以块大、色白、粉性足、质坚细腻、筋脉少者为佳。

ICS 11.120.01
C 23

团 体 标 准

T/CACM 1021.146—2018

代替T/CACM 1021.88—2018

中药材商品规格等级　板蓝根

Commercial grades for Chinese materia medica

ISATIDIS RADIX

2018-12-03 发布　　　　　　　　　　　　　　　2018-12-03 实施

中 华 中 医 药 学 会 发布

目　次

前　言

T/CACM 1021《中药材商品规格等级》标准分为 226 个部分：

——第 1 部分：中药材商品规格等级标准编制通则；

......

——第 145 部分：中药材商品规格等级　天花粉；

——第 146 部分：中药材商品规格等级　板蓝根；

——第 147 部分：中药材商品规格等级　莱菔子；

......

——第 226 部分：中药材商品规格等级　玄明粉。

本部分为 T/CACM 1021 的第 146 部分。

本部分代替 T/CACM 1021.88—2018。

本部分按照 GB/T 1.1—2009《标准化工作导则　第 1 部分：标准的结构和编写》给出的规则起草。

本部分代替 T/CACM 1021.88—2018，与 T/CACM 1021.88—2018 相比较，标准编号进行了调整，并重新进行了编辑。

本部分由中药材商品规格等级标准研究技术中心及道地药材国家重点实验室培育基地提出。

本部分由中华中医药学会归口。

本部分起草单位：河北中医学院、中国中医科学院中药资源中心、中药材商品规格等级标准研究技术中心、石家庄以岭药业股份有限公司、扬子江药业集团有限公司、广东太安堂药业股份有限公司、北京中研百草检测认证有限公司。

本部分主要起草人：郑玉光、黄璐琦、郭兰萍、詹志来、焦倩、郭利霄、王乾、崔旭盛、田清存、王芳芳、杨光、李颖、相婷、宋敏。

本部分所代替标准的历次版本发布情况为：

——T/CACM 1021.88—2018。

中药材商品规格等级 板蓝根

1 范围

本部分规定了板蓝根的商品规格等级。

本部分适用于板蓝根药材生产、流通以及使用过程中的商品规格等级评价。

2 规范性引用文件

下列文件对于本部分的应用是必不可少的。凡是注明日期的引用文件，仅所注明日期的版本适用于本部分。凡是不注明日期的引用文件，其最新版本（包括所有的修改版本）适用于本部分。

T/CACM 1021.1—2016 中药材商品规格等级编制通则

3 术语和定义

T/CACM 1021.1—2016 以及下列术语和定义适用于本部分。

3.1

板蓝根 ISATIDIS RADIX

本品为十字花科植物菘蓝 *Isatis indigotica* Fort. 的干燥根。秋季采挖，除去泥沙，晒干。

4 规格等级划分

根据市场流通情况，按照长度、中部直径等，将板蓝根药材分为"选货"和"统货"两个等级。应符合表1要求。

表1 规格等级划分

等级	性状描述	
	共同点	区别点
选货	本品呈圆柱形，稍扭曲。表面淡灰黄色或淡棕黄色，有纵皱纹、横长皮孔样突起及支根痕。根头略膨大，可见暗绿色或暗棕色轮状排列的叶柄残基和密集的疣状突起。体实，质略软，断面皮部黄白色，木部黄色。气微，味微甜后苦涩	中部直径0.8~1cm，长度15~20cm
统货		直径不等且≥0.5cm，长度不一且≥10cm

注1：市场上板蓝根有熏硫现象，应注意鉴别。

注2：关于板蓝根药材历史产区沿革参见附录A。

注3：关于板蓝根药材品质评价沿革参见附录B。

5 要求

除应符合 T/CACM 1021.1—2016 的第7章规定外，还应符合下列要求：

——无变色；

——无虫蛀；

——无霉变；

——杂质不得过3%。

附录 A

（资料性附录）

板蓝根药材历史产区沿革

　　板蓝根的原植物入药始载于《神农本草经》，谓之"蓝实"。陶弘景在《本草经集注》蓝实下注："其茎叶可以染青，生河内（今河北安国一带）……此即今染襟碧所用者，以尖叶者为胜。"

　　明《救荒本草》记述菘蓝："生河内平泽（今河北平原），今处处有之。"描述了板蓝根原植物原生长于河北平原地区，而后到处都有。

　　通过总结《中国药材学》《中华本草》《现代中药材商品通鉴》《500味常用中药材的经验鉴别》《金世元中药材传统鉴别经验》等现代专著，发现板蓝根分布于我国东北、华北、西北等地，主产于河北、甘肃、东北、新疆等地，且河北、甘肃和东北产量大，供应全国，并以河北产品质量较佳。

附录 B

（资料性附录）

板蓝根药材品质评价沿革

古代文献中未曾见到应用板蓝根的记载，故无相关品质评价记载。

现代文献中品质评价相关记载如下：

《中国药材学》：以条长、粗大、体实者为佳。

1977 年版《中国药典》一部：以条长、粗大、体实者为佳。

《中华本草》：以条长、粗大、体实者为佳。

《中药大全》：以根长粗壮均匀，粉性足者为佳。

《500 味常用中药材的经验鉴别》：以条粗长、色黄白、有粉性者为佳，多以河北所产为佳。

《中华药海》：以根平直粗壮、坚实、粉性大者为佳。

《金世元中药材传统鉴别经验》：以身干、条长、均匀、质润者为佳。

现代文献主要从根的粗细、长短、质地来进行品质评价。

ICS 11.120.01
C 23

团 体 标 准

T/CACM 1021.147—2018
代替T/CACM 1021.98—2018

中药材商品规格等级 莱菔子

Commercial grades for Chinese materia medica

RAPHANI SEMEN

2018-12-03 发布   2018-12-03 实施

中 华 中 医 药 学 会 发布

目　次

前　言

T/CACM 1021《中药材商品规格等级》标准分为 226 个部分：
——第 1 部分：中药材商品规格等级标准编制通则；
……
——第 146 部分：中药材商品规格等级　板蓝根；
——第 147 部分：中药材商品规格等级　莱菔子；
——第 148 部分：中药材商品规格等级　威灵仙；
……
——第 226 部分：中药材商品规格等级　玄明粉。

本部分为 T/CACM 1021 的第 147 部分。

本部分代替 T/CACM 1021.98—2018。

本部分按照 GB/T 1.1—2009《标准化工作导则　第 1 部分：标准的结构和编写》给出的规则起草。

本部分代替 T/CACM 1021.98—2018，与 T/CACM 1021.98—2018 相比较，标准编号进行了调整，并重新进行了编辑。

本部分由中药材商品规格等级标准研究技术中心及道地药材国家重点实验室培育基地提出。

本部分由中华中医药学会归口。

本部分起草单位：河北中医学院、中国中医科学院中药资源中心、中药材商品规格等级标准研究技术中心、北京中研百草检测认证有限公司。

本部分主要起草人：郑玉光、黄璐琦、郭兰萍、詹志来、刘爱朋、王浩、王乾。

本部分所代替标准的历次版本发布情况为：
——T/CACM 1021.98—2018。

中药材商品规格等级　莱菔子

1　范围

本部分规定了莱菔子的商品规格等级。

本部分适用于莱菔子药材生产、流通以及使用过程中的商品规格等级评价。

2　规范性引用文件

下列文件对于本部分的应用是必不可少的。凡是注明日期的引用文件，仅所注明日期的版本适用于本部分。凡是不注明日期的引用文件，其最新版本（包括所有的修改版本）适用于本部分。

T/CACM 1021. 1—2016 中药材商品规格等级编制通则

3　术语和定义

T/CACM 1021. 1—2016 以及下列术语和定义适用于本部分。

3. 1

莱菔子　RAPHANI SEMEN

本品为十字花科植物萝卜 *Raphanus sativus* L. 的干燥成熟种子。夏季果实成熟时采割植株，晒干，搓出种子，除去杂质，再晒干。

4　规格等级划分

根据市场流通情况，该药材商品均为统货。应符合表 1 要求。

表 1　规格等级划分

等级	性状描述
统货	呈类卵圆形或椭圆形，稍扁，长 2. 5 ~ 4mm，宽 2 ~ 3mm。表面黄棕色、红棕色或灰棕色。一端有深棕色圆形种脐，一侧有数条纵沟。种皮薄而脆，子叶 2，黄白色，有油性。气微，味淡、微苦辛

注 1：关于莱菔子药材历史产区沿革参见附录 A。

注 2：关于莱菔子药材品质评价沿革参见附录 B。

5　要求

除应符合 T/CACM 1021. 1—2016 的第 7 章规定外，还应符合下列要求：

——无变色；

——无虫蛀；

——无走油；

——无霉变。

附录 A

（资料性附录）

莱菔子药材历史产区沿革

唐《图经本草》曰："出河北，秦、晋甚多，登、莱者最佳，今处处有之。"

明《本草蒙筌》曰："萝卜，南北郡州，处处具种。"

《中华药海》（1993 年）："全国各地普遍栽培。"

《中华本草》（1999 年）："原产我国，全国各地均有栽培，且有大量的栽培品种。"

《500 味常用中药材的经验鉴别》（1999 年）："全国各地均有生产。"

《现代中药材商品通鉴》（2001 年）："全国各地均有栽培，多自产自销。全国药用除红白萝卜外，山东多为青萝卜的种子。"

附录 B

（资料性附录）

莱菔子药材品质评价沿革

1977 年版《中国药典》："以籽粒饱满者为佳。"

《中华药海》（1993 年）："以粒大、饱满、油性大者为佳。"

《中华本草》（1999 年）："以粒大、饱满、油性大者为佳。"

《500 味常用中药材的经验鉴别》（1999 年）："莱菔子商品以身干，粒大饱满，不泛油，无泥沙者为佳。"

《中药大辞典》（2001 年）："以粒大、饱满、油性大者为佳。"

综上，莱菔子的产地分布广泛，几遍全国。目前莱菔子全国各地均有栽培，多自产自销。多以粒大、饱满、油性大者为佳，市场上还多根据含杂质的多少来评价品质。本次制定莱菔子商品规格等级标准是根据有无分等级划分为选货和统货两个规格，再根据大小、均匀度、饱满度及含杂率进行等级划分。

ICS 11.120.01
C 23

团 体 标 准

T/CACM 1021.148—2018

代替T/CACM 1021.197—2018

中药材商品规格等级 威灵仙

Commercial grades for Chinese materia medica

CLEMATIDIS RADIX ET RHIZOMA

2018-12-03 发布　　　　　　　　　　　　　　　2018-12-03 实施

中华中医药学会 发布

目　次

前　言

T/CACM 1021《中药材商品规格等级》标准分为 226 个部分：

——第 1 部分：中药材商品规格等级标准编制通则；

……

——第 147 部分：中药材商品规格等级　莱菔子；

——第 148 部分：中药材商品规格等级　威灵仙；

——第 149 部分：中药材商品规格等级　决明子；

……

——第 226 部分：中药材商品规格等级　玄明粉。

本部分为 T/CACM 1021 的第 148 部分。

本部分代替 T/CACM 1021.197—2018。

本部分按照 GB/T 1.1—2009《标准化工作导则　第 1 部分：标准的结构和编写》给出的规则起草。

本部分代替 T/CACM 1021.197—2018，与 T/CACM 1021.197—2018 相比较，标准编号进行了调整，并重新进行了编辑。

本部分由中药材商品规格等级标准研究技术中心及道地药材国家重点实验室培育基地提出。

本部分由中华中医药学会归口。

本部分起草单位：广西壮族自治区药用植物园、中国中医科学院中药资源中心、中药材商品规格等级标准研究技术中心、北京中研百草检测认证有限公司。

本部分主要起草人：刘丽辉、蒋妮、黄浩、韦树根、缪剑华、韦坤华、黄宝优、陈乾平、黄璐琦、郭兰萍、詹志来、何雅莉。

本部分所代替标准的历次版本发布情况为：

——T/CACM 1021.197—2018。

中药材商品规格等级 威灵仙

1 范围

本部分规定了威灵仙的商品规格等级。

本部分适用于威灵仙药材生产、流通以及使用过程中的商品规格等级评价。

2 规范性引用文件

下列文件对于本部分的应用是必不可少的。凡是注明日期的引用文件，仅所注明日期的版本适用于本部分。凡是不注明日期的引用文件，其最新版本（包括所有的修改版本）适用于本部分。

T/CACM 1021.1—2016 中药材商品规格等级编制通则

3 术语和定义

T/CACM 1021.1—2016 以及下列术语和定义适用于本部分。

3.1

威灵仙 CLEMATIDIS RADIX ET RHIZOMA

本品为毛茛科植物威灵仙 *Clematis chinensis* Osbeck、棉团铁线莲 *Clematis hexapetala* Pall. 或东北铁线莲（辣蓼铁线莲）*Clematis manshurica* Rupr. 的干燥根及根茎。秋季采挖，除去泥沙，晒干。

4 规格等级划分

根据市场流通情况，按照基原的不同，将威灵仙分为"威灵仙""棉团铁线莲"和"东北铁线莲"三个规格。各规格项下，根据是否进行等级划分，分成"选货"和"统货"两个等级，东北铁线莲"选货"项下根据长度和粗细分为"一等"和"二等"两个等级。应符合表 1 要求。

表 1 规格等级划分

规格	等级		性状描述	
			共同点	区别点
威灵仙	选货		根茎呈柱状，根茎长 1.5~10cm，直径 0.3~1.5cm；表面淡棕黄色；顶端残留茎基；质较坚韧，断面纤维性；下侧着生多数细根。根呈细长圆柱形，稍弯曲，长 7~15cm，直径 0.1~0.3cm；表面黑褐色，有细纵纹，有的皮部脱落，露出黄白色木部；质硬脆，易折断，断面皮部较广，木部淡黄色，略呈方形，皮部与木部间常有裂隙。气微，味淡	经水选的干货
	统货			未经水选的干货
棉团铁线莲	统货		根茎呈短柱状，根茎长 1~4cm，直径 0.5~1cm。根长 4~20cm，直径 0.1~0.2cm；表面棕褐色至棕黑色；断面木部圆形。味咸	
东北铁线莲	选货	一等	经水选的干货。根粗长、条均匀，体结实，根较密集，稍弯曲。表面黑褐色、断面灰白色，质坚硬，无地上部分或残茎	根长 ≥ 20cm，根条较粗的多
		二等		根长 15~20cm
	统货		未经水选的干货。根茎呈柱状，根茎长 1~11cm，直径 0.5~2.5cm。根较密集，长 5~23cm，直径 0.1~0.4cm；表面棕黑色；断面木部近圆形。味辛辣。药材表面带灰土的暗色	

续表

规格	等级	性状描述	
		共同点	区别点
注1：当前市场上威灵仙药材存在棉团铁线莲和东北铁线莲两种规格混合情况。			
注2：非药用部位：在四川荷花池药市采购到部分威灵仙地上部分，即威灵仙苗，作为饮片出售。			
注3：伪品：在河北和东北有升麻混在威灵仙药材和饮片中流通。升麻性状：升麻根皮薄，木部呈放射状，且自然断面不整齐，粗细不均，易脱皮。在广州、四川采购的威灵仙饮片中，有显脉旋覆花作为威灵仙在市场上流通。			
注4：混淆品：另除药典记载的威灵仙药材以外，另有毛莨科铁线莲属植物在市场流通，主要的品种有柱果铁线莲、锥花铁线莲、毛蕊铁线莲、山木通和百合科菝葜属植物等其他混淆品。主要区别是威灵仙根均为圆柱形，粗细较均匀，有细纵纹而没有明显的棱。而所谓的"饮片"根段则有明显的区别，两端粗细明显不一，而且具有3~4个明显的棱。			
注5：关于威灵仙药材历史产区沿革参见附录A。			
注6：关于威灵仙药材品质评价沿革参见附录B。			

5 要求

除应符合 T/CACM 1021.1—2016 的第 7 章规定外，还应符合下列要求：

——无变色；

——无虫蛀；

——无霉变；

——杂质不得过 3% 。

附录 A

（资料性附录）

威灵仙药材历史产区沿革

威灵仙药用始载于《威灵仙传》，云："先时商州有人重病，足不履地者数十年，良医殚技莫能疗，所亲置之道旁，以求救者。""乃威灵仙也。"威灵仙产于山上，在商州分布。商州：指今陕西省商洛市商州区。其他地方应有产，但未明确具体位置。

五代后蜀《蜀本草》云："出商州洛阳县，九月末至十二月采，阴干。"商州洛阳县指今陕西省商洛市商州区。

宋代《开宝本草》："出商州上洛山及华山，并平泽，不闻水声者良。生先于众草。茎方，数叶相对，花浅紫，根生稠密，岁久益繁。冬月丙丁戊己日采。"商州的洛山和华山，指今陕西省商洛市商州区。

宋代《本草图经》："出商州上洛山及华山，并平泽，今陕西州军等及河东、河北、京东、江湖州郡或有之。……以不闻水声者佳。"对威灵仙的生境和产地有所表述，商州指今陕西省商洛市商州区和华山的沼泽地带，宋代时的陕西州军等及河东、河北、京东、江湖州郡或有之。河东相当于今天的山西省、河北省部分地区，以及京津地区等；河北包括今北京市、天津市一带；河北省和辽宁省大部，南部包括今河南省和山东省，京东指京都长安东边，今陕西西安东；江湖州郡也可能有，江州今江西省九江市，湖州是今浙江省湖州市吴兴区。增加了分布范围的记载。

宋代的《证类本草》："出商州上洛山及华山并平泽，不闻水声者良。"并附威灵仙植物图片四张：石州威灵仙、并州威灵仙、宁化军威灵仙、晋州威灵仙。石州在今山西省离石县；并州即为太原，在今山西省太原市；宁江军在四川省奉节县；晋州今山西省临汾市。

清朝《植物名实图考》："铁扫帚，救荒本草。铁扫帚生荒野中，就地丛生，一本二三十茎，苗高三四尺，叶似苜蓿叶而细长，又似细叶胡枝子叶亦短小，开小白花，其叶味苦。采嫩苗、叶煤熟，换水浸去苦味，油盐调食。"

1963 年版《中国药典》一部：威灵仙均系野生，产于安徽、浙江、江苏等地。（此后各版药典未再记载产地信息）

1980 年，《中国植物志》记载：威灵仙分布于云南南部、贵州、四川（500～1500m）、陕西南部、广西、广东、湖南、湖北、河南、福建、台湾、江西、浙江、江苏南部、安徽淮河以南。生山坡、山谷灌丛中或沟边、路旁草丛中。越南也有分布。

1996 年，徐国钧《中国药材学》：威灵仙主产于江苏、安徽、浙江、江西、湖南、湖北、四川等地，销南方各地。棉团铁线莲主产于东北及山东。销山东及东北。东北铁线莲，主产于东北，销东北及华北。

1999 年，《中华本草》："1. 威灵仙生于海拔 80～150m 的山坡、山谷灌木丛中、沟边路旁草丛中。分布于陕西南部、江苏南部、安徽淮河以南、浙江、江西、福建、台湾、河南、湖北、湖南、广东、广西、四川、贵州、云南南部。2. 棉团铁线莲生于山坡、山坡草地或固定的沙丘上。分布于黑龙江、吉林、辽宁、内蒙古、河北、山西、陕西、甘肃东部、山东及中南地区。3. 辣蓼铁线莲生于山坡灌木丛中，杂木材下或林边。分布于东北及内蒙古、山西等地。4. 毛柱铁线生于海拔 250～1850m 山坡疏林、路旁灌木丛中或山谷、溪边。分布于浙江、江西、福建、台湾、湖南南部、广东、广西、四川、贵州、云南。5. 柱果铁线莲的根及根茎生于海拔 100～1800m 的山地、山谷、溪边的灌木丛中、林边。分布于陕西南部、甘肃南部、江苏宜兴、安徽南部、浙江、江西、福建、台湾、湖南、广东、广西、四川、贵州、云南东南部。"

1999 年肖培根主编《中药植物原色图鉴》威灵仙生于山谷、山坡林缘或灌木丛中。分布于我国江苏、浙江、江西、福建、台湾、湖北、湖南、广东、海南、广西、贵州、四川、云南等省。棉团铁线莲：生于山地林边阳坡或草坡上，分布于黑龙江、吉林、辽宁、河北、内蒙古东部、山西、陕西、甘肃、山东等省。

1999 年，卢赣鹏《500 味常用中药材的经验鉴别》：威灵仙商品多来源于野生资源，当中威灵仙主要分布于江苏、安徽、浙江等省；棉团铁线莲主要分布于东北及华北地区；东北铁线莲主要分布于东北地区。威灵仙主产于安徽滁县、蚌埠；浙江温州、临海、金华；江苏镇江、淮阴等地。

2001 年，张贵军《现代中药材商品通鉴》：铁丝威灵仙来源百合科植物黑刺菝葜 *Smilax scobinicaulis* C. H. Wright 或粘鱼须 *S. sieboldii* Miq. 的根茎及根。黑刺菝葜主产于山西、陕西、河南、甘肃、山东等地，销北方各省。粘鱼须产于辽宁、山东、江苏、安徽、浙江、福建、台湾等省，主销于山东。

2002 年，肖培根编著的《新编中药志（一）（根、根茎）》中收录了威灵仙并附铁丝威灵仙。记录：威灵仙产于长江以南各省，如江苏、浙江、江西、湖南、湖北、四川等省；销南方各省。东北铁线莲主产于东北；销东北、华北。棉团铁线莲主产于东北及山东省；销山东及东北。

2010 年，《金世元中药材传统鉴别经验》："威灵仙主产于山东、安徽、江苏、浙江、江西、湖南、湖北等地。东北铁线莲和棉团铁线莲主产于东北各省，棉团铁线莲北京山区有分布。"威灵仙、东北铁线莲原植物系藤本，野生山谷、山坡、林边、灌木丛中；棉团铁线莲原植物系直立草本，野生向阳山坡或草坡上。

综上所述，古本草记载的威灵仙产区与现代文献不完全一致，产地逐渐广泛，可能与最初记载时就已说明在其他地方有，因在商州有人要用药时去山上寻找，最后确定在商州的山上找到药材，故而在其他地方的分布没有得到详实记载。唐代曾提出在陕西、山西，宋代的记录范围扩大到四川、河北、山东、辽宁、江西、江苏；到了明代以后就有几种植物作为"威灵仙"使用，所以记载的分布范围也逐步扩大，直至商州（指今陕西省商洛市商州区）和华山的沼泽地带，并以石州（今山西省离石县）、并州（在今山西省太原市）、宁江军（在四川省奉节县）、晋州（今山西省临汾市）所产药材为四种代表植物。今人认为威灵仙主产于山东、安徽、江苏、浙江、江西、湖南、湖北等地。东北铁线莲和棉团铁线莲主产于东北各省，棉团铁线莲在北京山区有分布。

附录 B

（资料性附录）

威灵仙药材品质评价沿革

五代后蜀《蜀本草》记载："出商州洛阳县，九月末至十二月采，阴干。"

宋代《开宝本草》中草部下品之下卷第十一曰："出商州上洛山及华山，并平泽，不闻水声者良。"《本草图经》描述为："九月采根，阴干。仍以丙、丁、戊、己日采，以不闻水声者佳。"《证类本草》记载："出商州上洛山及华山并平泽，不闻水声者良。生先于众草，茎方，数叶相对。花浅紫。根生稠密，岁久益繁，冬月丙丁戊己日采，忌茗。"

明朝《本草纲目》曰："初时黄黑色，干则深黑，俗称铁脚威灵仙以此：别有数种，根须一样，但色或黄或白，皆不可用。"《雷公炮制药性解》："威灵仙忌面及茶茗、牛肉、牛乳，采时不闻流水声，铁脚者佳。"

从上述历代文献总结为威灵仙在九月初采根，以远离水源的为好，初时黄黑色，干则深黑，俗称铁脚威灵仙的为正品，未做药材产地方面的评价，仅对性状品质方面具体记载。

在近代文献中描述如下：

1963 年版《中国药典》一部：本品根状呈不规则的块状，其上丛生许多细根，根呈细长圆柱形，根长 3～6 寸，直径约半分，略弯曲。表面棕褐色至棕黑色，有细纵纹，有细小须根。质脆，易折断，外皮与木心棱易脱离，横断面圆形，周边灰黄色。中央木心黄白色。气微弱，味微苦。以条匀、皮黑肉白、质坚实者为佳。

1977 年版《中国药典》一部：以条长、色黑者为佳。

1996 年版《中国药材学》：本品以条均匀、皮黑肉白、质坚实者为佳。

1997 年版《中华本草》：以条均匀、质坚硬、断面色灰白者为佳。

2001 年版《现代中药材商品通鉴》：［以百合科黑刺菝葜和粘鱼须（鞘茎菝葜）为样品］商品规格以根粗长、质坚实、有韧性、去净支根者为佳。

2002 年版，肖培根编著的《新编中药志（一）（根、根茎）》中收录了威灵仙并附铁丝威灵仙。记录：威灵仙以根粗大、条均匀，断面灰白色，质坚硬，无地上或残茎者为佳。对东北铁线莲和棉团铁线莲的优劣未做描述。

综上，威灵仙在我国分布较广，近代以来，通过植物分类研究，科研人员发现威灵仙种类较多。《中国药典》根据历史使用渊源和地缘范围等因素确定威灵仙、棉团铁线莲、东北铁线莲（辣蓼铁线莲）三种植物为威灵仙药材的来源，但以前没有分级。本次制定威灵仙商品规格等级标准是以现代文献对威灵仙药材的质量评价和市场调查情况为依据，威灵仙的品质评价以威灵仙根粗大、条均匀，断面灰白色，质坚硬，无地上或残茎者为佳。为制定威灵仙商品规格等级标准提供了依据。

ICS 11.120.10
C 10/29

团 体 标 准

T/CACM 1021.149—2018

代替T/CACM 1021.59—2017

中药材商品规格等级 决明子

Commercial grades for Chinese materia medica

CASSIAE SEMEN

2018-12-03 发布

2018-12-03 实施

中华中医药学会 发布

目　次

前　言

T/CACM 1021《中药材商品规格等级》标准分为 226 个部分：

——第 1 部分：中药材商品规格等级标准编制通则；

……

——第 148 部分：中药材商品规格等级　威灵仙；

——第 149 部分：中药材商品规格等级　决明子；

——第 150 部分：中药材商品规格等级　草果；

……

——第 226 部分：中药材商品规格等级　玄明粉。

本部分为 T/CACM 1021 的第 149 部分。

本部分代替 T/CACM 1021.59—2017。

本部分按照 GB/T 1.1—2009《标准化工作导则　第 1 部分：标准的结构和编写》给出的规则起草。

本部分代替 T/CACM 1021.59—2017，与 T/CACM 1021.59—2017 相比较，标准编号进行了调整，并重新进行了编辑。

本部分由中药材商品规格等级标准研究技术中心及道地药材国家重点实验室培育基地提出。

本部分由中华中医药学会归口。

本部分起草单位：河南中医药大学、中国中医科学院中药资源中心、无限极（中国）有限公司、中药材商品规格等级标准研究技术中心、北京中研百草检测认证有限公司。

本部分主要起草人：陈随清、张飞、黄璐琦、郭兰萍、詹志来、杨国静、康利平、余意、马方励。

本部分所代替标准的历次版本发布情况为：

——T/CACM 1021.59—2017。

中药材商品规格等级 决明子

1 范围

本部分规定了决明子的商品规格等级。

本部分适用于决明子药材生产、流通以及使用过程中的商品规格等级评价。

2 规范性引用文件

下列文件对于本部分的应用是必不可少的。凡是注明日期的引用文件，仅所注明日期的版本适用于本部分。凡是不注明日期的引用文件，其最新版本（包括所有的修改版本）适用于本部分。

T/CACM 1021.1—2016 中药材商品规格等级编制通则

3 术语和定义

T/CACM 1021.1—2016 以及下列术语和定义适用于本部分。

3.1

决明子 CASSIAE SEMEN

本品为豆科植物决明 *Cassia obtusifolia* L. 或小决明 *Cassia tora* L. 的干燥成熟种子。秋季采收成熟果实，晒干，打下种子，除去杂质。

4 规格等级划分

根据市场流通情况，按照基原的不同，将决明子药材分为"决明"和"小决明"两个规格；"决明"项下根据长度、宽度进行等级划分。应符合表1要求。

表 1 规格等级划分

规格	等级	性状描述	
		共同点	区别点
决明	选货	略呈菱方形或短圆柱形，两端平行倾斜，表面平滑有光泽。一端较平坦，另端斜尖，背腹面各有1条突起的棱线，棱线两侧各有1条斜向对称而色较浅的线形凹纹。质坚硬，不易破碎。种皮薄，子叶2，黄色，呈"S"形折曲并重叠。气微，味微苦	长 0.5～0.7cm，宽 0.3～0.4cm。表面绿棕色。杂质＜0.5%
	统货		长 0.3～0.7cm，宽 0.2～0.4cm。表面绿棕色或暗棕色。杂质不得过3%
小决明	统货	呈短圆柱形，较小，长 0.3～0.5cm，宽 0.2～0.3cm。表面绿棕色或暗棕色，表面棱线两侧各有1片宽广的浅黄棕色带。质坚硬，不易破碎。杂质不得过3%	

注1：市场另有进口决明子，由于其来源不明确，需注意区分。

注2：在决明子药材中杂质有望江南以及刺田菁，需注意区分。

注3：关于决明子药材历史产区沿革参见附录A。

注4：关于决明子药材品质评价沿革参见附录B。

5 要求

除应符合 T/CACM 1021.1—2016 的第7章规定外，还应符合下列要求：

——无虫蛀；

——无霉变。

附录 A

（资料性附录）

决明子药材历史产区沿革

决明子始载于秦汉时期的《神农本草经》。宋代《本草图经》记载为："决明子，生龙门川泽，今处处有之，人家园圃所莳。"说明宋代决明子已经普遍移栽至家园中。

宋代《本草衍义》记载："今湖南北人家园圃所中甚多，或在村野成段种。"决明子种植地区扩大。

明代《本草纲目》云："决明有两种：一种马蹄决明，茎高三四尺，也大于苜蓿，而本小末多，昼夜开合，两两相贴，秋开淡黄花五出，结角如初生细豇豆，长五六寸，角中子数十粒，参差相连，状如马蹄，青绿色。一种茳芒决明，救荒本草谓山扁豆是也，苗茎似马蹄决明，但本小末尖，正似槐叶，叶亦不和，秋开深黄花五出。结角大如人指，长二寸许。角中子成数列。状如黄葵而扁，其色褐，味甘滑。"《本草纲目》指出决明有两个品种，一种是马蹄决明，与今用决明子来源一致。一种是茳芒决明，其与望江南相似，与现今决明来源不同。

明代《本草品汇精要》记载了："［地］（道地）广州、桂州（今广西桂林）。"

《中国药材学》收载决明主产于江苏、安徽、四川等地，全国各地多有栽培，产量较大。小决明主产于广西、云南等地，产量较少。

《中华本草》收载决明主产于江苏、安徽、四川等地，近年全国各地多有栽培。小决明主产于广西、云南等地，野生或半野生。

综上所述，古代本草记载决明最早发现产于陕西，后在广州、湖南等地也有发现，且认为陕西、广州的决明品质较优良，随着时间变迁全国范围内均有种植。

附录 B

（资料性附录）

决明子药材品质评价沿革

明代《本草品汇精要》记载了："［地］（道地）广州、桂州（今广西桂林）。"

明代《本草乘雅半偈》记载："生龙门（龙门：今西安市北）川泽者良。"

1963 年版《中国药典》一部收载以"饱满、黄褐色、无杂质者为佳"，认为饱满、黄褐色、无杂质的决明质量佳。

1977 年版《中国药典》一部收载以"粒饱满、色绿棕者为佳"，认为饱满、色绿棕的决明质量佳。

《中华本草》收载"以子粒饱满、色绿棕者佳"，认为子粒饱满、色绿棕的决明质量佳。

《现代中药材商品通鉴》收载"以颗粒均匀、饱满、色绿棕者佳"，认为颗粒均匀、饱满、色绿棕的决明质量佳。

《金世元中药材传统鉴别经验》收载"以身干、颗粒均匀、饱满、绿棕色者为佳"，认为身干、颗粒均匀、饱满、绿棕色的决明质量佳。

综上，古代书籍对决明主要是从产地来说明其品质，陕西西安、广州以及桂州的决明质量最优。近代文献以颗粒饱满度和色泽来对决明进行等级划分，以颗粒均匀、饱满、绿棕色的决明质量优。近代文献主要是从决明的色泽、饱满度来进行品质评价。历代无对决明子的规格等级划分，只有强调其道地产区。通过实际市场调研及相关专家反馈意见，本部分以品种的基原为依据，制定决明子的规格等级。

ICS 11.120.01
C 23

团 体 标 准

T/CACM 1021.150—2018

代替T/CACM 1021.143—2018

中药材商品规格等级 草果

Commercial grades for Chinese materia medica

TSAOKO FRUCTUS

2018-12-03 发布

2018-12-03 实施

中华中医药学会 发布

目　次

前　言

T/CACM 1021《中药材商品规格等级》标准分为 226 个部分：

——第 1 部分：中药材商品规格等级标准编制通则；

……

——第 149 部分：中药材商品规格等级　决明子；

——第 150 部分：中药材商品规格等级　草果；

——第 151 部分：中药材商品规格等级　车前子；

……

——第 226 部分：中药材商品规格等级　玄明粉。

本部分为 T/CACM 1021 的第 150 部分。

本部分代替 T/CACM 1021.143—2018。

本部分按照 GB/T 1.1—2009《标准化工作导则　第 1 部分：标准的结构和编写》给出的规则起草。

本部分代替 T/CACM 1021.143—2018，与 T/CACM 1021.143—2018 相比较，标准编号进行了调整，并重新进行了编辑。

本部分由中药材商品规格等级标准研究技术中心及道地药材国家重点实验室培育基地提出。

本部分由中华中医药学会归口。

本部分起草单位：云南省农业科学院药用植物研究所、中国中医科学院中药资源中心、中药材商品规格等级标准研究技术中心、北京联合大学、北京中研百草检测认证有限公司。

本部分主要起草人：张金渝、杨美权、左应梅、杨天梅、杨绍兵、黄璐琦、郭兰萍、詹志来、张元、杨维泽、陈秀花、杨毅、和玉德、李新华、许宗亮、刘大会、金艳、杨光。

本部分所代替标准的历次版本发布情况为：

——T/CACM 1021.143—2018。

中药材商品规格等级 草果

1 范围

本部分规定了草果的商品规格等级。

本部分适用于草果药材生产、流通以及使用过程中的商品规格等级评价。

2 规范性引用文件

下列文件对于本部分的应用是必不可少的。凡是注明日期的引用文件，仅所注明日期的版本适用于本部分。凡是不注明日期的引用文件，其最新版本（包括所有的修改版本）适用于本部分。

T/CACM 1021.1—2016 中药材商品规格等级编制通则

3 术语和定义

T/CACM 1021.1—2016 以及下列术语和定义适用于本部分。

3.1

草果 TSAOKO FRUCTUS

本品为姜科植物草果 *Amomum tsao – ko* Crevost et Lemaire 的干燥成熟果实。秋季待果实饱满、果皮变红棕色、种子变硬时采收，采收后除去杂质，晒干或低温烘干。

3.2

500g 果实数 number of units equaling 500g

每 500g 草果药材中果实的个数。

4 规格等级划分

根据市场流通情况，将草果药材分为"选货"和"统货"两个等级；"选货"项下根据有梗、短梗（梗长 1cm 以内）和每 500g 内所含个数进行等级划分。应符合表 1 要求。

表 1 规格等级划分

等级		性状描述	
		共同点	区别点
选货	一等	呈长椭圆形，具三钝棱。表面灰棕色至红棕色，具纵沟及棱线，顶端有圆形突起的柱基，基部有果梗或果梗痕。有特异香气，味辛、微苦。无开裂、无破损	短果梗，每 500g≤150 个
	二等		有果梗，每 500g≤200 个
统货			大小不等

注 1：市场有将草果加工成草果粉，不作药用。
注 2：关于草果药材历史产区沿革参见附录 A。
注 3：关于草果药材品质评价沿革参见附录 B。

5 要求

除应符合 T/CACM 1021.1—2016 的第 7 章规定外，还应符合下列要求：

——无焦枯；

——无走油；

——无虫蛀；

——无霉变；

—— 杂质不得过 3%。

附录 A

（资料性附录）

草果药材历史产区沿革

草果别名草果仁、草果子、老蔻、红草果、草果药。始载于宋代太医局编《太平惠民和剂局方》，记载："草果饮，治脾寒疟疾。"明代《本草品汇精要》记载："形如橄榄，其皮薄，其色紫，其仁如缩砂仁而大。云南出者，名云南草果，其形差小耳。"所载草果形态特征与今草果形态一致。

宋末《宝庆本草折衷》记载：草果，或云生广西州郡。明代《滇南本草》记载："产于宁州薄溪（今云南华宁）后山。"范洪等抄补《滇南本草图说》记载："产滇中者最效。"《本草品汇精要》记载："草果生广南（今为云南广南及富宁）及海南。又云南出者，名云南草果，其形差小耳。"《本草纲目》认为："草豆蔻、草果虽是一物，然微有不同，今建宁（云南曲靖）所产豆蔻，滇广所产草果。"记载产地为云南、广西。清代《本草从新》记载："滇广所产名草果。"《本草备要》记载："福建产的叫草蔻，云南、广西所产的称为草果。"《中国药材学》记载："草果产于广西、云南、贵州等地。"《中华本草》记载："草果主产云南（金平、元阳、河口、屏边、绿春、马关、西畴、麻栗坡、盈江、潞西、陇川）；广西（靖西、睦边那坡）等地。近年来，也有越南、老挝边贸输入部分商品。"

草果人工种植历史悠久，根据《开化府志》记载草果由瑶族同胞从越南引种于云南的滇南和滇东南地区，至今 300 ~ 400 年。近年来，草果主产区已经形成四大板块，一是越南片区，老街省为第一主产地，安培省、莱州省为第二主产地，均在首都河内以北；二是云南滇西片区，包括怒江州、保山、德宏以及临界的缅甸八莫一带，其中福贡县、贡山县、盈江县等为主产地；三是云南红河片区，其中金平、绿春、屏边和元阳县等地为主产地；四是云南文山片区，其中马关县至麻栗坡县一带是主产地。

附录 B

（资料性附录）

草果药材品质评价沿革

《晶珠本草》记载："饱满者为佳，气味好者佳。"

1963 年版《中国药典》："以个大、完整、籽粒饱满者为佳。"

《云南省药品标准》（1974 年版）："以个大，饱满，种子香气浓，味辛辣者为佳。"

《中华本草》（1999 年）记载："以个大、饱满、色红棕、气味浓者为佳。"

《现代中药材商品通鉴》（2001 年）记载："统货。以足干、成个、饱满、外皮红棕色、味辛辣、无白色、嫩果、无破烂、无烘焦、无霉变者为优。"

《中药材传统鉴别经验》（2010 年）："草果以个大、颗粒饱满、色红棕、香气浓者为佳。"

综上所述，草果产品以个大、饱满、气味浓者为佳。本次制定草果商品规格等级标准是以现代文献对草果药材的质量评价和市场调查情况为依据，再从草果药材个头、重量大小、性状等方面进行评价、分级。

ICS 11.120.01
C 23

团 体 标 准

T/CACM 1021.151—2018
代替T/CACM 1021.147—2018

中药材商品规格等级 车前子

Commercial grades for Chinese materia medica

PLANTAGINIS SEMEN

2018-12-03 发布

2018-12-03 实施

中 华 中 医 药 学 会 发布

目　次

前　言

T/CACM 1021《中药材商品规格等级》标准分为 226 个部分：
——第 1 部分：中药材商品规格等级标准编制通则；
……
——第 150 部分：中药材商品规格等级　草果；
——第 151 部分：中药材商品规格等级　车前子；
——第 152 部分：中药材商品规格等级　瓜蒌；
……
——第 226 部分：中药材商品规格等级　玄明粉。

本部分为 T/CACM 1021 的第 151 部分。

本部分代替 T/CACM 1021.147—2018。

本部分按照 GB/T 1.1—2009《标准化工作导则　第 1 部分：标准的结构和编写》给出的规则起草。

本部分代替 T/CACM 1021.147—2018，与 T/CACM 1021.147—2018 相比较，标准编号进行了调整，并重新进行了编辑。

本部分由中药材商品规格等级标准研究技术中心及道地药材国家重点实验室培育基地提出。

本部分由中华中医药学会归口。

本部分起草单位：江西省药物研究所、中国中医科学院中药资源中心、江西省药品检验检测研究院、中药材商品规格等级标准研究技术中心、北京中研百草检测认证有限公司。

本部分主要起草人：姚闽、黄璐琦、白吉庆、郭兰萍、詹志来、刘德鸿、胡蓉、赖娟华、胡寿荣、周国平、李玉云。

本部分所代替标准的历次版本发布情况为：
——T/CACM 1021.147—2018。

中药材商品规格等级 车前子

1 范围

本部分规定了车前子的商品规格等级。

本部分适用于车前子药材生产、流通以及使用过程中的商品规格等级评价。

2 规范性引用文件

下列文件对于本部分的应用是必不可少的。凡是注明日期的引用文件，仅所注明日期的版本适用于本部分。凡是不注明日期的引用文件，其最新版本（包括所有的修改版本）适用于本部分。

T/CACM 1021.1—2016 中药材商品规格等级编制通则

3 术语和定义

T/CACM 1021.1—2016 以及下列术语和定义适用于本部分。

3.1

车前子 PLANTAGINIS SEMEN

本品为车前科植物车前 *Plantago asiatica* L. 或平车前 *Plantago depressa* Willd. 的干燥成熟种子。夏、秋二季种子成熟时采收果穗，晒干，搓出种子，除去杂质。

4 规格等级划分

根据市场流通情况，按照基原的不同，将车前子药材分为"大粒车前子""小粒车前子"两个规格；在规格项下，根据是否进行等级划分，分成"选货"和"统货"两个等级，"选货"项下根据大小、颜色等进行等级划分。应符合表1要求。

表1 规格等级划分

规格	等级	性状描述	
		共同点	区别点
大粒车前子	选货	本品呈椭圆形、不规则长圆形或三角状长圆形，略扁。表面黄棕色至黑褐色，有细皱纹。质硬	长≥1.2mm，宽≥0.6mm，一面有明显灰白色凹点状种脐，色泽光亮，常用一至二边有截样
小粒车前子			长＜1.2mm，宽＜0.6mm，呈浅黄棕色至棕褐色，呈椭圆形，边缘无截样
统货		本品呈椭圆形、不规则长圆形或三角状长圆形，略扁。表面黄棕色至黑褐色，有细皱纹。大小混装、未分选	

注1：市场车前子药材商品主要来自于人工栽培，以江西为主产，四川、黑龙江亦栽培有产量；黑龙江、吉林、辽宁三省有野生平车前子，粒小为小粒车前子。

注2：中药材市场调查未见车前子伪品，可能与近年来车前子市场价格偏低，市场供需平稳和国家对中药材专业市场监管力度加强有关。报道常见伪品有柴胡子陈货、荆芥子、桔梗子、染色石头子等，增重物主要为沙子。药材交易市场商户多采用传统经验来判断车前子的优劣，传统经验认为，车前子以色黑发亮、粒大、饱满、含杂少为优。市场所售车前子均为生品，其颜色有黑色、黑褐色、棕褐色，红褐色等，其中平车前种子为棕褐色；车前子规格分大粒和小粒，等级上可分为选货和统货。

注3：关于车前子药材历史产区沿革参见附录A。

注4：关于车前子药材品质评价沿革参见附录B。

5 要求

除应符合 T/CACM 1021.1—2016 的第7章规定外，还应符合下列要求：

——无变色；

——无虫蛀；

——无霉变；

——无走油

——杂质不得过3%。

附录 A

（资料性附录）

车前子药材历史产区沿革

车前子最早记载见秦汉时期的《神农本草经》，记载为："生平泽。"未明确具体位置。魏晋时期《名医别录》记载："生真定丘陵坂道中。五月五日采，阴干。"

南朝《本草经集注》记载："生真定平泽丘陵阪道中，五月五日采，人家及路边甚多。"唐代《新修本草》记载："生真定平泽丘陵阪道中。五月五日采，阴干。人家及路旁甚多。"表明魏晋以前，车前子主产在河北省正定。

宋代《本草图经》记载："车前子，生真定平泽丘陵道路中，今江湖、淮甸、近京、北地处处有之。人家园圃中或种之，蜀中尤尚。"描述了车前子产于河北正定县、淮河流域、陕西、甘肃、宁夏一带之外，以河南濮阳产者质量为好。宋代《证类本草》记载："生真定平泽丘陵阪道中。陶隐居云：人家及路甚多。唐本注云：今出开州者为最。"

明代《本草品汇精要》记载："今人家庭除中多有之，亦可作茹蜀中尤尚。"描述了四川也是车前子的产地之一。明代《救荒本草》记载："生滁州（安徽省滁州市）及真定（即今河北正定）平泽今处处有之。"明代《本草蒙筌》记载："山野道途，处处生长。"

清代《本草崇原》记载："《诗》名芣，好生道旁及牛马足迹中，故有车前当道，及牛遗马舄之名。江湖淮甸（今陕西、甘肃、宁夏一带）处处有之。"清代《本草述钩元》记载："此草好生道边。故名。五月子已老。宜端午日采。阴干。"清代张志聪《本草崇原》记载："《诗》名芣，好生道旁及牛马足迹中，故有车前当道，及牛遗马舄之名。江湖淮甸（今陕西、甘肃、宁夏一带）处处有之。"曹炳章在《增订伪药条辨》中，对《伪药条辨》的"市中有大小车之别，大车为真品，小车系土荆芥子伪充，万不可用"按语："车前子江西吉安泸江出者为大车前，粒粗色黑，江南出者，曰土车前，俱佳。淮前出者，粗而多壳，衢州出者，小而壳净，皆次。河北孟河出者，为小车前，即荆芥子也，不入药用，宜注意之。"

徐国钧《中国药材学》记载："主产于江西、河南；华北、东北、西南及华北地区亦产。分布几遍全国，生于山坡、路旁、田埂及河边。"

《新编中药志》记载："车前生于山野、路旁、菜圃、沟边、田埂及河边等地，分布几遍全国各地。主产于江西、河南，此外，东北、华北、西南及华东等地亦产。平车前生于山坡、路旁、田埂及河边，分布几遍于全国各地。主产于河北、辽宁、山西、四川等地，此外，内蒙古、青海等地亦产。"

金世元《金世元中药材传统鉴别经验》记载："大粒车前子既有野生又有栽培，主产于江西新干、吉水、吉安、泰和、樟树等，以新干产量最大。此外，江西、河南，东北、华北、西南及华东等地亦产，多为野生。小粒车前子多为野生，主产于河北、辽宁、山西、四川等地。此外，黑龙江、内蒙古、吉林、青海、山东等地亦产。"

现代文献中车前子产地分布极广，分布全国，生于山坡、路旁、田埂及河边。主产于江西、四川、山东、山西、河北、河南、辽宁、黑龙江、内蒙古、吉林、青海等地；华北、东北、西南及华北地区亦产。

综合以上古文献及现代文献所述，车前子产地发生较大范围的变迁，早以河北为主产，后逐步以四川为主产区，今以江西为主产区，黑龙江和四川为重要产区。

附录 B

（资料性附录）

车前子药材品质评价沿革

唐代《新修本草》记载："今出开州（今四川开县）者为最。"为见到车前子最早品质评价文献。

明代李时珍《本草纲目》描述为："开州（今四川开县）午月皆道有神。惭愧文君怜病眼，三千里外寄闲人。观此亦以五月采开州（今四川开县）者为良，又可见其治目之功。"

明代刘文泰《本草品汇精要》记载："生真定（即今河北正定）平泽丘陵道路中，今江湖、淮甸、近京北地处处有之（道地），开州者（今四川开县）为最，子黑细者为好。"

1963 年版《中国药典》一部记载：以粒大、均匀饱满、色黑、无杂质者为佳。

《中国药材学》记载：本品以粒大、均匀饱满、质坚硬、色棕红者为佳。

《500 味常用中药材的经验鉴别》记载：车前子以籽粒饱满、个大、质坚硬、色黑棕有光泽、种脐明显者为佳。尤以江西吉安一带所产最佳，有"凤眼前仁"之称。

《金世元中药材传统鉴别经验》记载：车前子以籽粒饱满、个大、质坚硬、色黑棕有光泽、种脐明显者为佳。

依据上述文献，曾以出开州（今四川开县）者为最，车前子具体性状质量方面以黑细者为好。近代车前子的品质评价以颗粒大、均匀饱满、色黑棕有光泽、种脐明显者为佳。可见历史上车前多产于河北、四川、江淮流域，到了近代，则以江西出者为佳。

ICS 11.120.01
C 23

团 体 标 准

T/CACM 1021.152—2018

代替T/CACM 1021.141—2018

中药材商品规格等级 瓜蒌

Commercial grades for Chinese materia medica

TRICHOSANTHIS FRUCTUS

2018-12-03 发布　　　　　　　　　　　　　　　2018-12-03 实施

中 华 中 医 药 学 会 发布

目　次

前　言

T/CACM 1021《中药材商品规格等级》标准分为 226 个部分：

——第 1 部分：中药材商品规格等级标准编制通则；

……

——第 151 部分：中药材商品规格等级　车前子；

——第 152 部分：中药材商品规格等级　瓜蒌；

——第 153 部分：中药材商品规格等级　附子；

……

——第 226 部分：中药材商品规格等级　玄明粉。

本部分为 T/CACM 1021 的第 152 部分。

本部分代替 T/CACM 1021.141—2018。

本部分按照 GB/T 1.1—2009《标准化工作导则　第 1 部分：标准的结构和编写》给出的规则起草。

本部分代替 T/CACM 1021.141—2018，与 T/CACM 1021.141—2018 相比较，标准编号进行了调整，并重新进行了编辑。

本部分由中药材商品规格等级标准研究技术中心及道地药材国家重点实验室培育基地提出。

本部分由中华中医药学会归口。

本部分起草单位：河北省中医药科学院、中国中医科学院中药资源中心、山东省分析测试中心、内蒙古自治区中医药研究所、湖北中医药大学、中药材商品规格等级标准研究技术中心、北京中研百草检测认证有限公司。

本部分主要起草人：裴林、何培、刘佳、秦梦、黄璐琦、郭兰萍、詹志来、王晓、李旻辉、刘大会。

本部分所代替标准的历次版本发布情况为：

——T/CACM 1021.141—2018。

中药材商品规格等级 瓜蒌

1 范围

本部分规定了瓜蒌的商品规格等级。

本部分适用于瓜蒌药材生产、流通以及使用过程中的商品规格等级评价。

2 规范性引用文件

下列文件对于本部分的应用是必不可少的。凡是注明日期的引用文件，仅所注明日期的版本适用于本部分。凡是不注明日期的引用文件，其最新版本（包括所有的修改版本）适用于本部分。

T/CACM 1021. 1—2016 中药材商品规格等级编制通则

3 术语和定义

T/CACM 1021. 1—2016 以及下列术语和定义适用于本部分。

3.1

瓜蒌 TRICHOSANTHIS FRUCTUS

本品为葫芦科植物栝楼 *Trichosanthes kirilowii* Maxim. 或双边栝楼 *Trichosanthes rosthornii* Harms 的干燥成熟果实。秋季果实成熟时，连果梗剪下，置通风处阴干。

4 规格等级划分

根据市场流通情况，按照果实的颜色、直径等进行等级划分，将瓜蒌药材分为"选货"和"统货"两个等级。应符合表1要求。

表 1 规格等级划分

等级	性状描述	
	共同点	区别点
选货	呈类球形，长 7 ~ 15cm，直径 6 ~ 10cm（或略大），表面皱缩或较光滑，顶端有圆形的花柱残基，基部略尖，具残存的果梗。质脆，易破开，内表面黄白色，有红黄色丝络，果瓤橙黄色，黏稠，与多数种子粘结成团。具焦糖气，味微酸、甜	外皮橙黄色或橙红色，颜色均一，直径 >7cm，质重，无破碎或很少破碎，切开种子饱满
统货		外皮橙黄色或发灰（陈货），大小不一，质轻，有破碎，种子多饱满，有的种子空瘪

注1：目前瓜蒌药材基本为栽培品，为提高产量，经过长期选育，瓜蒌已形成多个品系，尤以河北安国地区的海市瓜蒌及安徽产的皖瓜系列为瓜蒌主流商品来源，山东聊城地区也有种植。海市瓜蒌是栝楼经长期选育得到的品种（当地企业、种植户），皖瓜系列基原尚需要进一步研究。

注2：市场上瓜蒌药材较少，基本都是饮片。根据药典规定，瓜蒌饮片需切丝或切块，而目前课题组在市场上发现饮片规格有瓜蒌丝或者瓜蒌片，其中以瓜蒌丝为主，瓜蒌片多为四川地区使用，荷花池市场基本为瓜蒌片，亳州市场瓜蒌片较少（只见到一家），安国市场未见到。瓜蒌片表面为青绿色（有个别橙黄色），是瓜蒌尚未成熟时采摘干燥的，不符合药典要求。

注3：当前药材市场瓜蒌饮片一般有选货和统货两种，按照颜色及均一性进行划分，颜色越好（成熟度好，橙黄色或橙红色）、瓜蒌丝越整齐无破碎、种子越饱满，等级越高。

注4：关于瓜蒌药材历史产区沿革参见附录 A。

注5：关于瓜蒌药材品质评价沿革参见附录 B。

5 要求

除应符合 T/CACM 1021. 1—2016 的第 7 章规定外，还应符合下列要求：

——无变色；

——无虫蛀；

——无霉变；

——无杂质。

附录 A

（资料性附录）

瓜蒌药材历史产区沿革

瓜蒌的产地在许多本草著作中均有记载，《神农本草经》中记载瓜蒌生于川谷及山阴，为其生长环境，并未记载其具体产地。到魏晋时期《名医别录》则记载其生"弘农川谷及山阴"，弘农，即今河南省西部的三门峡市、南阳市西部，以及陕西省东南部的商洛市。山阴，为现浙江绍兴一带。

《新修本草》记载栝楼根"今出陕州者，白实最佳"。陕州，今河南省三门峡市陕州区，与《名医别录》中记载的产地弘农一致。

《本草图经》记载：栝蒌，生洪农山谷及山阴也，今所在有之。这里提示，到宋代，瓜蒌的产地已经非常广泛。并附图"衡州栝楼"和"均州栝楼"两幅。

明代兰茂著《滇南本草》卷中：瓜蒌，迤西各处俱有。迤西，明清时称云南西部地区，大致包括现在大理与丽江和永昌等地，此处瓜蒌的产地发生了变化。

明代刘文泰等著《本草品汇精要》：栝楼实，无毒，蔓生……道地：衡州及均州、陕州者最佳。衡州，是衡阳的古称，历史上曾有衡州府，大致覆盖现在湖南省的衡阳、永州、郴州地区和茶陵县、炎陵县。均州，即今湖北省丹江口市，准确的讲原址是在丹江口市均县镇关门岩附近。陕州即今三门峡市陕州区。这里记载的道地产区增加了今湖南、湖北部分地区。

明代许希周《药性粗评》："瓜蒌子一名栝楼，一名天瓜……好生川谷阪岸阴地，江南处处有之。"记载了瓜蒌的生境，并指出产江南。江南最早出现在先秦两汉时期，是以楚国为背景所指的长江中游今湖南和湖北的长江以南部分、江西，现在则包括江西、苏南、皖南等地区。根据前面《本草品汇精要》的记载，此处的江南可能是指湖北、湖南部分地区。

明代倪朱谟《本草汇言》记载："栝楼实，味甘、微苦，气寒，无毒。气厚味薄，阴也，入手少阴、太阴经。苏氏曰：栝楼出弘农、陕州山谷者最胜。今江南、江北、闽、浙、河南山野僻地间亦有。"这里道地产区依旧是弘农、陕州，产区则增加了江北、闽、浙等地区，即现今的皖北、苏北地区，福建、浙江两省。

明朝时期，卢之颐著《本草乘雅半偈》云："栝楼根实，别名瑞雪，根即天花粉。出弘农、陕州者最胜，所在亦有之。"与之前的本草记载一致，没有产地的变迁。

清代《增订伪药条辨》："花粉，江苏、上海南翔镇等处出为山花粉……亳州出为亳花粉……嘉定古城、江北通州等处皆出，亦名山花粉……山东、关东出者，为洋花粉……"显示江苏、上海、安徽、山东、东北等地有产。

清·吴其浚《植物名实图考》：天花粉生明州。味苦，寒。主消渴，身热，烦满，大热，补虚安中，续绝伤，主除肠胃中痼热，八疸，身面黄，唇干口燥，短气，通月水，止小便利。十一月、十二月采根用。按此云毒，与瓜蒌根或异类。明州指今宁波地区，这里提示道地产区发生变化，之前是陕州（河南省三门峡市），现在则为明州（浙江省宁波市）。

以上是古代本草中对瓜蒌产地的描述，产地变迁，多地均产。

1962年版《陕西中药志（第一册）》中记载：栝楼主产于鄠县、醴泉、朝邑、三原、富平等县，多系栽培，其他山区各县，亦多野生，但多系挖掘根作天花粉用。

《中国药材学》：栝楼主产山东、山西、河北、浙江、江苏等地，以山东质量最佳。销全国。中华栝楼主产于四川、江西、湖北等地，主销四川、广东、云南、湖北。

《中华本草》记载栝楼生境：常生长于海拔200~1800m的山坡林下、灌丛中、草地和村旁田边，或在自然分布区，广为栽培。主要分布于华北、中南、华东及辽宁、陕西、甘肃、四川、贵州、云南。

《中药大辞典》生境分布：生长于山坡草丛、林边、阴湿山谷中。亦有栽培。我国大部分地区均有分布。全国大部分地区有产。主产山东、安徽、河南等地。

《中华药海》：生长于山坡草丛、林边、阴湿山谷中。亦有栽培。我国大部分地区均有分布。

《金世元中药材传统鉴别经验》瓜蒌：主产于山东、河南、河北，以山东肥城、长清、淄博所产质量最佳。

综合上述文献记载，瓜蒌产地分布自古就很广泛。现代文献记载，瓜蒌产于山东、河南、河北、四川、江浙、两湖等多地。对于道地产区的描述，古本草多记载的是天花粉的，河南三门峡附近所产道地。对于瓜蒌，金世元先生指出"主产于山东、河南、河北，以山东肥城、长清、淄博所产质量最佳"。目前市场上瓜蒌以河北产为主。

附录 B

（资料性附录）

瓜蒌药材品质评价沿革

古代本草中多描述栝楼根，即天花粉的质量，在本草总结过程中未见对瓜蒌品质的描述。

《中药材手册》（1960 年版）："品质优劣：以个整齐、皮厚柔韧、皱缩、杏黄色或红黄色、糖性足者为佳。"

1963 年版《中国药典》："以整齐、个大、皮厚柔韧、皱缩、杏黄色或红黄色、糖性足者为佳。"

《中国药材学》：瓜蒌以完整、皱缩、皮厚、糖性足者为佳。

《中华本草》栝楼：以个整齐、皮厚柔韧、皱缩、色杏黄或红黄、糖性足、不破者为佳。

《金世元中药材传统鉴别经验》：以个整齐、皮厚柔韧、皱缩、色杏黄或红黄、糖性足、不破碎者为佳。

综上，瓜蒌的规格等级划分是到现代才有，总体以其完整、颜色红黄、糖性足等进行评价，为制定瓜蒌商品规格等级标准提供了依据。

ICS 11.120.01
C 23

团 体 标 准

T/CACM 1021.153—2018

代替T/CACM 1021.119—2018

中药材商品规格等级 附子

Commercial grades for Chinese materia medica

ACONITI LATERALIS RADIX PRAEPARATA

2018-12-03 发布

2018-12-03 实施

中华中医药学会 发布

目　次

前　言

T/CACM 1021《中药材商品规格等级》标准分为 226 个部分：
——第 1 部分：中药材商品规格等级标准编制通则；
……
——第 152 部分：中药材商品规格等级　瓜蒌；
——第 153 部分：中药材商品规格等级　附子；
——第 154 部分：中药材商品规格等级　川乌；
……
——第 226 部分：中药材商品规格等级　玄明粉。
本部分为 T/CACM 1021 的第 153 部分。

本部分代替 T/CACM 1021.119—2018。

本部分按照 GB/T 1.1—2009《标准化工作导则　第 1 部分：标准的结构和编写》给出的规则起草。

本部分代替 T/CACM 1021.119—2018，与 T/CACM 1021.119—2018 相比较，标准编号进行了调整，并重新进行了编辑。

本部分由中药材商品规格等级标准研究技术中心及道地药材国家重点实验室培育基地提出。

本部分由中华中医药学会归口。

本部分起草单位：中国中药有限公司、四川江油中坝附子科技发展有限公司、四川省中医药科学院、中国中医科学院中药资源中心、中药材商品规格等级标准研究技术中心、北京中研百草检测认证有限公司。

本部分主要起草人：周海燕、赵润怀、孙鸿、尹茂财、兰青山、王继永、张明泉、羊勇、易进海、夏燕莉、黄志芳、刘雨莎、黄璐琦、郭兰萍、詹志来。

本部分所代替标准的历次版本发布情况为：
——T/CACM 1021.119—2018。

中药材商品规格等级　附子

1　范围

本部分规定了附子的商品规格等级。

本部分适用于附子药材生产、流通以及使用过程中的商品规格等级评价。

2　规范性引用文件

下列文件对于本部分的应用是必不可少的。凡是注明日期的引用文件，仅所注明日期的版本适用于本部分。凡是不注明日期的引用文件，其最新版本（包括所有的修改版本）适用于本部分。

T/CACM 1021.1—2016 中药材商品规格等级编制通则

3　术语和定义

T/CACM 1021.1—2016 以及下列术语和定义适用于本部分。

3.1

附子　ACONITI LATERALIS RADIX PRAEPARATA

本品为毛茛科植物乌头 *Aconitum carmichaelii* Debx. 子根的加工品。6 月下旬至 8 月上旬采挖，除去母根、须根及泥沙，习称"泥附子"，加工成不同规格。

3.2

泥附子　*nifuzi*

来源为毛茛科植物乌头 *Aconitum carmichaelii* Debx. 的子根，6 月下旬至 8 月上旬采挖（高海拔地区在 9 月至 11 月采挖），除去母根、须根及泥沙，习称"泥附子"，也叫"鲜附子"。

3.3

盐附子　*yanfuzi*

来源为毛茛科植物乌头 *Aconitum carmichaelii* Debx. 子根的加工品，系选择个大、均匀的泥附子，洗净，浸入胆巴的水溶液中过夜，再加食盐，继续浸泡，每日取出晒晾，并逐渐延长晒晾时间，直至附子表面出现大量结晶盐粒（盐霜）、体质变硬为止，习称"盐附子"。

3.4

黑顺片　*heishunpian*

取泥附子，按大小分别洗净，浸入胆巴的水溶液中数日，连同浸液煮至透心，捞出，水漂，纵切成厚约 0.5cm 的片，再用水浸漂，用调色液使附片染成浓茶色，取出，蒸至出现油面、光泽后，烘至半干，再晒干或继续烘干，习称"黑顺片"。

3.5

白附片　*baifupian*

选择大小均匀的泥附子，洗净，浸入胆巴的水溶液中数日，连同浸液煮至透心，捞出，剥去外皮，纵切成厚约 0.3cm 的片，用水浸漂，取出，蒸透，晒干，习称"白附片"。

3.6

边片　*bianpian*

只有一面有刀痕的片。

4　规格等级划分

根据产地初加工方式，将附子药材分为"盐附子""黑顺片""白附片"三个规格；在规格项下，根据是否进行等级划分，分成"选货"和"统货"。在"盐附子"项下，再根据炮制加工需求，按照每公斤所含的个数，将"选货"分为"一等""二等"和"三等"三个等级。应符合表 1 要求。

表 1　规格等级划分

规格	等级		性状描述	
			共同点	区别点
盐附子	选货	一等	呈圆锥形。表面灰黑色，被盐霜，顶端有凹陷的芽痕，周围有瘤状突起的支根或支根痕。体重。断面灰褐色，可见细小结晶盐粒。气微，味咸而麻，刺舌	大小均匀，每千克≤16 个
		二等		大小均匀，每千克17～24 个
		三等		大小均匀，每千克25～40 个
	统货			大小不等
黑顺片	选货		为切片，上宽下窄，长 1.7～5cm，宽 0.9～3cm，厚 0.2～0.5cm。外皮黑褐色，切面暗黄色，油润具光泽，半透明状，并有纵向导管束。质硬而脆，断面角质样。气微，味淡	大小均匀，无边片
	统货			大小不等
白附片	选货		无外皮，黄白色，半透明，厚约 0.3cm	大小均匀，无边片
	统货			大小不等

注1：目前附子栽培集中在四川绵阳（江油、安县为主），四川凉山（布拖为主），陕西汉中（城固、南郑为主），云南大理、丽江等产区。由于四川江油加工附片历史悠久，有丰富的传统经验，栽培于陕西和云南的附子（鲜附子）采挖后大都销往四川江油进行炮制加工后出售。

注2：流通中存在鲜附子交易，鲜附子可参照盐附子规格等级制定。

注3：黑顺片、白附片需要经过多道工序进行炮制加工，降解毒性。

注4：关于附子药材历史产区沿革参见附录 A。

注5：关于附子药材品质评价沿革参见附录 B。

5　要求

除应符合 T/CACM 1021.1—2016 的第 7 章规定外，还应符合下列要求：

——无空心；

——无腐烂；

——杂质不得过 3%。

<h1 style="text-align:center">附录 A</h1>

（资料性附录）

<h2 style="text-align:center">附子药材历史产区沿革</h2>

附子的产地分布最早记载于西汉时期的《范子计然》："附子，出蜀（今四川）、武都（今甘肃南部）中白色者善。"

附子入药始载于《神农本草经》："生犍为（今四川南部云贵北部）山谷。"

魏·吴普《吴普本草》："附子……或生广汉。"

魏晋时期《名医别录》："生犍为（今四川南部云贵北部）山谷及广汉（今四川北部陕甘南部）。八月采为附子，春采为乌头。"

唐《新修本草》："天雄、附子、乌头等，并以蜀道绵州（今四川绵阳）、龙州（今四川平武县为主体，包括今青川县、江油市等地）出者佳。"唐《新修本草》首次指出江油附子的道地性，提出附子、乌头、天雄、侧子为同一植物所出。

宋·杨天惠《彰明附子记》："绵州故广汉地，领县八，惟彰明（今四川绵阳江油）出附子。彰明领乡二十，惟赤水、廉水、会昌、昌明（今四川绵阳江油市太平镇河西乡、让水乡、德胜乡和彰明镇）宜附子。……合四乡之产，得附子一十六万斤以上。然赤水为多，廉水次之，而会昌、昌明所出微甚。……种出龙安及龙州齐归、木门、青堆、小平（今四川安县、青川、平武、江油等地山区）者良。……其种之化者为乌头，附乌头而傍生者为附子，又左右附而偶生者为鬲子，又附而长者为天雄……"杨天惠记载宋代四川江油附子栽培已经有相当的规模，为附子的道地产区，尤其以江油太平镇河西地区产量最大；总结了附子、川乌的种子来源为今四川安县、青川、平武、江油等地山区。

宋·苏颂《本草图经》："乌头、乌喙，生朗陵（今河南确山县南）山谷。天雄生少室（今河南嵩山）山谷。附子、侧子生犍为山谷及广汉，今并出蜀土。然四品都是一种所产，其种出于龙州。……本只种附子一物，至成熟后有四物。……绵州彰明县多种之，惟赤水一乡者最佳。"苏颂认为附子、川乌种源出于龙州，在绵州彰明大量种植，其中以赤水出产的品质最佳。

明《本草品汇精要》基本延续了《本草图经》对附子的描述，同时指出道地产区为"梓州（今四川三台地区）、蜀中（今四川省中部地区）"。明确了附子道地产区为今四川中部地区，尤其以四川江油产附子质量最佳。

明《本草纲目》："【集解】……［时珍曰］乌头有两种，今出彰明者即附子之母，今人谓之川乌头是也。春末生子，故曰春采乌头。冬则子已成，故曰冬采为附子。……宋人杨天惠著《附子记》甚悉，今撮其要，读之可不辩而明矣。"李时珍明确了乌头分为川乌和草乌两种，川乌头、附子为栽培品，附子为川乌头的子根；总结前人关于附子、乌头、天雄、侧子记载，明确提出了四川江油为附子、川乌的道地产区，肯定了《彰明附子记》中对附子描述的权威性和实用价值。

民国《药物出产辨》载："产四川龙安府江油县。六月新。"

《中华本草》（1999 年）记载附子分布于辽宁南部、陕西、甘肃、山东、江苏、安徽、浙江、江西、河南、湖北、湖南、广东北部、广西、四川、贵州、云南。主要栽培于四川。陕西、湖北、湖南、云南等地也有栽培。

综上分析，四川江油是古今公认的附子、川乌道地产区。历史上附子、川乌有其他产区——武都、三辅、犍为、少室、朗陵、江左、齐鲁等地，即产在中国的黄河流域和长江流域广大地区；目前附子、川乌栽培集中在四川绵阳（江油、安县为主）、四川凉山（布拖为主）、陕西汉中（城固、南郑为主）、云南大理、云南丽江等产区，辽宁、河南、山东、甘肃、江苏、安徽、浙江、江西、福建、湖南、湖北、贵州、广西等地亦有分布，诸地也恰在今长江流域和黄河流域，印证了从汉至今，附子、川乌产地大体上是一致的。由于四川江油加工附片历史悠久，有丰富的传统经验，其加工产品在海内外享有很高声誉，目前栽培于陕西和云南的附子（泥附子）采挖后大都销往四川江油进行炮制加工后出售。

附录 B

（资料性附录）

附子药材品质评价沿革

西汉时期《范子计然》："附子，白色者善。"

魏·吴普《吴普本草》："附子，皮黑肌白。"

宋《彰明附子记》："附子之形，以蹲坐、正节、角少为上，有节气多鼠乳（香）者次之，形不正而伤缺风皱者为下。附子之色，以花白为上，铁色次之，青绿为下。……陕辅之贾，才市其下者，闽浙之买才市其中者，其上品则皆士大夫求之，盖贵人金多喜奇，故非得大者不厌。然土人有知药者云：小者固难用，要之半两以上皆良，不必及两乃可。"《彰明附子记》从性状、颜色两方面详细记述了优质附子的性状：以外形完整、端正、角少者为优；外形不完整，有节者质次；附子断面颜色以花白者为优，铁红色质次，青绿色最次。同时指出，药效优良的附子大小适中，重量在半两至一两之间较为适宜。

明《本草纲目》："宋人杨天惠著《附子记》甚悉，今撮其要，读之可不辩而明。"李时珍非常认可《彰明附子记》中对于附子的记载。

清《本经逢原》："必正节、角少、顶细，脐正者为上，顶粗、有节、多鼠乳者次之，伤缺偏皱者为下。"

清《本草崇原》："附子之形以蹲坐正节，而侧子少者为上，有节多乳者次之。形不正而伤缺风皱者为下。其色以花白者为上，黑色者次之，青色者为下。"《本草崇原》在前朝对于优质附子记载的基础之上，新提出了附子以旁生侧子少者为优。

1963 年版《中国药典》："盐附子，以个大，坚实、表面起盐霜者为佳。"

1977 年版《中国药典》："盐附子，以个大、质坚实、灰黑色、表面光滑者为佳。"

1999 年《500 味常用中药材的经验鉴别》："附子各种加工产品在各地应用习惯不一，故各种商品规格之间难分优劣。但均以个大身干（切片则片大、完整、厚薄均匀）、质坚实，无空心及须根、去净茎基部，色泽好为佳。"

2006 年《中药大辞典》："盐附子，以个大、质坚实、灰黑色、表面光滑者为佳。"

综上，历代对于附子的品质强调产地质量，以江油附子为道地药材。本次制定附子商品规格等级标准以现代文献对附子药材的质量评价和产地、市场调查情况为依据，根据产地初加工方式、大小、质地等方面进行评价、分级。

ICS 11.120.01
C 23

团 体 标 准

T/CACM 1021.154—2018

代替T/CACM 1021.113—2018

中药材商品规格等级 川乌

Commercial grades for Chinese materia medica

ACONITI RADIX

2018-12-03 发布

2018-12-03 实施

中华中医药学会 发布

目　次

前　言

T/CACM 1021《中药材商品规格等级》标准分为 226 个部分：
——第 1 部分：中药材商品规格等级标准编制通则；
......
——第 153 部分：中药材商品规格等级　附子；
——第 154 部分：中药材商品规格等级　川乌；
——第 155 部分：中药材商品规格等级　荆芥；
......
——第 226 部分：中药材商品规格等级　玄明粉。
本部分为 T/CACM 1021 的第 154 部分。

本部分代替 T/CACM 1021.113—2018。

本部分按照 GB/T 1.1—2009《标准化工作导则　第 1 部分：标准的结构和编写》给出的规则
起草。

本部分代替 T/CACM 1021.113—2018，与 T/CACM 1021.113—2018 相比较，标准编号进行了调
整，并重新进行了编辑。

本部分由中药材商品规格等级标准研究技术中心及道地药材国家重点实验室培育基地提出。

本部分由中华中医药学会归口。

本部分起草单位：中国中药有限公司、四川江油中坝附子科技发展有限公司、四川省中医药科学
院、中国中医科学院中药资源中心、中药材商品规格等级标准研究技术中心、北京中研百草检测认证
有限公司。

本部分主要起草人：周海燕、赵润怀、孙鸿、尹茂财、兰青山、王继永、张明泉、羊勇、夏燕
莉、易进海、周先建、刘雨莎、黄璐琦、郭兰萍、詹志来。

本部分所代替标准的历次版本发布情况为：
——T/CACM 1021.113—2018。

中药材商品规格等级 川乌

1 范围

本部分规定了川乌的商品规格等级。

本部分适用于川乌药材生产、流通以及使用过程中的商品规格等级评价。

2 规范性引用文件

下列文件对于本部分的应用是必不可少的。凡是注明日期的引用文件，仅所注明日期的版本适用于本部分。凡是不注明日期的引用文件，其最新版本（包括所有的修改版本）适用于本部分。

T/CACM 1021.1—2016 中药材商品规格等级编制通则

3 术语和定义

T/CACM 1021.1—2016 以及下列术语和定义适用于本部分。

3.1

川乌 ACONITI RADIX

本品为毛茛科植物乌头 *Aconitum carmichaeli* Debx. 的干燥母根。6 月下旬至 8 月上旬采挖，除去子根、须根及泥沙，晒干。

4 规格等级划分

根据市场流通情况，将川乌药材分成"选货"与"统货"两个等级。"选货"项下根据破碎率、每千克所含个数等进行等级划分。应符合表 1 要求。

表 1 规格等级划分

等级		性状描述	
		共同点	区别点
选货	一等	呈不规则的圆锥形，稍弯曲，中部多向一侧膨大，顶端残茎 <1cm，大小均匀。表面棕褐色或灰棕色，皱缩，有小瘤状侧根及子根脱离后的痕迹。质坚实，断面浅黄白色或灰黄色，具粉性。气微，味辛辣、麻舌	每千克 120 个以内，饱满、质坚实，无空心、破碎
	二等		每千克 121～200 个，含空心和破碎的总量≤10%
统货			大小不等

注1：当前药品流通中附子和川乌二者混用状况比较普通，经常将小附子晒干当作川乌销售、应用，值得注意，应予纠正；尚有一种伪品，疑似瓜叶乌头，需要注意。

注2：关于川乌药材历史产区沿革参见附录 A。

注3：关于川乌药材品质评价沿革参见附录 B。

5 要求

除应符合 T/CACM 1021.1—2016 的第 7 章规定外，还应符合下列要求：

——无虫蛀；

——无霉变；

——杂质不得过 3%。

附录 A

（资料性附录）

川乌药材历史产区沿革

川乌的产地分布最早记载于西汉时期的《范子计然》："乌头出三辅（今陕西省中部）中，白者善。"

川乌入药始载于《神农本草经》："生朗陵（今河南省确山县南）山谷。"

魏晋时期《名医别录》在乌喙项下描述："生朗陵（今河南省确山县南）。正月、二月采，阴干。长三寸以上为天雄。"在附子项下描述："生犍为（今四川南部云贵北部）山谷及广汉（今四川北部陕甘南部）。八月采为附子，春采为乌头。"

梁·陶弘景《本草经集注》在乌头项下描述："今采用四月乌头与附子同根，春时茎初生有脑形如乌鸟之头，故谓之乌头。有两歧共蒂，状如牛角，名乌喙，喙即乌之口也。亦以八月采。"在附子项下描述："附子以八月上旬采也，八角者良。凡用三建，皆熟灰炮。"在天雄项下描述："天雄似附子，细而长者便是，长者乃至三四寸许，此与乌头、附子三种，本并出建平（今四川巫山县），谓为三建。"在侧子项下描述："此即附子边角之大者，脱取之，昔时不用，比来医家以治脚气多验。凡此三建，世中乃是同根，而《本经》分生三处，当各有所宜故也。方云：少室天雄，朗陵乌头，皆称本土，今则无别矣。少室山连嵩高，朗陵县属豫州，汝南郡今在北国。"陶弘景首次提出附子、天雄与乌头均是同根而生，并对附子、天雄、乌头等产地进行了梳理。

唐《新修本草》："天雄、附子、乌头等，并以蜀道绵州（今四川绵阳）、龙州（今四川平武县为主体，包括今青川县、江油市等地）出者佳。"唐《新修本草》首次指出江油附子、川乌的道地性，提出附子、乌头、天雄、侧子为同一植物所出。

宋·杨天惠《彰明附子记》："绵州（今四川绵阳）故广汉地，领县八，惟彰明（今四川绵阳江油）出附子。彰明领乡二十，惟赤水、廉水、会昌、昌明（今四川绵阳江油市太平镇河西乡、让水乡、德胜乡和彰明镇）宜附子。……合四乡之产，得附子一十六万斤以上。然赤水为多，廉水次之，而会昌、昌明所出微甚。……种出龙安及龙州齐归、木门、青堆、小平（今四川安县、青川、平武、江油等地山区）者良。……其种之化者为乌头，附乌头而傍生者为附子，又左右附而偶生者为鬲子，又附而长者为天雄……"杨天惠记载宋代四川江油附子、川乌栽培已经有相当的规模，为附子、川乌的道地产区，尤其以江油太平镇河西乡产量最大；总结了附子、川乌的种子来源为今四川安县、青川、平武、江油等地山区。

宋·苏颂《本草图经》："乌头、乌喙，生朗陵（今河南确山县南）山谷。天雄生少室（今河南嵩山）山谷。附子、侧子生犍为山谷及广汉，今并出蜀土。然四品都是一种所产，其种出于龙州。……本只种附子一物，至成熟后有四物。……绵州彰明县多种之，惟赤水一乡者最佳。"苏颂认为附子、川乌种源出于龙州，在绵州彰明大量种植，其中以赤水出产的品质最佳。

明·刘文泰《本草品汇精要》："【地】（图经曰）出朗陵山谷，及龙州、绵州、彰明县皆有之。【道地】出蜀土（今四川）及赤水，邵州（今湖南宝庆县）、成州（今辽宁省义县北）、晋州（今山西临汾）、梓州（今四川三台）、江宁府（今江苏南京市）者佳。"

明《本草纲目》："【释名】其母名乌头。[时珍曰]初种为乌头，象乌之头也，附乌头而生者为附子，如子附母也。乌头如芋魁，如芋子，盖一物也。别有草乌头、白附子，故俗呼此为黑附子、川乌头以别之。诸家不分乌头有川、草两种，皆混杂注解，今悉正之。【集解】……[恭曰]天雄、附子、乌头，并以蜀道绵州、龙州者佳，俱以八月采造。余处虽有造得者，力弱，都不相似。江南来者，全不堪用。……［时珍曰］乌头有两种，今出彰明者即附子之母，今人谓之川乌头是也。春末生子，故曰春采乌头。冬则子已成，故曰冬采为附子。……其产江左、山南（泛指长江以东地区）等处者，乃《本经》所列乌头，今人谓之草乌头者是也……宋人杨天惠著《附子记》甚悉，今撮其要，读之可不辩而明矣。……【发明】［时珍曰］草乌头、射罔，乃至毒之药。非若川乌头、附子，人所栽种，加以酿制，杀其毒性之比。"李时珍明确了乌头分为川乌和草乌两种，川乌头、附子为栽培品，附子为川乌头的子根；总结前人关于附子、乌头、天雄、侧子记载，明确提出了四川绵阳江油为附子、川乌的道地产区，肯定了《彰明附子记》的权威性和实用价值。

清·沈金鳌《要药分剂》："乌头以出川彰明者为上，故加川子，以别草乌头也。"

《中华本草》（1999 年）："主要栽培于四川。陕西、湖北、湖南、云南等地也有栽培。"

《500 味常用中药材的经验鉴别》（1999 年）："主要分布于四川、陕西；其他省区亦有分布，但量小。"

《现代中药材商品通鉴》（2001 年）："主产于四川的江油、安县，陕西、湖北、湖南、云南、河南等地亦有栽培。以四川产者为地道药材。"

2010 年《中华药海》（2010 年）："主要栽培于四川、陕西。野生种分布辽宁、河南、山东、陕西、甘肃、江苏、安徽、浙江、江西、福建、湖南、湖北、四川、贵州、广西、云南等地。"

综上分析，四川江油是古今公认的附子、川乌道地产区。历史上附子、川乌有其他产区——武都、三辅、犍为、少室、朗陵、江左、齐鲁等地，即产在中国的黄河流域和长江流域广大地区；目前附子、川乌栽培集中在四川绵阳（江油、安县为主）、四川凉山（布拖为主）、陕西汉中（城固、南郑为主）、云南大理、云南丽江等产区，辽宁、河南、山东、甘肃、江苏、安徽、浙江、江西、福建、湖南、湖北、贵州、广西等地亦有分布，诸地也恰在今长江流域和黄河流域，印证了从汉至今，附子、川乌产地大体上是一致的。目前栽培于四川凉山和云南大理、丽江的川乌因采收季节晚，空心率高，基本未作为药材流通。

附录 B

（资料性附录）

川乌药材品质评价沿革

西汉时期的《范子计然》："乌头出三辅中，白者善。"为最早提出川乌品质评价的记载。

明代·刘文泰《本草品汇精要》："【质】类附子而尖小。【色】皮黑肉白。"

1963 年版《中国药典》："以个匀、肥满、坚实、无空心者为佳。"

1977 年版《中国药典》："以饱满、质坚实、断面色白者为佳。"

《中国药材学》（1996 年）："【品质标志】个货以个匀、肥大、无须根、坚实无空心者为佳。片货以厚薄均匀，粉质洁白者为佳。按《中华人民共和国药典》1995 年版规定，制川乌含生物碱，以乌头碱计，不得过 0.20%；制川乌含酯型生物碱，以乌头碱计，不得高于 0.15%。"

《中华本草》（1999 年）："以饱满、质坚实、断面色白者为佳。"

1999 年，《500 味常用中药材的经验鉴别》："【优劣评价】川乌个以身干、个匀、肥满坚实、无空心者为佳；片货以厚薄均匀。内粉质洁白者为佳。"

《现代中药材商品通鉴》（2001 年）："药材以饱满、质坚实、断面色白者为佳。"

《中华药海》（2010 年）："均以个匀，肥满，坚实，无空心者为佳。"

综上，历代对于川乌的品质强调产地质量，四川江油为川乌的道地产区。本次制定川乌商品规格等级标准以现代文献对川乌药材的质量评价和产地、市场调查情况为依据，根据川乌药材个子、重量、大小、质地、断面等进行评价、分级。

ICS 11.120.01
C 23

团 体 标 准

T/CACM 1021.155—2018

代替T/CACM 1021.224—2018

中药材商品规格等级　荆芥

Commercial grades for Chinese materia medica

SCHIZONEPETAE HERBA

2018-12-03 发布

2018-12-03 实施

中 华 中 医 药 学 会 发布

目 次

前　言

T/CACM 1021《中药材商品规格等级》标准分为 226 个部分：
——第 1 部分：中药材商品规格等级标准编制通则；
……
——第 154 部分：中药材商品规格等级　川乌；
——第 155 部分：中药材商品规格等级　荆芥；
——第 156 部分：中药材商品规格等级　白头翁；
……
——第 226 部分：中药材商品规格等级　玄明粉。
本部分为 T/CACM 1021 的第 155 部分。

本部分代替 T/CACM 1021.224—2018。

本部分按照 GB/T 1.1—2009《标准化工作导则　第 1 部分：标准的结构和编写》给出的规则起草。

本部分代替 T/CACM 1021.224—2018，与 T/CACM 1021.224—2018 相比较，标准编号进行了调整，并重新进行了编辑。

本部分由中药材商品规格等级标准研究技术中心及道地药材国家重点实验室培育基地提出。

本部分由中华中医药学会归口。

本部分起草单位：河北美威药业股份有限公司、中国中医科学院中药资源中心、中药材商品规格等级标准研究技术中心、北京中研百草检测认证有限公司。

本部分主要起草人：史炎彭、王海洋、黄璐琦、郭兰萍、詹志来。

本部分所代替标准的历次版本发布情况为：
——T/CACM 1021.224—2018。

中药材商品规格等级　荆芥

1　范围

本部分规定了荆芥的商品规格等级。

本部分适用于荆芥药材生产、流通以及使用过程中的商品规格等级评价。

2　规范性引用文件

下列文件对于本部分的应用是必不可少的。凡是注明日期的引用文件，仅所注明日期的版本适用于本部分。凡是不注明日期的引用文件，其最新版本（包括所有的修改版本）适用于本部分。

T/CACM 1021. 1—2016 中药材商品规格等级编制通则

3　术语和定义

T/CACM 1021. 1—2016 以及下列术语和定义适用于本部分。

3.1

荆芥　SCHIZONEPETAE HERBA

本品为唇形科植物荆芥 *Schizonepeta tenuifolia* Briq. 的干燥地上部分。夏、秋季花开到顶、穗绿时采割，除去杂质，晒干。

4　规格等级划分

根据市场流通情况，该药材商品均为统货。应符合表1要求。

表1　规格等级划分

等级	性状描述
统货	茎呈方柱形，上部有分枝，长 50～80cm，直径 0.2～0.4cm；表面淡黄绿色或淡紫红色，被短柔毛；体轻，质脆，断面类白色。叶对生，多已脱落，叶片 3～5 羽状分裂，裂片细长。穗状轮伞花序顶生，长 2～9cm，直径约 0.7cm。花冠多脱落，宿萼钟状，先端 5 齿裂，淡棕色或黄绿色，被短柔毛；小坚果棕黑色。气芳香，味微涩而辛凉。

注1：当前药材市场荆芥药材规格按照部位划分，有全荆芥和荆芥穗，市场均为统货。而荆芥穗在药典中单列，故未列入荆芥规格中。

注2：中国药典对全荆芥饮片有性状要求，即为切段（短段 5～10mm，长段 10～15mm），目前主流规格已经在逐渐改变，但仍还有不符合中国药典的段规格，需注意鉴别。

注3：市场另有陈货，即存放时间较长的商品，由于暴露空气中，挥发性成分容易散失以及氧化，因此气味淡且外观颜色加深呈黄棕或褐色，这类商品不易合格，需注意鉴别。

注4：关于荆芥药材历史产区沿革参见附录A。

注5：关于荆芥药材品质评价沿革参见附录B。

5　要求

除应符合 T/CACM 1021. 1—2016 的第 7 章规定外，还应符合下列要求：

——无变色；

——无虫蛀；

——无霉变；

——杂质不得过3%。

附录 A

（资料性附录）

荆芥药材历史产区沿革

荆芥的生境分布最早记载于秦汉时期的《神农本草经》，未写明产地分布。

汉代《名医别录》云："一名姜芥。生汉中川泽。"

汉代《吴氏本草》云："名荆芥，叶似落藜而细，蜀中生啖之。"

唐代《新修本草》云："此药即菜中荆芥是也。先居草部中。今人食之，录在菜部也。"

宋代《图经本草》曰："假苏，荆芥也。生汉中川泽。今处处有之。叶似落藜而细，初生香辛可啖，人取作生菜。古方稀用，近世医家治头风、虚劳、疮疥、妇人血风等为要药。"

宋代《本草衍义》曰："假苏，荆芥也，只用穗。"

明代《本草品汇精要》曰："生汉中川泽，今处处有之。"

明代《本草纲目》曰："荆芥原是野生，今为世用，遂多栽莳。"可知荆芥在明代已大量栽培。

《中药材手册》（1960年）："全国大部分地区均有生产。"

1963年版《中国药典》一部收载荆芥主产于江苏、浙江、河北、江西、湖北等地。

《中华本草》收载荆芥：裂叶荆芥　主产于河北、江苏、浙江、江西、湖北、湖南等地。多裂叶荆芥　主产于吉林、辽宁、黑龙江、河北等地。

综合以上古文献及现代文献所述，荆芥主要产区为河北、江苏、江西。

附录 B

（资料性附录）

荆芥药材品质评价沿革

明代《本草品汇精要》曰："花实成穗者佳。"

《中药材手册》（1960 年）："品质优劣：以身干、茎细、色紫、穗多而密者为佳。"

1963 年版《中国药典》一部：以浅紫色、茎细、穗多而密者为佳。

1977 年版《中国药典》一部：以色淡黄绿、穗长而密、香气浓者为佳。

《中华本草》：裂叶荆芥以色淡黄绿、穗密而长、香气浓者为佳。

《金世元中药材传统鉴别经验》：以色淡黄绿、穗长而密、香气浓者为佳。

综上所述中，荆芥的品质评价以色淡黄绿、穗长而密、香气浓者为佳。

ICS 11.120.10
C 10/29

团 体 标 准

T/CACM 1021.156—2018

代替T/CACM 1021.3—2017

中药材商品规格等级 白头翁

Commercial grades for Chinese materia medica

PULSATILLAE RADIX

2018-12-03 发布   2018-12-03 实施

中华中医药学会 发布

目　次

前　言

T/CACM 1021《中药材商品规格等级》标准分为 226 个部分：
——第 1 部分：中药材商品规格等级标准编制通则；
……
——第 155 部分：中药材商品规格等级　荆芥；
——第 156 部分：中药材商品规格等级　白头翁；
——第 157 部分：中药材商品规格等级　苍耳子；
……
——第 226 部分：中药材商品规格等级　玄明粉。
本部分为 T/CACM 1021 的第 156 部分。

本部分代替 T/CACM 1021.3—2017。

本部分按照 GB/T 1.1—2009《标准化工作导则　第 1 部分：标准的结构和编写》给出的规则起草。

本部分代替原 T/CACM 1021.3—2017，与原 T/CACM 1021.3—2017 相比较，标准编号进行了调整，并重新进行了编辑。

本部分由中药材商品规格等级标准研究技术中心及道地药材国家重点实验室培育基地提出。

本部分由中华中医药学会归口。

本部分起草单位：安徽中医药大学、中国中医科学院中药资源中心、中药材商品规格等级标准研究技术中心、安徽省宣城市金泉生态农业有限责任公司、北京中研百草检测认证有限公司。

本部分主要起草人：杨俊、黄璐琦、彭代银、郭兰萍、詹志来、彭华胜、李杰、胡珂、程铭恩、王文昊、钱江平、胡文清、胡星园、尹旻臻。

本部分所代替标准的历次版本发布情况为：
——T/CACM 1021.3—2017。

中药材商品规格等级　白头翁

1　范围

本部分规定了白头翁的商品规格等级。

本部分适用于白头翁药材生产、流通以及使用过程中的商品规格等级评价。

2　规范性引用文件

下列文件对于本部分的应用是必不可少的。凡是注明日期的引用文件，仅所注日期的版本适用于本部分。凡是不注明日期的引用文件，其最新版本（包括所有的修改版本）适用于本部分。

T/CACM 1021.1—2016 中药材商品规格等级编制通则

3　术语和定义

T/CACM 1021.1—2016 以及下列术语和定义适用于本部分。

3.1

白头翁　PULSATILLAE RADIX

本品为毛茛科植物白头翁 *Pulsatilla chinensis*（Bge.）Regel 的干燥根。春季长苗或秋季茎、叶枯萎时采挖白头翁根部，除去泥土，干燥。

3.2

朽状裂隙　xiuzhuangliexi

白头翁近根头部常常皮部脱落形成"朽状裂隙"。

3.3

朽状凹洞　xiuzhuang'aodong

白头翁近根头部常常开裂形成"朽状凹洞"，凹洞部位可见木质部网格纹理。

4　规格等级划分

根据市场实际情况，将白头翁药材分成"选货"与"统货"两个等级。应符合表1要求。

表1　规格等级划分

等级	性状描述	区别点
选货	呈类圆柱形或圆锥形，稍扭曲，根头部有白色绒毛，有的可见鞘状叶柄残基；表面棕褐色，具有不规则的纵皱纹或纵沟，近根头处有朽状裂隙或朽状凹洞，	大小均匀，根头部直径≥0.7cm
统货	凹洞部位可见木质部网格纹理；皮部易脱落。质硬而脆，易折断，断面皮部黄白色或淡黄棕色，木部淡黄色。气微，味微苦涩	大小不等

注1：市场上白头翁根头部有的残留较多非药用部位鞘状叶柄残基，市场上俗称"带梗"，梗长影响药材质量，另外当前市场流通中较多东北地区所产同属近似种，并有其他物种混伪情况，应注意区分。

注2：关于白头翁药材历史产区沿革参见附录A。

注3：关于白头翁药材品质评价沿革参见附录B。

5　要求

除符合 T/CACM 1021.1—2016 的第7章规定外，还应符合下列要求：

——无变色；

——无虫蛀；

——无霉变；

——杂质不得过3%。

附录 A

（资料性附录）

白头翁药材历史产区沿革

白头翁，始载于《神农本草经》，被列为草本下品。记载为："一名野丈人，一名胡王使者。生山谷。味苦，温。主温疟；狂易寒热，癥瘕积聚；瘿气；逐血止痛；金疮。"

南北朝时期的《本草经集注》有描写"生高山山谷及田野……处处有，四月采"。从《神农本草经》开始至南北朝时期，白头翁并未有具体的产区，只有其生长环境的记载。

宋代的《本草图经》里第一次描述了白头翁的产地"今近京州郡皆有之"，据考证北宋时的"京"应具指开封，即当今河南省开封市，同时《本草图经》里附有"商州白头翁"和"徐州白头翁"两幅插图，北宋年间的商州，即今陕西省南部及湖北省西北部部分地区；徐州，即今山东南部至江苏淮河以北地区、安徽东部地区。而《本草衍义》里则有记载"生河南洛阳界及新安土山中"，新安县应为现今河南省新安县附近，位于河南省洛阳西部，所以宋代白头翁的产地包括河南省开封至洛阳、陕西省南部至湖北省西北部地区、山东东南部至江苏淮河以北地区、安徽东部。

明《本草品汇精要》中明确记载了白头翁以商州和徐州为道地产区，同时有"商州白头翁"和"滁州白头翁"两张附图，滁州辖境相当于今安徽滁县、来安、全椒三县地。

民国时期，《药物出产辨》明确道地产区"以产安徽滁州为正"；《中国药学大辞典》（1935 年）记载"陈仁山药物出产辨云，白头翁以产安徽滁州为正"。

《药材资料汇编》（1959 年）："主产安徽滁县为正品，其他各地虽都有产，但大多数以翻白草及祁州漏芦等认作白头翁。"

《中药材手册》（1960 年）："全国大部分地区均有生产。"

附录 B

（资料性附录）

白头翁药材品质评价沿革

1963 年版《中国药典》一部记载："以条粗长、整齐、外表灰黄色、头部有白色毛茸者为佳。"

1977 年版《中国药典》一部记载："以条粗长、质坚实者为佳。"

1996 年，徐国钧在《中国药材学》中记载："以东北及河南、河北、山东、山西、安徽等地产量大，质量佳。""本品以身干、条粗大、整齐不碎、灰黄色头部有白绒者为佳。"

2008 年，欧阳荣在《常用中药炮制品彩色图谱》中记载为："以外表灰黄色、头部有白色毛茸者为佳。"

2010 年 4 月，赵中振在《药材鉴定图典》中记载为："传统经验认为，以根粗长、质坚实、外表灰黄色、头部有白毛者为佳。"

2010 年 5 月，《中华药海》："以根粗长、整齐、外表灰黄色、头部有白色毛茸者为佳。"

2010 年 11 月，金世元在《金世元中药材传统鉴别经验》中记载为："以条粗长、坚实者为佳。"

综上所述，产地质量评价，白头翁主要以产于东北及河南、河北、山东、山西、安徽等地为好。性状质量评价，以条粗长、整齐、质坚实、外表灰黄色、头部有白色毛茸者为佳。

综合历代本草中有关白头翁产地的记载可知，自明代《本草品汇精要》中附图"滁州白头翁"，可见明代滁州白头翁已被本草学家所推崇，民国时期的《药物出产辨》《中国药学大辞典》均明确道地产区"以产安徽滁州为正"，记载了滁州白头翁为道地。为商品规格制定及道地药材的研究提供了依据。

ICS 11.120.10
C 10/29

团 体 标 准

T/CACM 1021.157—2018

代替T/CACM 1021.21—2017

中药材商品规格等级 苍耳子

Commercial grades for Chinese materia medica

XANTHII FRUCTUS

2018-12-03 发布

2018-12-03 实施

中华中医药学会 发布

目　次

前　言

T/CACM 1021《中药材商品规格等级》标准分为 226 个部分：
——第 1 部分：中药材商品规格等级标准编制通则；
……
——第 156 部分：中药材商品规格等级　白头翁；
——第 157 部分：中药材商品规格等级　苍耳子；
——第 158 部分：中药材商品规格等级　枇杷叶；
……
——第 226 部分：中药材商品规格等级　玄明粉。
本部分为 T/CACM 1021 的第 157 部分。
本部分代替 T/CACM 1021.21—2017。
本部分按照 GB/T 1.1—2009《标准化工作导则　第 1 部分：标准的结构和编写》给出的规则起草。
本部分代替 T/CACM 1021.21—2017，与 T/CACM 1021.21—2017 相比较，标准编号进行了调整，并重新进行了编辑。
本部分由中药材商品规格等级标准研究技术中心及道地药材国家重点实验室培育基地提出。
本部分由中华中医药学会归口。
本部分起草单位：江苏大学、中国中医科学院中药资源中心、中药材商品规格等级标准研究技术中心、北京中研百草检测认证有限公司。
本部分主要起草人：汤建、欧阳臻、黄璐琦、郭兰萍、詹志来、彭华胜、赵明、韩邦兴、陈健、洪庆。
本部分所代替标准的历次版本发布情况为：
——T/CACM 1021.21—2017。

中药材商品规格等级 苍耳子

1 范围

本部分规定了苍耳子的商品规格等级。

本部分适用于苍耳子药材生产、流通以及使用过程中的商品规格等级评价。

2 规范性引用文件

下列文件对于本部分的应用是必不可少的。凡是注明日期的引用文件，仅所注明日期的版本适用于本部分。凡是不注明日期的引用文件，其最新版本（包括所有的修改版本）适用于本部分。

T/CACM 1021.1—2016 中药材商品规格等级编制通则

3 术语和定义

T/CACM 1021.1—2016 以及下列术语和定义适用于本部分。

3.1

苍耳子 XANTHII FRUCTUS

本品为菊科植物苍耳 *Xanthium sibiricum* Patr. 的干燥成熟带总苞的果实。秋季果实成熟时采收，干燥，除去梗、叶等杂质。

4 规格等级划分

根据市场实际情况，将苍耳子药材分成"选货"与"统货"两个等级。应符合表1要求。

表1 苍耳子等级划分

等级	性状描述	
	共同点	区别点
选货	本品为纺锤形或卵圆形，表面黄棕色或黄绿色，大部分钩刺已除去，留有刺痕，顶端有2枚较粗的刺，分离或相连，基部有果梗痕。质硬而韧，横切面中央有纵隔膜，2室，有1~2枚瘦果。瘦果略呈纺锤型，一面较平坦，顶端具有1突起的花柱基，果皮薄，灰黑色，具纵纹。种皮膜质，浅灰色，子叶2，有油性。气微，味微苦	长1.0~1.5cm，直径0.5~0.7cm。颗粒饱满，无空瘪，无枝杆、灰渣等杂质
统货		长0.8~1.5cm，直径0.4~0.7cm。空瘪率≤10%，杂质≤3%

注1：历版药典关于苍耳子的描述是"全体有钩刺"，但目前市场上的苍耳子（未炒过）绝大多数是脱刺的，仅在药材收购站等地方有带刺苍耳子销售，此外应注意与外来物种蒙古苍耳的鉴别。

注2：关于苍耳子药材历史产区沿革参见附录A。

注3：关于苍耳子药材品质评价沿革参见附录B。

5 要求

除应符合 T/CACM 1021.1—2016 的第7章规定外，还应符合下列要求：

——无变色；

——无虫蛀；

——无霉变；

——无走油。

附录 A

（资料性附录）

苍耳子药材历史产区沿革

苍耳子入药始载于汉朝《神农本草经》，列为中品，书中记载原名枲耳实。《神农本草经》曰："枲耳实　味甘温。主风头，寒痛，风湿，周痹，四肢拘挛痛，恶肉死肌。久服益气，耳目聪明，强志轻身。一名胡枲，一名地葵。生川谷。名医曰：一名葹，一名常思，生安陆及六安田野，实熟时采。……郭璞云：江东呼为常枲，形似鼠耳，丛生如盘。……陆玑云：叶青，白色，似胡荽，白华，细茎蔓生，可煮为茹，滑而少味，四月中生子，正如妇人耳珰，今或谓之耳珰草……"《神农本草经》中说明了其功效主治、产地、名称、植物叶花茎果实等大致形态，特别说明了我国古代不同地区对苍耳的不同称谓。

魏晋时期的《名医别录》记载："……生安陆及六安田野，实熟时采。"南北朝时期的亦记载："……生安陆川谷及六安田野，实熟时采。"但对苍耳的来源做了推测："……伧人皆食之；以叶覆麦作黄衣者，一名羊负来。昔中国无此，言从外国逐羊？"隋唐《新修本草》延续了《神农本草经》《名医别录》和《本草经集注》的说法并加以补充："……生六安田野，实熟时采。此是常思菜，伧人皆食之。以叶覆麦作黄衣者，一名羊负来。昔中国无此，言从外国逐羊毛中来，方用亦甚稀。〔谨案〕苍耳，三月以后、七月以前刈，晒干为散……"以上文献中提到的产地安陆及六安，即今湖北云梦县与安徽六安市。但未提及植物或药材形态，不能确定植物基原。

《图经本草》曰："葈耳，生安陆川谷及六安田野。今处处有之。"并附"滁州葈耳"图。考滁州实为贸易集散地，并非原产地。虽然未提及植物或药材形态，但绘制了植物图。明代《本草品汇精要》记载："……出安陆川谷及江东幽州蜀中六安田野，处处有之。[道地] 滁州。"第一次写明苍耳子的道地产地是滁州。虽未提及植物或药材形态，但绘制了植物图。《证类本草》和《救荒本草》以及清代《植物名实图考》绘制的植物图与现代典籍《中华本草》中的苍耳类似且与现代文献中的绘图或照片近似。但古代文献对苍耳子的基原归属还仅限于形态描述和简单的绘图，根据古代文献的描述，难以准确的确定药材对应的植物物种。

现代《本草纲目精华本》对苍耳子的描述继承了以往的中药材典籍："胡枲本经，常思弘景，苍耳尔雅，卷耳诗经，爵耳诗疏，猪耳纲目，耳珰诗疏，地葵本经，葹音施，羊负来弘景，道人头图经，进贤菜记事珠，喝起草纲目，野茄纲目，缣丝草。别录曰：枲耳生安陆川谷及六安田野，实熟时采。颂曰：今处处有之。"但未提及植物或药材形态。其比较明显的变化是关于产地的描述，已从"安陆川谷及六安田野"扩展至全国，"处处有之"。

现代文献《常用中药材品种整理和质量研究》记载："苍耳，历代本草多名其枲耳，最早载于《神农本草经》，列为中品。本草考证苍耳的品种单一，不仅古今用药无混乱之品，其临床功效、药用部位沿用至今。苍耳子药材的原植物分布范围极广，均为野生。一般各地均自产自销。"

1963 年~2015 年历版《中国药典》中均收载苍耳子条目，其中 1963 年版《中国药典》记载苍耳子为菊科植物苍耳的干燥成熟果实，1977 年~2015 年版《中国药典》记载其来源苍耳干燥成熟带总苞的果实，指出总苞也算作药材苍耳子的一部分。

综上，苍耳子功用沿载于历代本草，与现代苍耳子功效基本一致。以苍耳的成熟带总苞的果实药典收录品种，并在此基础上结合性状，如外形、直径、气味等进行评价。为制定苍耳子商品规格等级标准提供了依据。

附录 B

（资料性附录）

苍耳子药材品质评价沿革

经查古代本草文献未见对苍耳子品质评价的详细描述，仅明代《本草品汇精要》提到"［道地］滁州"。直至现代才有对苍耳子药材品质评价的描述。

《中药材手册》（1960 年）："以身干、粒大饱满、色青绿、无杂质者为佳。"

1963 年版《中国药典》："以粒大、饱满、色黄绿者为佳。"

1996 年版《中国药材学》记载："本品以粒大、饱满、色黄者为佳。"1999 年版《500 味常用中药材的经验鉴别》记载："苍耳子商品均为统货，不分等级。苍耳子商品以粒大而匀，饱满，内仁充实，外皮黄色无杂质者为佳。"2010 年版《金世元中药材传统鉴别经验》记载："以粒大、饱满、黄绿色为佳。"

苍耳子在古代无品质评价的详细介绍，现代文献中苍耳子的品质评价也较为简单：以粒大而匀，饱满，无杂质为佳。

ICS 11.120.10
C 10/29

团 体 标 准

T/CACM 1021.158—2018

代替T/CACM 1021.49—2017

中药材商品规格等级 枇杷叶

Commercial grades for Chinese materia medica

ERIOBOTRYAE FOLIUM

2018-12-03 发布

2018-12-03 实施

中 华 中 医 药 学 会 发布

目　次

前　言

T/CACM 1021《中药材商品规格等级》标准分为 226 个部分：
——第 1 部分：中药材商品规格等级标准编制通则；
……
——第 157 部分：中药材商品规格等级　苍耳子；
——第 158 部分：中药材商品规格等级　枇杷叶；
——第 159 部分：中药材商品规格等级　鱼腥草；
……
——第 226 部分：中药材商品规格等级　玄明粉。

本部分为 T/CACM 1021 的第 158 部分。

本部分代替 T/CACM 1021.49—2017。

本部分按照 GB/T 1.1—2009《标准化工作导则　第 1 部分：标准的结构和编写》给出的规则起草。

本部分代替 T/CACM 1021.49—2017，与 T/CACM 1021.49—2017 相比较，标准编号进行了调整，并重新进行了编辑。

本部分由中药材商品规格等级标准研究技术中心及道地药材国家重点实验室培育基地提出。

本部分由中华中医药学会归口。

本部分起草单位：湖北中医药大学、中国中医科学院中药资源中心、中药材商品规格等级标准研究技术中心、湖北金贵中药饮片有限公司、北京中研百草检测认证有限公司。

本部分主要起草人：杨红兵、黄璐琦、郭兰萍、詹志来、石磊、杨钊、明孟碟、王众宽。

本部分所代替标准的历次版本发布情况为：
——T/CACM 1021.49—2017。

中药材商品规格等级 枇杷叶

1 范围

本部分规定了枇杷叶的商品规格等级。

本部分适用于枇杷叶药材生产、流通以及使用过程中的商品规格等级评价。

2 规范性引用文件

下列文件对于本部分的应用是必不可少的。凡是注明日期的引用文件，仅所注明日期的版本适用于本部分。凡是不注明日期的引用文件，其最新版本（包括所有的修改版本）适用于本部分。

T/CACM 1021.1—2016 中药材商品规格等级编制通则

3 术语和定义

T/CACM 1021.1—2016 以及下列术语和定义适用于本部分

3.1

枇杷叶 ERIOBOTRYAE FOLIUM

本品为蔷薇科植物枇杷 *Eriobotrya japonica*（Thunb.）Lindl. 的干燥叶。全年均可采收，晒至七、八成干时，扎成小把，再晒干。

3.2

青叶 qingye

为成熟绿叶，采摘后晒干，压制打包；扁片状，上表面灰绿色，带黄棕色或黄褐色。习称"青叶"。

3.3

黄叶 huangye

为黄棕色或红棕色的老叶，采集后晒干，压制打包；扁片状，上表面黄棕色、红棕色或红褐色。习称"黄叶"。

4 规格等级划分

根据市场流通情况，按照采收时间不同，将枇杷叶药材分成"青叶"与"黄叶"两个规格。应符合表1要求。

表1 规格等级划分

规格	性状描述		
	共同点		区别点
青叶	呈长圆形或倒卵形，长 12~40cm，宽 4~12cm。先端尖，基部楔形，边缘有疏锯齿，近基部全缘。上表面较光滑，无毛；主脉于		上表面灰绿色，带黄棕色或黄褐色；下表面密被黄色绒毛
黄叶	下表面显著突起，侧脉羽状；叶柄极短，被棕黄色绒毛。革质而脆，易折断。气微，味微苦		上表面黄棕色、红棕色或红褐色；下表面密被黄色或棕黄色绒毛

注1：当前药材市场枇杷叶规格是按照表面颜色进行划分的，一般认为青叶质量较好，价格稍高。野生品与各地引种品，均可按以上标准划分。

注2：市场上部分枇杷叶商品中可见枝梗、花穗等杂质，应加以控制。

注3：没有干透者或吸潮后质软，不可入药。有花斑、黑边等现象的病态枇杷叶以及腐朽变质叶等，亦不可药用。标准中，"黄叶"是对棕色衰老（多已落地）枇杷叶的一种约定成俗的称谓，称作"棕叶"似乎更准确。因为，就颜色而言，棕色衰老（多已落地）枇杷叶以红褐色、红棕色为主色，并非黄色；如果叶片颜色泛黄、质地酥脆，反而是叶片腐朽变质的表征。

注4：关于枇杷叶药材历史产区沿革参见附录A。

注5：关于枇杷叶药材品质评价沿革参见附录B。

5 要求

除符合 T/CACM 1021. 1—2016 的第 7 章规定外，还应符合下列要求：

——无虫蛀；

——无霉变；

——杂质不得过 3% 。

附录 A

（资料性附录）

枇杷叶药材历史产区沿革

枇杷叶药用始载于《名医别录》："味苦，平，无毒。主治卒哕不止，下气。"

五代《蜀本草》："四月采叶暴干，治肺气，主渴疾。""生江南、山南，今处处有。""《图经》曰：枇杷叶，旧不著所出州郡，今襄、汉、吴、蜀、闽、岭皆有之。""《衍义》曰：枇杷叶，江东、西，湖南、北，二川皆有之。"

明代《本草品汇精要》："【地】［图经曰］襄、汉、吴、蜀、闽、岭、南北二川皆有之。""［采］不拘时取叶。""【色】青，黄。"

1963 年版《中国药典》："均系栽培，产于广东、江苏、浙江、福建、湖北等地。"

《中国药材学》（1996 年）："主产于广东、江苏、浙江等地。以江苏产量大，称'苏杷叶'；广东质量佳，称'广杷叶'。"

《中华本草》（1999 年）："常栽种于村边、平地或坡边。分布于中南及陕西、甘肃、江苏、安徽、浙江、江西、福建、台湾、四川、贵州等地。""枇杷叶产于华东、中南、西南及陕西、甘肃等地，广东及江苏产量较大。多为栽培品。销全国。""全年可采收，以夏季采收者为多。采下后晒至七、八成干时，扎成小把，再晒至足干。此法所得成品不易破碎，质量较好。亦有拾取自然落叶晒干者，其色较紫。"

《500 味常用中药材的经验鉴别》（1999 年）："【产地及采收加工】枇杷叶商品多来源于栽培品，广泛栽培于华东、华南、西南及陕西、甘肃等地区，主产于广东连县、阳山、翁源、清远、新丰、通山；浙江永嘉、瑞安、萧山、杭州；江苏海门、启动、苏州等地。通常枇杷叶全年可采，采摘下后晒至七八成干时，扎成小把，再晒干即可。"

《现代中药材商品通鉴》（2001 年）："全年皆可采收，多在 4～5 月间采叶，质较佳。采摘后，晒至七八成干时，扎成小把，再晒干。"

《中华药海》（2010 年）："常栽种于村边、平地或坡边。分布于陕西、甘肃、河南、江苏、浙江、安徽、福建、台湾、广东、广西、江西、湖南、湖北、四川、贵州、云南等地。"

《金世元中药材传统鉴别经验》（2010 年）："【产地】枇杷叶多来源于栽培品。广泛栽培于华东、华中、华南等地，主产于广东连县、阳山、翁源、清远、新丰，福建惠安、贵溪、长泰，浙江永嘉、瑞安、萧山、杭州，江苏海门、启东、苏州等地。""【生产概况】常栽培于村边、平地或坡边。"

附录 B

（资料性附录）

枇杷叶药材品质评价沿革

宋代《证类本草》："雷公云：凡使，采得后秤，湿者一叶重一两，干者三叶重一两者是，气足堪用。"

明代《本草品汇精要》："［道地］眉州（今四川眉山）、江南西湖。"

清代《本草备要》："叶湿重一两，干重三钱为气足。"

1963 年版《中国药典》："以叶大、色灰绿、不破碎者为佳。"

1977 年版《中国药典》："以完整、色灰绿者为佳。"

《中国药材学》（1996 年）："【品质标志】本品以叶大、色绿或红棕、不破碎、无黄叶者为佳。""按《中华人民共和国药典》1995 年版规定，本品水溶性浸出物不得少于 10.0%。"

《中华本草》（1999 年）："以完整、色灰绿者为佳。"

《500 味常用中药材的经验鉴别》（1999 年）："【规格等级】枇杷叶商品过去有青、黄之分（亦有摘叶与落叶之分），另又有鲜枇杷叶商品。现干枇杷叶商品不分等级，均为统货。【优劣评价】枇杷叶商品以叶大，色绿或红棕色，完整不破碎，无黄叶者为佳。产地以产于江苏、浙江一带为佳。"

《现代中药材商品通鉴》（2001 年）："【商品规格】统货。通常以身干、叶大而厚、色绿、无破碎者为佳。药材规格，商品有青黄两种。青叶直接从树上采摘，晒干，质佳；黄叶多为落叶，质差。另外，商品亦有按产地而命名者。如广杷叶（广东产）、苏杷叶（江苏产）等。不分等级。通常以身干、叶大而厚、色绿、无破碎者为佳。"

《中华药海》（2010 年）："以叶完整、色绿、叶厚者为佳。"

《金世元中药材传统鉴别经验》（2010 年）："以身干、叶大、色绿或红棕色、无破碎者为佳。广东、福建产者叶片大，而且叶厚，茸毛少，称为'广杷叶'，质优；江苏、浙江产者叶片小，且薄，茸毛多，称'苏杷叶'，质较逊。"

综上所述，枇杷叶药材规格可以不同产地、不同采收期划分为苏杷叶、广杷叶以及青叶（树上摘叶）、黄叶（树上采摘或者地上捡叶）等；现在等级不分，均为统货；通常以身干、叶大而厚、色绿、完整不破碎、无黄叶者为佳。古人曾提出以四川眉山（眉州），太湖流域的江苏、浙江一带（江南西湖）为枇杷叶的道地产区；今人认为广东（多野生）质量佳，江苏产量大；枇杷叶道地产区的判定依据有待进一步研究。历代对于枇杷叶的规格等级划分没有统一的标准。目前枇杷叶用量大、价格低、产地广、道地性不强、人工费用高、加工简略，因此，在制定枇杷叶商品规格等级标准时，主要依据的是叶片的颜色、被毛、质地等；产地、叶片大小等对枇杷叶的规格等级划分无明显影响。

ICS 11.120.10
C 10/29

团 体 标 准

T/CACM 1021.159—2018

代替T/CACM 1021.44—2017

中药材商品规格等级 鱼腥草

Commercial grades for Chinese materia medica

HOUTTUYNIAE HERBA

2018-12-03 发布

2018-12-03 实施

中华中医药学会 发布

目 次

前　言

T/CACM 1021《中药材商品规格等级》标准分为 226 个部分：

——第 1 部分：中药材商品规格等级标准编制通则；

……

——第 158 部分：中药材商品规格等级　枇杷叶；

——第 159 部分：中药材商品规格等级　鱼腥草；

——第 160 部分：中药材商品规格等级　蒺藜；

……

——第 226 部分：中药材商品规格等级　玄明粉。

本部分为 T/CACM 1021 的第 159 部分。

本部分代替 T/CACM 1021.44—2017。

本部分按照 GB/T 1.1—2009《标准化工作导则　第 1 部分：标准的结构和编写》给出的规则起草。

本部分代替 T/CACM 1021.44—2017，与 T/CACM 1021.44—2017 相比较，标准编号进行了调整，并重新进行了编辑。

本部分由中药材商品规格等级标准研究技术中心及道地药材国家重点实验室培育基地提出。

本部分由中华中医药学会归口。

本部分起草单位：雅安三九中药材科技产业化有限公司、中国中医科学院中药资源中心、中药材商品规格等级标准研究技术中心、石家庄以岭药业有限公司、广东太安堂药业股份有限公司、无限极（中国）有限公司、北京中研百草检测认证有限公司。

本部分主要起草人：王巧、李莹露、徐攀辉、刘天成、黄璐琦、郭兰萍、詹志来、崔旭盛、田清存、马召、杨光、李颖、何雅莉、余意、马方励。

本部分所代替标准的历次版本发布情况为：

——T/CACM 1021.44—2017。

中药材商品规格等级 鱼腥草

1 范围

本部分规定了鱼腥草的商品规格等级。

本部分适用于鱼腥草药材生产、流通以及使用过程中的商品规格等级评价。

2 规范性引用文件

下列文件对于本部分的应用是必不可少的。凡是注明日期的引用文件，仅所注明日期的版本适用于本部分。凡是不注明日期的引用文件，其最新版本（包括所有的修改版本）适用于本部分。

T/CACM 1021.1—2016 中药材商品规格等级编制通则

3 术语和定义

T/CACM 1021.1—2016 以及下列术语和定义适用于本部分。

3.1

鱼腥草 HOUTTUYNIAE HERBA

本品为三白草科植物蕺菜 *Houttuynia cordata* Thunb. 的新鲜全草或干燥地上部分。鲜品全年均可采割；干品夏季茎叶茂盛花穗多时采割，除去杂质，晒干。

4 规格等级划分

根据市场实际情况，按照种植方式不同，将鱼腥草药材分成"野生"与"家种"两个规格。在各规格项下，根据是否进行等级划分，分成"选货"与"统货"两个等级。应符合表1要求。

表1 规格等级划分

规格	等级	性状描述	
		共同点	区别点
野生	选货	茎呈扁圆柱形，扭曲，表面黄棕色，具纵棱数条；质脆易折断。叶片卷折皱，展平后呈心形，上表面暗黄绿色至暗棕色，下表面灰绿色或灰棕色。叶互生。穗状花序黄棕色。具鱼腥气，味涩	相较家种鱼腥草，茎较粗而叶片较小。茎叶完整，扎把整齐，杂质<1%
	统货		相较家种鱼腥草，茎较粗而叶片较小。茎叶杂乱纠缠，杂质<3%
家种	选货		相较野生鱼腥草，茎较细而叶片较大。茎叶完整，扎把整齐，杂质<1%
	统货		相较野生鱼腥草，茎较细而叶片较大。茎叶杂乱纠缠，杂质不得过3%

注1：药材市场以及产地的药用鱼腥草均为干鱼腥草，没有鲜鱼腥草。因此本次仅对干鱼腥草进行商品规格划分。

注2：关于鱼腥草药材历史产区沿革参见附录A。

注3：关于鱼腥草药材品质评价沿革参见附录B。

5 要求

除应符合 T/CACM 1021.1—2016 的第7章规定外，还应符合下列要求：

——无变色；

——无虫蛀；

——无霉变。

附录 A

（资料性附录）

鱼腥草药材历史产区沿革

唐代以前的本草中并未对鱼腥草产地进行描述，在唐代《新修本草》中第一次叙述鱼腥草产地，"山南江左人，好生食之，关中谓之菹菜也"。江左为苏南、浙江及皖南部分地区，关中是陕西潼关以西宝鸡以东。

宋代《图经本草》载："山谷阴处湿地有之。"

明代《本草品汇精要》中说鱼腥草"江南山谷阴处湿地有之（道地）扬州关中"，说明鱼腥草在长江中下游南岸的太湖，钱塘江流域地区均有产出，其中扬州的鱼腥草最为道地。

清代《植物名实图考》中云"湖南夏时，煎水为饮以解暑"，表明湖南为鱼腥草产地。清《遵义府志》云"乾隆庚寅夏，二麦无收，斗米一两余，五月，邑令开仓散赈村民皆掘侧耳根、采夏枯草、淀蕨粉以供朝夕"，表明贵州也产出鱼腥草。

现代本草《中国药材学》《中华本草》《新编中药志》《中药大辞典》等更具体描述了鱼腥草的产地。《中国药材学》描述其产地为"主产于浙江、江苏、湖北；安徽、福建、四川、广东、广西、湖南、贵州、陕西亦产"。《中华本草》中对鱼腥草产地的叙述为"分布于陕西、甘肃及长江流域以南各地"。《新编中药志》说鱼腥草"分布于我国中部、东南部至西南各省（自治区）。东起台湾，西南至云南、西藏，北达陕西、甘肃"。《中药大辞典》中鱼腥草的产地为"生于山地、沟边、塘边、田埂或林下湿地。主产于江苏、浙江、江西、安徽、四川、云南、贵州、广东、广西"。

综上所述，鱼腥草最早的产地记载为浙江、江西地区。在历代本草的记载中，长江以南地区如浙江、江苏、湖北、陕西、重庆、四川、安徽、福建、广东、广西、湖南、贵州、云南均为鱼腥草的产地。

附录 B

（资料性附录）

鱼腥草药材品质评价沿革

较早期的本草对于鱼腥草药材的品质描述较少。在明代《本草品汇精要》中说"（道地）扬州关中"，说明在扬州关中生长的鱼腥草是道地的。

在现代医药典籍中对鱼腥草品质的描述稍为详细，《陕西中药志》中记载鱼腥草"以干燥、无根、叶完整，气味强烈者为佳"。1963 年版《中国药典》认为鱼腥草"以茎叶完整，无泥土者为佳"。1977 年版《中国药典》、《中华本草》以及《新编中药志》对鱼腥草的品质评价相同，都是"以叶多、色绿、有花穗、鱼腥气浓者为佳"。《500 味常用中药材的经验鉴别》提出"鱼腥草商品以无根、茎软、淡红褐色、茎叶整齐、香气浓者为佳"。《中药大辞典》则认为鱼腥草"以淡红褐色、茎叶完整、无泥土等杂质者为佳"。《金世元中药材传统鉴别经验》中鱼腥草"以茎叶完整、色灰绿、有花穗、鱼腥气浓者为佳"。

综上，古代本草中记载扬州的鱼腥草为道地品种，一般茎叶完整，有花穗、鱼腥气浓的鱼腥草品质较好，为规格等级划分提供了依据。

ICS 11.120.10
C 10/29

团 体 标 准

T/CACM 1021.160—2018

代替T/CACM 1021.64—2017

中药材商品规格等级 蒺藜

Commercial grades for Chinese materia medica

TRIBULI FRUCTUS

2018-12-03 发布

2018-12-03 实施

中 华 中 医 药 学 会 发布

目　次

前　言

T/CACM 1021《中药材商品规格等级》标准分为 226 个部分：
——第 1 部分：中药材商品规格等级标准编制通则；
……
——第 159 部分：中药材商品规格等级　鱼腥草；
——第 160 部分：中药材商品规格等级　蒺藜；
——第 161 部分：中药材商品规格等级　补骨脂；
……
——第 226 部分：中药材商品规格等级　玄明粉。
本部分为 T/CACM 1021 的第 160 部分。

本部分代替 T/CACM 1021.64—2017。

本部分按照 GB/T 1.1—2009《标准化工作导则　第 1 部分：标准的结构和编写》给出的规则
起草。

本部分代替 T/CACM 1021.64—2017，与 T/CACM 1021.64—2017 相比较，标准编号进行了调整，
并重新进行了编辑。

本部分由中药材商品规格等级标准研究技术中心及道地药材国家重点实验室培育基地提出。

本部分由中华中医药学会归口。

本部分起草单位：内蒙古自治区中医药研究所、中国中医科学院中药资源中心、中药材商品规格
等级标准研究技术中心、北京中研百草检测认证有限公司。

本部分主要起草人：李旻辉、黄璐琦、郭兰萍、金艳、江维克、詹志来、朱翔慧、郭文芳。

本部分所代替标准的历次版本发布情况为：
——T/CACM 1021.64—2017。

中药材商品规格等级　蒺藜

1　范围

本部分规定了蒺藜的商品规格等级。

本部分适用于蒺藜药材生产、流通以及使用过程中的商品规格等级评价。

2　规范性引用文件

下列文件对于本部分的应用是必不可少的。凡是注明日期的引用文件，仅所注明日期的版本适用于本部分。凡是不注明日期的引用文件，其最新版本（包括所有的修改版本）适用于本部分。

T/CACM 1021.1—2016 中药材商品规格等级编制通则

3　术语和定义

T/CACM 1021.1—2016 以及下列术语和定义适用于本部分。

3.1

蒺藜　TRIBULI FRUCTUS

蒺藜科植物蒺藜 *Tribulus terrestris* L. 的干燥成熟果实。秋季果实成熟时采割植株，晒干，打下果实，除去杂质。

3.2

重量（样品粒数/10g）　weight

每10g蒺藜药材中果实的个数。

4　规格等级划分

根据市场流通情况，按照含杂率、每10克所含粒数等分成三个等级。应符合表1要求。

表1　规格等级划分

等级	性状描述	
	共同点	区别点
一等	完整的果实由5个分果瓣组成，放射状排列，呈五棱状球形，直径0.7~1.2cm。常裂为单一的分果瓣，分果瓣呈斧状，长0.3~0.6cm，背部隆起，有纵棱和多数小刺，并有对称的长刺和短刺各1对，两侧面粗糙，有网纹。质坚硬。气微，味苦、辛	背部黄绿色，侧面灰白色，每10g≤320粒，杂质≤1%
二等		背部黄绿色至灰白色，侧面灰白色，每10g>320粒，杂质≤2%
三等		背部、侧面灰白色至黑褐色，杂质不得过3%

注1：由于蒺藜在采收后进行产地初加工时果实多已分瓣，因此本部分描述的是分瓣后的蒺藜药材。

注2：根据市场及产地统计分析显示，三等蒺藜的重量与一等、二等之间具有交叉现象，等级不能完全区分，因此只以外观颜色、杂质率进行等级划分。

注3：市场上有颜色呈灰白色至黑褐色的药材，多为采收时期较晚或存放时间较长的陈货，需注意鉴别。

注4：关于蒺藜药材历史产区沿革参见附录A。

注5：关于蒺藜药材品质评价沿革参见附录B。

5　要求

除应符合 T/CACM 1021.1—2016 的第7章规定外，还应符合下列要求：

——无虫蛀；

——无霉变。

附录 A

（资料性附录）

蒺藜药材历史产区沿革

蒺藜入药首载于秦汉时期的《神农本草经》，列为上品，书中记载原名蒺藜子。《神农本草经》曰："蒺藜子味苦温。主恶血，破症结积聚，喉痹，乳难。久服，长肌肉，明目轻身。一名旁通，一名屈人，一名止行，一名豺羽，一名升推（御览引云，一名君水香，大观本，无文）。生平泽，或道旁。"《神农本草经》中说明了它的功效主治、别名和生境，虽未提及植物或药材形态，但从其对该药及其别名"旁通、屈人、止行"的命名本意来看，不难推知它的某一部分器官必定具有锋利的刺。

蒺藜最早记载于商末周初周文王《周易》中，《易·困》："困于石，据于蒺藜。入于其宫，不见其妻凶。"孔颖达注曰："蒺藜之草，有刺不可践也。"

魏晋时期《名医别录》记载："蒺藜子 味辛，微寒，无毒。主治身体风痒，头痛，咳逆，伤肺，肺痿，止烦，下气，小痛肿，阴。可作摩粉。其叶，主风痒，可煮以浴。一名即藜，一名茨。生冯翊（即今陕西大荔县）或道月，八月采实，曝干。"其中记载了它的功效主治、别名和生境，未提及植物形态，但从"八月采实，曝干"能推断药用来源干燥成熟果实。

唐初年甄权《药性论》云："白蒺藜子，君，味甘，有小毒。治诸风疬，破宿血，疗吐脓，主难产，去躁热，不入汤用。""蒺藜子入药不计丸散，并炒去刺用。"《药性论》中首次将蒺藜子称为"白蒺藜子"，之所以称之为"白蒺藜"，后人道，因其呈黄白色而得名。至此，所谓"白蒺藜"是指有刺的蒺藜，与现在的药用蒺藜这一植物药用来源基本一致。

宋代苏颂《本草图经》记载："蒺藜子，生冯翊（即今陕西大荔县）平泽，或道旁。七月、八月采实，曝干。又冬采。黄、白色，类军家铁蒺藜。此《诗》所谓墙有茨者。郭璞注《尔雅》云：布地蔓生，细叶，子有三角，刺人是也。然古方云蒺藜子，皆用有刺者，治风明目最良。"《本草图经》记载的白蒺藜"绿叶细蔓，绵布沙上；七月开花，黄紫色，如豌豆花而小；九月结实，作荚子，便可采"可推知该药乃系豆科植物，与蒺藜完全不同，与唐初年甄权《药性论》记载的"白蒺藜"不同，跟现在用的蒺藜来源不一致。而《尔雅》记载的蒺藜子"布地蔓生，细叶，子有三角，刺人是也"。

宋代《本草衍义》记载："蒺藜有两等，一等杜蒺藜，即今之道旁布地而生，或生墙上，有小黄花，结芒刺，此正是墙有茨者。风家唯用刺蒺藜也。气味苦，温，无毒。主治恶血，破癥瘕积聚，喉痹乳难。久服长肌肉，明目轻身。"其中杜蒺藜"今之道旁布地而生，或生墙上，有小黄花，结芒刺"。

明代《本草纲目》记载："蒺藜 弘景曰：多生道上及墙上，叶布地，子有刺，状如菱而小。长安（即今陕西西安）最饶，人行多着木履。《易》云：据于蒺藜，言其凶伤。《诗》云：墙有茨，不可扫也，以刺梗秽。方用甚稀。时珍曰：蒺，疾也；藜，利也；茨，刺也。其刺伤人，甚疾而利也。屈人、止行，皆因其伤人也。蒺藜叶如初生皂荚叶，整齐可爱。刺蒺藜状如赤根菜子及细菱，三角四刺，实有仁。以此分别。"《本草纲目》记载"刺蒺藜状如赤根菜子及细菱，三角四刺，实有仁"。

清代张志聪《本草崇原》载"蒺藜子坚劲有刺，禀阳明之金气，气味苦温，则属于火。"《经》云："两火合并，故为阳明，是阳明禀火气而属金。金能平木，故主治肝木所瘀之恶血，破肠胃邪郭之症瘕积聚，阴阳交结之喉痹，阳明胃土之乳难，皆以其禀锐利之质而攻伐之力也。其沙苑蒺藜一种，生于沙地，形如羊肾，主补肾益精，治腰痛虚损，小便遗沥。所以然者，味甘带腥，禀阳明土金之气，土生金而金生水也。"

总结现代《中国药材学》《现代中药材商品通鉴》《中华药海》《中药材品种论述》《中华本草》《500味常用中药材的经验鉴别》《中药材及原植物彩色图鉴》《金世元中药材传统鉴别经验》等专著，发现蒺藜分布于我国东北、华北、西北等地，主产于内蒙古、河南、河北、山东、安徽、江苏、四川、山西、陕西等地，分布于全国各地。并以内蒙古产品质量佳。

综上所述，古代本草记载蒺藜最早生长在冯翊平泽或道旁，即今陕西大荔县，并以陕西西安最为盛产。现代文献中蒺藜产地分布极广，分布全国各地。主产于内蒙古、宁夏、河南、河北、山东、安徽等地；四川、江苏、云南、陕西、新疆、青海、吉林、辽宁、山西、湖南等地亦产。

附录 B

（资料性附录）

蒺藜药材品质评价沿革

历代对蒺藜品质评价较少。蒺藜入药首载于秦汉时期的《神农本草经》，列为上品，书中记载原名蒺藜子。《神农本草经》曰："蒺藜子味苦温。主恶血，破症结积聚，喉痹，乳难。久服，长肌肉，明目轻身。"虽未提及植物或药材形态，但从其对该药及其别名"旁通、屈人、止行"的命名本意来看，不难推知它的某一部分器官必定具有锋利的刺。

宋代《本草衍义》记载："蒺藜有两等，一等杜蒺藜，即今之道旁布地而生，或生墙上，有小黄花，结芒刺，此正是墙有茨者。风家唯用刺蒺藜也。气味苦，温，无毒。主治恶血，破癥瘕积聚，喉痹乳难。久服长肌肉，明目轻身。"其中杜蒺藜"今之道旁布地而生，或生墙上，有小黄花，结芒刺"。

1963 年版《中国药典》，"以颗粒均匀，饱满坚实，色灰白者为佳"。

1977 年版《中国药典》，"以饱满坚实，背部色黄绿者为佳"。

《中国药材学》记载品质标志："本品以颗粒均匀，饱满坚实，色灰白者为佳。"

《金光注释集》记载：蒺藜治尿涩、肾病。有上品、下品。上品的果实似山羊头，黑色，拇指之大；下品到处生长。

《现代中药材商品通鉴》记载：商品多已加工，将硬刺磨断或磨钝，多散成单个的小坚果。以未碾的颗粒均匀，饱满坚实，色灰白者为佳。

《中华药海》记载：无臭，味苦辛。以颗粒均匀、饱满坚实、色灰白者为佳。

综上，历代对于蒺藜的规格等级划分强调产地质量，以《神农本草经》记载列为上品，并在此基础上结合生境、性状、色泽、功效主治等进行评价。为制定蒺藜商品规格等级标准提供了依据。近代文献主要按照蒺藜外观颜色、重量及杂质率进行等级划分，评价其药材的品质，以黄绿色、药材个子重量大、杂质率少的蒺藜质量为佳。

ICS 11.120.10
C 10/29

团 体 标 准

T/CACM 1021.161—2018

代替T/CACM 1021.67—2017

中药材商品规格等级 补骨脂

Commercial grades for Chinese materia medica

PSORALEAE FRUCTUS

2018-12-03 发布   2018-12-03 实施

中 华 中 医 药 学 会 发布

目　次

前　言

T/CACM 1021《中药材商品规格等级》标准分为 226 个部分：

——第 1 部分：中药材商品规格等级标准编制通则；

......

——第 160 部分：中药材商品规格等级　蒺藜；

——第 161 部分：中药材商品规格等级　补骨脂；

——第 162 部分：中药材商品规格等级　草乌；

......

——第 226 部分：中药材商品规格等级　玄明粉。

本部分为 T/CACM 1021 的第 161 部分。

本部分代替 T/CACM 1021.67—2017。

本部分按照 GB/T 1.1—2009《标准化工作导则　第 1 部分：标准的结构和编写》给出的规则起草。

本部分代替 T/CACM 1021.67—2017，与 T/CACM 1021.67—2017 相比较，标准编号进行了调整，并重新进行了编辑。

本部分由中药材商品规格等级标准研究技术中心及道地药材国家重点实验室培育基地提出。

本部分由中华中医药学会归口。

本部分起草单位：辽宁中医药大学、中国中医科学院中药资源中心、中药材商品规格等级标准研究技术中心、北京中研百草检测认证有限公司。

本部分主要起草人：许亮、王冰、康廷国、梁勇满、陈思有、黄璐琦、郭兰萍、詹志来、尹海波、张建逵、赵容。

本部分所代替标准的历次版本发布情况为：

——T/CACM 1021.67—2017。

中药材商品规格等级　补骨脂

1　范围

本部分规定了补骨脂的商品规格等级。

本部分适用于补骨脂药材生产、流通以及使用过程中的商品规格等级评价。

2　规范性引用文件

下列文件对于本部分的应用是必不可少的。凡是注明日期的引用文件，仅所注明日期的版本适用于本部分。凡是不注明日期的引用文件，其最新版本（包括所有的修改版本）适用于本部分。

T/CACM 1021. 1—2016　中药材商品规格等级编制通则

3　术语和定义

T/CACM 1021. 1—2016 以及下列术语和定义适用于本部分。

3.1

补骨脂　PSORALEAE FRUCTUS

豆科植物补骨脂 *Psoralea corylifolia* Linn. 的干燥成熟果实。秋季果实成熟时采收果序，晒干，搓出果实，除去杂质。

3.2

瘪粒　*bieli*

指未受精的空粒和受精后未能发育的半空粒。

3.3

瘪粒率　shriveled grain rate

指单位补骨脂中瘪粒所含的比率。

4　规格等级划分

根据市场实际情况，按照含杂率、瘪粒率等，将补骨脂药材分成"选货"与"统货"两个等级。应符合表1要求。

表 1　规格等级划分

等级	性状描述		
	共同点		区别点
选货	呈肾形，略扁，表面黑色、黑褐色或灰褐色，具细微网状皱纹。顶端圆钝，有一小突起，凹侧有果梗痕。质硬。果皮薄，与种子不易分离；种子 1 枚，子叶 2，黄白色，有油性。气香，味辛，微苦		颗粒饱满、大小均匀，含杂率≤2.5%。瘪粒率≤3.0%
统货			颗粒不饱满、大小不均匀，含杂率＜3.0%。瘪粒率≤5.0%

注1：当前药材市场补骨脂按照颗粒饱满度、大小是否均匀等划分，即杂质少及颗粒饱满且大小均匀为选货；杂质相对多及颗粒大小不均匀为统货。

注2：市场调查中，对于称为"川故子""怀故子"的补骨脂商品药材没有发现，基本都是从缅甸、越南等地经云南进口。

注3：市场另有陈货，即存放时间较长的补骨脂商品，由于暴露空气中，气味散失及氧化，因此有气味淡、泛油、颜色加深等现象，这类商品容易不合格，需注意区分，因此本部分不制定陈货规格。

注4：关于补骨脂药材历史产区沿革参见附录 A。

注5：关于补骨脂药材品质评价沿革参见附录 B。

5　要求

除符合 T/CACM 1021. 1—2016 的第 7 章规定外，还应符合下列要求：

—— 无变色；

—— 无走油；

—— 无虫蛀；

—— 无霉变；

—— 杂质不得过3%。

附录 A

（资料性附录）

补骨脂药材历史产区沿革

补骨脂始载于《名医别录》，书中原名为破故纸。《名医别录》曰："主五劳七伤，风虚冷，骨髓伤败，肾冷精流，及妇人血气堕胎。"宋代《日华子本草》记载："兴阳事，治冷劳，明耳目。南番者色赤，广南者色绿。入药微炒用。又名胡韭子。"

宋代《本草衍义》记载："补骨脂，味辛，大温，无毒。主五劳七伤，风虚冷，骨髓伤败，肾冷精流，及妇人血气堕胎。一名破故纸。生广南诸州及波斯国。树高三、四尺，叶小似薄荷。其舶上来者为佳。"说明宋代时，补骨脂已经为进口补骨脂，而其所提及的产地主要在广南诸州及波斯国。

宋代《开宝本草》记载："生广南诸州及波斯国，其舶上者佳。"宋代《图经本草》曰："补骨脂，生广南诸州及波斯国，今岭外山间多有之，不及蕃舶者佳。"说明补骨脂以波斯国（伊朗等地）进口为佳。

《中华本草》："产于四川合川、江津、金堂、都江堰、广元，河南商丘、新乡、博爱、信阳，安徽六合、阜阳，陕西兴平等地亦产，销全国。江西、云南、山西等省亦产，多自产自销。商品主产于四川者称'川故子'，主产于河南者称'怀故子'。"

《现代中药材商品通鉴》记载：药品规格分"川骨脂"（川故子）粒小色黑，味腥香；"怀骨脂"（怀故子），粒壮色灰褐，味香；"洋骨脂"，色褐粒较大。20 世纪 50 年代即无进口。主产于四川合川、江津、金堂、灌县、广元，河南商丘、新乡、博爱、怀庆、信阳，安徽六合、阜阳，陕西兴平等地亦产，销全国。另江西、云南、山西等省亦产，多自产自销。以河南产者为道地药材，名"怀故子"。

附录 B

（资料性附录）

补骨脂药材品质评价沿革

《本草衍义》记载："其舶上来者为佳。"

1963 年版《中国药典》载："以颗粒饱满、黑褐色、无梗及杂质者为佳。"

《500 味常用中药材的经验鉴别》记载："补骨脂商品以身干，颗粒饱满均匀，色黑褐，纯净无杂质者为佳。以产于河南之怀故子及产于四川之川故子最优。"

1977 年版《中国药典》："以粒大、饱满、色黑者为佳。"

《现代中药材商品通鉴》："统货。以个大、肉厚、色黑褐者为佳。"

《金世元中药材传统鉴别经验》："以身干、粒大、饱满、色黑者为佳。"

综上，历代对于补骨脂的规格等级划分强调产地质量，以"怀故子"及"川故子"最优为道地药材，但在药材市场调查中，对于称为"川故子""怀故子"的补骨脂商品药材无发现，基本都是从缅甸、越南等地经云南进口。在调查基础上结合性状，如含杂率、干瘪率等进行评价，为制定补骨脂商品规格等级标准提供了依据。

ICS 11.120.10
C 10/29

团 体 标 准

T/CACM 1021.162—2018

代替T/CACM 1021.68—2017

中药材商品规格等级　草乌

Commercial grades for Chinese materia medica

ACONITI KUSNEZOFFII RADIX

2018-12-03 发布　　　　　　　　　　　　　　　　2018-12-03 实施

中华中医药学会 发布

目　次

前　言

T/CACM 1021《中药材商品规格等级》标准分为 226 个部分：

——第 1 部分：中药材商品规格等级标准编制通则；

……

——第 161 部分：中药材商品规格等级　补骨脂；

——第 162 部分：中药材商品规格等级　草乌；

——第 163 部分：中药材商品规格等级　沙苑子；

……

——第 226 部分：中药材商品规格等级　玄明粉。

本部分为 T/CACM 1021 的第 161 部分。

本部分代替 T/CACM 1021.68—2017。

本部分按照 GB/T 1.1—2009《标准化工作导则　第 1 部分：标准的结构和编写》给出的规则起草。

本部分代替 T/CACM 1021.68—2017，与 T/CACM 1021.68—2017 相比较，标准编号进行了调整，并重新进行了编辑。

本部分由中药材商品规格等级标准研究技术中心及道地药材国家重点实验室培育基地提出。

本部分由中华中医药学会归口。

本部分起草单位：辽宁中医药大学、中国中医科学院中药资源中心、中药材商品规格等级标准研究技术中心、北京中研百草检测认证有限公司。

本部分主要起草人：许亮、王冰、康廷国、梁勇满、陈思有、黄璐琦、郭兰萍、詹志来、尹海波、张建逵、赵容。

本部分所代替标准的历次版本发布情况为：

——T/CACM 1021.68—2017。

中药材商品规格等级 草乌

1 范围

本部分规定了草乌的商品规格等级。

本部分适用于草乌药材生产、流通以及使用过程中的商品规格等级评价。

2 规范性引用文件

下列文件对于本部分的应用是必不可少的。凡是注明日期的引用文件，仅所注明日期的版本适用于本部分。凡是不注明日期的引用文件，其最新版本（包括所有的修改版本）适用于本部分。

T/CACM 1021.1—2016 中药材商品规格等级编制通则

3 术语和定义

T/CACM 1021.1—2016 以及下列术语和定义适用于本部分。

3.1

草乌 ACONITI KUSNEZOFFII RADIX

毛茛科植物北乌头 *Aconitum kusnezoffii* Reichb. 的干燥块根。秋季茎叶枯萎时采挖，除去须根和泥沙，干燥。

4 规格等级划分

根据市场实际情况，按照大小、含杂率等，将草乌药材分成"选货"与"统货"两个等级。应符合表 1 要求。

表 1 规格等级划分

等级	性状描述	
	共同点	区别点
选货	呈不规则长圆锥形，形如鸟喙，长 2 ~ 7cm，直径为 0.6 ~ 1.8cm。略弯曲，顶端常有残茎和少数不定根残基，有的顶端一侧有一枯萎的芽，一侧有一圆形或扁圆形不定根残基。表面灰褐色或黑棕褐色，皱缩，有纵皱纹、点状须根痕及数个瘤状突起的支根，习称"钉角"。质硬，断面灰白色，粉性，并有曲折的环纹及筋脉小点。气微，味辛辣、麻舌	个大，肥壮。残茎及须根少，含杂率（残茎）≤2.0 %
统货		大小不等。残茎及须根较多，含杂率（残茎）不得过 5.0 %

注1：根据中华人民共和国卫生部（79）卫药字第 837 号、国家医药管理总局（79）国药字第 226 号文件规定：草乌为二类毒剧类中药材，不能自由交易。

注2：市场另有大量混伪品，来源均为毛茛科川乌、黄草乌等乌头属其他植物的块根，由于外观相似，易导致混淆错用，这类商品不符合药典来源，需注意区分鉴别。

注3：关于草乌药材历史产区沿革参见附录 A。

注4：关于草乌药材品质评价沿革参见附录 B。

5 要求

除符合 T/CACM 1021.1—2016 的第 7 章规定外，还应符合下列要求：

—— 无变色；

—— 无走油；

—— 无虫蛀；

—— 无霉变。

附录 A

（资料性附录）

草乌药材历史沿革

草乌最早记载于《神农本草经》中，与川乌统称为乌头，列为下品，乌头味辛温。主中风，恶风，洗洗出汗，除寒湿痹，咳逆上气，破积聚，寒热。其汁煎之，名射罔，杀禽兽。一名奚毒，一名即子，一名乌喙。生山谷。《名医别录》中记载："生朗陵，正月二月采，阴干，长三寸，已上为天雄。"说明草乌的性味大毒，并记载其生长地，以及草乌的功效主治，采收时间和方法，并提及同源药材天雄的形态。魏时吴普的《吴普本草》中记载，乌头，一名茛，名千狄，一名毒公，一名卑负，一名耿子，神农，雷公，桐君，黄帝曰：甘，有毒，正月始生，叶厚，茎方中空，叶四面相当，与蒿相似，十月采，形如乌头，有两歧相合，如乌鸟之喙，名曰乌喙也，所畏恶使皆与乌头相同。记载了草乌植物和药材的形态。

《本草经集注》和唐代《新修本草》中记录为："乌喙，味辛，微温，有大毒，主风湿，丈夫肾湿，阴囊痒，寒热历节，掣引腰痛，不能步行，瘀肿脓结，又堕胎，生朗陵川谷，正月，二月采，阴干，长三寸以上者为天雄，今采用四月乌头与附子同根，春时茎初生有脑形似乌鸟之头，故谓之乌头，有两歧共蒂，状如牛角，名乌喙，喙即鸟之口也，亦以八月采，捣榨茎取汁，日煎为射罔。"详细总结了其功效主治和用法。

明代《本草纲目》曰："乌头有两种……其产江左、山南等处者，乃本经所列乌头，今人谓之草乌头者是也。故曰其汁煎为射罔。""此即乌头之野生于他出者，俗谓之草乌头"及"草乌头、射罔，乃至毒之药。非若川乌头、附子，人所栽种"。李时珍明确川乌与草乌的区别。

清代《本草崇原》中记载"其性大毒，较之川乌更烈"。只介绍了草乌毒性比川乌大，具体性状质量方面的评价较少，无品质和规格等级方面的具体记载。

附录 B

（资料性附录）

草乌药材品质评价沿革

《中药材手册》（1960年）："全国大部分地区均有生产。"

1963年版《中国药典》："以个大，肥壮，质坚实，粉性足，残茎及须根少者为佳。"

《中国药材学》："本品以个大肥壮，质坚实，粉性足，断面灰白者为佳。"

《中华本草》记载："以个大，质坚实，断面灰白者为佳。"

《500味常用中药材的经验鉴别》："草乌通常以身干、个大、质坚实、粉性大、残茎及须根少者为佳。"

《现代中药材商品通鉴》："以个大，质坚实，断面灰白者为佳。"

《中华药海》："以个头肥壮，质坚实，粉性足，残茎及须根少者为佳。"

综上，草乌的品质评价以个大、肥壮、质坚实、粉性足、断面灰白、残茎及须根少者为佳。历代对于草乌的规格等级划分并不明确，也无详尽规范的记载，草乌的来源植物北乌头主产于东北地区。结合市场上流通的商品品种质量，为制定草乌商品规格等级标准提供了依据。

ICS 11.120.10
C 10/29

团 体 标 准

T/CACM 1021.163—2018

代替T/CACM 1021.71—2017

中药材商品规格等级 沙苑子

Commercial grades for Chinese materia medica

ASTRAGALI COMPLANATI SEMEN

2018-12-03 发布

2018-12-03 实施

中 华 中 医 药 学 会 发布

目　次

前　言

T/CACM 1021《中药材商品规格等级》标准分为 226 个部分：
——第 1 部分：中药材商品规格等级标准编制通则；
……
——第 162 部分：中药材商品规格等级　草乌；
——第 163 部分：中药材商品规格等级　沙苑子；
——第 164 部分：中药材商品规格等级　川射干；
……
——第 226 部分：中药材商品规格等级　玄明粉。
本部分为 T/CACM 1021 的第 163 部分。
本部分代替 T/CACM 1021.71—2017。
本部分按照 GB/T 1.1—2009《标准化工作导则　第 1 部分：标准的结构和编写》给出的规则
起草。
本部分代替 T/CACM 1021.71—2017，与 T/CACM 1021.71—2017 相比较，标准编号进行了调整，
并重新进行了编辑。
本部分由中药材商品规格等级标准研究技术中心及道地药材国家重点实验室培育基地提出。
本部分由中华中医药学会归口。
本部分起草单位：辽宁中医药大学、中国中医科学院中药资源中心、中药材商品规格等级标准研
究技术中心、北京中研百草检测认证有限公司。
本部分主要起草人：许亮、王冰、康廷国、梁勇满、陈思有、黄璐琦、郭兰萍、詹志来、尹海
波、张建逵、赵容。
本部分所代替标准的历次版本发布情况为：
——T/CACM 1021.71—2017。

中药材商品规格等级 沙苑子

1 范围

本部分规定了沙苑子的商品规格等级。

本部分适用于沙苑子药材生产、流通以及使用过程中的商品规格等级评价。

2 规范性引用文件

下列文件对于本部分的应用是必不可少的。凡是注明日期的引用文件，仅所注明日期的版本适用于本部分。凡是不注明日期的引用文件，其最新版本（包括所有的修改版本）适用于本部分。

T/CACM 1021.1—2016 中药材商品规格等级编制通则

3 术语和定义

T/CACM 1021.1—2016 以及下列术语和定义适用于本部分。

3.1

沙苑子 ASTRAGALI COMPLANATI SEMEN

豆科植物扁茎黄芪 *Astragalus complanatus* R. Brown. 的干燥成熟种子。秋末冬初果实成熟尚未开裂时采割植株，晒干，打下种子，除去杂质，晒干。

4 规格等级划分

根据市场实际情况，按照均匀度、含杂率等，将沙苑子分成"统货"与"选货"两个等级。应符合表1要求。

表1 规格等级划分

等级	性状描述		
	共同点		区别点
选货	本品略呈肾形而稍扁，长 0.2 ~ 0.25cm，宽 0.15 ~ 0.2cm，厚约 0.1cm。表面光滑，褐绿色或灰褐色，边缘一侧微凹处具圆形种脐。质坚硬，不易破碎。子叶2，淡黄色，胚根弯曲，长约 0.1cm。气微，味淡，嚼之有豆腥味		颗粒饱满、均匀，杂质≤1.5%
统货			颗粒大小不等，杂质不得过 3.0%

注1：当前药材市场沙苑子规格无明显划分，但是颗粒饱满程度、均匀程度、含杂率较明显，因此应分为统货、选货。

注2：药材曾经出现伪品有紫云英、华黄芪，注意区别。①紫云英：呈肾状斜长方形，表面黄绿色或棕黄色，一端平截，向下弯成钩状。另一端圆或平截。嚼之无豆腥味。干燥成熟种子，呈圆肾形，两侧压扁，质坚硬，不易破碎，表面无黑色斑点。质坚硬，不易破碎，气弱，味淡。②华黄芪：呈较规则饱满的肾形，表面暗绿色或棕绿色，光滑，质坚硬，不易破碎，气弱，味淡。

注3：关于沙苑子药材历史产区沿革参见附录 A。

注4：关于沙苑子药材品质评价沿革参见附录 B。

5 要求

除符合 T/CACM 1021.1—2016 的第7章规定外，还应符合下列要求：

—— 无变色；

—— 无走油；

—— 无虫蛀；

—— 无霉变；

—— 不得出芽。

附录 A

（资料性附录）

沙苑子药材历史产区沿革

沙苑子最早见于宋代《图经本草》，曰："白蒺藜，白蒺藜今生同州沙苑，牧马草地最多，而近道亦有之。绿叶细蔓，绵布沙上；七月开花，黄紫色，如豌豆花而小；九月结实，作荚子，便可采。其实味甘而微腥，褐绿色，与蚕种子相类而差大。又与马瀌子酷相类，但马瀌子微大，不堪入药，须细辨之。今人多用。"

宋代《本草衍义》曰："又一种白蒺藜，出同州沙苑收马处。黄紫花，作荚，结子如羊内肾。补肾药，今人多用。"

明代《本草纲目》曰："其白蒺藜结荚长寸许，内子大如脂麻，状如羊肾而带绿色，今人谓之沙苑蒺藜。以此分别。"

《增订伪药条辨》记载："沙苑子即沙苑蒺藜，俗名北沙苑。苦温补肾，强阴益精明目。产陕西潼关者真，状如肾子，微带绿色。今市中所卖，有用红花草子伪充，贻害匪浅。【炳章按】：沙蒺藜，七月出新。陕西潼关外出者，名潼蒺藜，色红带黑，形如腰子，饱锭，性糯，味厚气香，滚水泡之，有芳香气最佳。亳州出者，曰亳蒺藜，细而且瘦，性梗，泡之无芳香者次。山东出者，名东蒺藜，色黄，粒扁粗大，性更硬，最次。扬州出者，为荷花郎郎之子，遍地皆有，土名草蒺藜，即南方红花草子之子，不入药用。"

附录 B

（资料性附录）

沙苑子药材品质评价沿革

1963 年版《中国药典》："以粒大饱满，无杂质者为佳。"

《中国药材学》："本品以粒大饱满，色绿褐者为佳。"

1977 年版《中国药典》："以粒饱满，色绿褐者为佳。"

《中药大全》："以粒大、成熟饱满，色绿褐者为佳。"

《500 味常用中药材的经验鉴别》："沙苑子商品以粒饱满，洁净无杂质者为佳。"

《现代中药材商品通鉴》：统货。籽粒饱满，无地上茎叶等杂质。按产地分为陕西货和山西货。

《金世元中药材传统鉴别经验》："以种子饱满、绿褐者为佳。"

综上，历代对于沙苑子的规格等级划分强调产地质量，以潼沙苑为道地药材，并在此基础上结合性状、含杂率进行评价。

ICS 11.120.10
C 10/29

团 体 标 准

T/CACM 1021.164—2018

代替T/CACM 1021.73—2017

中药材商品规格等级　川射干

Commercial grades for Chinese materia medica

IRIDIS TECTORI RHIZOMA

2018-12-03 发布
2018-12-03 实施

中华中医药学会 发布

目　　次

前　言

T/CACM 1021 《中药材商品规格等级》标准分为 226 个部分：

——第 1 部分：中药材商品规格等级标准编制通则；

……

——第 163 部分：中药材商品规格等级　沙苑子；

——第 164 部分：中药材商品规格等级　川射干；

——第 165 部分：中药材商品规格等级　广金钱草；

……

——第 226 部分：中药材商品规格等级　玄明粉。

本部分为 T/CACM 1021 的第 164 部分。

本部分代替 T/CACM 1021.73—2017。

本部分按照 GB/T 1.1—2009 《标准化工作导则　第 1 部分：标准的结构和编写》给出的规则起草。

本部分代替 T/CACM 1021.73—2017，与 T/CACM 1021.73—2017 相比较，标准编号进行了调整，并重新进行了编辑。

本部分由中药材商品规格等级标准研究技术中心及道地药材国家重点实验室培育基地提出。

本部分由中华中医药学会归口。

本部分起草单位：四川省中医药科学院、中国中医科学院中药资源中心、中药材商品规格等级标准研究技术中心、北京中研百草检测认证有限公司。

本部分主要起草人：夏燕莉、周先建、黄璐琦、郭兰萍、詹志来、李青苗、胡平、郭俊霞、陈铁柱、张美。

本部分所代替标准的历次版本发布情况为：

——T/CACM 1021.73—2017。

中药材商品规格等级 川射干

1 范围

本部分规定了川射干的商品规格等级。

本部分适用于川射干药材生产、流通以及使用过程中的商品规格等级评价。

2 规范性引用文件

下列文件对于本部分的应用是必不可少的。凡是注明日期的引用文件，仅所注明日期的版本适用于本部分。凡是不注明日期的引用文件，其最新版本（包括所有的修改版本）适用于本部分。

T/CACM 1021.1—2016 中药材商品规格等级编制通则

3 术语和定义

T/CACM 1021.1—2016 以及下列术语和定义适用于本部分。

3.1

川射干 IRIDIS TECTORI RHIZOMA

鸢尾科植物鸢尾 *Iris tectorum* Maxim. 的干燥根茎。全年可采挖，除去须根及泥沙，干燥。

4 规格等级划分

根据市场实际情况，将川射干药材分成"选货"与"统货"两个等级。应符合表1要求。

表1 规格等级划分

等级	性状描述	
	共同点	区别点
选货	呈不规则条状或圆锥形，略扁，有分枝，长 3～10cm，直径 1～2.5cm。表面灰黄褐色或棕色，有环纹和纵沟。有凹陷或圆点状凸起的须根痕。质松脆，易折断，断面黄白色或黄棕色。气微，味苦、甘	杂质≤1%
统货		杂质不得过3%

注1：川射干为 2005 年版《中国药典》新增品种，临床应用较少，几大药材市场调研中仅于荷花池药材市场和亳州药材市场见有川射干饮片售卖。

注2：关于川射干药材历史产区沿革参见附录 A。

注3：关于川射干药材品质评价沿革参见附录 B。

5 要求

除应符合 T/CACM 1021.1—2016 的第 7 章规定外，还应符合下列要求：

——无虫蛀；

——无霉变。

附录 A

（资料性附录）

川射干药材历史产区沿革

川射干入药始载于秦汉时期的《神农本草经》："生九疑山（今湖南省宁远县东南），五月采。"

南朝时期《本草经集注》记录为："鸢尾味苦，平，有毒。……生九疑山谷，五月采。"《本草经集注》记载了今湖南省宁远县东南为其生境分布。

唐代《新修本草》记录为："鸢尾味苦，平，有毒。……生九疑山谷，五月采。"唐代《新修本草》记载的内容与南朝时期《本草经集注》记载的一致，分布于今湖南省宁远县东南，但未提及其道地性。

宋代《证类本草》记载："鸢尾味苦，平，有毒。……生九疑山谷，五月采。"宋代《证类本草》记载的内容与唐代《新修本草》记载的一致，生于湖南省宁远县东南，但未提及其道地性。

清朝吴其浚《植物名实图考长编》记录鸢尾与宋代《证类本草》一致，生于湖南省宁远县东南，但未提及其道地性。

《中华本草》记载："射干分布于西南及山西、陕西、甘肃、江苏、安徽、浙江、江西、福建、湖北、湖南、广西等地。"

《现代中药材商品通鉴》记载："川射干主产于涪陵、绵阳、甘孜、阿坝等地，销四川的大部分地区。"

《道地药和地方标准药原色图谱》记载："分布于海拔 800～1800m 的灌木林缘。产于云南、四川、陕西、湖北、浙江、江苏等省。"

《最新中草药真伪鉴别实用大全彩图版》记载："主产于广东、四川等省。"

《中草药彩色图谱》收载川射干产于广东、广西、四川。

《中华人民共和国药典中药材及原植物彩色图鉴》记载川射干分布于山西、陕西、甘肃、湖北、湖南、江西、江苏、浙江、安徽、福建、广东、广西、西藏、云南、四川、贵州。

《全国中草药汇编》（第三版）记载："常成片野生于灌木林边缘；或人工栽培。我国大部分地区有分布。主产于四川、贵州及湖南。"

附录 B

（资料性附录）

川射干药材品质评价沿革

《全国中草药汇编》（第三版）记载："以干燥、质硬、不带须根或须根少者为佳。"

《最新中草药真伪鉴别实用大全彩图版》记载："无须根、断面色黄白者为佳。"

综上，古文献并未提及川射干药材的道地性，药材名一直为鸢尾，古文献只是记载了川射干的生境分布、功效应用，并未提及川射干药材规格等级、质量评价和道地性。近代文献中，川射干的品质评价以干燥、质硬、条粗、不带须根或须根少、断面色黄白者为佳。

ICS 11.120.10
C 10/29

团 体 标 准

T/CACM 165—2018

代替T/CACM 1021.74—2017

中药材商品规格等级 广金钱草

Commercial grades for Chinese materia madica

DESMODII STYRACIFOLII HERBA

2018-12-03 发布

2018-12-03 实施

中华中医药学会 发布

目　　次

前　言

T/CACM 1021《中药材商品规格等级》标准分为 226 个部分：

——第 1 部分：中药材商品规格等级标准编制通则；

……

——第 164 部分：中药材商品规格等级　川射干；

——第 165 部分：中药材商品规格等级　广金钱草；

——第 166 部分：中药材商品规格等级　虎杖；

……

——第 226 部分：中药材商品规格等级　玄明粉。

本部分为 T/CACM 1021 的第 165 部分。

本部分代替 T/CACM 1021.74—2017。

本部分按照 GB/T 1.1—2009《标准化工作导则　第 1 部分：标准的结构和编写》给出的规则起草。

本部分代替 T/CACM 1021.74—2017，与 T/CACM 1021.74—2017 相比较，标准编号进行了调整，并重新进行了编辑。

本部分由中药材商品规格等级标准研究技术中心及道地药材国家重点实验室培育基地提出。

本部分由中华中医药学会归口。

本部分起草单位：四川省中医药科学院、中国中医科学院中药资源中心、中药材商品规格等级标准研究技术中心、北京中研百草检测认证有限公司。

本部分主要起草人：陈铁柱、李青苗、方清茂、黄璐琦、郭兰萍、詹志来、张美、周先建、夏燕莉、王晓宇、郭俊霞、杨玉霞、胡平、吴萍、肖特、金艳、何雅莉。

本部分所代替标准的历次版本发布情况为：

——T/CACM 1021.74—2017。

中药材商品规格等级 广金钱草

1 范围

本部分规定了广金钱草的商品规格等级。

本部分适用于广金钱草药材生产、流通以及使用过程中的商品规格等级评价。

2 规范性引用文件

下列文件对于本部分的应用是必不可少的。凡是注明日期的引用文件，仅所注明日期的版本适用于本部分。凡是不注明日期的引用文件，其最新版本（包括所有的修改版本）适用于本部分。

T/CACM 1021.1—2016 中药材商品规格等级编制通则

3 术语和定义

T/CACM 1021.1—2016 以及下列术语和定义适用于本部分。

3.1

广金钱草 DESMODII STYRACIFOLII HERBA

豆科植物广金钱草 *Desmodium styracifolium*（Osb.）Merr. 的干燥地上部分。夏秋二季采割，除去杂质，晒干。

4 规格等级划分

根据市场流通情况，该药材商品均为统货。应符合表1要求。

表1 规格等级划分

等级	性状描述
统货	茎呈圆柱形，密被黄色伸展的短柔毛，长可达1m。质稍脆，断面中部有，叶互生，小叶1或3，圆形或矩圆形，直径2~4cm，先端微凹，基部心形或钝圆，全缘；上表面黄绿色或灰绿色，无毛，下表面具灰白色紧贴的绒毛，侧脉羽状；叶柄长1~2cm，托叶1对，被针形，长约0.8cm。气微香，味微甘

注1：现行《中国药典》是对整枝广金钱草进行性状描述，当前广金钱草产地以整枝销售，药材市场以切段销售。

注2：市场有陈货销售，陈货叶片多变黄或变灰，这类商品容易不合格，需注意区分，本部分不制定陈货规格等级。

注3：对采集到的广金钱草全草、叶片、茎杆中夏佛塔苷含量进行测定发现，广金钱草各部位夏佛塔苷含量高低为：叶片 > 全草 > 茎杆，存放时间较长的广金钱草中的夏佛塔苷含量均低于现行《中国药典》0.13%的限量标准。

注4：关于广金钱草药材历史产区沿革参见附录A。

注5：关于广金钱草药材品质评价沿革参见附录B。

5 要求

除应符合 T/CACM 1021.1—2016 的第7章规定外，还应符合下列要求：

——无须根；

——无泥沙；

——无虫蛀；

——无霉变；

——杂质不得过3%。

附录 A

（资料性附录）

广金钱草药材历史产区沿革

广金钱草药用始载于《岭南草药志》："广金钱草生于山坡，溪谷较阴湿的地方，细沙质土。我国南部，印度，越南均有分布。本省以东莞、增城等县为多产。"

《中药品种论述》（1964 年）记载广金钱草产于广东、广西、福建等地。

《中药辞海》（1993 年）记载广金钱草生于山坡、荒地草丛及灌丛中，分布于福建、湖南、广东、广西、四川、云南。

《中国药材学》（1996 年）记载广金钱草主产于广东；福建、广西、湖南等地亦产。

《中华本草》（1997 年）记载广金钱草分布于福建、湖南、广东、广西、四川、云南等地。

《新编中药志》（2001 年）记载广金钱草分布于福建、湖南、广东、广西、海南、云南、四川等地。

《现代中药材商品通鉴》（2001 年）记载广金钱草主要分布于广西、广东、福建、湖南等地。商品主产于广西邕宁、抉绥、崇左、隆安、横县、来宾等县。

《道地药材图典》（2003 年）记载广金钱草生于山坡、草地或灌木丛中。分布于福建、湖南、广东、广西、云南、四川等地。药材主产于广东东莞、宝安、增城、博罗。

《中草药与民族药药材图谱》（2005 年）记载广金钱草主产于广东、广西、福建、湖南等地。

《中华人民共和国药典中药材及原植物彩色图鉴》（2010 年）记载广金钱草生于山坡草地或丘陵灌丛中。分布于福建、湖南、广西和广东省区，其中广西和广东有大量栽培。

《金世元中药材传统鉴别经验》（2010 年）记载广金钱草主产于广东、广西、福建等地。原为野生，现广东、广西大量栽种。

《中国药材图鉴——中药材及混伪品鉴别》（2013 年）记载广金钱草生于山坡草地或灌丛。分布于福建、湖南、广东、广西、海南、云南、四川等地。

附录 B

（资料性附录）

广金钱草药材品质评价沿革

1977 年版《中国药典》："以叶多、色绿者为佳。"

《道地药材图典》（2003 年）："以叶多、色绿者为佳。"

《中药辞海》（1993 年）："以叶多、色绿者为佳。"

《中国药材学》（1996 年）："以叶多、色绿者为佳。"

《中华本草》（1997 年）："以叶多、色绿者为佳。"

《新编中药志》（2001 年）："以叶多、色绿者为佳。"

《道地药材图典》（2003 年）："以叶多、色绿者为佳。"

《中草药与民族药药材图谱》（2005 年）："以新鲜、茎叶多而质嫩者为佳。"

《金世元中药材传统鉴别经验》（2010 年）："以叶多、绿色者为佳。"

《中国药材图鉴——中药材及混伪品鉴别》（2013 年）："以叶多、色绿者为佳。"

综上，广金钱草在我国分布较广，广西、广东、海南为广金钱草的道地产区，广金钱草的品质以叶多、色绿者为佳。近代以来，未有跟广金钱草商品等级有关的研究。当前药材产地广金钱草均以整枝的形式出售，但各产地性状区别不明显，以统货出售。由此，广金钱草只有"统货"这一规格，以前也没有分级。本次制定广金钱草商品规格等级标准是参照了现代文献对广金钱草药材的质量评价，结合产地调研和市场调查，根据统货这个规格，再从广金钱药材性状、色泽和质地等方面进行评价。

ICS 11.120.10
C 10/29

团 体 标 准

T/CACM 1021.166—2018

代替T/CACM 1021.75—2017

中药材商品规格等级 虎杖

Commercial grades for Chinese materia medica

POLYGONI CUSPIDATI RHIZOMA ET RADIX

2018-12-03 发布

2018-12-03 实施

中 华 中 医 药 学 会 发布

目　次

前　言

T/CACM 1021《中药材商品规格等级》标准分为 226 个部分：

——第 1 部分：中药材商品规格等级标准编制通则；

……

——第 165 部分：中药材商品规格等级　广金钱草；

——第 166 部分：中药材商品规格等级　虎杖；

——第 167 部分：中药材商品规格等级　天南星；

……

——第 226 部分：中药材商品规格等级　玄明粉。

本部分为 T/CACM 1021 的第 166 部分。

本部分代替 T/CACM 1021.75—2017。

本部分按照 GB/T 1.1—2009《标准化工作导则　第 1 部分：标准的结构和编写》给出的规则起草。

本部分代替 T/CACM 1021.75—2017，与 T/CACM 1021.75—2017 相比较，标准编号进行了调整，并重新进行了编辑。

本部分由中药材商品规格等级标准研究技术中心及道地药材国家重点实验室培育基地提出。

本部分由中华中医药学会归口。

本部分起草单位：四川省中医药科学院、中国中医科学院中药资源中心、中药材商品规格等级标准研究技术中心、北京中研百草检测认证有限公司。

本部分主要起草人：张美、杨玉霞、黄璐琦、郭兰萍、詹志来、李青苗、陈铁柱、周先建、郭俊霞、夏燕莉、肖特。

本部分所代替标准的历次版本发布情况为：

——T/CACM 1021.75—2017。

中药材商品规格等级　虎杖

1　范围

本部分规定了虎杖的商品规格等级。

本部分适用于虎杖药材生产、流通以及使用过程中的商品规格等级评价。

2　规范性引用文件

下列文件对于本部分的应用是必不可少的。凡是注明日期的引用文件，仅所注明日期的版本适用于本部分。凡是不注明日期的引用文件，其最新版本（包括所有的修改版本）适用于本部分。

T/CACM 1021. 1—2016 中药材商品规格等级编制通则

3　术语和定义

T/CACM 1021. 1—2016 以及下列术语和定义适用于本部分。

3.1

虎杖　POLYGONI CUSPIDATI RHIZOMA ET RADIX

蓼科植物虎杖 *Polygonum cuspidatum* Sieb. et Zucc. 的干燥根茎和根。春、秋两季采挖，除去须根，洗净，趁鲜切短段或厚片，晒干。

4　规格等级划分

根据市场实际情况，按照直径、含杂率等，将虎杖药材分成"统货"与"选货"两个等级。应符合表1要求。

表1　规格等级划分

等级	性状描述	
	共同点	区别点
选货	本品多为不规则厚片，或圆柱形短段。外皮棕褐色，有纵皱纹及须根痕，切面皮部较薄，木部宽广，棕黄色，射线放射状，皮部与木部较易分离。根茎髓中有隔或呈空洞状。质坚硬。气微，味微苦、涩	直径 1.5 ～ 2.5cm；杂质 <1%
统货		直径 0.5 ～ 2.5cm；杂质 <3%

注1：当前药材市场虎杖均以切片的形式出售，各产地性状区别不明显，多以统货出售。
注2：市场出售的虎杖药材，片形大小与药典有出入，长和直径均超出药典规定的范围。
注3：关于虎杖药材历史产区沿革参见附录A。
注4：关于虎杖药材品质评价沿革参见附录B。

5　要求

除应符合 T/CACM 1021. 1—2016 的第7章规定外，还应符合下列要求：

——无虫蛀；

——无霉变。

附录 A

（资料性附录）

虎杖药材历史产区沿革

宋代苏颂《本草图经》记录为："虎杖，一名苦杖。旧不载所出州郡，今处处有之……"

明代刘文泰《本草品汇精要》："【地】（图经曰）今处处有之。（道地）越州汾州滁州。"该书首次明确了虎杖的产地，以及道地产区为越州、汾州和滁州。

明《救荒本草》："生密县韶华山山涧边，初发笋，叶其后分生……"

《中药大辞典》《中药八百种详解》（1999 年）收载虎杖主产于江苏、浙江、江西、福建、山东、河南、陕西、湖北、四川、贵州、云南等地。主产于江苏、江西、山东、四川等地。

《中国药材学》（1986 年）收载虎杖分布于长江以南及山东、河北、河南、台湾等地。主产于江苏、安徽、浙江、广东、广西、四川、云南、河南等地。

《中华本草》（1997 年）收载虎杖主产于江苏、安徽、浙江、广东、广西、四川、贵州、云南等省区。

《中药大全》（1998 年）收载虎杖主产于河北、西北、华东、华中、华南、西南等地区。

《500 味常用中药材的经验鉴别》（1999 年）收载虎杖主产于江苏、浙江、安徽、广东、广西、四川、贵州等省区。

《中药八百种详解》（1999 年）收载虎杖主产于江苏、江西、山东、四川等地。

《当代药用植物典》（2007 年）收载虎杖主产于江苏、安徽、浙江、广东、广西、云南、贵州、四川等省区。

《中华药海》（2010 年）收载虎杖分布于西北、华东、华南、华中及西南各省区。主产于江苏、浙江、江西、福建、山东、河南、陕西、湖北、云南、贵州、四川等地。

附录 B

（资料性附录）

虎杖药材品质评价沿革

1977 年版《中国药典》："以粗壮、坚实、断面黄者为佳。"

《中药大辞典》（1986 年）："以根条粗壮，内心不枯朽者为佳。"

《中华本草》（1997 年）："以粗壮、坚实、断面黄者为佳。"

《500 味常用中药材的经验鉴别》（1999 年）："以粗壮、坚实、断面色黄者为佳。"

《现代中药材商品通鉴》（2001 年）："以根条粗壮，内心不枯朽者为佳。"

《中草药与民族药药材图谱》（2005 年）："以粗壮、坚实、断面色黄者为佳。"

《北京市中药饮片炮制规范》："以厚薄均匀、坚实、断面色黄者为佳。"

《中华药海》（2010 年）："以根条粗壮，内心不枯朽者为佳。"

综上，虎杖在我国分布较广，产地上仅明代指出"越州汾州滁州"为道地。近代以来，未有跟虎杖商品等级有关的研究。当前药材市场虎杖均以切片的形式出售，以产地分规格，但各产地性状区别不明显，以统货出售。由此，虎杖只有一个规格，以前也没有分级。本次制定虎杖商品规格等级标准是以现代文献对虎杖药材的质量评价和市场调查情况为依据，从虎杖药材大小和杂质含量等方面进行评价、分级。

ICS 11.120.10
C 10/29

团 体 标 准

T/CACM 1021.167—2018
代替T/CACM 1021.77—2017

中药材商品规格等级 天南星

Commercial grades for Chinese materia medica

ARISAEMATIS RHIZOMA

2018-12-03 发布

2018-12-03 实施

中 华 中 医 药 学 会 发布

目　次

前　言

T/CACM 1021《中药材商品规格等级》标准分为 226 个部分：

——第 1 部分：中药材商品规格等级标准编制通则；

……

——第 166 部分：中药材商品规格等级　虎杖；

——第 167 部分：中药材商品规格等级　天南星；

——第 168 部分：中药材商品规格等级　益母草；

……

——第 226 部分：中药材商品规格等级　玄明粉。

本部分为 T/CACM 1021 的第 167 部分。

本部分代替 T/CACM 1021. 77—2017。

本部分按照 GB/T 1. 1—2009《标准化工作导则　第 1 部分：标准的结构和编写》给出的规则起草。

本部分代替 T/CACM 1021. 77—2017，与 T/CACM 1021. 77—2017 相比较，标准编号进行了调整，并重新进行了编辑。

本部分由中药材商品规格等级标准研究技术中心及道地药材国家重点实验室培育基地提出。

本部分由中华中医药学会归口。

本部分起草单位：四川省中医药科学院、中国中医科学院中药资源中心、中药材商品规格等级标准研究技术中心、中国中药公司、北京中研百草检测认证有限公司。

本部分主要起草人：郭俊霞、黄璐琦、郭兰萍、江维克、詹志来、李青苗、吴萍、陈铁柱、周先建、张美、王晓宇、杨玉霞、胡平、王继永、杜杰、杨光、何雅莉。

本部分所代替标准的历次版本发布情况为：

——T/CACM 1021. 77—2017。

中药材商品规格等级　天南星

1　范围

本部分规定了天南星的商品规格等级。

本部分适用于天南星药材生产、流通以及使用过程中的商品规格等级评价。

2　规范性引用文件

下列文件对于本部分的应用是必不可少的。凡是注明日期的引用文件，仅所注明日期的版本适用于本部分。凡是不注明日期的引用文件，其最新版本（包括所有的修改版本）适用于本部分。

T/CACM 1021.1—2016 中药材商品规格等级编制通则

3　术语和定义

T/CACM 1021.1—2016 以及下列术语和定义适用于本部分。

3.1

天南星　ARISAEMATIS RHIZOMA

本品为天南星科植物天南星 *Arisaema erubescens*（Wall.）Schott.、异叶天南星 *Arisaema heterophyllum* Bl. 或东北天南星 *Arisaema amurense* Maxim. 的干燥块茎。秋、冬二季茎叶枯萎时采挖，除去须根及外皮，干燥。

3.2

虎掌南星　PINELLIAE RHIZAMA

本品为天南星科植物半夏属植物掌叶半夏 *Pinellia pedatisecta* Schott 的干燥块茎。

4　规格等级划分

根据市场实际情况，将天南星药材分成"选货"与"统货"两个等级。"选货"项下，根据直径大小进行等级划分。应符合表1要求。

表1　规格等级划分

等级		性状描述	
		共同点	区别点
选货	一等	本品呈扁球形，表面乳白色或淡棕色，较光滑，有的皱缩，顶端有凹陷的茎痕，周围有麻点状根痕，有的块茎周边有小扁球状侧芽。质坚硬，不易破碎，断面不平坦，色白，粉性，有的可见筋脉，气微辛，味麻辣	直径≥4.5cm
	二等		直径＜4.5cm
统货			大小不等

注1：药典收录的天南星药材现多为野生品。

注2：河北安国、亳州市场天南星的主流商品为虎掌南星。主要以直径大小进行规格等级的划分。

注3：关于天南星药材历史产区沿革参见附录A。

注4：关于天南星药材品质评价沿革参见附录B。

5　要求

除符合 T/CACM 1021.1—2016 的第7章规定外，还应符合下列要求：

—— 无变色；

—— 无虫蛀；

—— 无霉变。

附录 A

（资料性附录）

天南星药材历史产区沿革

宋·苏颂《图经本草》云："……茎中一叶如匙，裹茎作房，旁开一口，上下尖……。今冀州菜圃种之，呼为天南星。"

明《本草品汇精要》记载："天南星［地］生平泽处处有之，生安东山谷。［道地］江宁府滁州。"

清·张志聪《本草崇原》记载："《本经》之虎掌，今人谓之天南星，处处平泽有之。"清《植物名实图考》云："天南星，江西荒阜，湖南长沙产南星，俗呼魔芋，亦曰芋。"

民国名医著作《本草药品实地之观察》记载："查北平及祁州药肆之天南星，谓来自河南、四川、浙江、安徽等省，禹州之天南星为该土人所培植者。"

从本草考证来看，天南星的产地主要有冀州、江西、湖南、北平、祁州、河南、四川、浙江、安徽等地。目前天南星主要分布于湖北、湖南、四川、贵州、河南、安徽、江苏、浙江、江西等地，一把伞南星主产于陕西、甘肃、四川、贵州、云南、安徽、浙江、湖北、湖南、广西、河北等，东北天南星分布于黑龙江、吉林、辽宁、河北、江西、湖北、四川等地。

附录 B

（资料性附录）

天南星药材品质评价沿革

1963 年版《中国药典》以个大，色白，粉性足，有侧芽者为佳；个小，黄白色，粉性小者质次；未去外皮者不宜入药。1977 年版《中国药典》以个大，色白，粉性足者为佳。《中国药材学》以个大、色白、粉性足者为佳。《中华本草》以个大，色白，粉性足为佳。《中药大辞典》以个大，色白，粉性足，有侧芽者为佳。《中华药海》以个大，色白，粉性足，有侧芽者为佳。《道地药材》以个大、色白、粉性足者为佳。《500 味常用中药材的经验鉴别》记载，天南星商品以个大均匀、质坚实、色白、粉性足者为佳。

综合以上记载可以看出，天南星的产地分布较广，未提及天南星的道地性，历代本草未对天南星的品质进行评价，现代文献对天南星品质评价均以个大、色白、粉性足为佳，为制定天南星药材的商品规格等级提供了依据。

ICS 11.120.10
C 10/29

团 体 标 准

T/CACM 1021.168—2018

代替T/CACM 1021.79—2017

中药材商品规格等级 益母草

Commercial grades for Chinese materia medica

LEONURI HERBA

2018-12-03 发布   2018-12-03 实施

中华中医药学会 发布

目　次

前　言

T/CACM 1021《中药材商品规格等级》标准分为 226 个部分：
——第 1 部分：中药材商品规格等级标准编制通则；
……
——第 167 部分：中药材商品规格等级　天南星；
——第 168 部分：中药材商品规格等级　益母草；
——第 169 部分：中药材商品规格等级　麻黄；
……
——第 226 部分：中药材商品规格等级　玄明粉。
本部分为 T/CACM 1021 的第 168 部分。

本部分代替 T/CACM 1021.79—2017。

本部分按照 GB/T 1.1—2009《标准化工作导则　第 1 部分：标准的结构和编写》给出的规则
起草。

本部分代替 T/CACM 1021.79—2017，与 T/CACM 1021.79—2017 相比较，标准编号进行了调整，
并重新进行了编辑。

本部分由中药材商品规格等级标准研究技术中心及道地药材国家重点实验室培育基地提出。

本部分由中华中医药学会归口。

本部分起草单位：四川省中医药科学院、中国中医科学院中药资源中心、中药材商品规格等级标
准研究技术中心、北京中研百草检测认证有限公司。

本部分主要起草人：周先建、黄璐琦、郭兰萍、詹志来、郭俊霞、李青苗、夏燕莉、陈铁柱、
张美。

本部分所代替标准的历次版本发布情况为：
——T/CACM 1021.79—2017。

中药材商品规格等级 益母草

1 范围

本部分规定了益母草的商品规格等级。

本部分适用于益母草药材生产、流通以及使用过程中的商品规格等级评价。

2 规范性引用文件

下列文件对于本部分的应用是必不可少的。凡是注明日期的引用文件，仅所注明日期的版本适用于本部分。凡是不注明日期的引用文件，其最新版本（包括所有的修改版本）适用于本部分。

T/CACM 1021.1—2016 中药材商品规格等级编制通则

3 术语和定义

T/CACM 1021.1—2016 以及下列术语和定义适用于本部分。

3.1

益母草 LEONURI HERBA

唇形科植物益母草 *Leonurus japonicus* Houtt. 的干燥地上部分。夏季茎叶繁盛、花未开或初开时采割，晒干，或切段晒干。

3.2

童子益母草 tongziyimucao

唇形科植物益母草 *Leonurus japonicus* Houtt. 的干燥基生叶。秋末冬初采收一年生基生叶，除去杂质，晒干。

4 规格等级划分

根据市场实际情况，将益母草药材分成"选货"与"统货"两个等级。应符合表1要求。

表1 规格等级划分

等级	性状描述		
	共同点		区别点
选货	茎方形，表面灰绿色或黄绿色；体轻，质韧，断面中部有髓。叶片灰绿色，多皱缩、破碎，易脱落。轮伞花序腋生，小花淡紫色，花萼筒状，花冠二唇形。切段者，长约2cm。气微，味微苦		茎灰绿色，花序少，叶多；杂质不得过1%
统货			茎表面灰绿色或黄绿色；杂质不得过3%

注1：目前市场有部分益母草药材在开花后期采收，花序已枯黄，不符合现行药典规定，因此不列入本次标准的制定。

注2：2015年版《中国药典》收载有鲜益母草药材，目前在各大药材市场和产地未见鲜益母草商品药材流通，因此本部分未制定鲜益母草商品规格等级。

注3：童子益母草为益母草的干燥基生叶，收载于《甘肃省中药材标准》等地方标准，为幼苗期益母草，应注意和本部分所列未开花益母草药材区别。

注4：2015年版《中国药典》规定切段者长约2cm，市场流通的益母草药材长度大多约1cm。

注5：关于益母草药材历史产区沿革参见附录A。

注6：关于益母草药材品质评价沿革参见附录B。

5 要求

除应符合 T/CACM 1021.1—2016 的第7章规定外，还应符合下列要求：

——无变色；

——无虫蛀；

——无霉变。

附录 A

（资料性附录）

益母草药材历史产区沿革

益母草始载于《神农本草经》，名茺蔚子。《神农本草经》记载："茺蔚子……生池泽。"《神农本草经》并未说明益母草的具体产地。

南北朝《本草经集注》记载："茺蔚子，……生海滨池泽，五月采。今处处有之。"《本草经集注》说明了益母草分布范围广，各地均产，和现今的分布相似。

唐代《新修本草》所描述的内容和《本草经集注》一致。

宋代苏颂《本草图经》记载："茺蔚子生海滨池泽，今处处有之。"宋代唐慎微《证类本草》记录为："今处处有之。"宋代两部本草描述和《本草经集注》有相似之处，只是说明益母草产地广，未提及道地性。

明代朱橚《救荒本草》记载："鏧臭苗，本草茺蔚子是也……今田野处处有之。"未提及益母草产地变迁及道地性。

1963 年版《中国药典》一部记载："均系野生，全国大部分地区均生产。"

《中药大辞典》记载："生于山野荒地、田埂、草地、溪边。全国大部分地区均有分布。"

《中华本草》记载："生于田埂、路旁、溪边或山坡草地，尤以向阳地带多，生长海拔可达3000m。分布全国各地。"

《现代中药材商品通鉴》记载："全国大部分地区均产，销全国各地。一般自产自销。"

《中华药海》记载："生于山野荒地、田埂、草地、溪边等处，全国大部分地区均有分布。"

附录 B

（资料性附录）

益母草药材品质评价沿革

经查，古代本草没有益母草品质评价相关描述。现代对益母草品质评价描述如下：

1963 年版《中国药典》一部："以茎细、质嫩、色绿者为佳。"

1977 年版《中国药典》一部："以质嫩、叶多、色灰绿者为佳；质老、叶少、枯黄者不可药用。"

《中华本草》："以质嫩、叶多、色灰绿者为佳。"

《现代中药材商品通鉴》："以质嫩、叶多、色灰绿者为佳。"

《中华药海》："以茎细、质嫩、色绿、无杂质者为佳。"

综合以上的记载可以看出，历代本草并未提及益母草的道地性和品质评价相关内容，现代文献也未提及益母草的道地性。现代文献对益母草的品质评价以质嫩、叶多、灰绿色者为佳，为制定益母草药材商品规格提供了依据。

ICS 11.120.01

C 23

团 体 标 准

T/CACM 1021.169—2018

代替T/CACM 1021.83—2018

中药材商品规格等级 麻黄

Commercial grades for Chinese materia medica

EPHEDRAE HERBA

2018-12-03 发布 2018-12-03 实施

中华中医药学会 发布

目　次

前　言

T/CACM 1021《中药材商品规格等级》标准分为 226 个部分：
——第 1 部分：中药材商品规格等级标准编制通则；
……
——第 168 部分：中药材商品规格等级　益母草；
——第 169 部分：中药材商品规格等级　麻黄；
——第 170 部分：中药材商品规格等级　绵马贯众；
……
——第 226 部分：中药材商品规格等级　玄明粉。
本部分为 T/CACM 1021 的第 169 部分。

本部分代替 T/CACM 1021.83—2018。

本部分按照 GB/T 1.1—2009《标准化工作导则　第 1 部分：标准的结构和编写》给出的规则起草。

本部分代替 T/CACM 1021.83—2018，与 T/CACM 1021.83—2018 相比较，标准编号进行了调整，并重新进行了编辑。

本部分由中药材商品规格等级标准研究技术中心及道地药材国家重点实验室培育基地提出。

本部分由中华中医药学会归口。

本部分起草单位：石家庄以岭药业股份有限公司、中国中医科学院中药资源中心、中药材商品规格等级标准研究技术中心、北京中研百草检测认证有限公司。

本部分主要起草人：田清存、黄璐琦、郭兰萍、詹志来、张丽丽、崔旭盛、马召。

本部分所代替标准的历次版本发布情况为：
——T/CACM 1021.83—2018。

中药材商品规格等级　麻黄

1　范围

本部分规定了麻黄的商品规格等级。

本部分适用于麻黄药材生产、流通以及使用过程中的商品规格等级评价。

2　规范性引用文件

下列文件对于本部分的应用是必不可少的。凡是注明日期的引用文件，仅所注明日期的版本适用于本部分。凡是不注明日期的引用文件，其最新版本（包括所有的修改版本）适用于本部分。

T/CACM 1021.1—2016 中药材商品规格等级编制通则

3　术语和定义

T/CACM 1021.1—2016 以及下列术语和定义适用于本部分。

3.1

麻黄　EPHEDRAE HERBA

本品为麻黄科植物草麻黄 *Ephedra sinica* Stapf、中麻黄 *Ephedra intermedia* Schrenk et C. A. Mey. 或木贼麻黄 *Ephedra equisetina* Bge. 的干燥草质茎。秋季采割绿色的草质茎，晒干。

4　规格等级划分

根据市场实际情况，将麻黄药材分成"选货"与"统货"两个等级。应符合表1要求。

表1　规格等级划分

等级	基原	性状描述	
		共同点	区别点
选货	草麻黄	细长圆柱形。有的带少量棕色木质茎。表面淡绿色至黄绿色。体轻，质脆，易折断。气微香，味涩、微苦。杂质不得过3%	少分枝，直径 1~2mm。表面触之微有粗糙感。节上膜质鳞叶裂片2（稀3），锐三角形，反曲。断面略呈纤维性，周边绿黄色，髓部红棕色，近圆形
	中麻黄		多分枝，直径 1.5~3mm。表面触之有粗糙感。节上膜质鳞叶裂片3（稀2），先端锐尖。断面髓部呈三角状圆形
	木贼麻黄		较多分枝，直径 1~1.5mm。表面触之无粗糙感。节上膜质鳞叶裂片2（稀3），上部短三角形，先端多不反曲。断面髓部呈圆形
统货		带少量棕色木质茎。细长圆柱形，表面淡绿色至黄绿色。体轻，质脆，易折断。味涩、微苦。杂质不得过5%	

注1：根据国家食品药品监督管理总局办公厅在2013年下发的《食品药品监管总局办公厅关于进一步加强麻黄草药品生产经营管理的通知》（食药监办药化监〔2013〕84号）中规定："中药材专业市场不得经营麻黄草类药材。各级食品药品监管部门要进一步加强药品生产经营企业麻黄草经营、使用的监督检查，发现药品生产经营过程中违反规定采挖、销售、收购、加工、使用麻黄草的，要按照有关法律法规严肃查处。涉嫌构成犯罪的，一律移送公安机关予以严惩。"

注2：草麻黄为市场麻黄的主流药材，其次为木贼麻黄，中麻黄十分罕见，注意区分。

注3：关于麻黄药材历史产区沿革参见附录A。

注4：关于麻黄药材品质评价沿革参见附录B。

5　要求

除应符合 T/CACM 1021.1—2016 的第7章规定外，还应符合下列要求：

——无变色；
——无虫蛀；
——无霉变。

附录 A

（资料性附录）

麻黄药材历史产区沿革

麻黄产地始载于秦汉时期《神农本草经》，记载为"或生河东（今山西运城、临汾一带）"。《神农本草经集注》载："生晋地（今山西省）。"魏晋时期的《名医别录》记载："麻黄生晋地（山西镜内）及河东（河北镜内），立秋采茎，阴干令青。"说明秦汉至魏晋时期记录麻黄产地相同且最早被发现是在今山西省。

南北朝时期的《本草经集注》作者陶弘景云："今出青州（今山东益都）、彭城（今江苏铜山）、荥阳（今河南荥阳一带）、中牟（今河南中牟、汤阴）者胜，色青而多沫。蜀中（今四川省中部）亦有，不好。用之折除节，节止汗故也。"记载了麻黄的产地分布和用法，"用之折除节"中"节"从其功效来看应为麻黄根。

唐代《新修本草》云："郑州鹿台及关中沙苑河傍沙洲上太多，其青、徐者亦不复用，同州沙苑最多也。"可见初唐麻黄产地集中在河南、陕西两处。令考《千金翼方》《元和郡县图志》《通典》，记载略同，如《通典》云"荥阳郡贡麻黄二十斤。今郑州"。

宋代则河南开封府麻黄最为上品，《开宝本草》云："今用中牟者为胜，开封府岁贡焉。"《本草图经》谓："今近京（指开封）多有之，以荥阳、中牟者为胜。"《本草衍义》云："麻黄出郑州者佳。"

明代《本草蒙筌》言："麻黄，青州、彭城俱生，荥阳、中牟独胜。"《山堂肆考》卷 16 云："狗脊山在开封府中牟县治后，上产麻黄。"《明一统志》开封府土产麻黄，小注"中牟县出"，皆重视河南所产。《本草品汇精要》载："茂州（四川茂汶）、同州（陕西大荔）、荥阳、中牟者为胜。"

据清代所修方志，产出麻黄的省分除河南外，尚有山东、陕西、云南、北京、内蒙古。民国《伪药条辨》云："麻黄，始出晋地，今荥阳、汴州、彭城诸处皆有之。"曹炳章增订云："麻黄，九十月出新。山西大同府、代州、边城出者肥大，外青黄而内赤色为道地，太原陵县及五台山出者次之，陕西出者较细，四川滑州出者黄嫩，皆略次，山东、河南出者亦次。惟关东出者，细硬芦多不入药。"又据民国 29 年（1940 年）陕西西京市（西安市）国药商业同业公会《药材行规》之麻黄、麻黄根条产地项皆言："西北各省，大同产佳。"至此，山西完全取代了河南的位置，成为麻黄道地产区，这基本与现代的情况一致。至于今天内蒙古麻黄产出，最早记载见于《钦定热河志》卷 94 引《元一统志》："（大宁路）大宁、惠和、武平、龙山四县，州、松州土产麻黄。"

综上所述，不同时期本草著作所强调的道地产区颇有不同，南北朝至明代以河南开封、郑州间所出麻黄为最优。清末民国开始逐渐以山西大同为道地，晚近则以内蒙古产出较多。

《中华本草》记载：草麻黄主产于河北、山西、陕西、内蒙古。中麻黄主产于甘肃、青海、内蒙古及新疆。木贼麻黄主产于河北、山西、甘肃、陕西、内蒙古、宁夏、新疆等地。

《新编中药志》记载：草麻黄主产于河北、山西、新疆、内蒙古；此外，吉林、辽宁、陕西、河南、宁夏等地也产。中麻黄主产于甘肃、青海、内蒙古及新疆；此外，山西、河北、辽宁、吉林也产。木贼麻黄主产于河北、山西、甘肃、陕西、内蒙古、宁夏、新疆等地。

附录 B

（资料性附录）

麻黄药材品质评价沿革

1963 年版《中国药典》："以茎粗、淡绿色、根节少、充实、味苦涩者为佳。"

《新编中药志》记载：均以色淡绿或黄绿、内心色红棕、手拉不脱节、味苦涩者为佳。色变枯黄脱节者不可供药用。

1977 年版《中国药典》："均以色淡绿或黄绿、内心色红棕、手拉不脱节、味苦涩者为佳。色变枯黄脱节者不可供药用。"

因此，麻黄以色淡绿或黄绿、内心色红棕、手拉不脱节、味苦涩者为佳。

ICS 11.120.01
C 23

团 体 标 准

T/CACM 1021.170—2018

代替T/CACM 1021.84—2018

中药材商品规格等级 绵马贯众

Commercial grades for Chinese materia medica

DRYOPTERIDIS CRASSIRHIZOMATIS RHIZOMA

2018-12-03 发布   2018-12-03 实施

中华中医药学会 发布

目　次

前　言

T/CACM 1021《中药材商品规格等级》标准分为 226 个部分：

——第 1 部分：中药材商品规格等级标准编制通则；

……

——第 169 部分：中药材商品规格等级　麻黄；

——第 170 部分：中药材商品规格等级　绵马贯众；

——第 171 部分：中药材商品规格等级　白果；

……

——第 226 部分：中药材商品规格等级　玄明粉。

本部分为 T/CACM 1021 的第 170 部分。

本部分代替 T/CACM 1021.84—2018。

本部分按照 GB/T 1.1—2009《标准化工作导则　第 1 部分：标准的结构和编写》给出的规则起草。

本部分代替 T/CACM 1021.84—2018，与 T/CACM 1021.84—2018 相比较，标准编号进行了调整，并重新进行了编辑。

本部分由中药材商品规格等级标准研究技术中心及道地药材国家重点实验室培育基地提出。

本部分由中华中医药学会归口。

本部分起草单位：石家庄以岭药业股份有限公司、中国中医科学院中药资源中心、中药材商品规格等级标准研究技术中心、北京中研百草检测认证有限公司。

本部分主要起草人：崔旭盛、黄璐琦、郭兰萍、詹志来、田清存、张丽丽、马召。

本部分所代替标准的历次版本发布情况为：

——T/CACM 1021.84—2018。

中药材商品规格等级　绵马贯众

1　范围

本部分规定了绵马贯众的商品规格等级。

本部分适用于绵马贯众药材生产、流通以及使用过程中的商品规格等级评价。

2　规范性引用文件

下列文件对于本部分的应用是必不可少的。凡是注明日期的引用文件，仅所注明日期的版本适用于本部分。凡是不注明日期的引用文件，其最新版本（包括所有的修改版本）适用于本部分。

T/CACM 1021.1—2016 中药材商品规格等级编制通则

3　术语和定义

T/CACM 1021.1—2016 以及下列术语和定义适用于本部分。

3.1

绵马贯众　DRYOPTERIDIS CRASSIRHIZOMATIS RHIZOMA

本品为鳞毛蕨科植物粗茎鳞毛蕨 *Dryopteris crassirhizoma* Nakai 的干燥根茎和叶柄残基。秋季采挖，削去叶柄，须根，除去泥沙，晒干。

3.2

碎块　fragment

为脱落的叶柄残基。

4　规格等级划分

根据市场流通情况，将绵马贯众药材分为"绵马贯众"和"绵马贯众片"两个规格，等级均为统货。应符合表1要求。

表1　规格等级划分

规格	等级	性状描述
绵马贯众	统货	呈长倒卵形，略弯曲，上端钝圆或截形，下端较尖，长 7~20cm，宽 4~8cm。表面黄棕色至黑褐色，密被排列整齐的叶柄残基及鳞片，并有弯曲的须根。叶柄残基呈扁圆形，表面有纵棱线。质坚硬，断面略平坦，深绿色至棕色，有黄白色维管束 5~13 个，环列，其外散有较多的叶迹维管束。气特异，味初淡而微涩，后渐苦、辛
绵马贯众片	统货	呈不规则的厚片状或碎块，根茎外表皮黄棕色至黑褐色，多被有叶柄残基，有的可见棕色鳞片，切面淡棕色至红棕色，有黄白色维管束小点，环状排列。气特异，味初淡而微涩，后渐苦、辛

注1：绵马贯众产地加工为采挖后，用刀削去叶柄及须根，趁鲜切片，吹去绒毛，晒干或烘干，再筛去剩余绒毛及杂质。因此，中药材市场绵马贯众个子药材较为少见。

注2：对亳州市场、安国市场、绵马贯众产区进行调查，绵马贯众市售个子货较少，多为产地趁鲜切片。我们共收集绵马贯众样品 20 份，其中仅有 2 份为个子货；余下 18 份样品为不规则厚片状（厚度为 5~9mm），或为碎块，使用时应注意。

注3：绵马贯众全年可采，春季、秋季适合采挖，夏季雨水较多，影响产量和加工。但最佳采收期应在其停止生长后的 9~11 月采挖，此时产量高，质量好。

注4：关于绵马贯众药材历史产区沿革参见附录 A。

注5：关于绵马贯众药材品质评价沿革参见附录 B。

5　要求

除应符合 T/CACM 1021.1—2016 的第 7 章规定外，还应符合下列要求：

——无变色；

——无虫蛀；
——无走油；
——无霉变；
——杂质不得过3%。

附录 A

（资料性附录）

绵马贯众药材历史产区沿革

贯众始载于《神农本草经》，历代本草均有记载。李时珍说："此草叶似凤尾，其根一本而众枝贯之，故草名凤尾草，根名贯众。"

《名医别录》记载："贯众生玄山（今江苏江宁县内）山谷及宛句（今山东荷泽县西南）少室山（今河南登封县北的嵩山）。"《图经本草》曰："今陕西、河东州郡（今山西省境黄河以东地区）及荆、襄间有之，并有淄州贯众图。"

从上述记载可知，古代贯众产地包括江苏、湖北、河南、山东及山西等省，但因上述产地贯众种类较多，而本草所记载这些产地的贯众属何种植物难以考证。

通过本草考证，历代本草都反映贯众为多种植物，但对植物描述过于简略，按现有文献资料很难进行准确的基原鉴定。

《常用中药材品种整理和质量研究》北方编第 2 册记载："经过调查整理，曾作贯众用的原植物有 11 科 18 属 58 种。均属于蕨类植物，其中各地习用的商品和混用的药材有 26 种，另外的 32 种均为民间草医用药。"由此可见，贯众类药材极为复杂。

目前，贯众类药材主流来源有 4 种：绵马贯众（*Dryopteris crassirhizoma* Nakai）；紫萁贯众（*Osmunda japonica* Thunb.）；狗脊蕨贯众［*Woodwardia jiponica*（L. f.）Sm.］和荚果蕨贯众［*Matteuccia Struthiopteris*（L.）Todaro］，均以带叶柄残基的根茎入药。2015 年版《中国药典》收载绵马贯众和紫萁贯众，其使用地区较广，为贯众类常用品种。

《新编中药志》记载：绵马贯众分布于黑龙江、吉林、辽宁、河北及内蒙古等省。

附录 B

（资料性附录）

绵马贯众药材品质评价沿革

《中药材手册》（1960 年）："品质优劣：以个大、整齐、须根少、无杂质者为佳。"

《中华本草》中收载贯众为鳞毛蕨科植物粗茎鳞毛蕨（*Dryopteris crassirhizoma* Nakai）的干燥根茎和叶柄残基。以个大，质坚实，叶柄断面棕绿色者为佳。

因此，绵马贯众以个大、质坚实者为佳。

ICS 11.120.01
C 23

团 体 标 准

T/CACM 1021.171—2018

代替T/CACM 1021.87—2018

中药材商品规格等级　白果

Commercial grades for Chinese materia medica

GINKGO SEMEN

2018-12-03 发布　　　　　　　　　　　　　　　　2018-12-03 实施

中 华 中 医 药 学 会 发布

目　次

前　言

T/CACM 1021《中药材商品规格等级》标准分为 226 个部分：
——第 1 部分：中药材商品规格等级标准编制通则；
……
——第 170 部分：中药材商品规格等级　绵马贯众；
——第 171 部分：中药材商品规格等级　白果；
——第 172 部分：中药材商品规格等级　赤小豆；
……
——第 226 部分：中药材商品规格等级　玄明粉。
本部分为 T/CACM 1021 的第 171 部分。

本部分代替 T/CACM 1021.87—2018。

本部分按照 GB/T 1.1—2009《标准化工作导则　第 1 部分：标准的结构和编写》给出的规则起草。

本部分代替 T/CACM 1021.87—2018，与 T/CACM 1021.87—2018 相比较，标准编号进行了调整，并重新进行了编辑。

本部分由中药材商品规格等级标准研究技术中心及道地药材国家重点实验室培育基地提出。

本部分由中华中医药学会归口。

本部分起草单位：河北中医学院、中国中医科学院中药资源中心、无限极（中国）有限公司、中药材商品规格等级标准研究技术中心、北京中研百草检测认证有限公司。

本部分主要起草人：郑玉光、黄璐琦、郭兰萍、詹志来、张天天、薛紫鲸、王乾、余意、马方励。

本部分所代替标准的历次版本发布情况为：
——T/CACM 1021.87—2018。

中药材商品规格等级 白果

1 范围

本部分规定了白果的商品规格等级。

本部分适用于白果药材生产、流通以及使用过程中的商品规格等级评价。

2 规范性引用文件

下列文件对于本部分的应用是必不可少的。凡是注明日期的引用文件，仅所注明日期的版本适用于本部分。凡是不注明日期的引用文件，其最新版本（包括所有的修改版本）适用于本部分。

T/CACM 1021.1—2016 中药材商品规格等级编制通则

3 术语和定义

T/CACM 1021.1—2016 以及下列术语和定义适用于本部分。

3.1

白果 GINKGO SEMEN

本品为银杏科植物银杏 *Ginkgo biloba* L. 的干燥成熟种子。秋季种子成熟时采收，除去肉质外种皮，洗净，稍蒸或略煮后，烘干。

3.2

霉果 meiguo

指干燥不够或贮藏不当，白果种仁或表面霉变，以种仁霉变者多见。

3.3

破果 poguo

指白果外壳经挤压，产生裂隙或凹纹，但不影响疗效者，仍可药用。

4 规格等级划分

根据市场流通情况，将白果分为"选货"和"统货"两个等级。应符合表1要求。

表1 规格等级划分

等级	性状描述	
	共同点	区别点
选货	略呈椭圆形，一端稍尖，另端钝，中种皮（壳）骨质，坚硬。气微，味甘、微苦	长 2.2~2.5cm，宽 1.5~2cm，大小均匀，表面黄白色，无霉果，破果≤5%
统货		长 1.5~2.5cm，宽 1.0~2.0cm，大小不一，表面黄白色或淡棕黄色，无霉果，破果≤15%

注1：药典要求，白果长 1.5~2.5cm、宽 1~2cm、厚约 1cm，目前市场上有不符合药典规定的白果，应当注意。
注2：白果由于中果皮（壳）骨质，不易干燥，种仁极易发生霉变，且从外表不易看出，应注意鉴别。
注3：市场白果有熏硫现象，应注意鉴别。
注4：关于白果药材历史产区沿革参见附录A。
注5：关于白果药材品质评价沿革参见附录B。

5 要求

除应符合 T/CACM 1021.1—2016 的第7章规定外，还应符合下列要求：

——无变色；

——无虫蛀；

——无霉变；

——杂质不得过3%。

附录 A

（资料性附录）

白果药材历史产区沿革

有关白果的最早记载是在宋朝，一名银杏。宋·王继先在《绍兴本草》中记载道："银杏，世之果实。味苦、甘，平，无毒。唯炒或煮食之，生食戟人。诸处皆产之，唯宣州形大者好。"该书中指出安徽产的白果质量好。

到了明朝时期的本草著作《本草品汇精要》记载："银杏无毒，植生。银杏炒食煮食皆可，生食发病（出《饮膳正要》），名鸭脚。谨按：树高五六丈，径三四尺，叶似鸭脚，五六月结实如李，八九月熟则青黄色。采之，浸烂去皮，取核为果，亦名鸭脚。梅圣俞诗云'鸭脚类绿李，其名因叶高'是也。出宣城郡，及江南皆有之。（生）五六月生，（采）八月九月取实。曝干。核中肉，壳白肉青黄，味甘苦……"书中指出白果产自安徽宣城以及江南。同时期的陈嘉谟所著的《本草蒙筌》记载："（一名银杏，俗呼鸭脚。）在处俱产，树大而高。二更开花，三更结实。……"该书中指出白果各处都有生产。李时珍在《本草纲目》中记载："银杏生江南，以宣城者为胜。树高二、三丈。叶薄纵理，俨如鸭掌形，有刻缺，面绿背淡。……"李时珍指出白果生长在江南一带，安徽宣城产的白果最好。同时期的李中立的《本草原始》记载："银杏，生江南，以宣城为胜。……"书中指出白果生长在江南一带，安徽宣城产的白果最好。

清朝时期的王启贤所著的《食物须知·诸果》中指出："白果，一名银杏，在处俱产，树大而高。"书中指出白果各处都有。

附录 B

（资料性附录）

白果药材品质评价沿革

《陕西中药志》记载：白果入药以干燥、粒大、色白、无霉烂及虫蛀者为佳。

1963 年版《中国药典》一部认为白果以壳色白、种仁充实、饱满、色黄、里面色白者为佳。

1977 年版《中国药典》一部认为白果以壳色黄白、种仁饱满、断面色淡黄者为佳。

《中国药材学》记载：白果以粒大、壳色黄白、种仁饱满，断面色淡黄者为佳。商品按大小分为一、二、三等。

《中华本草》记载：白果以壳色黄白、种仁饱满，断面色淡黄者为佳。

《500 味常用中药材的经验鉴别》记载：白果商品以身干、粒大、色白、种仁肥壮充实、色黄绿、粉性足、无霉无蛀者为佳。

张贵君《现代中药材商品通鉴》记载：白果商品按大小分 1—3 等。以身干、粒大、色白、肥壮充实者为佳。习惯以广西产品为佳。

《中华药海》记载：白果以外壳白色、种仁饱满、里面色白者佳。

综上，质量好的白果商品品质评价以身干、粒大、壳色白、种仁饱满、色黄绿、粉性足、无霉无蛀为佳。本次制定白果商品规格等级标准以现代文献对白果药材的质量评价和市场调查情况为依据，根据白果药材大小、颜色、破果含量等方面进行评价。

ICS 11.120.01
C 23

团 体 标 准

T/CACM 1021.172—2018

代替T/CACM 1021.90—2018

中药材商品规格等级 赤小豆

Commercial grades for Chinese materia medica

VIGNAE SEMEN

2018-12-03 发布

2018-12-03 实施

中 华 中 医 药 学 会 发布

目　次

前　言

T/CACM 1021《中药材商品规格等级》标准分为226个部分：
——第1部分：中药材商品规格等级标准编制通则；
……
——第171部分：中药材商品规格等级　白果；
——第172部分：中药材商品规格等级　赤小豆；
——第173部分：中药材商品规格等级　大青叶；
……
——第226部分：中药材商品规格等级　玄明粉。
本部分为 T/CACM 1021 的第172部分。
本部分代替 T/CACM 1021.90—2018。
本部分按照 GB/T 1.1—2009《标准化工作导则　第1部分：标准的结构和编写》给出的规则起草。
本部分代替 T/CACM 1021.90—2018，与 T/CACM 1021.90—2018 相比较，标准编号进行了调整，并重新进行了编辑。
本部分由中药材商品规格等级标准研究技术中心及道地药材国家重点实验室培育基地提出。
本部分由中华中医药学会归口。
本部分起草单位：河北中医学院、中国中医科学院中药资源中心、中药材商品规格等级标准研究技术中心、广东太安堂药业股份有限公司、北京中研百草检测认证有限公司。
本部分主要起草人：郑玉光、黄璐琦、郭兰萍、詹志来、焦倩、郭利霄、王乾。
本部分所代替标准的历次版本发布情况为：
——T/CACM 1021.90—2018。

中药材商品规格等级 赤小豆

1 范围

本部分规定了赤小豆的商品规格等级。

本部分适用于赤小豆药材生产、流通以及使用过程中的商品规格等级评价。

2 规范性引用文件

下列文件对于本部分的应用是必不可少的。凡是注明日期的引用文件，仅所注明日期的版本适用于本部分。凡是不注明日期的引用文件，其最新版本（包括所有的修改版本）适用于本部分。

T/CACM 1021.1—2016 中药材商品规格等级编制通则

3 术语和定义

T/CACM 1021.1—2016 以及下列术语和定义适用于本部分。

3.1

赤小豆 VIGNAE SEMEN

本品为豆科植物赤小豆 *Vigna umbellata* Ohwi et Ohashi 或赤豆 *Vigna angularis* Ohwi et Ohashi 的干燥成熟种子。秋季果实成熟而未开裂时拔取全株，晒干，打下种子，除去杂质，再晒干。

4 规格等级划分

根据市场实际流通情况，按照基原的不同，将赤小豆药材分成"赤小豆"与"赤豆"两个规格。各规格项下均为统货。应符合表1要求。

表1 规格等级划分

规格	等级	性状描述
赤小豆	统货	呈长圆形而稍扁，长5~8mm，直径3~5mm。表面紫红色，无光泽或微有光泽，一侧可见种脐，呈线形突起，偏向一端，白色，约为全长2/3，中间凹陷成纵沟。背面有1条不明显的棱脊。质硬，不易破碎，子叶2，乳白色。气微，味微甘
赤豆	统货	呈短圆柱形，两端较平截或钝圆，直径4~6mm。表面暗棕红色，有光泽，种脐不突起

注1：关于赤小豆药材历史产区沿革参见附录A。
注2：关于赤小豆药材品质评价沿革参见附录B。

5 要求

除应符合 T/CACM 1021.1—2016 的第7章规定外，还应符合下列要求：

——无变色；

——无虫蛀；

——无霉变；

——杂质不得过3%。

附录 A

（资料性附录）

赤小豆药材历史产区沿革

赤小豆入药始载于秦汉时期的《神农本草经》，列为中品，《神农本草经》曰："赤小豆，主下水，排痈肿脓血，生平泽。"

宋代苏颂《本草图经》描述为："赤小豆，今江淮（今长江、淮河一带）多种莳。"《宝庆本草折衷》中记述赤小豆："生江淮间，及关西（函谷关以西）、河北（今河北一带）、京东西（今河南）多种莳。"

明代陈嘉谟在《本草蒙筌》中指出："各处俱种，胭脂赤者为良。"

明《本草品汇精要》曰："今处处有之。"

明《食物本草》曰："处处有之。"

《中药材手册》（1960年）曰："南方多用习用野生者，形瘦小而细长。北方习用栽培者，个粗短而丰满，两种质量无甚分别，均同等入药。"（按南方习用赤小豆 *Vigna umbellata* Ohwi et Ohashi；北方习用赤豆 *Vigna angularis* Ohwi et Ohashi）

至现代文献记载，赤小豆在全国各地均有栽培。

附录 B

（资料性附录）

赤小豆药材品质评价沿革

《本草蒙筌》中指出："各处俱种，胭脂赤者为良。"

《本草纲目》中则认为："此豆以紧小而赤黯色者入药，其稍大而鲜红、淡红色者，并不治病。"前者即赤小豆，后者即赤豆。

《本草原始》曰："苗高尺余。……类豇豆叶微圆峭而小。花似豇豆花，淡银褐色，结荚比绿豆荚稍大。入药以粒紧小而色赤者为良。"

1963 年版《中国药典》一部：以体实、饱满、色紫红者为佳。1977 年版《中国药典》一部：赤小豆和赤豆均以粒饱满、色紫红者为佳。

《中国药材学》：本品以身干、粒饱满、色紫红发暗者为佳。

《中华本草》：赤小豆和赤豆均以颗粒饱满、色紫红发暗者为佳。

《500 味常用中药材的经验鉴别》：赤小豆以身长、饱满、体重质坚、色紫红而微有光泽者为佳。

《中药大辞典》：赤小豆以身干，颗粒饱满，色赤红发暗者为佳。药材以赤小豆品质为好，但货源不多，渐为赤豆所代替。

综上，赤小豆以身干、颗粒饱满、颜色紫红色者为佳。

ICS 11.120.01
C 23

团 体 标 准

T/CACM 1021.173—2018

代替T/CACM 1021.91—2018

中药材商品规格等级 大青叶

Commercial grades for Chinese materia medica

ISATIDIS FOLIUM

2018-12-03 发布 2018-12-03 实施

中华中医药学会 发布

目　次

前　言

T/CACM 1021《中药材商品规格等级》标准分为 226 个部分：

——第 1 部分：中药材商品规格等级标准编制通则；

……

——第 172 部分：中药材商品规格等级　赤小豆；

——第 173 部分：中药材商品规格等级　大青叶；

——第 174 部分：中药材商品规格等级　地骨皮；

……

——第 226 部分：中药材商品规格等级　玄明粉。

本部分为 T/CACM 1021 的第 173 部分。

本部分代替 T/CACM 1021.91—2018。

本部分按照 GB/T 1.1—2009《标准化工作导则　第 1 部分：标准的结构和编写》给出的规则起草。

本部分代替 T/CACM 1021.91—2018，与 T/CACM 1021.91—2018 相比较，标准编号进行了调整，并重新进行了编辑。

本部分由中药材商品规格等级标准研究技术中心及道地药材国家重点实验室培育基地提出。

本部分由中华中医药学会归口。

本部分起草单位：河北中医学院、中国中医科学院中药资源中心、中药材商品规格等级标准研究技术中心、广东太安堂药业股份有限公司、北京中研百草检测认证有限公司。

本部分主要起草人：郑玉光、黄璐琦、郭兰萍、詹志来、焦倩、郭利霄、景松松。

本部分所代替标准的历次版本发布情况为：

——T/CACM 1021.91—2018。

中药材商品规格等级 大青叶

1 范围

本部分规定了大青叶的商品规格等级。

本部分适用于大青叶药材生产、流通以及使用过程中的商品规格等级评价。

2 规范性引用文件

下列文件对于本部分的应用是必不可少的。凡是注明日期的引用文件，仅所注明日期的版本适用于本部分。凡是不注明日期的引用文件，其最新版本（包括所有的修改版本）适用于本部分。

T/CACM 1021. 1—2016 中药材商品规格等级编制通则

3 术语和定义

T/CACM 1021. 1—2016 以及下列术语和定义适用于本部分。

3.1

大青叶 ISATIDIS FOLIUM

本品为十字花科植物菘蓝 *Isatis indigotica* Fort. 的干燥叶。夏、秋二季分 2 ~ 3 次采收，除去杂质，晒干。

4 规格等级划分

根据市场流通情况，该药材商品均为统货。应符合表 1 要求。

表 1 规格等级划分

等级	性状描述
统货	本品多皱缩卷曲，有的破碎。完整叶片展平后呈长椭圆形至长圆状倒披针形，长 5 ~ 20cm，宽 2 ~ 6cm；上表面暗灰绿色，有的可见色较深稍突起的小点；先端钝，全缘或微波状，基部狭窄下延至叶柄呈翼状；叶柄长 4 ~ 10cm，淡棕黄色。质脆。气微，味微酸、苦、涩

注1：关于大青叶药材历史产区沿革参见附录 A。
注2：关于大青叶药材品质评价沿革参见附录 B。

5 要求

除应符合 T/CACM 1021. 1—2016 的第 7 章规定外，还应符合下列要求：

——无变色；

——无虫蛀；

——无霉变；

——杂质不得过 3%。

附录 A

（资料性附录）

大青叶药材历史产区沿革

大青叶的原植物"蓝"入药始载于《神农本草经》，谓之"蓝实"。陶弘景在《本草经集注》蓝实下注："其茎叶可以染青，生河内（今河北安国一带）……此即今染襟碧所用者，以尖叶者为胜。"

明《救荒本草》记述菘蓝："生河内平泽（今河北平原），今处处有之。"描述了大青叶原生长于河北平原地区，而后到处都有。

明《本草原始》云："即今大叶蓝子也。始生河内平泽。今处处有之。"

通过总结《中国药材学》《中华本草》《现代中药材商品通鉴》《500 味常用中药材的经验鉴别》《金世元中药材传统鉴别经验》等现代专著，发现大青叶分布于我国东北、华北、西北等地，主产于河北、甘肃、安徽等地，且河北、甘肃产量大，供应全国。并以河北产品质量佳。

附录 B

（资料性附录）

大青叶药材品质评价沿革

经查历代古文献未见大青叶品质方面的相关记载。现代大青叶的品质评价以身干、叶完整而大、色暗灰绿者质佳。

《中药材手册》（1960 年）曰："以身干、叶完整、色青黑色者为佳。"

1977 年版《中国药典》一部："以完整，色暗灰绿者为佳。"

《中华本草》："以叶大、色绿者为佳。"

《现代中药材商品通鉴》："以身干，叶完整而大，无柄，色暗灰绿者质佳。"

《500 味常用中药材的经验鉴别》："大青叶以叶大、无柄、色暗灰绿者为佳，应以菘蓝为正品大青叶来源。"

《中华药海》："以完整、色暗灰绿者为佳。"

《金世元中药材传统鉴别经验》："以身干、叶完整、色青黑者为佳。"

古代书籍对大青叶主要是从产地来说明其品质，河北安国的大青叶质量最优。近代文献除了从产地评价其品质外（河北的大青叶质量为佳），还从叶片的颜色、大小来评价。

ICS 11.120.01
C 23

团 体 标 准

T/CACM 1021.174—2018

代替T/CACM 1021.92—2018

中药材商品规格等级 地骨皮

Commercial grades for Chinese materia medica

LYCII CORTEX

2018-12-03 发布   2018-12-03 实施

中 华 中 医 药 学 会 发布

目　次

前　言

T/CACM 1021《中药材商品规格等级》标准分为 226 个部分：

——第 1 部分：中药材商品规格等级标准编制通则；

……

——第 173 部分：中药材商品规格等级　大青叶；

——第 174 部分：中药材商品规格等级　地骨皮；

——第 175 部分：中药材商品规格等级　防己；

……

——第 226 部分：中药材商品规格等级　玄明粉。

本部分为 T/CACM 1021 的第 174 部分。

本部分代替 T/CACM 1021.92—2018。

本部分按照 GB/T 1.1—2009《标准化工作导则　第 1 部分：标准的结构和编写》给出的规则起草。

本部分代替 T/CACM 1021.92—2018，与 T/CACM 1021.92—2018 相比较，标准编号进行了调整，并重新进行了编辑。

本部分由中药材商品规格等级标准研究技术中心及道地药材国家重点实验室培育基地提出。

本部分由中华中医药学会归口。

本部分起草单位：河北中医学院、中国中医科学院中药资源中心、中药材商品规格等级标准研究技术中心、北京中研百草检测认证有限公司。

本部分主要起草人：郑玉光、黄璐琦、郭兰萍、詹志来、刘爱朋、王浩、由会玲。

本部分所代替标准的历次版本发布情况为：

——T/CACM 1021.92—2018。

中药材商品规格等级　地骨皮

1　范围

本部分规定了地骨皮的商品规格等级。

本部分适用于地骨皮药材生产、流通以及使用过程中的商品规格等级评价。

2　规范性引用文件

下列文件对于本部分的应用是必不可少的。凡是注明日期的引用文件，仅所注明日期的版本适用于本部分。凡是不注明日期的引用文件，其最新版本（包括所有的修改版本）适用于本部分。

T/CACM 1021.1—2016 中药材商品规格等级编制通则

3　术语和定义

T/CACM 1021.1—2016 以及下列术语和定义适用于本部分。

3.1

地骨皮　LYCII CORTEX

本品为茄科植物枸杞 *Lycium chinense* Mill. 或宁夏枸杞 *Lycium barbarum* L. 的干燥根皮。春初或秋后采挖根部，洗净，剥取根皮，晒干。

4　规格等级划分

根据不同基源，将地骨皮分为宁夏枸杞和枸杞两种规格，根据长度将宁夏枸杞地骨皮划分为"一等""二等"和"三等"三个等级，枸杞为统货一个等级。

表1　规格等级划分

规格	等级	性状描述	
		共同点	区别点
宁夏枸杞	一等	呈筒状或槽状，外表面棕黄色，粗糙，有不规则纵裂纹，易成鳞片状剥落。内表面黄白色至灰黄色，较平坦，有细纵纹。体轻，质脆，易折断，断面不平坦，外层黄棕色，内层灰白色。含杂率≤3%。气微，味微甘而后苦	长度8~10 cm
	二等		长度6~8 cm
	三等		长度3~6cm
枸杞	统货	呈筒状或槽状，外表面灰黄色，粗糙，有不规则纵裂纹，易成鳞片状剥落。内表面黄白色至灰黄色，较平坦，有细纵纹。体轻，质脆，易折断，断面不平坦，外层黄棕色，内层灰白色。气微，味微甘而后苦	

注1：目前市场上地骨皮有非药用部位——茎皮，充当地骨皮销售现象。地骨皮体轻、质脆，易折断；茎皮体重、质硬，不易折断，应注意鉴别。

注2：地骨皮为多年生长，对于一些生长年限较长的地骨皮，剥下后内侧常附带木质部，应注意鉴别。

注3：地骨皮易发生霉变现象，由于地骨皮多呈筒状或槽状，且霉变多位于内侧，多需掰开后才能发现，应注意鉴别。

注4：关于地骨皮药材历史产区沿革参见附录A。

注5：关于地骨皮药材品质评价沿革参见附录B。

5　要求

除应符合 T/CACM 1021.1—2016 的第7章规定外，还应符合下列要求：

——无变色；

——无虫蛀；

——无霉变；

——杂质不得过3%。

附录 A

（资料性附录）

地骨皮药材历史产区沿革

东汉《神农本草经》言："枸杞……生常山平泽，及诸丘陵阪岸。"常山，即今河北曲阳一带。

南北朝时期，《本草经集注》曰："今出堂邑，而石头烽火楼下最多。"堂邑即今江苏六合县一带。

宋《本草图经》曰："今处处有之"。《梦溪笔谈》曰："枸杞陕西极边生者，高丈余，大可作数寸无刺，根皮如厚朴，甘美异于他处。"说明陕西产枸杞的根皮即地骨皮质量较优。

明《本草纲目》载："古者枸杞、地骨取常山者为上，其他丘陵阪岸者皆可用。后世惟取陕西者良，而又以甘州者为绝品。今陕之兰州、灵州。九原以西枸杞并是大树，其叶厚根粗。河西及甘州者，其子圆如樱桃，暴干紧小少核，干亦红润甘美，味如葡萄，可用果食，异于他处者。"河西即今陕西、甘肃、宁夏等省区，九原即内蒙古后套地区。李时珍明确地骨皮以陕西产者佳。

明《物理小识》载："惠安堡枸杞遍野，秋实最盛。"惠安堡即今宁夏中宁县。

《常用中药材品种整理和质量研究南方编》：枸杞，主产于山西、陕西、安徽等地；宁夏枸杞，主产于宁夏、陕西、河北等地。

《500味常用中药材的经验鉴别》：地骨皮野生、栽培均有。枸杞主产于河北、河南、山西、陕西、四川、江苏、浙江等省，多为野生。以河南、山西产量较大，江苏、浙江产品品质较好。

《中华药海》：枸杞，全国各地均产；宁夏枸杞，甘肃、宁夏、新疆、内蒙古、青海等地。"

《金世元中药材传统鉴别经验》：全国大部分地区均有野生。主产于河北、山西、内蒙古、宁夏、河南、甘肃、山东、东北、江苏、浙江等地，以山西、内蒙古、河南产量大；以江苏、浙江质量好，习称"南地骨皮"，除内销外还大量出口。

附录 B

（资料性附录）

地骨皮药材品质评价沿革

宋《梦溪笔谈》曰："枸杞陕西极边生者，高丈余，大可作数寸无刺，根皮如厚朴，甘美异于他处。"说明宋时，陕西所产地骨皮品质优良。

明《本草纲目》曰："后世惟取陕西者良，而又以甘州者为绝品……今陕之兰州、灵州。九原以西枸杞并是大树，其叶厚根粗。"李时珍从植物形态区别上，解释了为何陕西产地骨皮质量品质优良。

1963 年版《中国药典》一部："以块大肉厚、无木心与杂质者为佳。"

《中华本草》："以筒粗，肉厚，整齐，无木心及碎片者为佳。"

《中药大辞典》："以块大肉厚、无木心与杂质者为佳。"

《中华药海》："以块大、肉厚，无木心者佳。"

《金世元中药材传统鉴别经验》："以块大、肉厚、无木心者为佳。"

综上，地骨皮主产于甘肃、宁夏、河北、湖北、湖南、山西、河南等地，以块大肉厚、无木心与杂质者为佳。地骨皮有两种来源，其中枸杞的根皮质量优于宁夏枸杞的根皮。根据来源不同划分两个规格，又根据长度、未抽心率划分三个等级。

ICS 11.120.01
C 23

团 体 标 准

T/CACM 1021.175—2018
代替T/CACM 1021.93—2018

中药材商品规格等级　防己

Commercial grades for Chinese materia medica

STEPHANIAE TETRANDRAE RADIX

2018-12-03 发布　　　　　　　　　　　　　　2018-12-03 实施

中 华 中 医 药 学 会 发布

目　次

前　言

T/CACM 1021《中药材商品规格等级》标准分为 226 个部分：
——第 1 部分：中药材商品规格等级标准编制通则；
……
——第 174 部分：中药材商品规格等级　地骨皮；
——第 175 部分：中药材商品规格等级　防己；
——第 176 部分：中药材商品规格等级　狗脊；
……
——第 226 部分：中药材商品规格等级　玄明粉。
本部分为 T/CACM 1021 的第 175 部分。

本部分代替 T/CACM 1021.93—2018。

本部分按照 GB/T 1.1—2009《标准化工作导则　第 1 部分：标准的结构和编写》给出的规则起草。

本部分代替 T/CACM 1021.93—2018，与 T/CACM 1021.93—2018 相比较，标准编号进行了调整，并重新进行了编辑。

本部分由中药材商品规格等级标准研究技术中心及道地药材国家重点实验室培育基地提出。

本部分由中华中医药学会归口。

本部分起草单位：河北中医学院、中国中医科学院中药资源中心、中药材商品规格等级标准研究技术中心、河北省中医药科学院、北京中研百草检测认证有限公司。

本部分主要起草人：裴林、郑玉光、黄璐琦、郭兰萍、詹志来、温子帅、李英、何培、李嘉诚。

本部分所代替标准的历次版本发布情况为：
——T/CACM 1021.93—2018。

中药材商品规格等级 防己

1 范围

本部分规定了防己的商品规格等级。

本部分适用于防己药材生产、流通以及使用过程中的商品规格等级评价。

2 规范性引用文件

下列文件对于本部分的应用是必不可少的。凡是注明日期的引用文件，仅所注明日期的版本适用于本部分。凡是不注明日期的引用文件，其最新版本（包括所有的修改版本）适用于本部分。

T/CACM 1021.1—2016 中药材商品规格等级编制通则

3 术语和定义

T/CACM 1021.1—2016 以及下列术语和定义适用于本部分。

3.1

防己 STEPHANIAE TETRANDRAE RADIX

本品为防己科植物粉防己 *Stephania tetrandra* S. Moore 的干燥根。秋季采挖，洗净，除去粗皮，晒至半干，切段，个大者再纵切，干燥。

4 规格等级划分

根据市场实际流通情况，按照长度、直径等，将防己药材分成"选货"与"统货"两个等级。应符合表1要求。

表1 规格等级划分

等级	性状描述	
	共同点	区别点
选货	呈不规则圆柱形、半圆柱形或块状，多弯曲。外表皮淡灰黄色。体重，质坚实。切面灰白色，有稀疏的放射状纹理。气微，味苦	断面粉性足，长 8~10cm，直径 3~5cm，大小均匀
统货		长 5~10cm，直径 1~5cm，长短不一、粗细不等

注1：由于防己干燥后切片困难，且产地为提高收益，部分防己在产地已加工成饮片，导致目前市场防己药材较少，部分以饮片形式销售。

注2：药典规定防己秋季采挖、洗净、除去粗皮。晒至半干、切段，个大者再纵切，干燥。目前市场多为个或片销售，几乎无段或纵切者；且有未除去粗皮者，不符合药典要求，应注意鉴别。

注3：关于防己药材历史产区沿革参见附录A。

注4：关于防己药材品质评价沿革参见附录B。

5 要求

除应符合 T/CACM 1021.1—2016 的第7章规定外，还应符合下列要求：

——无变色；

——无虫蛀；

——无霉变；

——杂质不得过3%。

附录 A

（资料性附录）

防己药材历史产区沿革

春秋战国时期，《范子计然》云："防己出汉中旬阳。"为今陕西。《神农本草经》谓防己"生川谷"。记述比较简单，而没有产地、形态描述等信息。

到了魏晋时期，《名医别录》中陶弘景云："生汉中川谷。"《本草经集注》中陶氏又云："今出宜都、建平。"汉中今陕西，宜都今湖北，建平今安徽。

唐宋时期，《新修本草》防己条云："防己本出汉中者。"宋《图经本草》记载较为详细，云"防己生汉中川谷，今黔中亦有之。"另外，《图经本草》附兴化军防己与黔州防己形态图两幅。

明代刘文泰《本草品汇精要》云："《图经》曰：生兴化军（即现在的福建），黔中（即贵州），宜都（即湖北）、建平（今安徽）、华州（即陕西华县及周边）。道地：汉中（即陕西西南部）为胜。"此书中详细列出了防己的生产地区，兴化军即现在的福建，黔中即贵州等地，宜都即湖北，建平指今安徽，华州即陕西华县及周边，汉中即陕西西南部，同时指出陕西为其道地产区。《本草纲目》（金陵本）总结了前人的防己记载，认为汉中（即今陕西）者佳。

清代诸家本草中，对防己的产地描述大多承袭旧说，如《本草崇原》卷中云："防己《本经》名解离，以生汉中者为佳，故名汉防己。江南诸处皆有，总属一种，因地土同，致形有大小，而内之花纹皆如车辐。所谓木防己者，谓其茎梗如木，无论汉中他处皆名木防己。即通草，名木通之义非。出汉中者，名汉防己，他处者，名木防己也。"

1963 年版《中国药典》一部收载防己主产于浙江、安徽等地。

徐国钧《中国药材学》收载防己主产于浙江、安徽、江西、湖北等地。

《中华本草》收载防己主产于浙江衢州、兰溪、武义、建德、金华，安徽安庆与徽州地区以及湖北、湖南、江西等地，大多数为野生品，销全国大部分地区。此外，广东、广西等地亦产，自产自销。

《中药大全》收载防己主产于浙江、安徽、江西、湖北等地。

《500 味常用中药材的经验鉴别》收载防己商品主要来源于野生，亦有栽培品。广防己主要分布华南、西南地区，粉防己主要分布于华东、华中地区。广防己主产于广东肇庆、高要、阳江、阳春、恩平、清远、广西合浦、钦州，四川广元、达县、巫山，陕西镇巴、佛坪、南郑、西乡，甘肃徽县、礼县等地。粉防己主产于浙江常山、衢县、兰溪、孝丰、武义、建德、金华，安徽芜湖、安庆、徽州，湖北阳新，江西上饶等地。

张贵君《现代中药材商品通鉴》收载防己主产于江苏、安徽南部、浙江、江西、福建等地；大多为野生品，销全国大部分地区。台湾、湖北、湖南、广东和广西亦产；但大多自产自销。以安徽产品质最优，奉为道地药材。

《实用本草纲目彩色图鉴》收载防己野生于山坡、旷野草丛和灌木林中。分布于安徽、浙江、江西、福建、台湾、湖北、湖南、广东、广西等地。主产于浙江衢县、兰溪、武义、建德、金华，安徽安庆与徽州地区以及湖北、湖南、江西等地。

《中药大辞典》收载防己主产于浙江、安徽、湖北、湖南、江西等地。

《中华药海》收载防己集散于汉口。

金世元《金世元中药材传统鉴别经验》收载防己主产于浙江常山、兰溪、武义、孝丰、建德、淳安、义乌、东阳、天台，江西瑞昌、修水、都昌、湖口、永修、德安，安徽的安庆地区和徽州地区，以及湖北、湖南等地。

综上所述，古代文献中防己生长在福建、贵州、湖北、安徽、陕西等地，同时指出陕西为其道地产区。现代文献中防己产地分布较广，主产于浙江常山、兰溪、武义、孝丰、建德、淳安、义乌、东阳、天台，江西瑞昌、修水、都昌、湖口、永修、德安，安徽的安庆地区和徽州地区，以及湖北、湖南等地。

附录 B

（资料性附录）

防己药材品质评价沿革

《中药材手册》（1960 年）曰："品质优劣：以身干、质坚重、粉性大者为佳。"

1963 年版《中国药典》一部：以粉性大、质坚重者为佳。

1977 年版《中国药典》一部：以质坚实，粉性足者为佳。

《中国药材学》：本品以质坚实、内色白、粉性足者为佳。

《中药大全》：以质坚实，粉性足者为佳。

《500 味常用中药材的经验鉴别》：两种防己均以条均、切对开片、质坚实、粉性足少筋者为佳。反之根细，或个大老根，粉少木化，多筋者质次。两种防己商品中，通常以广防己优于粉防己。广防己又以广东肇庆、高要所产最佳；汉防己则以安徽产品为佳，浙江等地所产较次。

《中药大辞典》：以条粗壮、皮细而紧、无毛头、断面有棕色环、中心色淡黄者为佳。外皮粗糙、有毛头，带硬苗者质次。

《中华药海》：以去净栓皮、干燥、粗细均匀、质重、粉性大、纤维少者为佳。

《金世元中药材传统鉴别经验》：以身干、质坚实、粉性大者为佳。

综上，现在市场防己主流商品为江西的粉防己，并在此基础上结合性状，如粉性足、质坚实、粗细等进行评价。为制定防己商品规格等级标准提供了依据。

ICS 11.120.01
C 23

团 体 标 准

T/CACM 1021.176—2018

代替T/CACM 1021.194—2018

中药材商品规格等级 狗脊

Commercial grades for Chinese materia medica

CIBOTII RHIZOMA

2018-12-03 发布

2018-12-03 实施

中华中医药学会 发布

目　次

前　言

T/CACM 1021《中药材商品规格等级》标准分为 226 个部分：
——第 1 部分：中药材商品规格等级标准编制通则；
……
——第 175 部分：中药材商品规格等级　防己；
——第 176 部分：中药材商品规格等级　狗脊；
——第 177 部分：中药材商品规格等级　谷芽；
……
——第 226 部分：中药材商品规格等级　玄明粉。

本部分为 T/CACM 1021 的第 176 部分。

本部分代替 T/CACM 1021.94—2018。

本部分按照 GB/T 1.1—2009《标准化工作导则　第 1 部分：标准的结构和编写》给出的规则起草。

本部分代替 T/CACM 1021.94—2018，与 T/CACM 1021.94—2018 相比较，标准编号进行了调整，并重新进行了编辑。

本部分由中药材商品规格等级标准研究技术中心及道地药材国家重点实验室培育基地提出。

本部分由中华中医药学会归口。

本部分起草单位：河北中医学院、清华德人西安幸福制药有限公司、中国中医科学院中药资源中心、中药材商品规格等级标准研究技术中心、河北省中医药科学院、北京中研百草检测认证有限公司。

本部分主要起草人：裴林、郑玉光、黄璐琦、郭兰萍、詹志来、温子帅、曹兆军、刘红娜、范海刚、李英、段绪红、李嘉诚。

本部分所代替标准的历次版本发布情况为：
——T/CACM 1021.94—2018。

中药材商品规格等级   狗脊

1 范围

本部分规定了狗脊的商品规格等级。

本部分适用于狗脊药材生产、流通以及使用过程中的商品规格等级评价。

2 规范性引用文件

下列文件对于本部分的应用是必不可少的。凡是注明日期的引用文件，仅所注明日期的版本适用于本部分。凡是不注明日期的引用文件，其最新版本（包括所有的修改版本）适用于本部分。

T/CACM 1021.1—2016 中药材商品规格等级编制通则

3 术语和定义

T/CACM 1021.1—2016 以及下列术语和定义适用于本部分。

3.1

狗脊   CIBOTII RADIX

本品为蚌壳蕨科植物金毛狗脊 *Cibotium barometz*（L.）J. Sm. 的干燥根茎。秋、冬二季采挖，除去泥沙，干燥；或去硬根、叶柄及金黄色绒毛，切厚片，干燥，为"生狗脊片"；蒸后晒至六、七成干，切厚片，干燥，为"熟狗脊片"。

4 规格等级划分

根据市场流通情况，按照加工方式不同，将狗脊药材分成"生狗脊片""熟狗脊片"和"狗脊个"三个规格。应符合表1要求。

表1 规格等级划分

规格	性状描述
生狗脊片	呈不规则片状，大小不一，厚约3~5mm；断面浅棕色，较平坦，边缘残留少量金黄色绒毛，质硬。无臭，味淡、微涩
熟狗脊片	呈不规则片状，大小不一，厚约3~5mm；断面棕褐色或黑棕色，较平坦，边缘偶有金黄色绒毛残留，质坚硬。无臭，味淡、微涩
狗脊个	呈不规则长块状，长10~30cm，直径2~10cm。表面深棕色，残留金黄色绒毛；上面有数个红棕色的木质叶柄，下面残存黑色细根，质坚硬，不易折断，无臭，味淡、微涩

注1：目前市场狗脊药材无明确等级划分，一般认为"个大、绒毛少者为佳"；有文献记载狗脊以"肥大、质坚实、无空心、外表略有金色绒毛者为佳"，但无具体文献研究狗脊大小、直径为多少时质量为佳，故本部分未对狗脊药材进行等级划分。

注2：目前市场狗脊片因其加工方式不同分为生狗脊片、熟狗脊片两种规格，两种规格均为统货形式销售；但有部分商家为提高经济销售，进行精细化加工，去毛干净、切薄片，但此种等级较少，未形成主流，故只在此处予以提示；切薄片有利于狗脊的有效成分煎出，去毛干净有利于减少金黄色绒毛对喉咙的刺激，此行为应予以鼓励，引导精细化加工。

注3：关于狗脊药材历史产区沿革参见附录A。

注4：关于狗脊药材品质评价沿革参见附录B。

5 要求

除应符合 T/CACM 1021.1—2016 的第7章规定外，还应符合下列要求：

——无变色；

——无虫蛀；

——无霉变；

——杂质不得过3%。

附录 A

（资料性附录）

狗脊药材历史产区沿革

狗脊始载于《神农本草经》，列为中品，曰："一名百枝。生川谷。"只指出狗脊的生长环境。《本草经集注》中指出："今山野处处有之。"《名医别录》中指出狗脊生常山，即现在的河北。

到了唐宋时期，《新修本草》对狗脊做了如下记载："狗脊似贯众，今京下用者是。陶所说乃有刺草藓，非狗脊也，今江左俗犹用之。"这段文字提供了狗脊演变的重要信息。当时陕西一带使用的狗脊是蕨类植物，根形如狗脊，断面呈青绿色，苏敬认为此即真狗脊，而吴普、陶弘景所述的狗脊在当时长江下游的江苏、浙江一带使用。这正证实了蕨葜类植物为狗脊的历史记载。

宋《图经本草》对这种狗脊做了详细的记载："生常山川谷，今太行山（今河北、山西一带）、淄（今山东）、温（今浙江）、眉州（今四川）亦有。"书中记载狗脊的生长地点主要为河北、山东、四川及浙江等，《图经本草》附有成德军、温州、眉州和淄州狗脊图四幅，其中眉州狗脊、温州狗脊叶形，根密生毛，与金毛狗脊很相似。

明《本草品汇精要》记载狗脊为："《图经》曰：生常山川谷及太行山（今河北、山西一带）。道地：成德军、眉州（今四川）、温州（今浙江）、淄州（今山东）。"

清代以后的本草多以金毛狗脊为正名，《本草蒙筌》云："深谷多生，在处俱有。"

1963 年版《中国药典》一部收载狗脊主产于四川、浙江、福建等地。

《常用中药材品种整理和质量研究》收载狗脊主产于福建、四川、广西、浙江等地。

徐国钧《中国药材学》收载狗脊主产于四川、广东、贵州、福建、浙江等地，以福建产量大，销东北、华北。

《中华本草》收载狗脊主产于福建、四川。

《中药大全》收载狗脊主产于四川、福建、浙江，此外广东、广西、湖北、湖南、江西、云南、贵州等地亦有生产。

张贵君《现代中药材商品通鉴》收载狗脊主产于福建、四川等地，其中以福建宁德，四川宜宾、乐山、江津、泸县等地产量较大。

《实用本草纲目彩色图鉴》收载狗脊野生于山脚沟边及林下阴湿处酸性土上。分布于华南、西南及浙江、江西、福建、台湾、湖南。主产于福建、四川。

《中药大辞典》收载狗脊主产于福建、四川。

《中华药海》收载狗脊主产四川、福建、浙江。此外，广西、广东、贵州、江西、湖北等地亦产。

金世元《金世元中药材传统鉴别经验》收载狗脊主产于福建、湖北、湖南、江西、广东、广西、四川等省。

综上所述，狗脊的产地分布于四川、福建、浙江、广西、广东、贵州、江西、湖北、湖南等地。

附录 B

（资料性附录）

狗脊药材品质评价沿革

1963 年版《中国药典》一部：以体肥大、金黄色、坚实、无空心者为佳；狗脊片以厚薄均匀、坚实无毛、无空心者为佳。

《中国药材学》：狗脊条以体肥大、被有金黄色柔毛者为佳。生狗脊片以片面浅棕色、质脆、有粉性者为佳；熟狗脊片以片面黑棕色、质坚硬者为佳。

《中华本草》：原药材以肥大、质坚实无空心、外表略有金黄色茸毛者为佳，狗脊片以厚薄均匀、坚实无毛、无空心者为佳。

《中药大全》：以体质坚实，表面棕色，内具粉性，切片均匀者为佳。

《现代中药材商品通鉴》：药材以体肥大、色黄、质坚实、无空心者为佳。狗脊片以厚薄均匀、坚实无毛、无空心者为佳。

《北京市中药饮片炮制规范》（2008 年版）：以体肥大、色金黄、质坚实、无空心者为佳；狗脊片以厚薄均匀、质坚实、无毛、无空心者为佳。

《中华药海》：狗脊以片厚薄均匀、坚实无毛、不空心者为佳。

《金世元中药材传统鉴别经验》：以薄厚均匀，坚实，无毛者为佳。

综上，历代对于狗脊的规格等级划分结合质坚实与否、有无空心、有无金毛等进行评价。为制定狗脊商品规格等级标准提供了依据。

ICS 11.120.01
C 23

团 体 标 准

T/CACM 1021.177—2018

代替T/CACM 1021.95—2018

中药材商品规格等级 谷芽

Commercial grades for Chinese materia medica

SETARIAE FRUCTUS GERMINATUS

2018-12-03 发布   2018-12-03 实施

中 华 中 医 药 学 会 发布

目　次

前　言

T/CACM 1021《中药材商品规格等级》标准分为 226 个部分：
——第 1 部分：中药材商品规格等级标准编制通则；
……
——第 176 部分：中药材商品规格等级　狗脊；
——第 177 部分：中药材商品规格等级　谷芽；
——第 178 部分：中药材商品规格等级　火麻仁；
……
——第 226 部分：中药材商品规格等级　玄明粉。
本部分为 T/CACM 1021 的第 177 部分。

本部分代替 T/CACM 1021.95—2018。

本部分按照 GB/T 1.1—2009《标准化工作导则　第 1 部分：标准的结构和编写》给出的规则起草。

本部分代替 T/CACM 1021.95—2018，与 T/CACM 1021.95—2018 相比较，标准编号进行了调整，并重新进行了编辑。

本部分由中药材商品规格等级标准研究技术中心及道地药材国家重点实验室培育基地提出。

本部分由中华中医药学会归口。

本部分起草单位：河北中医学院、中国中医科学院中药资源中心、中药材商品规格等级标准研究技术中心、北京中研百草检测认证有限公司。

本部分主要起草人：郑玉光、黄璐琦、郭兰萍、詹志来、张天天、薛紫鲸、侯芳洁。

本部分所代替标准的历次版本发布情况为：
——T/CACM 1021.95—2018。

中药材商品规格等级　谷芽

1　范围

本部分规定了谷芽的商品规格等级。

本部分适用于谷芽药材生产、流通以及使用过程中的商品规格等级评价。

2　规范性引用文件

下列文件对于本部分的应用是必不可少的。凡是注明日期的引用文件，仅所注明日期的版本适用于本部分。凡是不注明日期的引用文件，其最新版本（包括所有的修改版本）适用于本部分。

T/CACM 1021.1—2016 中药材商品规格等级编制通则

3　术语和定义

T/CACM 1021.1—2016 以及下列术语和定义适用于本部分。

3.1

谷芽　SETARIAE FRUCTUS GERMINATUS

本品为禾本科植物粟 *Setaria italica*（L.）Beauv. 的成熟果实经发芽干燥的炮制加工品。将粟谷用水浸泡后，保持适宜的温、湿度，待须根长至约 6mm 时，晒干或低温干燥。

4　规格等级划分

根据市场流通情况，该药材商品均为统货。应符合表 1 要求。

表 1　规格等级划分

等级	性状描述
统货	本品呈类圆球形，直径约 2mm，顶端钝圆，基部略尖。外壳为革质的稃片，淡黄色，具点状皱纹，下端有初生的细须根，长 3~6mm，剥去稃片，内含淡黄色或黄白色发芽颖果 1 粒。气微，味微甘

注 1：市场存在掺有未发芽的粟的成熟果实充当谷芽销售现象，应注意鉴别。

注 2：有把稻芽叫谷芽的情况，注意鉴别，如 1977 年版《中国药典》等。

注 3：关于谷芽药材历史产区沿革参见附录 A。

注 4：关于谷芽药材品质评价沿革参见附录 B。

5　要求

除应符合 T/CACM 1021.1—2016 的第 7 章规定外，还应符合下列要求：

——无变色；

——无虫蛀；

——无霉变；

——杂质不得过 3%。

附录 A

（资料性附录）

谷芽药材历史产区沿革

谷芽，别名蘖米、粟蘖、谷蘖等，本草中多有记载，但大都只记载了其功能主治，记载其植物来源和种植地甚少。蘖米始载于《神农本草经》，谓："味咸微寒。主养肾气，去胃脾中热，益气。陈者，味苦，主胃热，消渴，利小便（《大观本草》，作黑字，据《吴普》增）。《吴普》曰：陈粟，神农黄帝苦无毒，治脾热，渴，粟养肾气（《御览》）。案《说文》云：粟，嘉谷实也。孙炎注《尔雅》粢稷云：粟也，今关中人呼小米为粟米，是。"《神农本草经》中说明了它的功效主治和生境，未提及植物或药材形态，从中不能判别植物来源。

《名医别录》中记载："味苦，无毒，主治寒中，下气除热。"《名医别录》中只说明其功能主治，未提及植物或药材形态，从中不能判别植物来源。

唐朝时期，苏敬等人编写的《新修本草》云："味咸，微寒，无毒。主养肾气，去胃痹中热，益气；陈者，味苦，主胃热，消渴，利小便。江东所种及西间皆是，其粒细于粱米，熟春令白，亦以当白粱，呼为白粱粟。陈者谓经三、五年者，或呼为粢米，以作粉，尤解烦闷，服食家亦将食之。"从其描述中可知，此时的谷芽应为稻芽，江东江西均有种植。

明朝时期的李时珍在《本草纲目》提到："粟蘖一名粟芽，苦、温、无毒。稻蘖一名谷芽，甘、温、无毒……"此时的谷芽来源也是稻芽，与现在药典中记载的谷芽来源于禾本科植物粟 *Setaria italica*（L.）Beauv. 的成熟果实经发芽干燥的炮制加工品不同。

附录 B

（资料性附录）

谷芽药材品质评价沿革

历代记载谷芽的本草很少，现代文献中也只有 1963 年版《中国药典》、1977 年版《中国药典》、《中国药材学》、《中华本草》、《500 味常用中药材的经验鉴别》、《中药大辞典》、《中华药海》中收载了谷芽。其中谷芽的品质如下：

1963 年版《中国药典》一部：谷芽以粒饱满、大小均匀，色黄、无杂质者为佳。未发芽者不可入药。

《中国药材学》记载谷芽以粒饱满、均匀、有芽、色黄者为佳。

《500 味常用中药材的经验鉴别》记载谷芽以身干、粒饱满、大小均匀、色黄、无杂质者为佳。

《中药大辞典》记载谷芽以粒饱满、均匀、色黄、无杂质者为佳。

《中华药海》记载谷芽以粒饱满、均匀、色黄、无杂质者为佳。

综上现代文献所述，谷芽以身干、以粒饱满、均匀、色黄、有芽无杂质者为佳。虽然古本草中未见谷芽品质的相关记载，但是既然谷芽为出芽后干燥的产物，那么出芽率的高低必然会影响疗效，再结合市场调查的结果来看，谷芽的质量以身干、均匀、色黄、出芽率高、须根长和无杂质者为佳。

ICS 11.120.01
C 23

团 体 标 准

T/CACM 1021.178—2018
代替T/CACM 1021.96—2018

中药材商品规格等级 火麻仁

Commercial grades for Chinese materia medica

CANNABIS FRUCTUS

2018-12-03 发布   2018-12-03 实施

中 华 中 医 药 学 会 发布

目　次

前　言

T/CACM 1021《中药材商品规格等级》标准分为 226 个部分：
——第 1 部分：中药材商品规格等级标准编制通则；
……
——第 177 部分：中药材商品规格等级　谷芽；
——第 178 部分：中药材商品规格等级　火麻仁；
——第 179 部分：中药材商品规格等级　墨旱莲；
……
——第 226 部分：中药材商品规格等级　玄明粉。

本部分为 T/CACM 1021 的第 178 部分。

本部分代替 T/CACM 1021.96—2018。

本部分按照 GB/T 1.1—2009《标准化工作导则　第 1 部分：标准的结构和编写》给出的规则起草。

本部分代替 T/CACM 1021.96—2018，与 T/CACM 1021.96—2018 相比较，标准编号进行了调整，并重新进行了编辑。

本部分由中药材商品规格等级标准研究技术中心及道地药材国家重点实验室培育基地提出。

本部分由中华中医药学会归口。

本部分起草单位：河北中医学院、中国中医科学院中药资源中心、中药材商品规格等级标准研究技术中心、北京中研百草检测认证有限公司。

本部分主要起草人：郑玉光、黄璐琦、郭兰萍、詹志来、张天天、薛紫鲸、郭龙。

本部分所代替标准的历次版本发布情况为：
——T/CACM 1021.96—2018。

中药材商品规格等级 火麻仁

1 范围

本部分规定了火麻仁的商品规格等级。

本部分适用于火麻仁药材生产、流通以及使用过程中的商品规格等级评价。

2 规范性引用文件

下列文件对于本部分的应用是必不可少的。凡是注明日期的引用文件，仅所注明日期的版本适用于本部分。凡是不注明日期的引用文件，其最新版本（包括所有的修改版本）适用于本部分。

T/CACM 1021.1—2016 中药材商品规格等级编制通则

3 术语和定义

T/CACM 1021.1—2016 以及下列术语和定义适用于本部分。

3.1

火麻仁 CANNABIS FRUCTUS

本品为桑科植物大麻 *Cannabis sativa* L. 的干燥成熟果实。秋季果实成熟时采收，除去杂质，晒干。

4 规格等级划分

根据市场流通情况，将火麻仁分成"选货"与"统货"两个等级。应符合表1要求。

表 1 规格等级划分

等级	性状描述	
	共同点	区别点
选货	本品呈卵圆形，表面灰绿色或灰黄色，有微细的白色或棕色网纹，两边有棱，顶端略尖，基部有1圆形果梗痕。果皮薄而脆，易破碎。种皮绿色，子叶2，乳白色，富油性。气微，味淡	长5~5.5mm，直径3~4mm，大小均匀
统货		长4~5.5mm，直径2.5~4mm，大小不等

注1：市场存在销售去壳（果皮）火麻仁，此规格与药典火麻仁药材性状描述不等，故不制定此规格。

注2：关于火麻仁药材历史产区沿革参见附录A。

注3：关于火麻仁药材品质评价沿革参见附录B。

5 要求

除应符合 T/CACM 1021.1—2016 的第7章规定外，还应符合下列要求：

——无变色；

——无虫蛀；

——无霉变；

——杂质不得过3%。

附录 A

（资料性附录）

火麻仁药材历史产区沿革

火麻仁始载于《神农本草经》，云："麻子，味甘平，主补中益气，肥健不老神仙。生川谷。"书中只记载了火麻仁的生长环境。

唐朝时期，《新修本草》云："生太山川谷。"即现在的山东泰山一带。

宋代《图经本草》载："今处处有，皆田圃所莳，绩其皮以为布者。"说明当时大麻种植已相当广泛。

明代朱橚的《救荒本草》中记述："有麻蕡，一名麻勃，一名芋，一名麻母。生太山川谷，今皆处处有之。人家园圃中多种植，……"李时珍《本草纲目》称"大麻即今火麻"并对大麻雌雄分株及其植物学特征做了详细的描述。其云："处处种之，剥麻收子……"刘文泰的《本草品汇精要》中对大麻的产地描述，引《图经》曰：生泰山川谷，今处处田圃莳之。李中立的《本草原始》中记载："麻蕡，始生太山川谷。……"姚可成的《食物本草》云：大麻，一名火麻，一名黄麻。花名麻勃，子名麻蕡。大麻处处种之，剥麻收子。"以上书籍中记载火麻仁种植比较广泛。

清朝时期，刘云密在《本草述》中记载："时珍曰处处种之。……"书籍中记载火麻仁种植比较广泛。

附录 B

（资料性附录）

火麻仁药材品质评价沿革

火麻仁的品质评价较少，仅在唐朝时期，陈藏器在其本草著作《本草拾遗》中写道："早春种为春麻子，小而有毒，晚春种为秋麻子，入药佳。"书中指出火麻仁晚春种植的入药佳。

宋朝时期的本草著作《本草衍义》："海东来者最胜，大如莲实，出毛罗岛。其次出上郡、北地，大如豆，南地者子小。去壳法：取麻子，帛包之，沸汤中浸，汤冷出之，垂井中一夜，勿令着水，次日日中曝干，就新瓦上去壳，簸扬取仁，粒粒皆完。张仲景麻仁丸，是用此大麻子。"书中指出海外来的火麻仁最大，其次是上郡、北地，最后是南地。

清朝的《本草述钩元》记载："一名火麻，亦曰黄麻。麻品凡五。黄络苎白也，黄叶五歧，络叶无歧，苎叶圆，茎皆剥皮作麻，其白而有棱，轻虚，可作烛心。早春种者为春麻，子小而有毒。晚春种为秋麻，子入药佳。"书中指出火麻仁晚春种植的入药佳。

从上述历代文献总结为火麻仁以秋麻子入药最佳，主要记载了药物疗效方面的评价，火麻仁具体性状质量方面的评价较少，无品质方面的具体记载，在近代文献中描述如下：

《陕西中药志》记载：火麻仁以干燥、粒饱满、无杂质者为佳。

1963年版《中国药典》一部认为火麻仁以仁整齐饱满、色白、油性足而不泛油、无外壳者为佳。

1977年版《中国药典》一部认为火麻仁以粒饱满、种仁色乳白者为佳。

《中国药材学》记载：火麻仁以粒饱满、种仁乳白者为佳。

《中华本草》记载：火麻仁以粒大、种仁饱满者佳。

《500味常用中药材的经验鉴别》记载：火麻仁商品以身干，色黄，颗粒饱满而均匀，种仁乳白，无杂者，无破碎者为佳。

《中药大辞典》记载：火麻仁以色黄、无皮壳、饱满者佳。

《中华药海》记载：火麻仁以色黄，无皮壳，饱满者为佳。

综上所述，古代本草中关于火麻仁质量的描述都是以种植时间为主，书中提及晚春种植的火麻仁入药佳。现代本草著作中火麻仁的品质评价以身干、色黄、颗粒饱满而均匀、种仁乳白、无杂者、无破碎者为佳。在此基础上结合市场调查，为制定火麻仁商品规格等级标准提供了依据。

ICS 11.120.01
C 23

团 体 标 准

T/CACM 1021.179—2018

代替T/CACM 1021.100—2018

中药材商品规格等级 墨旱莲

Commercial grades for Chinese materia medica

ECLIPTAE HERBA

2018-12-03 发布

2018-12-03 实施

中 华 中 医 药 学 会 发布

目　次

前　言

T/CACM 1021《中药材商品规格等级》标准分为 226 个部分：

——第 1 部分：中药材商品规格等级标准编制通则；

……

——第 178 部分：中药材商品规格等级　火麻仁；

——第 179 部分：中药材商品规格等级　墨旱莲；

——第 180 部分：中药材商品规格等级　蒲公英；

……

——第 226 部分：中药材商品规格等级　玄明粉。

本部分为 T/CACM 1021 的第 179 部分。

本部分代替 T/CACM 1021.100—2018。

本部分按照 GB/T 1.1—2009《标准化工作导则　第 1 部分：标准的结构和编写》给出的规则起草。

本部分代替 T/CACM 1021.100—2018，与 T/CACM 1021.100—2018 相比较，标准编号进行了调整，并重新进行了编辑。

本部分由中药材商品规格等级标准研究技术中心及道地药材国家重点实验室培育基地提出。

本部分由中华中医药学会归口。

本部分起草单位：河北中医学院、中国中医科学院中药资源中心、中药材商品规格等级标准研究技术中心、清华德人西安幸福制药有限公司、北京中研百草检测认证有限公司。

本部分主要起草人：郑玉光、黄璐琦、郭兰萍、詹志来、张天天、薛紫鲸、由会玲、曹兆军、刘红娜、范海刚。

本部分所代替标准的历次版本发布情况为：

——T/CACM 1021.100—2018。

中药材商品规格等级 墨旱莲

1 范围

本部分规定了墨旱莲的商品规格等级。

本部分适用于墨旱莲药材生产、流通以及使用过程中的商品规格等级评价。

2 规范性引用文件

下列文件对于本部分的应用是必不可少的。凡是注明日期的引用文件，仅所注明日期的版本适用于本部分。凡是不注明日期的引用文件，其最新版本（包括所有的修改版本）适用于本部分。

T/CACM 1021.1—2016 中药材商品规格等级编制通则

3 术语和定义

T/CACM 1021.1—2016 以及下列术语和定义适用于本部分。

3.1

墨旱莲 ECLIPTAE HERBA

本品为菊科植物鳢肠 *Eclipta prostrata* L. 的干燥地上部分。花开时采割，晒干。

4 规格等级划分

根据市场流通情况，该药材商品均为统货。应符合表1要求。

表1 规格等级划分

等级	性状描述
统货	本品全体被白色茸毛。茎呈圆柱形，有纵棱，直径2～5mm；表面绿褐色或墨绿色。叶对生，近无柄，叶片皱缩卷曲或破碎，完整者展平后呈长披针形，全缘或具浅齿，墨绿色。头状花序直径2～6mm。瘦果椭圆形而扁，长2～3mm，棕色或浅褐色。气微，味微咸

注1：因墨旱莲采收时间不一，有部分已过采收期采收，导致药材中常有部分质老、无叶片者，质量较差，应注意鉴别。

注2：关于墨旱莲药材历史产区沿革参见附录A。

注3：关于墨旱莲药材品质评价沿革参见附录B。

5 要求

除应符合 T/CACM 1021.1—2016 的第7章规定外，还应符合下列要求：

——无变色；

——无虫蛀；

——无霉变；

——杂质不得过3%。

附录 A

（资料性附录）

墨旱莲药材历史产区沿革

墨旱莲原称"金陵草"，始见于《千金·月令》。《本草图经》引用，但书中未记载其产地。唐代的本草著作《新修本草》卷九："鳢肠，味甘、酸，平，无毒。主血痢，针灸疮发，洪血不可止者，敷之立已。汁涂发眉，发速而繁。生下湿地。苗似旋复，一名莲子草，所在坑渠间有之。"《本草图经》卷七："鳢肠，即莲子草也，旧不载所出州郡，但云生下湿地，今处处有之，南方尤多。此有二种：一种叶似柳而光泽，茎似马齿苋，高一、二尺许，花细而白，其实若小莲房。苏恭云：苗似旋复者是也；一种苗梗枯瘦，颇似莲花而黄色，实亦作房而圆，南人谓之莲翘者。二种摘其苗，皆有汁出，须臾而黑，故多作乌髭发药用之，俗谓之旱莲子。三月、八月采，阴干，亦谓之金陵草。"此时的本草记载了墨旱莲的生长环境及植物来源，生长于湿地，南方较多。

明代《本草蒙筌》卷三："旱莲草（一名鳢肠），味甘、酸，气平。无毒。湿地多生，苗若旋覆。细而白色，实圆而作房。摘断枝茎，汁出渐黑。或煎酒服，或熬膏敷。染白色回乌，止赤痢变粪。须眉稀少，可望速生而繁；火疮发红，能使流血立已。"

附录 B

（资料性附录）

墨旱莲药材品质评价沿革

经查之前的古文献未见墨旱莲商品等级的详细描述。古本草中基本上没有对墨旱莲品质的描述，近代出版物中对墨旱莲的品质评价如下。

《陕西中药志》记载：墨旱莲以干燥、色绿、无根者为佳。

1977 年版《中国药典》一部认为墨旱莲以色墨绿、叶多者为佳。

《中国药材学》记载：墨旱莲以色墨绿、叶多者为佳。

《中华本草》记载：墨旱莲以色黑绿、叶多者为佳。

《500 味常用中药材的经验鉴别》记载：旱莲草商品以身干、无杂质、色绿，有香气者为佳。

《现代中药材商品通鉴》记载：墨旱莲商品为统货，以色绿、无杂质者为佳。

《中药大辞典》记载：墨旱莲以色绿、无杂质者为佳。

《中华药海》记载：墨旱莲以色绿、无杂质者为佳。

综上所述中，古本草中关于墨旱莲的记载比较少，大部分是关于墨旱莲的植物来源及产地的描述，没有关于品质的描述。现代本草中墨旱莲的品质评价以身干、无杂质、色绿、有香气者为佳。因此结合市场调查，最终墨旱莲以颜色、气味、有无杂质及叶片的多少来制定其商品规格等级标准。

ICS 11.120.01
C 23

团 体 标 准

T/CACM 1021.180—2018

代替T/CACM 1021.102—2018

中药材商品规格等级 蒲公英

Commercial grades for Chinese materia medica

TARAXACI HERBA

2018-12-03 发布

2018-12-03 实施

中 华 中 医 药 学 会 发布

目　次

前　言

T/CACM 1021《中药材商品规格等级》标准分为 226 个部分：

——第 1 部分：中药材商品规格等级标准编制通则；

……

——第 179 部分：中药材商品规格等级　墨旱莲；

——第 180 部分：中药材商品规格等级　蒲公英；

——第 181 部分：中药材商品规格等级　神曲；

……

——第 226 部分：中药材商品规格等级　玄明粉。

本部分为 T/CACM 1021 的第 180 部分。

本部分代替 T/CACM 1021.102—2018。

本部分按照 GB/T 1.1—2009《标准化工作导则　第 1 部分：标准的结构和编写》给出的规则起草。

本部分代替 T/CACM 1021.102—2018，与 T/CACM 1021.102—2018 相比较，标准编号进行了调整，并重新进行了编辑。

本部分由中药材商品规格等级标准研究技术中心及道地药材国家重点实验室培育基地提出。

本部分由中华中医药学会归口。

本部分起草单位：河北中医学院、中国中医科学院中药资源中心、无限极（中国）有限公司、中药材商品规格等级标准研究技术中心、北京中研百草检测认证有限公司。

本部分主要起草人：郑玉光、黄璐琦、郭兰萍、詹志来、刘爱朋、王浩、景松松、余意、马方励。

本部分所代替标准的历次版本发布情况为：

——T/CACM 1021.102—2018。

中药材商品规格等级　蒲公英

1　范围

本部分规定了蒲公英的商品规格等级。

本部分适用于蒲公英药材生产、流通以及使用过程中的商品规格等级评价。

2　规范性引用文件

下列文件对于本部分的应用是必不可少的。凡是注明日期的引用文件，仅所注明日期的版本适用于本部分。凡是不注明日期的引用文件，其最新版本（包括所有的修改版本）适用于本部分。

T/CACM 1021. 1—2016 中药材商品规格等级编制通则

3　术语和定义

T/CACM 1021. 1—2016 以及下列术语和定义适用于本部分。

3.1

蒲公英　TARAXACI HERBA

本品为菊科植物蒲公英 *Taraxacum mongolicum* Hand. – Mazz.、碱地蒲公英 *Taraxacum borealisinense* Kitam. 或同属数种植物的干燥全草。春至秋季花初开时采挖，除去杂质，洗净，晒干。

4　规格等级划分

根据市场流通情况，按照栽培方式不同，将蒲公英药材分成"野生蒲公英"与"栽培蒲公英"两个规格。各规格项下均为统货。应符合表 1 要求。

表 1　规格等级划分

规格	性状描述	
	共同点	区别点
野生蒲公英	皱缩卷曲的团块。根呈圆锥状，多弯曲，长 3 ~ 7cm；表面棕褐色，抽皱；根头部有棕褐色或黄白色的茸毛，有的已脱落。叶基生，多皱缩破碎，完整叶片呈倒披针形，绿褐色或暗灰绿色，先端尖或钝，边缘浅裂或羽状分裂，基部渐狭，下延呈柄状，下表面主脉明显。	叶片较小，头状花序较多
栽培蒲公英	花茎 1 至数条，每条顶生头状花序，总苞片多层，内面一层较长，花冠黄褐色或淡黄白色。有的可见多数具白色冠毛的长椭圆形瘦果。气微，味微苦	叶片较大，头状花序较少

注1：栽培蒲公英，部分药农为提高产量，增加经济效益，采取分茬采收方式，头茬货性状以有花有叶无根为主；二茬货性状以无花有叶无根为主；三茬货性状以无花有叶有根为主；性状与药典描述蒲公英性状不符，应注意鉴别。

注2：关于蒲公英药材历史产区沿革参见附录 A。

注3：关于蒲公英药材品质评价沿革参见附录 B。

5　要求

除应符合 T/CACM 1021. 1—2016 的第 7 章规定外，还应符合下列要求：

——无变色；

——无虫蛀；

——无霉变；

——杂质不得过 3%。

附录 A

(资料性附录)

蒲公英药材历史产区沿革

宋《本草图经》:"蒲公草旧不著所出州土,今处处平泽田园中皆有之。"

明《本草纲目》中将蒲公英由过去本草的草部中移入菜部,曰:"地丁,江之南北颇多,他处亦有之,岭南绝无。"

明《救荒本草》曰:"生田野中。"

明《野菜谱》曰:"一名蒲公英。四时皆有,惟极寒天。"

民国《药物出产辨》载:"各省均有,但以江苏省镇江府来者为正。"

通过总结《中国植物志》《中国药材学》《中华本草》《现代中药材商品通鉴》《500味常用中药材的经验鉴别》《中药材及原植物彩色图鉴》《金世元中药材传统鉴别经验》等现代专著,发现蒲公英全国各地均有生产,多自产自销。主产于河北、山东、河南等省。

附录 B

（资料性附录）

蒲公英药材品质评价沿革

民国《药物出产辨》："各省均有，但以江苏省镇江府来者为正。"

1963 年版《中国药典》："以叶多、灰绿色、根完整、无杂草泥土者为佳。"

1977 年版《中国药典》："以叶多、色绿、根长者为佳。"

《中华本草》（1999 年）："以叶多、色灰绿、根完整、无杂质者为佳。"

《500 味常用中药材的经验鉴别》（1999 年）："以叶多、色灰绿、根粗长者为佳。"

《中药大辞典》（2006 年）："以叶多、色灰绿、根完整、无杂质者为佳。"

综上所述，蒲公英产地遍布全国各地。目前主产于黑龙江、吉林、辽宁、内蒙古、河北、山西、陕西、甘肃、青海、山东、江苏、安徽、浙江、福建北部、台湾、河南、湖北、湖南、广东北部、四川、贵州、云南等省区。品质"以叶多、色灰绿、根完整、无杂质者为佳"，而野生蒲公英采收时多挖取全草，根较完整，栽培蒲公英在采收时多割取地上部分，因此无根。两种蒲公英从性状和质量上差异较大，划分为栽培蒲公英和野生蒲公英两种规格。

ICS 11.120.01
C 23

团 体 标 准

T/CACM 1021.181—2018
代替T/CACM 1021.103—2018

中药材商品规格等级 神曲

Commercial grades for Chinese materia medica

MASSA MEDIEATA FERMENTATA

2018-12-03 发布

2018-12-03 实施

中华中医药学会 发布

目　次

前　言

T/CACM 1021《中药材商品规格等级》标准分为 226 个部分：
——第 1 部分：中药材商品规格等级标准编制通则；
……
——第 180 部分：中药材商品规格等级　蒲公英；
——第 181 部分：中药材商品规格等级　神曲；
——第 182 部分：中药材商品规格等级　葶苈子；
……
——第 226 部分：中药材商品规格等级　玄明粉。
本部分为 T/CACM 1021 的第 181 部分。
本部分代替 T/CACM 1021.103—2018。
本部分按照 GB/T 1.1—2009《标准化工作导则　第 1 部分：标准的结构和编写》给出的规则起草。
本部分代替 T/CACM 1021.103—2018，与 T/CACM 1021.103—2018 相比较，标准编号进行了调整，并重新进行了编辑。
本部分由中药材商品规格等级标准研究技术中心及道地药材国家重点实验室培育基地提出。
本部分由中华中医药学会归口。
本部分起草单位：河北中医学院、中国中医科学院中药资源中心、中药材商品规格等级标准研究技术中心、北京中研百草检测认证有限公司。
本部分主要起草人：郑玉光、黄璐琦、郭兰萍、詹志来、张天天、薛紫鲸、张丹。
本部分所代替标准的历次版本发布情况为：
——T/CACM 1021.103—2018。

中药材商品规格等级 神曲

1 范围

本部分规定了神曲的商品规格等级。

本部分适用于神曲药材生产、流通以及使用过程中的商品规格等级评价。

2 规范性引用文件

下列文件对于本部分的应用是必不可少的。凡是注明日期的引用文件，仅所注明日期的版本适用于本部分。凡是不注明日期的引用文件，其最新版本（包括所有的修改版本）适用于本部分。

T/CACM 1021.1—2016 中药材商品规格等级编制通则

《浙江省中药饮片炮制规范》（2015 年版）六神曲

《北京市中药饮片炮制规范》（2008 年版）六神曲

3 术语和定义

T/CACM 1021.1—2016 以及下列术语和定义适用于本部分。

3.1

神曲 MASSA MEDIEATA FERMENTATA

本品为苦杏仁、赤小豆、麦粉、麸皮为基质加入鲜苍耳草、鲜辣蓼、鲜青蒿的液汁拌制，经发酵后制得的干燥曲块。

4 规格等级划分

根据市场流通情况，该药材均为统货。应符合表 1 要求。

表 1 规格等级划分

等级	性状描述
统货	为扁平的方块。表面粗糙，有灰黄色至灰棕色菌落的斑纹。质坚硬，断面粗糙。气特异，味淡。本品为约 1.5cm 立方形小块或直径约 1.5cm 圆柱形的段。表面灰黄色，粗糙，常有裂纹和浅红绿色的斑点。断面不平坦，呈颗粒状，可见未被粉碎的褐色残渣及发酵后的空洞。质硬脆，易破碎。有发酵气，味苦

注1：市场存在用未经发酵原料或发酵不充分原料加工的伪劣神曲销售现象，应注意鉴别。

注2：由于药典中未收载神曲标准，且各地方标准中神曲炮制规范不一，因此本部分制定参考选用了具有代表性的《浙江省中药饮片炮制规范》（2015 年版）收载的六神曲与《北京市中药材饮片炮制规范》（2008 年版）收载的六神曲。

注3：关于神曲药材历史产区沿革参见附录 A。

注4：关于神曲药材品质评价沿革参见附录 B。

5 要求

除应符合 T/CACM 1021.1—2016 的第 7 章规定外，还应符合下列要求：

——无变色；

——无虫蛀；

——无霉变；

——杂质不得过 3%。

附录 A

（资料性附录）

神曲药材历史产区沿革

神曲始载于唐《药性论》，原书已佚，记载其具有"化水谷宿食，症结积滞，健脾暖胃"的功效。

清·赵学敏在《本草纲目拾遗》中首次提出建神曲，指出"出福建泉州府，开元寺造者佳。此曲采百草蔫成，故又名百草曲。以黑青色，煎之成块不散，作清香气者真。色带黄淡者曰贡曲。力和平，不及青黑者力大，此曲愈陈愈妙。范志斋、蔡协德住泉州府城西街东塔前，向造百草神曲，即今建曲。每个重半斤或四两"。此为建曲非神曲。

综上所述，古代本草未见神曲产区，《本草纲目拾遗》中所述为建神曲。

附录 B

（资料性附录）

神曲药材品质评价沿革

明·王纶《本草集要》载："神曲，气温，味甘。纯阳。陈久者良。入药炒令香。六月六日合作者佳。"明代许希周《药性粗评》载："神曲，小麦六月中所做，盖造酒之法，以其陈久而可入药，凡用炒香。所使并所畏恶。"明·郑宁《药性要略大全》载："神曲，味甘，性温、平，五毒。入足阳明胃。六月间作，陈久者良。炒令香用。"以上医著对神曲的用法及质量进行了描述，为后世应用提供了指导。

清·穆石甎《本草洞诠》中记载："神曲，取诸神聚会之日造成者，或五月五日，或六月六日，或三伏日，用白面同青蒿汁、赤豆末、杏仁泥、苍耳汁、野蓼汁，以配白虎、青龙、朱雀、玄武、勾陈、腾蛇六神也，待生黄衣，晒收之，以陈久者为良。"制法与前同。清·郭章宜《本草汇》记载："伏天用白面百斤，青蒿汁三碗，赤小豆末、杏仁泥各三升，苍耳汁、野蓼汁各三碗，以配白虎、青龙、朱雀、玄武、勾陈、腾蛇六神，搜和做饼，诸叶包裹，如造酱黄法，待黄衣晒收。临用炒之，陈久者良。"以上医著中表明神曲以陈久者质量佳。

清·张璐《本经逢原》中对小豆用材做规范，指出应为赤小豆而非相思子。即"甘微苦辛平，无毒。造神曲法，夏日用白面五斤，入青蒿、苍耳、野蓼自然汁各一碗，杏仁泥四两，赤小豆二两，煮研拌面作曲，风干，陈久者良，炒香用。举世以相思子作小豆，大谬"。以上医著中表明神曲以陈久者质量佳。

清·黄宫绣《本草求真》中记载如下："神曲（专入脾胃）。辛甘气温。其物本于白面、杏仁、赤小豆、青蒿、苍耳、红蓼六味作饼蒸郁而成。（造曲法：以五月五日、六月六日，用白面百斤；赤豆末、杏仁泥、青蒿、苍耳、红蓼汁各三升。以配青龙、白虎、朱雀、玄武、腾蛇、勾陈六神。通和作饼。生黄衣。晒收陈久。炒用。）其性六味为一。"以上医著中表明神曲以陈久者质量佳。

清·赵其光在《本草求原》中对神曲的制法及各配料的对应脏腑进行了叙述，其制法与前人相同如下五月五日、六月六日，六神聚会之日，次日辨药料，至上寅日踏曲，或甲、戊、庚三寅日为三奇，在于三伏内修合亦可。用白面百斤，象白虎，配肺。赤豆末，象朱雀，配心，四两。杏仁泥，象玄武，配肾，五两。青蒿，象青龙，配肝。苍耳，象勾陈，配胃。野蓼，象腾蛇，配脾。各汁三升，三升当今一中碗。通和做饼，麻叶包窖，俟生黄，晒干收之。陈久者良。以上医著中表明神曲以陈久者质量佳。

神曲药材的品质评价，历代典籍记载皆为"以陈者为佳"。

古代文献中认为神曲陈久者质量佳，其品质评价主要以新陈为主。在近代文献中描述如下：

《中华本草》中记载神曲的品质以身干、陈久、无虫蛀、杂质少者为佳。

《现代中药材商品通鉴》中记载神曲的品质以色黄棕、块整、陈久、具香气、无虫蛀、无杂质者为佳。

综上所述，古代本草中关于神曲质量的描述都是以存放时间为主，书中提及福建泉州产的神曲质量佳，在进行市场调查时并未找到建神曲。现代本草著作中神曲的品质评价以色黄棕、块整、陈久、具香气、无虫蛀、无杂质者为佳。在此基础上结合市场调查，为制定神曲商品规格等级标准提供了依据。

ICS 11.120.01
C 23

团 体 标 准

T/CACM 1021.182—2018

代替T/CACM 1021.106—2018

中药材商品规格等级 葶苈子

Commercial grades for Chinese materia medica

DESCURAINIAE SEMEN LEPIDII SEMEN

2018-12-03 发布   2018-12-03 实施

中 华 中 医 药 学 会 发布

目　次

前　言

T/CACM 1021《中药材商品规格等级》标准分为 226 个部分：
——第 1 部分：中药材商品规格等级标准编制通则；
……
——第 181 部分：中药材商品规格等级　神曲；
——第 182 部分：中药材商品规格等级　葶苈子；
——第 183 部分：中药材商品规格等级　王不留行；
……
——第 226 部分：中药材商品规格等级　玄明粉。
本部分为 T/CACM 1021 的第 182 部分。

本部分代替 T/CACM 1021.106—2018。

本部分按照 GB/T 1.1—2009《标准化工作导则　第 1 部分：标准的结构和编写》给出的规则起草。

本部分代替 T/CACM 1021.106—2018，与 T/CACM 1021.106—2018 相比较，标准编号进行了调整，并重新进行了编辑。

本部分由中药材商品规格等级标准研究技术中心及道地药材国家重点实验室培育基地提出。

本部分由中华中医药学会归口。

本部分起草单位：河北中医学院、中国中医科学院中药资源中心、中药材商品规格等级标准研究技术中心、广东太安堂药业股份有限公司、北京中研百草检测认证有限公司。

本部分主要起草人：郑玉光、黄璐琦、郭兰萍、詹志来、焦倩、郭利霄、景松松。

本部分所代替标准的历次版本发布情况为：
——T/CACM 1021.106—2018。

中药材商品规格等级　葶苈子

1　范围

本部分规定了葶苈子的商品规格等级。

本部分适用于葶苈子药材生产、流通以及使用过程中的商品规格等级评价。

2　规范性引用文件

下列文件对于本部分的应用是必不可少的。凡是注明日期的引用文件，仅所注明日期的版本适用于本部分。凡是不注明日期的引用文件，其最新版本（包括所有的修改版本）适用于本部分。

T/CACM 1021.1—2016 中药材商品规格等级编制通则

3　术语和定义

T/CACM 1021.1—2016 以及下列术语和定义适用于本部分。

3.1

葶苈子　DESCURAINIAE SEMEN LEPIDII SEMEN

本品为十字花科植物播娘蒿 *Descurainia sophia*（L.）Webb. ex Prantl. 或独行菜 *Lepidium apetalum* Willd. 的干燥成熟种子。前者习称"南葶苈子"，后者习称"北葶苈子"。夏季果实成熟时采割植株，晒干，搓出种子，除去杂质。

4　规格等级划分

根据市场流通情况，按照基原的不同，将葶苈子药材分为"南葶苈子"和"北葶苈子"两个规格。各规格项下均为统货。应符合表1要求。

表1　规格等级划分

规格	等级	性状描述
南葶苈子	统货	呈长圆形，略扁，长 0.8～1.2mm，宽约 0.5mm。表面棕色或红棕色，微有光泽，具纵沟2条，其中1条较明显。一端钝圆，另端微凹或较平截，种脐类白色，位于凹入端或平截处。气微，味微辛、苦，略带黏性
北葶苈子	统货	呈扁卵形，长 1～1.5mm，宽 0.5～1mm。一端钝圆，另端尖而微凹，种脐位于凹入端。味微辛辣，黏性较强

注1：市场葶苈子药材销售主要以南葶苈子为主，北葶苈子药材少见。

注2：关于葶苈子药材历史产区沿革参见附录A。

注2：关于葶苈子药材品质评价沿革参见附录B。

5　要求

除应符合 T/CACM 1021.1—2016 的第7章规定外，还应符合下列要求：

——无虫蛀；

——无霉变；

——杂质不得过3%。

附录 A

（资料性附录）

葶苈子药材历史产区沿革

葶苈子入药始载于秦汉时期的《神农本草经》，列为下品。《神农本草经》曰："主症瘕积聚，结气，饮食，寒热，破坚。一名大室，一名大适。生平泽，及田野。"主要记载了其生长环境。

魏晋时期《名医别录》记载："大寒，无毒。下膀胱水，腹留热气，皮间邪水上出，面目肿，身暴中风热痱痒，利久服令人虚。一名丁历，一名蕇蒿。生藁城及田野。立夏后采实，阴干。"其中记载了葶苈子的药性功效和生境。

南朝时期《本草经集注》记录为："味辛、苦，寒、大寒，无毒。主治癥瘕积聚，结气……生藁城（今河北藁城）平泽及田野……出彭城（今江苏徐州）者最胜，今近道亦有。母则公荠，子细黄至苦，用之当熬。"《本草经集注》记载了葶苈子的功效主治，河北藁城为生境分布，并指出产于江苏徐州者佳。

唐代《新修本草》记录为："味辛、苦，寒、大寒，无毒。主治癥瘕积聚结气……生藁城（今河北藁城）平泽及田野……出彭城（一指江苏徐州，一指河北邯郸峰峰矿区）者最胜，今近道亦有。母则公荠，子细黄至苦，用之当熬也。"

宋代苏颂《本草图经》载："葶苈生藁城（今河北藁城）平泽及田野，今京东（今河南开封）、陕西、河北州郡皆有之，曹州（今山东菏泽）者尤胜。初春生苗叶，高六、七寸，叶似荠；根白，枝茎俱青；三月开花，微黄；结角，子扁小如黍粒微长，黄色；立夏后采实，曝干。"描述了葶苈子不止产于河北藁城，河南、陕西以及河北其他地方皆产，山东菏泽者质量尤其佳。同时期的《宝庆本草折衷》记载："生藁城平泽及口城、京东、陕西、河北，曹、丹州，成德军。今近道田野亦有。"记载葶苈子生长在藁城、河南等地。

明代《本草蒙筌》记载为："陕西河北俱多，曹州出者独胜。"描述了葶苈子主产于陕西河北，山东菏泽出产的葶苈子质量最好。结合上述地区现在使用葶苈子的品种情况，古代使用的品种应是独行菜，即北葶苈子。

清代吴其浚《植物名实图考》中的记载为："狗荠一种，南方至多。"此大概指南葶苈子。

从古文献本草考证来看，葶苈子的产地主要是河北、河南、陕西、山东等地。现代文献《中华本草》《现代中药材商品通鉴》和《500味常用中药材的经验鉴别》等记载，葶苈子目前主产于河北、河南、山东、辽宁、陕西等地，古今主产区比较一致。

附录 B

（资料性附录）

葶苈子药材品质评价沿革

历代对葶苈子品质评价较少。宋代苏颂《本草图经》载："曹州（今山东菏泽）者尤胜。"明代《本草蒙筌》记载为："陕西河北俱多，曹州出者独胜。"

近代文献主要是从葶苈子的颜色、饱满度、光泽度、黏度来进行品质评价。

1963 年版《中国药典》一部：以子粒充实、均匀、黄棕色、无杂质者为佳。

《中国药材学》：本品以粒饱满、表面色红棕、有光泽、黏性较强者为佳。

《中药大全》：均以红棕色，无皮壳杂质者为佳。

《现代中药材商品通鉴》：以子粒饱满均匀、表面黄棕色、有光泽、黏性较强者质佳。

《500 味常用中药材经验鉴别》：两种葶苈子均以颗粒均匀、饱满、色黄棕、无杂质者为佳。两种商品因各地习惯不同而使用不同。

《中华药海》：以子粒充实，均匀，黄棕色，无杂质者为佳。

古代书籍对葶苈子主要是从产地来说明其品质，山东曹州的葶苈子质量最优。近代文献一般从葶苈子本身的性状上进行评价。

ICS 11.120.01
C 23

团 体 标 准

T/CACM 1021.183—2018
代替T/CACM 1021.107—2018

中药材商品规格等级　王不留行

Commercial grades for Chinese materia medica

VACCARIAE SEMEN

2018-12-03 发布

2018-12-03 实施

中 华 中 医 药 学 会 发布

目　次

前　言

T/CACM 1021《中药材商品规格等级》标准分为 226 个部分：
——第 1 部分：中药材商品规格等级标准编制通则；
……
——第 182 部分：中药材商品规格等级　葶苈子；
——第 183 部分：中药材商品规格等级　王不留行；
——第 184 部分：中药材商品规格等级　紫苏梗；
……
——第 226 部分：中药材商品规格等级　玄明粉。

本部分为 T/CACM 1021 的第 183 部分。

本部分代替 T/CACM 1021.107—2018。

本部分按照 GB/T 1.1—2009《标准化工作导则　第 1 部分：标准的结构和编写》给出的规则起草。

本部分代替 T/CACM 1021.107—2018，与 T/CACM 1021.107—2018 相比较，标准编号进行了调整，并重新进行了编辑。

本部分由中药材商品规格等级标准研究技术中心及道地药材国家重点实验室培育基地提出。

本部分由中华中医药学会归口。

本部分起草单位：河北中医学院、中国中医科学院中药资源中心、中药材商品规格等级标准研究技术中心、北京中研百草检测认证有限公司。

本部分主要起草人：郑玉光、黄璐琦、郭兰萍、詹志来、刘爱朋、王浩、李菁。

本部分所代替标准的历次版本发布情况为：
——T/CACM 1021.107—2018。

中药材商品规格等级　王不留行

1　范围

本部分规定了王不留行的商品规格等级。

本部分适用于王不留行药材生产、流通以及使用过程中的商品规格等级评价。

2　规范性引用文件

下列文件对于本部分的应用是必不可少的。凡是注明日期的引用文件，仅所注明日期的版本适用于本部分。凡是不注明日期的引用文件，其最新版本（包括所有的修改版本）适用于本部分。

T/CACM 1021. 1—2016 中药材商品规格等级编制通则

3　术语和定义

T/CACM 1021. 1—2016 以及下列术语和定义适用于本部分。

3.1

王不留行　VACCARIAE SEMEN

本品为石竹科植物麦蓝菜 *Vaccaria segetalis*（Neck.）Garcke 的干燥成熟种子。夏季果实成熟、果皮尚未开裂时采割植株，晒干，打下种子，除去杂质，再晒干。

4　规格等级划分

根据市场流通情况，该药材商品均为统货。应符合表 1 要求。

表 1　规格等级划分

等级	性状描述
统货	呈球形，直径约 2mm。表面黑色，少数红棕色，略有光泽，有细密颗粒状突起，一侧有 1 凹陷的纵沟。质硬。胚乳白色，胚弯曲成环，子叶 2。气微，味微涩、苦

注 1：市场王不留行药材主要分为两个产区：甘肃和河南。甘肃货市场习称小粒王不留行，炒时不易爆开；河南货习称大粒王不留行，炒时易爆开；都为统货，且无性状差异，因此此等级划分中只制定统货一个规格。

注 2：各药材市场尚有广东王不留行销售，其基原为桑科植物薜荔 *Ficus pumila* L. 的干燥花序托。

注 3：关于王不留行药材历史产区沿革参见附录 A。

注 4：关于王不留行药材品质评价沿革参见附录 B。

5　要求

除应符合 T/CACM 1021. 1—2016 的第 7 章规定外，还应符合下列要求：

——无走油；

——无虫蛀；

——无霉变；

——杂质不得过 3%。

附录 A

（资料性附录）

王不留行药材历史产区沿革

王不留行始载于《神农本草经》，列为上品，"王不留行，味苦，平。主金创，止血，逐痛，出刺，除风寒内痹。久服身轻，耐老，增寿。生山谷"。仅记载了王不留行的生境。

南北朝《名医别录》："王不留行……生泰山山谷，二月、八月采。"泰山即今山东省泰安一带。

五代《蜀本草》："王不留行，所在有之。"

宋《本草图经》："王不留行，生泰山山谷，今江、浙及并河处皆有之……"并附河中府（今山西永济）王不留行图。

明《救荒本草》："王不留行，生太行山古，今祥符、沙冈间亦有之。"祥符即今河南开封一带。

明《本草纲目》："王不留行，多生麦地中。"

附录 B

（资料性附录）

王不留行药材品质评价沿革

1963 年版《中国药典》："以子粒均匀、充实饱满、色黑、无杂质者为佳。"

《中华本草》（1999 年）："以粒饱满、色黑者为佳。"

《500 味常用中药材的经验鉴别》（1999 年）："以颗粒均匀，子粒饱满，色黑者为佳。"

《现代中药材商品通鉴》（2001 年）："以粒均匀、饱满、色黑者为佳。"

《中药大辞典》（2006 年）："以干燥、子粒均匀、充实饱满、色乌黑、无杂质者为佳。"

综上，王不留行在我国分布较广，多以颗粒均匀、籽粒饱满、色黑者为佳。市场上只有统货一种规格。

ICS 11.120.01
C 23

团 体 标 准

T/CACM 1021.184—2018

代替T/CACM 1021.108—2018

中药材商品规格等级　紫苏梗

Commercial grades for Chinese materia medica

PERILLAE CAULIS

2018-12-03 发布

2018-12-03 实施

中华中医药学会 发布

目　次

前　言

T/CACM 1021《中药材商品规格等级》标准分为 226 个部分：

——第 1 部分：中药材商品规格等级标准编制通则；

……

——第 183 部分：中药材商品规格等级　王不留行；

——第 184 部分：中药材商品规格等级　紫苏梗；

——第 185 部分：中药材商品规格等级　紫苏叶；

……

——第 226 部分：中药材商品规格等级　玄明粉。

本部分为 T/CACM 1021 的第 184 部分。

本部分代替 T/CACM 1021.108—2018。

本部分按照 GB/T 1.1—2009《标准化工作导则　第 1 部分：标准的结构和编写》给出的规则起草。

本部分代替 T/CACM 1021.108—2018，与 T/CACM 1021.108—2018 相比较，标准编号进行了调整，并重新进行了编辑。

本部分由中药材商品规格等级标准研究技术中心及道地药材国家重点实验室培育基地提出。

本部分由中华中医药学会归口。

本部分起草单位：河北中医学院、中国中医科学院中药资源中心、中药材商品规格等级标准研究技术中心、河北省农科院药用植物研究中心、北京中研百草检测认证有限公司。

标准主要起草人：谢晓亮、郑玉光、黄璐琦、郭兰萍、詹志来、温子帅、李英、温春秀、李嘉诚。

本部分所代替标准的历次版本发布情况为：

——T/CACM 1021.108—2018。

中药材商品规格等级 紫苏梗

1 范围

本部分规定了紫苏梗的商品规格等级。

本部分适用于紫苏梗药材生产、流通以及使用过程中的商品规格等级评价。

2 规范性引用文件

下列文件对于本部分的应用是必不可少的。凡是注明日期的引用文件，仅所注明日期的版本适用于本部分。凡是不注明日期的引用文件，其最新版本（包括所有的修改版本）适用于本部分。

T/CACM 1021.1—2016 中药材商品规格等级编制通则

3 术语和定义

T/CACM 1021.1—2016 以及下列术语和定义适用于本部分。

3.1

紫苏梗 PERILLAE CAULIS

本品为唇形科植物紫苏 *Perilla frutescens*（L.）Britt. 的干燥茎。秋季果实成熟后采割，除去杂质，晒干，或趁鲜切片，晒干。

4 规格等级划分

根据市场流通情况，将紫苏梗药材分成"紫苏梗个"与"紫苏梗片"两个规格。"紫苏梗个"根据颜色、含杂率等分成"选货"和"统货"两个等级。应符合表1要求。

表1 规格等级划分

规格	等级	性状描述	
		共同点	区别点
紫苏梗个	选货	本品呈四棱钝圆，直径 0.5～1.5cm。节部稍膨大，有对生的枝痕和叶痕。体轻，粗细均匀，质硬。断面裂片状，木部黄白色，射线细密，呈放射状，髓部白色，疏松或脱落。味淡	呈方柱形，整齐，表面紫棕色，节较少，香气浓郁，杂质不得过1%
	统货		呈方柱形，长短不一，表面暗紫色，香气淡，杂质不得过3%
紫苏梗片	—		厚2～5mm，常呈斜长方形，杂质不得过3%

注1：市场紫苏梗药材主要以颜色、杂质多少来判定药材质量优劣，但目前市场尚存在一种颜色较紫、直径超出药典直径要求的紫苏梗药材，且气味微弱，应注意鉴别。

注2：市场另有紫苏梗陈货销售，即存放时间较长的紫苏梗药材；由于长期存放，暴露在空气中，紫苏梗中挥发性成分又容易散失、氧化，因此紫苏梗陈货易外观颜色加深成褐色，且气味变淡，此类商品药典指标性成分极其不易合格，应注意鉴别。

注3：市场销售紫苏梗部分以紫苏梗段销售，不符合药典要求。

注4：关于紫苏梗药材历史产区沿革参见附录A。

注5：关于紫苏梗药材品质评价沿革参见附录B。

5 要求

除应符合 T/CACM 1021.1—2016 的第7章规定外，还应符合下列要求：

——无变色；

——无虫蛀；

——无霉变。

附录 A

紫苏梗药材历史产区沿革

紫苏原名苏，始载于《名医别录》，列为中品。之后的历代本草大多记载为处处有之。宋《本草图经》指出："苏，紫苏也，旧不著所出州土，今处处有之。"

明《救荒本草》曰："出简州及无为军，今处处有之。"简州及无为军为今四川及安徽。明《本草品汇精要》谓："《图经》曰：旧不著所出州土，今处处有之。道地：吴中（今江浙一带）者佳。"

民国时期《增订伪药条辨》曰："紫苏，江浙皆出。"

《陕西中药志》收载紫苏主产于山阳、凤县、南郑、安康、洵阳、汉阴、黄龙、宜君等县，多栽培于山坡或庭院。

1963 年版《中国药典》一部收载紫苏梗主产于江苏、湖北、广东、河南、河北等地。

徐国钧《中国药材学》收载紫苏叶主产于湖北、河南、四川、江苏、广西、山东、广东、浙江、河北、山西等地，以湖北、河南、四川、山东、江苏产量大，广东、广西、湖北、河北品质佳，销全国并出口。紫苏梗项下未记载产地，这里写的是紫苏叶项下的产地。

《中华本草》记载紫苏梗主产于江苏、湖北、河南、浙江、山东、四川等地，全国其他地区亦产。多自产自销。野紫苏梗全国多数地区有产。多自产自销。

《中药大全》收载紫苏叶主产于江苏、浙江、河北、湖北、河南等地，其他各地多有栽培。紫苏叶项下附有紫苏梗。

张贵君《现代中药材商品通鉴》收载紫苏梗产于湖北黄岗、孝感，河北安国，山西，河南禹县、商丘，及江苏、广西、四川涪陵、山东泰安、广东等地。

《实用本草纲目彩色图鉴》收载紫苏叶。全国各地广泛栽培。紫苏叶项下附有紫苏梗。

《中药大辞典》收载紫苏梗主产于江苏、河南、浙江、山东、湖北、四川等地。

金世元《金世元中药材传统鉴别经验》收载紫苏叶主产于江苏、浙江、河北等地，多自产自销。以河北安国栽培品种质量最优。紫苏叶项下附有紫苏梗。

综合以上古文献及现代文献考证，紫苏梗产于湖北、河南、四川、江苏、广西、广东、浙江、河北、山西等地。

附录 B

（资料性附录）

紫苏梗药材品质评价沿革

《陕西中药志》收载紫苏梗：以茎粗、干燥、无杂质者为佳。

1963 年版《中国药典》一部：以外皮紫棕色，分枝少、香气大者为佳。

1977 年版《中国药典》一部：以外皮色紫棕、有香气者为佳。

《中华本草》：以外皮色紫棕、有香气者为佳。

张贵君《现代中药材商品通鉴》：以梗嫩、外皮色紫棕、分枝少、香气浓者为佳。

《金世元中药材传统鉴别经验》：以外皮紫棕色、有香气者为佳。

综上，历代对于紫苏梗的规格等级划分依据颜色、气香的浓郁等进行评价。为制定紫苏梗商品规格等级标准提供了依据。

ICS 11.120.01
C 23

团 体 标 准

T/CACM 1021.185—2018
代替T/CACM 1021.109—2018

中药材商品规格等级　紫苏叶

Commercial grades for Chinese materia medica

PERILLAE FOLIUM

2018-12-03 发布
2018-12-03 实施

中 华 中 医 药 学 会 发布

目 次

前　言

T/CACM 1021《中药材商品规格等级》标准分为 226 个部分：
——第 1 部分：中药材商品规格等级标准编制通则；
……
——第 184 部分：中药材商品规格等级　紫苏梗；
——第 185 部分：中药材商品规格等级　紫苏叶；
——第 186 部分：中药材商品规格等级　紫苏子；
……
——第 226 部分：中药材商品规格等级　玄明粉。
本部分为 T/CACM 1021 的第 185 部分。

本部分代替 T/CACM 1021.109—2018。

本部分按照 GB/T 1.1—2009《标准化工作导则　第 1 部分：标准的结构和编写》给出的规则起草。

本部分代替 T/CACM 1021.109—2018，与 T/CACM 1021.109—2018 相比较，标准编号进行了调整，并重新进行了编辑。

本部分由中药材商品规格等级标准研究技术中心及道地药材国家重点实验室培育基地提出。

本部分由中华中医药学会归口。

本部分起草单位：河北中医学院、中国中医科学院中药资源中心、广西壮族自治区药用植物园、陕西中医药大学、山东省分析测试中心、内蒙古自治区中医药研究所、湖北中医药大学、昆明理工大学、广东药科大学、福建农林大学、贵阳中医学院、重庆市中药研究院、南京中医药大学、皖西学院、江西省中医药研究院、新疆维吾尔自治区中药民族药研究所、中药材商品规格等级标准研究技术中心、北京中研百草检测认证有限公司。

本部分主要起草人：郑玉光、黄璐琦、郭兰萍、詹志来、温子帅、缪剑华、唐志书、王晓、李旻辉、刘大会、崔秀明、杨全、张重义、周涛、李隆云、严辉、韩邦兴、虞金宝、徐建国、李英、苏春燕、李嘉诚。

本部分所代替标准的历次版本发布情况为：
——T/CACM 1021.109—2018。

中药材商品规格等级　紫苏叶

1　范围

本部分规定了紫苏叶的商品规格等级。

本部分适用于紫苏叶药材生产、流通以及使用过程中的商品规格等级评价。

2　规范性引用文件

下列文件对于本部分的应用是必不可少的。凡是注明日期的引用文件，仅所注明日期的版本适用于本部分。凡是不注明日期的引用文件，其最新版本（包括所有的修改版本）适用于本部分。

T/CACM 1021.1—2016 中药材商品规格等级编制通则

3　术语和定义

T/CACM 1021.1—2016 以及下列术语和定义适用于本部分。

3.1

紫苏叶　PERILLAE FOLIUM

本品为唇形科植物紫苏 *Perilla frutescens*（L.）Britt. 的干燥叶（或带嫩枝）。夏季枝叶茂盛时采收，除去杂质，晒干。

3.2

齐紫苏叶　qizisuye

将较大的叶片叠齐，捆扎成小扎，称为"齐紫苏叶"。

3.3

散紫苏叶　sanzisuye

夏秋季开花前割取叶片，阴干，称为"散紫苏叶"。

4　规格等级划分

根据市场流通情况，按照不同加工方式，将紫苏叶药材分成"散紫苏叶"与"齐紫苏叶"两个规格。"散紫苏叶"项下，根据颜色、破碎率等进行等级划分。应符合表1要求。

表1　规格等级划分

规格	等级	性状描述	
		共同点	区别点
散紫苏叶	选货	叶片长 4~11cm，宽 2.5~9cm。两面紫色或上表面绿色，下表面紫色，质脆。气清香，味微辛	叶片稍卷曲、比较完整，破碎度 <3%。无嫩枝。色紫，颜色鲜明
	统货		叶片多皱缩卷曲、破碎度 <10%。少许嫩枝。色淡紫，颜色暗
齐紫苏叶	统货		叶片叠齐，平直，捆扎成小扎，完整

注1：当前药材市场紫苏叶规格按照不同的加工方法分为散紫苏和齐紫苏，其中散紫苏根据颜色、大小、完整度不同可以分为两个等级。

注2：目前市场紫苏叶规格主要以上表面紫色、下表面绿色为主，部分两面紫色；同时还存在一种上表面和下表面都为绿色的紫苏叶，颜色与药典紫苏叶颜色描述不符，应注意鉴别。

注3：关于紫苏叶药材历史产区沿革参见附录A。

注4：关于紫苏叶药材品质评价沿革参见附录B。

5 要求

除应符合 T/CACM 1021. 1—2016 的第 7 章规定外，还应符合下列要求：

——无变色；

——无虫蛀；

——无霉变；

——杂质不得过 3% 。

附录 A

（资料性附录）

紫苏叶药材历史产区沿革

紫苏原名苏，始载于《名医别录》，列为中品。之后的历代本草大多记载为处处有之。

宋《本草图经》指出："苏，紫苏也，旧不著所出州土，今处处有之。"

明《救荒本草》曰："出简州及无为军，今处处有之。"简州及无为军为今四川及安徽。明《本草品汇精要》谓："《图经》曰：旧不著所出州土，今处处有之。道地：吴中（今江浙一带）者佳。"明《药性粗评》谓："江南园圃处处有之。"

民国时期《增订伪药条辨》曰："紫苏，江浙皆出。"

《陕西中药志》收载紫苏主产于山阳、凤县、南郑、安康、洵阳、汉阴、黄龙、宜君等县，多栽培于山坡或庭院。

1963 年版《中国药典》一部收载紫苏叶主产于江苏、湖北、广东、河南、河北等地。

徐国钧《中国药材学》收载紫苏叶主产于湖北、河南、四川、江苏、广西、山东、广东、浙江、河北、山西等地，以湖北、河南、四川、山东、江苏产量大，广东、广西、湖北、河北品质佳，销全国并出口。

《中华本草》收载紫苏叶主产于湖北、河南、四川、江苏、广西、广东、浙江、河北、山西等地，以湖北、河南、四川、山东、江苏等地产量大、广东、广西、湖北、河北等地所产者品质佳。销全国并有出口。野紫苏叶全国多数地区有产。多自产自销。

《中药大全》收载主产于江苏、浙江、河北、湖北、河南等地，其他各地多有栽培。

《500 味常用中药材的经验鉴别》收载紫苏叶在全国大部分地区均有分布和生产，主产于江苏江宁、高淳、苏州；浙江新昌、嵊县、宁波、兰溪、绍兴；河北安国、定州；河南洛阳等地。

张贵君《现代中药材商品通鉴》收载紫苏叶主产于江苏江宁、高淳、苏州，浙江新昌、嵊县、绍兴，河北安国，河南洛阳等地。全国大部分地区均有生产。多为栽培。

《实用本草纲目彩色图鉴》收载紫苏叶。全国各地广泛栽培。

《中药大辞典》收载紫苏叶主产于湖北、河南、四川、江苏、广西、广东、浙江、河北、山西等地，以湖北、河南、四川、山东、江苏等地产量大，广东、广西、湖北、河北等地所产者品质佳。

《中华药海》收载紫苏叶主产于江苏、湖北、广东、广西、河南、河北、山东、山西、浙江、四川等地。

金世元《金世元中药材传统鉴别经验》收载紫苏叶主产于江苏、浙江、河北等地，多自产自销。以河北安国栽培品种质量最优。

综合以上古代文献及现代文献考证，紫苏叶主产于湖北、河南、四川、江苏、广西、广东、浙江、河北、山西等地，以湖北、河南、四川、山东、江苏等地产量大，广东、广西、湖北、河北等地所产者品质佳。

附录 B

（资料性附录）

紫苏叶药材品质评价沿革

1963 年版《中国药典》一部：以叶大、色紫、不碎、香气浓、无枝梗者为佳。

1977 年版《中国药典》一部：以叶完整、色紫、香气浓者为佳。

《中国药材学》：本品以色紫绿、香气浓、碎屑少者为佳。

《中华本草》：以叶完整、色紫、香气浓者为佳。

《中药大全》：以茎叶较嫩，紫绿色、带有多数叶片者为佳。

《500 味常用中药材的经验鉴别》：以叶大，色紫，不碎，香气浓，无枝梗杂质者为佳。以栽培品红紫苏优于野生品。

张贵君《现代中药材商品通鉴》：以叶完整、色紫、香气浓者，无枝梗，无杂质者为佳。

《中华药海》：以叶大、色紫、不碎、香气浓郁、无枝梗为佳。

《金世元中药材传统鉴别经验》：以面上绿下紫、香气浓者为佳。

综上所述，古代本草记载的紫苏叶全国范围内均有，江浙一带产的紫苏叶质量较好，关于其品质方面，大多数本草认为紫苏叶以两面均为紫色者为佳。现代本草著作认为紫苏叶大完整、色紫、无枝梗、香气浓者为佳。结合市场调查，我们以紫苏叶的叶片完整度、颜色、杂质多少及香气的浓郁程度为依据制定紫苏叶的商品规格等级标准。

ICS 11.120.01
C 23

团 体 标 准

T/CACM 1021.186—2018

代替T/CACM 1021.110—2018

中药材商品规格等级 紫苏子

Commercial grades for Chinese materia medica

PERILLAE FRUCTUS

2018-12-03 发布

2018-12-03 实施

中 华 中 医 药 学 会 发布

目　次

前　言

T/CACM 1021《中药材商品规格等级》标准分为 226 个部分：
——第 1 部分：中药材商品规格等级标准编制通则；
……
——第 185 部分：中药材商品规格等级　紫苏叶；
——第 186 部分：中药材商品规格等级　紫苏子；
——第 187 部分：中药材商品规格等级　紫菀；
……
——第 226 部分：中药材商品规格等级　玄明粉。
本部分为 T/CACM 1021 的第 186 部分。

本部分代替 T/CACM 1021.110—2018。

本部分按照 GB/T 1.1—2009《标准化工作导则　第 1 部分：标准的结构和编写》给出的规则起草。

本部分代替 T/CACM 1021.110—2018，与 T/CACM 1021.110—2018 相比较，标准编号进行了调整，并重新进行了编辑。

本部分由中药材商品规格等级标准研究技术中心及道地药材国家重点实验室培育基地提出。

本部分由中华中医药学会归口。

本部分起草单位：河北中医学院、中国中医科学院中药资源中心、中药材商品规格等级标准研究技术中心、北京中研百草检测认证有限公司。

本部分主要起草人：郑玉光、黄璐琦、郭兰萍、詹志来、木盼盼、温子帅、李英、韩晓伟、李嘉诚。

本部分所代替标准的历次版本发布情况为：
——T/CACM 1021.110—2018。

中药材商品规格等级　紫苏子

1　范围

本部分规定了紫苏子的商品规格等级。

本部分适用于紫苏子药材生产、流通以及使用过程中的商品规格等级评价。

2　规范性引用文件

下列文件对于本部分的应用是必不可少的。凡是注明日期的引用文件，仅所注明日期的版本适用于本部分。凡是不注明日期的引用文件，其最新版本（包括所有的修改版本）适用于本部分。

T/CACM 1021.1—2016 中药材商品规格等级编制通则

3　术语和定义

T/CACM 1021.1—2016 以及下列术语和定义适用于本部分。

3.1

紫苏子　PERILLAE FRUCTUS

本品为唇形科植物紫苏 Perilla frutescens（L.）Britt. 的干燥成熟果实。秋季果实成熟时采收，除去杂质，晒干。

4　规格等级划分

根据市场流通情况，将紫苏子分为"选货"与"统货"两个等级。应符合表1要求。

表1　规格等级划分

等级	性状描述	
	共同点	区别点
选货	呈卵圆形或类球形，直径约1.5mm。果皮薄而脆。表面灰棕色或灰褐色，有微隆起的暗紫色网纹，基部稍尖，有灰白色点状果梗痕。果皮薄而脆，易压碎。种子黄白色，种皮膜质，子叶2，类白色。压碎有香气，味微辛	表皮完整，无破损。颗粒均匀、饱满，富油性。杂质不得过0.5%
统货		表皮基本完整。颗粒大小不等，有的饱满有的略干瘪。杂质不得过3%

注1：目前市场紫苏子药材因产地不同，导致性状稍有差异。

注2：目前市场紫苏子品种较为混乱，除药典品种外，尚有白苏子来源于唇形科植物紫苏 Perilla frutesceus（L.）Britt. 的干燥白色成熟果实，收载于《浙江省中药饮片炮制规范》（2015年版）；小苏子（野生紫苏、浙苏子）来源于唇形科植物野生紫苏 Perilla frutesceus（L.）Britt. var. acuta（Thunb.）Kudo 的干燥成熟果实，收载于《浙江省中药饮片炮制规范》（2015年版）。以上品种性状与药典描述紫苏子性状差异较大，应注意鉴别。

注3：关于紫苏子药材历史产区沿革参见附录A。

注4：关于紫苏子药材品质评价沿革参见附录B。

5　要求

除应符合 T/CACM 1021.1—2016 的第7章规定外，还应符合下列要求：

——无变色；

——无虫蛀；

——无霉变。

附录 A

（资料性附录）

紫苏子药材历史产区沿革

紫苏原名苏，始载于《名医别录》，列为中品。之后的历代本草大多记载为处处有之。宋《本草图经》指出："苏，紫苏也，旧不著所出州土，今处处有之。"

明《救荒本草》曰："出简州及无为军，今处处有之。"简州及无为军为今四川及安徽。明《本草品汇精要》谓："《图经》曰：旧不著所出州土，今处处有之。道地：吴中（今江浙一带）者佳。"明《药性粗评》谓："江南园圃处处有之。"

民国时期《增订伪药条辨》曰："紫苏，江浙皆出。"

《陕西中药志》收载紫苏主产于山阳、凤县、南郑、安康、洵阳、汉阴、黄龙、宜君等县，多栽培于山坡或庭院。

1963 年版《中国药典》一部收载紫苏子主产于湖北、江苏、河南等地。

徐国钧《中国药材学》收载紫苏子主产于江苏、湖北、江西、浙江、山东、四川等地。销全国，并有出口。

《中华本草》记载紫苏子我国大部分地区有产，主产于湖北、河南、山东、江西、浙江、四川、河北、黑龙江等地，以湖北产量较大，销全国。其他各地一般自产自销。

《中药大全》收载紫苏叶主产于江苏、浙江、河北、湖北、河南等地，其他各地多有栽培。紫苏叶项下附有紫苏子。

《500 味常用中药材的经验鉴别》收载：紫苏子商品来源为野生栽培均有，紫苏（包括其变种）在全国大分地区有分布。主产于湖北孝感、黄岗；河南禹县、长葛、商丘；山东泰安、章丘、历城；江西丰城、宜春、樟树；浙江金华、建德；四川涪陵；河北安国、定州；黑龙江黑河等地。

张贵君《现代中药材商品通鉴》收载紫苏子：全国各地广有栽培，主产于湖北、河南、山东、江西、浙江、四川、河北、黑龙江等省，以湖北产量较大，销全国。其他各地一般均自产自销。

《中药大辞典》收载紫苏子主产于湖北、河南、山东、江西、浙江、四川、河北、黑龙江等地，以湖北产量较大。

金世元《金世元中药材传统鉴别经验》收载紫苏叶主产于江苏、浙江、河北等地，多自产自销。以河北安国栽培品种质量最优。紫苏叶项下附有紫苏子。

综合以上古代文献及现代文献考证，紫苏子产于湖北、河南、四川、江苏、广西、广东、浙江、河北、山西等地。

附录 B

（资料性附录）

紫苏子药材品质评价沿革

1963 年版《中国药典》一部：以粒小、颗粒饱满、均匀、灰棕色、无杂质者为佳。

1977 年版《中国药典》一部：以粒饱满、色灰棕、油性足者为佳。

《中国药材学》：本品以粒饱满、色紫黑、无杂质者为佳。

《中华本草》：以粒大饱满、色灰棕、油性足者为佳。

《500 味常用中药材的经验鉴别》：以果粒泡满、粒均匀、灰棕色、搓之香气浓郁、无杂质者为佳，以家苏子质佳，其他变种商品不及正品。

综上，古代本草单独记载紫苏子很少，基本都是在紫苏项下有提及，其品质评价以粒饱满、灰棕色或灰褐色、油性足、无杂质者为佳，为制定紫苏子商品规格等级标准提供了依据。

ICS 11.120.01
C 23

团 体 标 准

T/CACM 1021.187—2018

代替T/CACM 1021.111—2018

中药材商品规格等级 紫菀

Commercial grades for Chinese materia medica

ASTERIS RADIX ET RHIZOMA

2018-12-03 发布   2018-12-03 实施

中华中医药学会 发布

目　次

前　言

T/CACM 1021《中药材商品规格等级》标准分为 226 个部分：
——第 1 部分：中药材商品规格等级标准编制通则；
……
——第 186 部分：中药材商品规格等级　紫苏子；
——第 187 部分：中药材商品规格等级　紫菀；
——第 188 部分：中药材商品规格等级　车前草；
……
——第 226 部分：中药材商品规格等级　玄明粉。
本部分为 T/CACM 1021 的第 187 部分。
本部分代替 T/CACM 1021.111—2018。
本部分按照 GB/T 1.1—2009《标准化工作导则　第 1 部分：标准的结构和编写》给出的规则起草。
本部分代替 T/CACM 1021.111—2018，与 T/CACM 1021.111—2018 相比较，标准编号进行了调整，并重新进行了编辑。
本部分由中药材商品规格等级标准研究技术中心及道地药材国家重点实验室培育基地提出。
本部分由中华中医药学会归口。
本部分起草单位：河北中医学院、中国中医科学院中药资源中心、中药材商品规格等级标准研究技术中心、广东太安堂药业股份有限公司、北京中研百草检测认证有限公司。
本部分主要起草人：郑玉光、黄璐琦、郭兰萍、詹志来、焦倩、郭利霄、景松松。
本部分所代替标准的历次版本发布情况为：
——T/CACM 1021.111—2018。

中药材商品规格等级　紫菀

1　范围

本部分规定了紫菀的商品规格等级。

本部分适用于紫菀药材生产、流通以及使用过程中的商品规格等级评价。

2　规范性引用文件

下列文件对于本部分的应用是必不可少的。凡是注明日期的引用文件，仅所注明日期的版本适用于本部分。凡是不注明日期的引用文件，其最新版本（包括所有的修改版本）适用于本部分。

T/CACM 1021. 1—2016 中药材商品规格等级编制通则

3　术语和定义

T/CACM 1021. 1—2016 以及下列术语和定义适用于本部分。

3. 1

紫菀　ASTERIS RADIX ET RHIZOMA

本品为菊科植物紫菀 *Aster tataricus* L. f. 的干燥根及根茎。春、秋二季采挖，除去有节的根茎（习称"母根"）和泥沙，编成辫状晒干，或直接晒干。

4　规格等级划分

根据市场流通情况，按照加工方式不同，将紫菀药材分成"辫紫菀"和"紫菀"两个规格。各规格项下均为统货。应符合表1要求。

表 1　规格等级划分

规格	等级	性状描述	
		相同点	区别点
辫紫菀	统货	呈辫状，单个药材呈马尾形，根茎顶端有茎、叶的残基，呈不规则的疙瘩头状；簇生多数细根，长 3～15cm，直径 0.1～0.3cm，多编成辫状。表面紫红色或灰红色，有纵皱纹。质较柔韧。气微香，味甜、微苦。大小不等	／
紫菀	选货	呈不规则块状，顶端有茎、叶的残基；质稍硬。根茎簇生多数细根，长 3～15cm，直径 0.1～0.3cm。表面紫红色或灰红色，有纵皱纹。质较柔韧。气微香，味甜、微苦	大小均一，根茎含量不超过1%
	统货		大小不一，根茎含量不超过3%

注1：目前市场上辫紫菀很少，因为捆成辫容易带土增重，不利于商户公平交易，所以目前市场上紫菀多切段作为统货出售。

注2：关于紫菀药材历史产区沿革参见附录 A。

注3：关于紫菀药材品质评价沿革参见附录 B。

5　要求

除应符合 T/CACM 1021. 1—2016 的第 7 章规定外，还应符合下列要求：

——无变色；

——无虫蛀；

——无霉变；

——杂质不得过 3%。

附录 A

（资料性附录）

紫菀药材历史产区沿革

紫菀入药始载于秦汉时期的《神农本草经》，列为中品。《神农本草经》曰："主咳逆上气，胸中寒热结气，去蛊毒痿蹶，安五藏。生山谷。"

魏晋时期《名医别录》记载："味辛，无毒。主治咳唾脓血，止喘悸，五劳体虚，补不足，小儿惊痫。一名紫茜，一名青菀。生房陵（今湖北房县）及真定、邯郸（今河北正定、邯郸）。二月、三月采根，阴干。"

南朝时期《本草经集注》记录为："味苦、辛，温，无毒。主治咳逆上气，胸中寒热结气，去蛊毒、痿蹶，安五脏。治咳唾脓血，止喘悸，五劳体虚，补不足，小儿惊痫。一名紫茜，一名青菀。生房陵（今湖北房县）山谷及真定、邯郸（今河北正定、邯郸），二月、三月采根，阴干。……近道处处有，生布地，花亦紫，本有白毛，根甚柔细。"

明《本草蒙筌》描述为："近道多生，真定，独胜。"《本草纲目》描述为："牢山所出根如北细辛者为良。"

从上述古代文献总结为，以河北正定和山东崂山所产者佳，根柔韧紫色者为佳。

通过总结《本草钩沉》《中国药材学》《中华本草》《现代中药材商品通鉴》《500味常用中药材的经验鉴别》《中药材及原植物彩色图鉴》《金世元中药材传统鉴别经验》等现代专著，发现紫菀分布于河北、河南、湖北、安徽、山东等地，并以河北、安徽栽培紫菀质量为佳。

附录 B

（资料性附录）

紫菀药材品质评价沿革

历代对紫菀品质评价较少。五代《日华子本草》记载："形似重台，根作节，紫色润软者佳。"明代《本草品汇精要》描述为："根润软者为佳。"明《本草蒙筌》描述为："近道多生，真定，独胜。"《本草纲目》描述为："牢山所出根如北细辛者为良。"

近代文献主要是从紫菀的颜色、大小、是否柔韧来进行品质评价。

1963 年版《中国药典》一部："以根长、色紫、质柔韧，去净茎苗、无泥土者为佳。"

《中国药材学》："本品以根粗长、色紫红、质柔韧者为佳。"

1977 年版《中国药典》一部："以根长、色紫红、质柔韧者为佳。"

古代书籍对紫菀主要是从产地来说明其品质，河北正定的紫菀质量最优。近代文献除了从产地评价其品质外，还从根的粗细、是否柔韧来对紫菀进行品质评价，以根粗长、色紫红、质柔韧者为佳。

ICS 11.120.01
C 23

团 体 标 准

T/CACM 1021.188—2018

代替T/CACM 1021.148—2018

中药材商品规格等级 车前草

Commercial grades for Chinese materia medica

PLANTAGINIS HERBA

2018-12-03 发布

2018-12-03 实施

中华中医药学会 发布

目　次

前　言

T/CACM 1021《中药材商品规格等级》标准分为 226 个部分：

——第 1 部分：中药材商品规格等级标准编制通则；

……

——第 187 部分：中药材商品规格等级　紫菀；

——第 188 部分：中药材商品规格等级　车前草；

——第 189 部分：中药材商品规格等级　木通；

……

——第 226 部分：中药材商品规格等级　玄明粉。

本部分为 T/CACM 1021 的第 188 部分。

本部分代替 T/CACM 1021.148—2018。

本部分按照 GB/T 1.1—2009《标准化工作导则　第 1 部分：标准的结构和编写》给出的规则起草。

本部分代替 T/CACM 1021.148—2018，与 T/CACM 1021.148—2018 相比较，标准编号进行了调整，并重新进行了编辑。

本部分由中药材商品规格等级标准研究技术中心及道地药材国家重点实验室培育基地提出。

本部分由中华中医药学会归口。

本部分起草单位：江西省药物研究所、中国中医科学院中药资源中心、江西省药品检验检测研究院、中药材商品规格等级标准研究技术中心、北京中研百草检测认证有限公司。

本部分主要起草人：姚闽、黄璐琦、白吉庆、郭兰萍、詹志来、刘德鸿、赖娟华、胡蓉、吴燕红、钟瑞建、肖草茂。

本部分所代替标准的历次版本发布情况为：

——T/CACM 1021.148—2018。

中药材商品规格等级　车前草

1 范围

本部分规定了车前草的商品规格等级。

本部分适用于车前草药材生产、流通以及使用过程中的商品规格等级评价。

2 规范性引用文件

下列文件对于本部分的应用是必不可少的。凡是注明日期的引用文件，仅所注明日期的版本适用于本部分。凡是不注明日期的引用文件，其最新版本（包括所有的修改版本）适用于本部分。

T/CACM 1021.1—2016 中药材商品规格等级编制通则

3 术语和定义

T/CACM 1021.1—2016 以及下列术语和定义适用于本部分。

3.1

车前草　PLANTAGINIS HERBA

本品为车前科植物车前 *Plantago asiatica* L. 或平车前 *Plantago depressa* Willd. 的干燥全草。夏季采挖，除去泥沙，晒干。

4 规格等级划分

根据市场流通情况，将车前草药材分成"选货"与"统货"两个等级。应符合表1要求。

表1　规格等级划分

等级	性状描述	
	共同点	区别点
选货	带根	叶片完整、穗状花序小、颜色青绿、无泥土、杂质小于1%
统货		叶多破碎、穗状花序大、污绿色、杂质小于3%

注1：车前草产地分布极广，车前主产于江西、安徽、江苏、山东、河南、河北、陕西、华北、东北、西南及华北地区亦产。平车前主产于东北、华北及西北等地。陕西、河南、江西等地野生车前基原植物多为车前 *Plantago asiatica* L. 和平车前 *Plantago depressa* Willd.。黑龙江等地野生车前基原植物多为平车前 *Plantago depressa* Willd.。产地调查发现车前、平车前有混生现象，车前多生在潮湿低洼地带，平车前多生在道路路基及较干旱地带。车前为须根系，平车前为直根系。

注2：中药材市场上均未见车前草伪品，可能与近年来车前草市场价格偏低，市场供需平稳和国家对中药材专业市场监管力度加强有关。药材交易市场车前草多为统货，少数有精选货。商户多采用传统经验来判断车前草的优劣，传统经验认为，车前草以身干、叶片完整、花穗嫩小、颜色青绿、无杂草泥土者为佳。广州清平市场多户出售车前全草作煲汤原料。陕西产地将车前和平车前分开，陕西汉中市所辖县群众认为平车前清热解暑、利尿效果好，可晒干夏季作茶饮；车前晒干作煲汤食材用。

注3：关于车前草药材历史产区沿革参见附录A。

注4：关于车前草药材品质评价沿革参见附录B。

5 要求

除应符合 T/CACM 1021.1—2016 的第7章规定外，还应符合下列要求：

——无变色；

——无虫蛀；

——无霉变；

——无泥土。

附录 A

（资料性附录）

车前草药材历史产区沿革

车前草的生境分布最早记载于秦汉时期的《神农本草经》，《神农本草经》曰："生平泽，好生道边。"表明其生境为道边，未明确具体位置。

魏晋时期《名医别录》曰："生真定（即今河北正定）丘陵坂道中。五月五日采，阴干。"南朝《本草经集注》曰："生真定（即今河北正定）平泽丘陵阪道中，五月五日采，人家及路边甚多。"表明车前草生境为河北省正定。唐代《新修本草》曰："生真定（即今河北正定）平泽丘陵阪道中。五月五日采，阴干。人家及路旁甚多。今出开州（今四川开县）者为最。"表明四川开县所产车前草质量为好。

宋代《证类本草》曰："生真定（即今河北正定）平泽丘陵道路中，今江湖、淮甸（今淮河流域）、近京、北地（今陕西、甘肃、宁夏一带）处处有之。"《本草图经》曰："今江湖、淮甸（今淮河流域）、近京、北地（今陕西、甘肃、宁夏一带）处处有之。人家园圃种之，蜀中尤尚。"描述了车前草的产地在河北省正定、淮河流域、陕西、甘肃、宁夏、四川一带。

明代《救荒本草》记载：生滁州（今安徽省滁州）及真定（即今河北正定）平泽今处处有之。描述了车前草主产于安徽省徐洲和河北正定县。

明代《本草纲目》记载：《别录》曰：车前生真定（即今河北正定）平泽丘陵阪道中。颂曰：今江湖、淮甸（今淮河流域）、近汴、北地（今陕西、甘肃、宁夏一带）处处有之。与《证类本草》的描述相一致。

明代《本草品汇精要》记载了：好生道傍喜在牛迹中。《本草蒙筌》记载为：山野道途，处处生长。表明车前草好生道旁。

清代张志聪《本草崇原》描述为：《诗》名芣苢，好生道旁及牛马足迹中，故有车前当道，及牛遗马舄之名。江湖淮甸（今淮河流域）处处有之。描述了车前草的产地在淮河流域一带，好生道旁。

徐国钧《中国药材学》收载车前草分布几遍全国，生于山坡、路旁、田埂及河边。主产于江西、河南；东北、西南及华北地区亦产。

《中华本草》收载车前生长在山野、路旁、花圃、菜圃以及池塘、河边等地，分布于全国各地。平车前生长在山野、路旁、田埂及河边。分布于黑龙江、吉林、辽宁、河北、山东、山西、甘肃、内蒙古、青海等地。

《500味常用中药材的鉴别经验》收载车前产于全国各地；平车前主产于东北、华北及西北等地。

张贵军《现代中药材商品通鉴》收载车前草全国各地均产。

《中药大辞典》收载车前以江西、安徽、江苏产量较大。平车前全国各地均产。

《新编中药志》收载车前全国各地均产，以江西、安徽、江苏产量较多；平车前全国各地均产。

《中华药海》收载车前草各地均产，以江西、安徽、江苏产量较多。

金世元《金世元中药材传统鉴别经验》收载车前草全国大部分地区均产。

综合以上古代文献及现代文献考证，古代文献中车前草生长道旁，主产于河北省正定、淮河流域、陕西、甘肃、宁夏、四川一带。现车前主产于江西、安徽、江苏、山东、河南、河北，分布于全国各地。平车前全国各地均产，以东北各省为多。

附录 B

（资料性附录）

车前草药材品质评价沿革

唐代《新修本草》记载："今出开州（今四川开县）者为最。"明代李时珍《本草纲目》记载："恭曰：今出开州（今四川开县）者胜。"表明四川开县所产车前草质量为好。在近代文献中描述如下：

1977 年版《中国药典》一部：均以叶片完整、色灰绿者为佳。

《中国药材学》：本品以叶片完整、色灰绿者为佳。

《500 味常用中药材的经验鉴别》：车前草商品均以叶片完整、带穗状花序、色灰绿者为佳。

《金世元中药材传统鉴别经验》：品质以身干、绿色、无杂草、无泥土者为佳。

综上所述，车前草的品质评价以身干、叶片完整、带穗状花序、无杂草泥土者为佳，这些为车前草商品规格等级评价重要指标。

ICS 11.120.01
C 23

团 体 标 准

T/CACM 1021.189—2018

代替T/CACM 1021.152—2018

中药材商品规格等级 木通

Commercial grades for Chinese materia medica

AKEBIAE CAULIS

2018-12-03 发布
                                     2018-12-03 实施

中 华 中 医 药 学 会 发布

目　次

前　言

T/CACM 1021《中药材商品规格等级》标准分为 226 个部分：
——第 1 部分：中药材商品规格等级标准编制通则；
……
——第 188 部分：中药材商品规格等级　车前草；
——第 189 部分：中药材商品规格等级　木通；
——第 190 部分：中药材商品规格等级　南沙参；
……
——第 226 部分：中药材商品规格等级　玄明粉。
本部分为 T/CACM 1021 的第 189 部分。
本部分代替 T/CACM 1021.152—2018。
本部分按照 GB/T 1.1—2009《标准化工作导则　第 1 部分：标准的结构和编写》给出的规则起草。
本部分代替 T/CACM 1021.152—2018，与 T/CACM 1021.152—2018 相比较，标准编号进行了调整，并重新进行了编辑。
本部分由中药材商品规格等级标准研究技术中心及道地药材国家重点实验室培育基地提出。
本部分由中华中医药学会归口。
本部分起草单位：甘肃中医药大学、中国中医科学院中药资源中心、广西壮族自治区药用植物园、陕西中医药大学、山东省分析测试中心、内蒙古自治区中医药研究所、湖北中医药大学、昆明理工大学、广东药科大学、福建农林大学、贵阳中医学院、重庆市中药研究院、南京中医药大学、皖西学院、江西省中医药研究院、新疆维吾尔自治区中药民族药研究所、中药材商品规格等级标准研究技术中心、北京中研百草检测认证有限公司。
本部分主要起草人：晋玲、黄璐琦、郭兰萍、詹志来、黄得栋、缪剑华、唐志书、王晓、李旻辉、刘大会、崔秀明、杨全、张重义、周涛、李隆云、严辉、韩邦兴、虞金宝、徐建国。
本部分所代替标准的历次版本发布情况为：
——T/CACM 1021.152—2018。

中药材商品规格等级　木通

1　范围

本部分规定了木通的商品规格等级。

本部分适用于木通药材生产、流通以及使用过程中的商品规格等级评价。

2　规范性引用文件

下列文件对于本部分的应用是必不可少的。凡是注明日期的引用文件，仅所注明日期的版本适用于本部分。凡是不注明日期的引用文件，其最新版本（包括所有的修改版本）适用于本部分。

T/CACM 1021.1—2016 中药材商品规格等级编制通则

3　术语和定义

T/CACM 1021.1—2016 以及下列术语和定义适用于本部分。

3.1

木通　AKEBIAE CAULIS

本品为木通科植物木通 *Akebia quinata*（Thunb.）Decne.、三叶木通 *Akebia trifoliata*（Thunb.）Koidz. 或白木通 *Akebia trifoliata*（Thunb.）Koidz. var. *australis*（Diels）Rehd. 的干燥藤茎。秋季采收，截取茎部，除去细枝，阴干。

4　规格等级划分

根据市场流通情况，该药材商品均为统货。应符合表1要求。

表1　规格等级划分

等级	性状描述
统货	本品呈圆柱形，常稍扭曲，长30~70cm，直径0.5~2cm。表面灰棕色至灰褐色，外皮粗糙而有许多不规则的裂纹或纵沟纹，具突起的皮孔。节部膨大或不明显，具侧枝断痕。体轻，质坚实，不易折断，断面不整齐，皮部较厚，黄棕色，可见淡黄色颗粒状小点，木部黄白色，射线呈放射状排列，髓小或有时中空，黄白色或黄棕色。气微，味微苦而涩
注1：市售多为川木通；关木通与木通较少，注意三种木通鉴别使用。	
注2：木通药材在市场没有划分规格等级的情况。	
注3：关于木通药材历史产区沿革参见附录A。	
注4：关于木通药材品质评价沿革参见附录B。	

5　要求

除应符合 T/CACM 1021.1—2016 的第7章规定外，还应符合下列要求：

——无变色；

——无虫蛀；

——无霉变；

——杂质不得过3%。

附录 A

（资料性附录）

木通药材历史产区沿革

木通的生境分布最早记载于秦汉时期的《神农本草经》，其曰："生山谷。"秦汉《吴普本草》描述为："通草，一名丁翁，生石城山谷，叶菁蔓延，止汗，自正月采。"石城即现今江西省境内。魏晋时期《名医别录》描述为："生石城及山阳，正月采枝，阴干。"

北宋《证类本草》描述为："木通，一名丁翁，生石城及山阳，正月采枝。"

明代《本草品汇精要》描述为："生石城及山阳，正月采枝。"《植物名实图考长编》中记载了："通草，味辛平。主去恶虫，除脾胃寒热，通利九窍，血脉关节，今人不忘。一名附支，生山谷。列为中品。木通藤细有孔，两头皆通，体轻质浮，味淡气渗，能泻君火。又名丁翁，生石城及山阳，正月采枝。"

《中国药材学》中记载了："白木通主产于四川、湖北、湖南，广西、云南、江西、贵州亦产。"

1963 年版《中国药典》一部描述为："木通为木通科植物木通、三叶木通或白木通的干燥藤茎。主产于江苏、浙江、安徽、江西等地。"

《现代中药材商品通鉴》中记载了："白木通主产于江苏、浙江、湖北、湖南、陕西、四川等省。"

2005 年版《中国药典》一部描述为：白木通主产于四川省。

《中国植物志》中记载："产于长江流域各省区。生于海拔 1300～1500 米的山地灌木丛、林缘和沟谷中。"

《金世元中药材传统鉴别经验》中记载了："本品为木通科植物木通、三叶木通或白木通的干燥藤茎，主产于山西、山东、江苏、安徽、江西、河南、湖北、湖南、广东、四川、贵州等地。"

1963 年版《中国药典》载有："本品为木通科植物木通 *Akebia quinata* (Thunb.) Decne. 的干燥藤茎。均系野生，产于江苏等地。秋季采收，截取茎部，除去侧枝，阴干即得。此后药典均没有记载木通的具体产地。

附录 B

（资料性附录）

木通药材品质评价沿革

2005 年版《中国药典》一部对木通品质的描述以条匀、内色黄者为佳。2010 年版和 2015 年版《中国药典》一部对木通的品质无详细记载。

ICS 11.120.01
C 23

团 体 标 准

T/CACM 1021.190—2018
代替T/CACM 1021.153—2018

中药材商品规格等级 南沙参

Commercial grades for Chinese materia medica

ADENOPHORAE RADIX

2018-12-03 发布 2018-12-03 实施

中华中医药学会 发布

目　次

前　言

T/CACM 1021《中药材商品规格等级》标准分为 226 个部分：
——第 1 部分：中药材商品规格等级标准编制通则；
……
——第 189 部分：中药材商品规格等级　木通；
——第 190 部分：中药材商品规格等级　南沙参；
——第 191 部分：中药材商品规格等级　南五味子；
……
——第 226 部分：中药材商品规格等级　玄明粉。
本部分为 T/CACM 1021 的第 190 部分。

本部分代替 T/CACM 1021.153—2018。

本部分按照 GB/T 1.1—2009《标准化工作导则　第 1 部分：标准的结构和编写》给出的规则起草。

本部分代替 T/CACM 1021.153—2018，与 T/CACM 1021.153—2018 相比较，标准编号进行了调整，并重新进行了编辑。

本部分由中药材商品规格等级标准研究技术中心及道地药材国家重点实验室培育基地提出。

本部分由中华中医药学会归口。

本部分起草单位：甘肃中医药大学、中国中医科学院中药资源中心、中药材商品规格等级标准研究技术中心、北京中研百草检测认证有限公司。

本部分主要起草人：晋玲、黄璐琦、郭兰萍、詹志来、黄得栋。

本部分所代替标准的历次版本发布情况为：
——T/CACM 1021.153—2018。

中药材商品规格等级 南沙参

1 范围

本部分规定了南沙参的商品规格等级。

本部分适用于南沙参药材生产、流通以及使用过程中的商品规格等级评价。

2 规范性引用文件

下列文件对于本部分的应用是必不可少的。凡是注明日期的引用文件，仅所注明日期的版本适用于本部分。凡是不注明日期的引用文件，其最新版本（包括所有的修改版本）适用于本部分。

T/CACM 1021.1—2016 中药材商品规格等级编制通则

3 术语和定义

T/CACM 1021.1—2016 以及下列术语和定义适用于本部分。

3.1

南沙参 ADENOPHORAE RADIX

本品为桔梗科植物轮叶沙参 *Adenophora tetraphylla* （Thunb.） Fisch 或沙参 *Adenophora stricta* Miq. 的干燥根。春、秋二季采挖，除去须根，洗后趁鲜刮去粗皮，洗净，干燥。

4 规格等级划分

根据市场流通情况，将南沙参分成"选货"与"统货"两个等级。应符合表 1 要求。

表 1 规格等级划分

等级	性状描述		
	共同点	区别点	
选货	呈圆锥形或圆柱形，略弯曲。表面黄白色或淡棕黄色，凹陷处常有残留粗皮，上部多有深陷横纹，呈断续的环状，下部有纵纹和纵沟。顶端具 1 或 2 个根茎。体轻，质松泡，易折断，断面不平坦，黄白色，多裂隙。气微，味微甘	根长 ≥15cm；芦下直径 ≥1.5cm	
统货		根长 7 ~ 15cm；芦下直径 0.8 ~ 1.5cm	

注 1：商品有未去粗皮的南沙参流通，不符合药典规定，需注意鉴别使用。

注 2：关于南沙参药材历史产区沿革参见附录 A。

注 3：关于南沙参药材品质评价沿革参见附录 B。

5 要求

除应符合 T/CACM 1021.1—2016 的第 7 章规定外，还应符合下列要求：

——无变色；

——无虫蛀；

——无霉变；

——杂质不得过 3%。

附录 A

（资料性附录）

南沙参药材历史产区沿革

南沙参入药始载于秦汉时期的《神农本草经》，列为上品，书中记载原名沙参。《神农本草经》曰："味苦，微寒。主血积惊气，除寒热，补中，益肺气。久服利人。一名知母。生川谷。"

魏晋时期《名医别录》记载沙参为："无毒。主治胃痹，心腹痛，结热，邪气，头痛，皮间邪热，安五脏，补中。一名苦心，一名志取，一名虎须，一名白参，一名识美，一名文希。生河内及冤句（今山东菏泽县西南）、般阳（今山东淄博市西南淄川）续山。二月、八月采根，曝干。"

南朝时期《本草经集注》也有相同的描述。唐代《新修本草》记载沙参为："……生河内川谷及冤句（今山东菏泽县西南）般阳（今山东淄博市西南淄川）续山。二月、八月采根，曝干。恶防己，反藜芦。今出近道，丛生，叶似枸杞，根白实者佳。今沙参出华州（在今陕西省华县境内及周边地区）为善。"

明代李时珍《本草纲目》记载沙参为："沙参白色，宜于沙地，故名。其根多白汁，俚人呼为羊婆奶。其后陈嘉谟《本草蒙筌》和卢之颐《本草乘雅半偈》描述与《本草纲目》基本一致。

清代张璐《本经逢原》记载："甘淡微寒，无毒。有南北二种，北者质坚、性寒，南者体虚力微。反藜芦。"首次明确记载南沙参。

1963 年版《中国药典》一部收载南沙参主产于安徽、贵州、浙江、云南、四川等地。

《中国药材学》（徐国钧等编著）收载南沙参主产于安徽、江苏、浙江，无柄沙参主产于贵州、湖北，河南沙参主产于河南、四川、甘肃，泡沙参主产于四川、甘肃，轮叶沙参产于贵州、河南、黑龙江、内蒙古、江苏。以贵州产量大，安徽、江苏、浙江质量佳，行销全国。

《中药大辞典》收载沙参主产于安徽、江苏、浙江、贵州、四川、云南等地。此外，湖南、湖北、江西、福建、河南、青海、陕西等地亦产。以安徽、江苏、浙江所产质量为佳；以贵州产量为大。

《500 味常用中药材的经验鉴别》收载南沙参商品主要来源于野生资源，南沙参在我国分布广泛。主产于贵州湄潭、遵义、正安、安顺、修文、平塘、独山，湖南宁乡、大庸、隆回、慈利、新化、花垣、新宁，四川广元、旺昌、奉节、巫山、巫溪、武隆、万源，江苏句容、丹阳、丹徒，江西余江、新干、瑞昌，湖北随州、大冶、宜城、应山、大悟、京山、嘉山、定远、来安、青阳等，以安徽、江苏所产质佳。

《金世元中药材传统鉴别经验》描述为：南沙参在我国分布很广，同属植物很多。但作为中药应用是以轮叶沙参或杏叶沙参为主。多为野生。虽全国许多地区均产，但以安徽、江苏、浙江、贵州、湖南、湖北产品质量为优。南沙参资源开发不平衡，各地区多有出产但未采集利用，习惯由省外调入，北京地区就是如此情况。

综合以上古代文献及现代文献所述，南沙参主产于安徽、江苏、浙江、贵州、四川、云南等地。以安徽、江苏、浙江所产质量为佳；以贵州产量为大。

附录 B

（资料性附录）

南沙参药材品质评价沿革

唐代苏敬《新修本草》描述为：今出近道，丛生，叶似枸杞，根白实者佳。

宋代苏颂《本草图经》描述为：苗长一、二尺以来，丛生崖壁间；叶似枸杞而有义牙，七月间紫花；根如葵根，筋许大，赤黄色，中正白实者佳。

宋代《证类本草》描述为：沙参，叶似枸杞而有义牙，七月间紫花；根如葵根，筋许大，赤黄色，中正白实者佳。陈嘉谟《本草蒙筌》描述为：江淮俱多，冤句（今山东菏泽县西南）尤妙。

清代赵学敏《本草纲目拾遗》描述为：桔梗带辛，而南沙参不辛，产于毫门者最佳，俗名雄桔梗。

1963 年版《中国药典》：以粗长、条匀饱满、无粗皮及须根者为佳。

1977 年版《中国药典》：以条粗长、色黄白色者为佳。

《中国药材学》：以贵州产量大，安徽、江苏、浙江质量佳，销全国。

《中药大辞典》收载主产于安徽、江苏、浙江、贵州、四川、云南等地。此外，湖南、湖北、江西、福建、河南、青海、陕西等地亦产。以安徽、江苏、浙江所产质量为佳；以贵州产量为大。

《500 味常用中药材的经验鉴别》收载南沙参以身干、色白、根条粗大、饱满、无粗皮、味甜者为佳，以安徽、江苏所产质佳。

《金世元中药材传统鉴别经验》描述为：以身干、色白肥粗、条长均匀者为佳。综合所述，南沙参的品质评价以粗长、条均饱满、无粗皮及须根者为佳。

ICS 11.120.01
C 23

团 体 标 准

T/CACM 1021.191—2018

代替T/CACM 1021.154—2018

中药材商品规格等级 南五味子

Commercial grades for Chinese materia medica

SCHISANDRAE SPHENANTHERAE FRUCTUS

2018-12-03 发布

2018-12-03 实施

中 华 中 医 药 学 会 发布

目　次

前　言

T/CACM 1021《中药材商品规格等级》标准分为 226 个部分：
——第 1 部分：中药材商品规格等级标准编制通则；
……
——第 190 部分：中药材商品规格等级　南沙参；
——第 191 部分：中药材商品规格等级　南五味子；
——第 192 部分：中药材商品规格等级　升麻；
……
——第 226 部分：中药材商品规格等级　玄明粉。
本部分为 T/CACM 1021 的第 191 部分。
本部分代替 T/CACM 1021.154—2018。
本部分按照 GB/T 1.1—2009《标准化工作导则　第 1 部分：标准的结构和编写》给出的规则起草。
本部分代替 T/CACM 1021.154—2018，与 T/CACM 1021.154—2018 相比较，标准编号进行了调整，并重新进行了编辑。
本部分由中药材商品规格等级标准研究技术中心及道地药材国家重点实验室培育基地提出。
本部分由中华中医药学会归口。
本部分起草单位：甘肃中医药大学、中国中医科学院中药资源中心、中国医学科学院药用植物研究所、广州白云山中一药业有限公司、中药材商品规格等级标准研究技术中心、北京中研百草检测认证有限公司。
本部分主要起草人：晋玲、黄璐琦、郭兰萍、詹志来、黄得栋、齐耀东、张本刚、尹振、邹琦、尹震。
本部分所代替标准的历次版本发布情况为：
——T/CACM 1021.154—2018。

中药材商品规格等级 南五味子

1 范围

本部分规定了南五味子的商品规格等级。

本部分适用于南五味子药材生产、流通以及使用过程中的商品规格等级评价。

2 规范性引用文件

下列文件对于本部分的应用是必不可少的。凡是注明日期的引用文件，仅所注明日期的版本适用于本部分。凡是不注明日期的引用文件，其最新版本（包括所有的修改版本）适用于本部分。

T/CACM 1021.1—2016 中药材商品规格等级编制通则

3 术语和定义

T/CACM 1021.1—2016 以及下列术语和定义适用于本部分。

3.1

南五味子 SCHISANDRAE SPHENANTHERAE FRUCTUS

本品为木兰科植物华中五味子 *Schisandra sphenanthera* Rehd. et Wils. 的干燥成熟果实，秋季果实成熟时采摘，晒干，除去果梗和杂质。

4 规格等级划分

根据市场流通情况，按照直径大小，将南五味子药材分成"选货"与"统货"两个等级。应符合表1要求。

表1 规格等级划分

等级	性状描述	
	共同点	区别点
选货	呈不规则球形或扁球形颗粒。干瘪皱缩，果肉常紧贴种子上。内含肾形种子1~2粒，表面棕黄色，有光泽，种皮薄而脆。果肉气微，味酸。无枝梗	直径≥0.5cm。表面棕红色至暗棕色
统货		直径0.4~0.5cm。表面棕红色至暗棕色

注1：南五味子煮后晒干的加工方式使其果肉泡松，颜色鲜艳，此法不符合药典规定。

注2：关于南五味子药材历史产区沿革参见附录A。

注3：关于南五味子药材品质评价沿革参见附录B。

5 要求

除应符合 T/CACM 1021.1—2016 的第7章规定外，还应符合下列要求：

——无变色；

——无走油；

——无虫蛀；

——无霉变；

——杂质不得过1%。

附录 A

（资料性附录）

南五味子药材历史产区沿革

五味子最早记载于秦汉时期的《神农本草经》。魏晋时期《名医别录》描述为："生齐山及代郡（即齐山指山东淄博齐山，代郡指今河北蔚县），生益州（今四川及陕西汉中一带）。"生境分布为山东齐山，河北蔚县，四川及汉中一带。指出了其具体生境范围。

南朝《本草经集注》描述为："生齐山山谷及代郡（即齐山指山东淄博齐山，代郡指今河北蔚县）。今第一出高丽（今指朝鲜），多肉而酸、甜，次出青州（今山东）、冀州（今河北），味过酸，其核并似猪肾。"与《名医别录》记载山东、河北分布一致，除此之外在朝鲜也有分布，且是质量最佳者。

唐代苏敬《新修本草》描述为："生齐山山谷及代郡（即齐山指山东淄博齐山，代郡指今河北蔚县）〔谨案〕一出蒲州及蓝田山中（蒲州今山西蒲州，蓝田今陕西蓝田）。"

宋代苏颂《本草图经》描述为："五味子生齐山山谷及代郡（即齐山指山东淄博齐山，代郡指今河北蔚县），今河东、陕西州郡尤多，而杭越间亦有。"宋代寇宗奭《本草衍义》描述："今华州之西至秦州皆有之（指今陕西渭南、华县、华阴、潼关一带。秦州指今甘肃天水一带）。"描述其分布范围较宽，多处皆有之。

明代《本草乘雅半偈》描述："生齐山山谷、青州、冀州，陕西代郡诸处（齐山指山东淄博齐山，代郡指今河北蔚县。青州指今山东，冀州指河北）。高丽者最胜，河中府（今陕西）者岁贡，杭越间亦有之。俱不及高丽河中之肥大膏润耳。"与《本草图经》及《本草经集注》描述基本一致，高丽（今朝鲜）者最佳。明代陈嘉谟《本草蒙筌》描述："江北最多，江南亦有。南北各有所长，藏留切勿相混。"指出其南北均有分布，但两者有差异，不可混用。

清代张志聪《本草崇原》描述："始出齐山山谷及代郡（即齐山指山东淄博齐山，代郡指今河北蔚县），今河东陕西州郡尤多，杭越（浙江，云南）间亦有，故有南北之分。南产者，色红核圆。北产者，色红兼黑，核形似猪肾。凡用以北产者为佳。"与《神农本草经》《名医别录》《本草经集注》等记载有相同之处，即生齐山山谷及代郡（即齐山指山东淄博齐山，代郡指今河北蔚县）。也提出南北有别，并指出凡用以北产者为佳。

《现代中药材商品通鉴》："南五味子主产陕西、湖北、山西、河南、云南等地。"

《新编中药志》："南五味子主产陕西、甘肃、四川、河南、云南等地。"

《500 味常用中药材经验鉴别》："陕西、四川、湖北、山西、河南、贵州、甘肃、云南等省区。"

《中华药海》："陕西、甘肃、四川、河南、云南等地。"

《金世元中药材传统鉴别经验》："陕西、河南、四川。此外云南、贵州、安徽、浙江等地广大山区均有野生，以陕西、河北、河南产量最大。"

《中华本草》描述："《纲目》：五味，今有南北之分，南产者色红，北产者色黑。分布于山西、陕西、甘肃、江苏、浙江、安徽、江西、河南、湖北、湖南、四川、贵州、云南等地。"

《中药大辞典》描述："生境分布，生于阳坡杂木林中，缠绕在其他植物上。分布东北、华北、湖北、湖南、江西、四川等地。"

附录 B

（资料性附录）

南五味子药材品质评价沿革

南朝《本草经集注》记载："第一出高丽，多肉而酸、甜，次出青州、冀州，味过酸，其核并似猪肾，又有建平者，少肉，核形不相似，味苦，亦良。"

唐代苏敬《新修本草》描述为："今第一出高丽，多肉而酸、甜，次出青州、冀州，味过酸，其核并似猪肾。又有建平者，少肉，核形不相似，味苦，亦良。"与《本草经集注》中描述一致。

宋代苏颂《本草图经》描述为："七月成实，如豌豆许大，生青熟红紫。《尔雅》云：注云：五味也。蔓生，子丛茎端。疏云：一名。今有数种，大抵相近，而以味甘者为佳。"

明代卢之颐撰《本草乘雅半偈》描述为："生齐山山谷、青州、冀州，陕西代郡诸处。高丽者最胜，河中府者岁贡，杭越间亦有之。俱不及高丽河中之肥大膏润耳。"

清代《本草备要》记载："北产紫黑者良。入滋补药蜜浸蒸，入劳嗽药生用，俱槌碎核。南产色红而枯，若风寒在肺宜南者。苁蓉为使。恶萎蕤。熬膏良。"清代张志聪《本草崇原》记载："南产者，色红核圆。北产者，色红兼黑，核形似猪肾。凡用以北产者为佳。"

1963 年版《中国药典》一部："以紫红色、粒大、肉厚、油性及光泽者为佳。"

1977 年版《中国药典》一部："以粒大、肉厚者为佳。"

《中华本草》记载："《纲目》：五味，今有南北之分，南产者色红，北产者色黑。入滋补药，必用北产者乃良。南五味子，粒较小。表面棕红色至暗棕色、干瘪，皱缩，果肉常紧贴种子上。以色红、粒大、肉厚、有油性及光泽者为佳。"

《中药大辞典》记载："以紫红色、粒大、肉厚、有油性及光泽者为佳。"综上所述，五味子的品质评价以颗粒饱满充实、紫红色、肉厚、有油性及光泽者为佳。

ICS 11.120.01
C 23

团 体 标 准

T/CACM 1021.192—2018

代替T/CACM 1021.155—2018

中药材商品规格等级 升麻

Commercial grades for Chinese materia medica

CIMICIFUGAE RHIZOMA

2018-12-03 发布

2018-12-03 实施

中 华 中 医 药 学 会 发布

目　次

前　言

T/CACM 1021《中药材商品规格等级》标准分为 226 个部分：

——第 1 部分：中药材商品规格等级标准编制通则；

……

——第 191 部分：中药材商品规格等级　南五味子；

——第 192 部分：中药材商品规格等级　升麻；

——第 193 部分：中药材商品规格等级　地肤子；

……

——第 226 部分：中药材商品规格等级　玄明粉。

本部分为 T/CACM 1021 的第 192 部分。

本部分代替 T/CACM 1021.155—2018。

本部分按照 GB/T 1.1—2009《标准化工作导则　第 1 部分：标准的结构和编写》给出的规则起草。

本部分代替 T/CACM 1021.155—2018，与 T/CACM 1021.155—2018 相比较，标准编号进行了调整，并重新进行了编辑。

本部分由中药材商品规格等级标准研究技术中心及道地药材国家重点实验室培育基地提出。

本部分由中华中医药学会归口。

本部分起草单位：甘肃中医药大学、中国中医科学院中药资源中心、中药材商品规格等级标准研究技术中心、北京中研百草检测认证有限公司。

本部分主要起草人：晋玲、黄璐琦、郭兰萍、詹志来、黄得栋。

本部分所代替标准的历次版本发布情况为：

——T/CACM 1021.155—2018。

中药材商品规格等级 升麻

1 范围

本部分规定了升麻的商品规格等级。

本部分适用于升麻药材生产、流通以及使用过程中的商品规格等级评价。

2 规范性引用文件

下列文件对于本部分的应用是必不可少的。凡是注明日期的引用文件，仅所注明日期的版本适用于本部分。凡是不注明日期的引用文件，其最新版本（包括所有的修改版本）适用于本部分。

T/CACM 1021.1—2016 中药材商品规格等级编制通则

3 术语和定义

T/CACM 1021.1—2016 以及下列术语和定义适用于本部分。

3.1

升麻 CIMICIFUGAE RHIZOMA

本品为毛茛科植物大三叶升麻 *Cimicifuga heracleifolia* Kom.、兴安升麻 *Cimicifuga dahurica*（Turcz.）Maxim 或升麻 *Cimicifuga foetida* L. 的干燥根茎。秋季采挖后除去泥沙，晒至须根干时，燎去或除去须根，晒干。

4 规格等级划分

根据市场流通情况，按照基原的不同，将升麻药材分成"关升麻"与"升麻"两个规格。"关升麻"项下根据直径不同进行等级划分。应符合表1要求。

表 1 规格等级划分

规格	等级	性状描述	
		共同点	区别点
关升麻	选货	根茎为横生的不规则长条块状，略弯曲，多分枝，呈结节状，长 10~20cm，表面粗糙，上具数个圆洞状茎基，质坚而轻，断面极不平坦，木质部纤维性，呈黄白色或黄绿色，具裂隙，髓部中空。气微，味较苦	直径≥4.8cm
	统货		直径 2.0~4.8cm
升麻	统货	根茎呈不规则块状，分枝较多，长 5.0~13.0cm，直径 2.0~4.0cm。表面灰棕色至暗棕色，有多数圆形空洞状的茎基痕。周围及下面须根较多，质坚硬，不易折断，断面不平坦，有裂隙，纤维性，木部黄绿色。气微弱，味微苦	

注1：关于升麻药材历史产区沿革参见附录 A。
注2：关于升麻药材品质评价沿革参见附录 B。

5 要求

除应符合 T/CACM 1021.1—2016 的第 7 章规定外，还应符合下列要求：

——无变色；

——无虫蛀；

——无霉变；

——杂质不得过 5%。

附录 A

（资料性附录）

升麻药材历史产区沿革

升麻最早记载于秦汉时期的《神农本草经》。魏晋时期《名医别录》描述为："生益州（今四川及陕西汉中一带）。"生境分布在四川及汉中一带。指出了其具体生境范围。

南朝《本草经集注》描述为："生益州（四川及陕西汉中一带）山谷。旧出宁州（今云南）者第一，今惟出益州，好者细削，皮青绿色，谓之鸡骨升麻。北部间亦有，形又虚大，黄色。建平间亦有，形大味薄。"

唐代苏敬《新修本草》描述为："一谷周麻。生益州（四川及陕西汉中一带）山谷。二月、八月采根，晒干。""旧出宁州（今云南）者第一，形细而黑，极坚实，顷无复有。今惟出益州，好者细削，皮青绿色，谓之鸡骨升麻。北部间亦有，形又虚大，黄色。建平间亦有，形大味薄，青绿色，谓之鸡骨升麻。"与《本草经集注》描述基本一致。

宋代唐慎微《证类本草》描述为："旧出宁州（今云南）者第一，形细而黑，极坚实，顷无复有。今唯出益州（四川及陕西汉中一带），好者细削，皮青绿色，谓之鸡骨升麻。北部间亦有，形又虚大，黄色。建平间亦有，形大味薄，不堪用。升麻，生益州（四川及陕西汉中一带）川谷，今蜀汉（今陕西汉中一带）、陕西、淮南州郡皆有之，以蜀川（今四川）者为胜。"宋代苏颂《本草图经》记录为："升麻为草部上品之上卷第四，升麻生益州山谷（今四川及陕西汉中一带），今蜀汉、陕西、淮南州郡皆有之，以蜀川（今四川）者为胜。"

明代李时珍《本草纲目》中将之前各本草古籍中的产地分布进行了总结归纳。具体描述与之前记载一致。明代陈嘉谟《本草蒙筌》记载："滁州（安徽省）升麻、汉州（湖北省）升麻味苦、甘，气平、微寒。气味俱薄，浮而升，阳也。无毒。虽多陕地，惟尚益州（属四川，今改成都府）。"

清代的《本草易读》中记载："升麻，蜀汉、陕西、淮南（今陕西汉中）皆有之，以蜀川（今四川）出者为胜。"清代张志聪《本草崇原》记载："升麻今蜀汉、陕西、淮南州郡皆有，以川蜀产者为胜。"

《中华本草》记载："升麻来源升麻、兴安升麻和大三叶升麻，其分布依次为：①分布于山西、陕西、甘肃、青海、河南西部、湖北、四川、云南、西藏。②分布于黑龙江、吉林、辽宁、内蒙古、河北、山西、河南、湖北。③分布于黑龙江、吉林、辽宁。"

《中药大辞典》记载："升麻分布于云南、贵州、四川、湖北、青海、甘肃、陕西、河南、山西、河北、内蒙古、江苏等地；兴安升麻分布于黑龙江、吉林、辽宁、河北、湖北、四川、山西、内蒙古等地。大三叶升麻分布于黑龙江、吉林、辽宁等地。"

《中国药材学》记载："大三叶升麻 分布于黑龙江、吉林、辽宁等地，生于山坡草丛或灌丛中。兴安升麻 分布于东北及河北、山西、内蒙古，生于山地林缘、灌丛及山坡疏林或草地中。升麻 分布于河南、山西、湖北、陕西、宁夏、甘肃、青海、四川、云南、西藏等地，生于山地林缘、林中或路旁草丛中。"

《现代中药材商品通鉴》记载："大三叶升麻 主产于东北各地。兴安升麻 主产于黑龙江、河北、山西、内蒙古。升麻 主产于四川、青海、陕西、甘肃等地。古以产蜀地者为佳，称'川升麻'，奉为道地药材。销全国各地。"

《500味常用中药材的经验鉴别》中记载："均来源于野生资源。关升麻主要分布在东北地区；北升麻主要分布在东北及华北地区；西升麻则主要分布在陕西、四川、青海、河南等地。"

《中华药海》中记载:"升麻 生于林下、山坡草丛中,分布于山西南部、河南西部、陕西、甘肃、青海、四川、云南、西藏等省区。兴安升麻 多生于山地林中或林缘,分布于东北及河北、山西、内蒙古等省区。大三叶升麻 分布于黑龙江、吉林、辽宁等地,生于山坡草丛或灌丛中。"

《金世元中药材传统鉴别经验》中记载:"大三叶升麻 主产于东北三省,习称关升麻。兴安升麻 主产于河北、山西、内蒙古以及北京,习称北升麻。升麻(川升麻) 主产于四川、青海、陕西、甘肃等地。四川产量最大,本品主销我国西南、西北、中南地区。"

综合以上古代文献及现代文献考证,古代文献中升麻生长在益州(今陕西汉中一带)、宁州(今云南)、北部间、建平间(今辽宁一带)、蜀汉(陕西汉中一带)、陕西、淮南州郡等地,并以川蜀(今四川)者为最优。

附录 B

（资料性附录）

升麻药材品质评价沿革

南朝梁时期陶弘景的《本草经集注》中记载："旧出宁州者第一，形细而黑，极坚实，顷无复有。今惟出益州，好者细削，皮青绿色，谓之鸡骨升麻。北部间亦有，形又虚大，黄色。建平间亦有，形大味薄，不堪用。"

唐代苏敬《新修本草》描述为："旧出宁州者第一，形细而黑，极坚实，顷无复有。今惟出益州，好者细削，皮青绿色，谓之鸡骨升麻。北部间亦有，形又虚大，黄色。建平间亦有，形大味薄，青绿色，谓之鸡骨升麻。"

宋代唐慎微《证类本草》记录为："陶隐居云：旧出宁州者第一，形细而黑，极坚实，顷无复有。今唯出益州，好者细削，皮青绿色，谓之鸡骨升麻。北部间亦有，形又虚大，黄色。建平间亦有，形大味薄，不堪用。"宋代苏颂《本草图经》描述为："升麻生益州川谷，今蜀汉、陕西、淮南州郡皆有之，以蜀川者为胜。"

明代卢之颐撰《本草乘雅半偈》描述为："四月着花似粟，穗白色。六月结实黑色。根如蒿，多须，紫黑色。细小极坚，削去皮，青绿色者，谓之鸡骨升麻，功力殊胜也。虚大黄白色者不堪用。一种外黑里白，质虽紧实，谓之鬼脸升麻。嵩高一种纯青色，质亦坚，功力俱不如蜀川青绿色者为重也。一种落新妇根，形似色非，今人呼为小升麻，亦能解毒，取其叶，作小儿浴汤，主惊忤。其他用力则殊，大小亦别，不可不辨也。"明代陈嘉谟《本草蒙筌》记载："滁州升麻汉州升麻味苦、甘、气平、微寒。气味俱薄，浮而升，阳也。无毒。虽多陕地，惟尚益州（属四川，今改成都府）。入药宜根，逢秋才采。曝干形轻实者第一，削出青绿色者亦佳。"

清代的《本草易读》中记载："升麻，蜀汉、陕西、淮南皆有之，以蜀川出者为胜。叶似麻叶而青，四五月开花，似粟穗，白色。六七月结实，黑色。根如蒿根，紫黑色，多须。二八月采。"清代张志聪《本草崇原》记载内容："升麻今蜀汉、陕西、淮南州郡皆有，以川蜀产者为胜。一名周麻。春苗夏花，叶似麻叶，其根如蒿根，其色紫黑，多须。"

1977年版《中国药典》一部："以个大、质坚，表面色黑褐者为佳。"

《中药大辞典》记载："西升麻以个大、外皮黑色、无细根、断面白色或淡绿色者为佳。北升麻以肥大、外皮黑褐色、无细根、断面微绿色者佳。关升麻以个大、整齐、外皮黑色、无细根、断面灰色者为佳。"

《中华药海》记载："西升麻，以个大，外皮黑色，无细根，断面白色或淡绿色者为佳。北升麻，以肥大，外皮黑褐色，无细根，断面微绿色者为佳。关升麻，以个大、整齐，外皮黑色、无细根，断面灰色者为佳。"

综上所述，升麻的品质评价以个大、质坚、无须根、表面色黑褐者为佳。

ICS 11.120.01
C 23

团 体 标 准

T/CACM 1021.193—2018

代替T/CACM 1021.158—2018

中药材商品规格等级 地肤子

Commercial grades for Chinese meateria medica

KOCHIAE FRUCTUS

2018-12-03 发布　　　　　　　　　　　　　　2018-12-03 实施

中 华 中 医 药 学 会 发布

目　次

前　言

T/CACM 1021《中药材商品规格等级》标准分为 226 个部分：
——第 1 部分：中药材商品规格等级标准编制通则；
……
——第 192 部分：中药材商品规格等级　升麻；
——第 193 部分：中药材商品规格等级　地肤子；
——第 194 部分：中药材商品规格等级　使君子；
……
——第 226 部分：中药材商品规格等级　玄明粉。

本部分为 T/CACM 1021 的第 193 部分。

本部分代替 T/CACM 1021.158—2018。

本部分按照 GB/T 1.1—2009《标准化工作导则　第 1 部分：标准的结构和编写》给出的规则起草。

本部分代替 T/CACM 1021.158—2018，与 T/CACM 1021.158—2018 相比较，标准编号进行了调整，并重新进行了编辑。

本部分由中药材商品规格等级标准研究技术中心及道地药材国家重点实验室培育基地提出。

本部分由中华中医药学会归口。

本部分起草单位：福建中医药大学、中国中医科学院中药资源中心、中药材商品规格等级标准研究技术中心、北京中研百草检测认证有限公司。

本部分主要起草人：于虹敏、黄璐琦、郭兰萍、詹志来。

本部分所代替标准的历次版本发布情况为：
——T/CACM 1021.158—2018。

中药材商品规格等级　地肤子

1　范围

本部分规定了地肤子的商品规格等级。

本部分适用于地肤子药材生产、流通以及使用过程中的商品规格等级评价。

2　规范性引用文件

下列文件对于本部分的应用是必不可少的。凡是注明日期的引用文件，仅所注明日期的版本适用于本部分。凡是不注明日期的引用文件，其最新版本（包括所有的修改版本）适用于本部分。

T/CACM 1021.1—2016 中药材商品规格等级编制通则

3　术语和定义

T/CACM 1021.1—2016 以及下列术语和定义适用于本部分。

3.1

地肤子　KOCHIAE FRUCTUS

本品为藜科植物地肤 *Kochia scoparia*（L.）Schrad. 的干燥成熟果实。秋季果实成熟时采收植株，晒干，打下果实，除去杂质。

4　规格等级划分

根据市场流通情况，将地肤子药材分成"选货"与"统货"两个等级。应符合表 1 要求。

表 1　规格等级划分

等级	性状描述		
	共同点		区别点
选货	呈扁球状五角星形。外被宿存花被，表面灰绿色或浅棕色，周围具膜质小翅 5 枚，背面中心有微突起的点状果梗痕及放射状脉纹 5～10 条；剥离花被，可见膜质果皮，半透明。种子扁卵形，长约 1mm，黑色。气微，味微苦		直径≥0.2cm
统货			直径 0.1～0.2cm

注 1：地肤子药材颗粒较小，采收时容易混入泥土等杂质，颜色偏黑的药材，应注意鉴别。

注 2：市场另有陈货，即存放时间较长的地肤子商品，由于长期暴露空气中，容易吸潮，发生霉变和虫蛀，这类商品容易不合格，需注意鉴别。

注 3：关于地肤子药材历史产区沿革参见附录 A。

注 4：关于地肤子药材品质评价沿革参见附录 B。

5　要求

除应符合 T/CACM 1021.1—2016 的第 7 章规定外，还应符合下列要求：

——无虫蛀；

——无霉变；

——杂质不得过 3%。

附录 A

（资料性附录）

地肤子药材历史产区沿革

早在《神农本草经》就记载了地肤子的生境为平泽跟田野，甚至到魏晋时期出现了地肤子产地的确切记载，"生荆州及田野"，荆州即现今湖北省中南部；此后直到唐代的本草著作皆以荆州为地肤子的产地。

宋代《本草图经》载："生荆州及田野，今蜀川，关中近地皆有之。"还附上了密州地肤子和蜀州地肤子的原植物图，蜀川指现今的四川、重庆一带，关中则在陕西秦岭北麓渭河冲积平原（渭河流域一带）；密州，即现在的山东省诸城，蜀州即现今的四川崇州市。

明代的本草著作，如《本草纲目》《本草乘雅半偈》《本草蒙筌》等著作对地肤子的产地未见更新，但《本草品汇精要》以密州和蜀州为地肤子的道地产区。

清代《植物名实图考》记载："地肤子……江东呼之曰落帚。今河南、北通呼扫帚菜。"江东应指长江下游江南一带，包括现今的皖南、苏南、浙江、江西东北部、上海地区。

通过总结《中国药典》《中药大辞典》《中国药材学》《中华本草》《现代中药材商品通鉴》《中华药海》等现代专著，发现地肤子在我国大部分地区均产。主产于河北、山西、山东、河南、黑龙江、吉林、辽宁、陕西、安徽、江苏、甘肃等地。各地多有栽培。

综上所述，古代本草记载地肤子最早发现产于荆州，后在蜀州、密州等地也有发现，其中《本草品汇精要》以密州和蜀州为地肤子的道地产区。其他本草文献中未见明确提及地肤子的道地产区。现在的地肤子产地比古代广泛，全国大部分地区均产。

附录 B

（资料性附录）

地肤子药材品质评价沿革

宋代《证类本草》："地肤子……日华子云：治客热，丹肿。又名落帚子。色青，似一眠起蚕砂矣……"

明代《本草品汇精要》："【道地】密州、蜀州。【时】【生】二月生苗。【采】四月、五月采叶，八月、十月采实。【收】阴干。【用】子。【质】类一眠起蚕砂……"

清代《本草备要》："叶如蒿，茎赤，子类蚕砂。"

1963 年版《中国药典》一部："以色灰绿、饱满、无杂质者为佳……"

1977 年，《中药大辞典》："以色灰绿、饱满、无枝叶杂质者为佳……"

1996 年，徐国钧《中国药材学》："以充实饱满、色灰绿、无杂质者为佳……"

1999 年，《中华本草》："以饱满，色灰绿者为佳……"

2010 年，《中华药海》："以色灰绿、饱满、无枝叶杂质者为佳……"

古代文献对地肤子品质评价的相关记载较少，近代文献多从颜色、饱满度、杂质含量来进行品质评价，未见明确的等级划分。

综上所述，地肤子以色灰绿，饱满、无枝叶杂质者为佳。

ICS 11.120.01
C 23

团 体 标 准

T/CACM 1021.194—2018
代替T/CACM 1021.159—2018

中药材商品规格等级 使君子

Commercial grades for Chinese materia medica

QUISQUALIS FRUCTUS

2018-12-03 发布   2018-12-03 实施

中 华 中 医 药 学 会 发布

目 次

前　言

T/CACM 1021《中药材商品规格等级》标准分为 226 个部分：
——第 1 部分：中药材商品规格等级标准编制通则；
……
——第 193 部分：中药材商品规格等级　地肤子；
——第 194 部分：中药材商品规格等级　使君子；
——第 195 部分：中药材商品规格等级　淡竹叶；
……
——第 226 部分：中药材商品规格等级　玄明粉。
本部分为 T/CACM 1021 的第 194 部分。
本部分代替 T/CACM 1021.159—2018。
本部分按照 GB/T 1.1—2009《标准化工作导则　第 1 部分：标准的结构和编写》给出的规则起草。

本部分代替 T/CACM 1021.159—2018，与 T/CACM 1021.159—2018 相比较，标准编号进行了调整，并重新进行了编辑。

本部分由中药材商品规格等级标准研究技术中心及道地药材国家重点实验室培育基地提出。

本部分由中华中医药学会归口。

本部分起草单位：福建中医药大学、中国中医科学院中药资源中心、中药材商品规格等级标准研究技术中心、北京中研百草检测认证有限公司。

本部分主要起草人：温秀萍、黄璐琦、郭兰萍、詹志来、陈达婷。

本部分所代替标准的历次版本发布情况为：
——T/CACM 1021.159—2018。

中药材商品规格等级　使君子

1　范围

本部分规定了使君子的商品规格等级。

本部分适用于使君子药材生产、流通以及使用过程中的商品规格等级评价。

2　规范性引用文件

下列文件对于本部分的应用是必不可少的。凡是注明日期的引用文件，仅所注明日期的版本适用于本部分。凡是不注明日期的引用文件，其最新版本（包括所有的修改版本）适用于本部分。

T/CACM 1021.1—2016 中药材商品规格等级编制通则

3　术语和定义

T/CACM 1021.1—2016 以及下列术语和定义适用于本部分。

3.1

使君子　QUISQUALIS FRUCTUS

本品为使君子科植物使君子 *Quisqualis indica* L. 的干燥成熟果实。秋季果皮变紫黑色时采收，除去杂质，干燥。

4　规格等级划分

根据市场流通情况，将使君子药材分成"选货"与"统货"两个等级。应符合表1要求。

表1　规格等级划分

等级	性状描述		
	共同点		区别点
选货	呈椭圆形或卵圆形，具5条纵棱，偶有4~9棱，长2.5~4cm，直径约2cm。表面黑褐色至紫黑色，平滑，微具光泽。顶端狭尖，基部钝圆，有明显圆形的果梗痕。质坚硬，横切面多呈五角星形，棱角处壳较厚，中间呈类圆形空腔。种子长椭圆形或纺锤形，长2cm，直径约1cm；表面棕褐色或黑褐色，有多数纵皱纹；种皮薄，易剥离；子叶2，黄白色，有油性，断面有裂隙。气微香，味微甜		个大、颗粒饱满、均匀，无破碎粒，无杂质
统货			个头大小不等，破碎粒重量占比不超过3%，杂质少于2%

注1：当前市场均有使君子仁流通，考虑到使君子仁为炮制品（饮片），本部分不对其进行制定。

注2：市场有陈货，颜色较暗，需注意鉴别。

注3：关于使君子药材历史产区沿革参见附录A。

注4：关于使君子药材品质评价沿革参见附录B。

5　要求

除应符合 T/CACM 1021.1—2016 的第7章规定外，还应符合下列要求：

——无走油；

——无虫蛀；

——无霉变。

附录 A

(资料性附录)

使君子药材历史产区沿革

使君子原名留求子，始载于晋代本草《南方草木状》："南海、交趾俱有之。"

使君子之名首载于宋代《开宝本草》，《证类本草》记载："生交、广等州。"《图经本草》最早详细描述使君子生物习性，记载："生交、广等州，今岭南州郡皆有之，生山野中及水岸。"宋代及以前，使君子的主要产区是现今的两广一带。

明代《本草品汇精要》描述使君子"生交、广等州。今岭南州郡山野中及水岸皆有之。【道地】眉州（今四川眉山）"。首次指出使君子的道地产区为四川眉山。《本草蒙筌》记载："交趾多生，岭南亦有。"《本草纲目》记载："原出海南、交趾。今闽之邵武（今福建邵武），蜀之眉州（今四川眉山），皆栽种之，亦易生。"《本草乘雅半偈》记载："出岭南，今闽之邵武，蜀之眉州皆有，生山野及水岸。"说明使君子主产于两广、福建与四川，地方志文献考证，嘉靖《邵武府志》记载"又东十里为龙潭，其药史君子。……附以特产，常产不书"。说明了使君子作为福建邵武的地方特产。

清代《本草备要》描述使君子"出闽、蜀（今福建、四川）"。《本草易读》记载："原出海南、交趾。今闽之邵武，蜀之眉州，少栽莳之。"《本草从新》："出闽蜀。"《本草害利》："出岭南州郡。"《本草求真》："出闽蜀。"《本草述钩元》："出岭南闽（邵武），蜀（眉州）（今四川眉山）。"其他地方志文献考证：嘉庆《眉州属志》，光绪《铜梁县志》《邵武府志》，其物产中均有使君子记载。以上说明了在明代和清代使君子的主要产区为广东、广西、福建、四川，道地产区为四川眉山和福建邵武。

民国《药物出产辨》中记载："中国各省各属均有出，以四川为多出。广东则以新会、东莞为好肉，连州、罗定次之，广西则南宁、百色皆有。七八月出新。安南东京、河内亦有出。"认为四川为使君子主产区，广东为道地产区，广西为产区之一。但据《新会县志》《东莞县志》《清远县志》《罗定县志》等广东地方志考证，其物产中并未有使君子记载，说明使君子在民国的道地产区已由广东逐渐迁移。在广西《百色厅志》中也未见使君子记载，在《邕宁县志》中虽有使君子记载，但据其描述"生山野中"，说明其虽有记载，但多半已逸为野生，估计产量也不大。在四川地方志中，《眉山县志》记载"本草出眉州"；民国新修《合川县志》卷 13 土物中记载："使君子出临渡河两岸人家多，麻柳树田边土边皆是……盖特产，人多贩售外省。"详细说明了使君子作为地方特产大量销售全国各地区。在福建地方志中，《邵武县志》卷之十一物产中有使君子记载，卷之十八实业中记载："使君子，为本地特产，以东区龙潭所产者最佳。"以上说明在民国时期使君子主产区为现今的福建与四川。

1963 年版《中国药典》一部：多系栽培，主产于四川、广东、广西等地。此后各版药典未再记载产地信息。

20 世纪 80 年代《中国植物志》记载：产四川、贵州至南岭以南各处（今湖南、广西、广东等地），长江中下游以北无野生记录。主产于福建、台湾（栽培）、江西南部、湖南、广东、广西、四川、云南、贵州。分布于印度、缅甸至菲律宾。

胡世林《中国道地药材》记载使君子产地"今以四川合川产量最大"。

《中国药材学》记载：主产于四川、广东、广西、江西、福建。云南、贵州亦产。四川产量大，销全国并出口。

《中华本草》记载：主产于四川、福建、广东、广西、台湾、江西等地，以四川产量最大。销全国并出口。

《500味常用中药材的经验鉴别》中记载：使君子商品多来源于栽培，使君子植物多分布于四川、铜梁、合江、江安、泸县、犍为、古宋、占兰、叙永、宜宾、乐山、井研；福建邵武、福清、蒲阳；广东连县、罗定、信宜、阳春、新会、东莞；广西南宁、龙津、百色、桂林等地。以福建所产"建君子"最优。

《现代中药材商品通鉴》记载：主产于四川合川、铜梁、井研，广西阳朔、宁明、龙州，福建邵武、莆田，广东连县、罗定、信宜、阳春。以四川产量为最大，销全国各地。

《中华药海》记载：主产于四川、广东、广西。此外，福建、江西、云南、贵州等地亦产。

综上，古代文献和现代记载，使君子的主产地为广东、广西、福建、四川等地，道地产区为四川眉州、合川和福建邵武，使君子古今主产地一致。

附录 B

（资料性附录）

使君子药材品质评价沿革

晋代《南方草木状》："……似诃梨勒而轻。"

宋代《证类本草》："……亦似诃梨勒而轻。"

明代《本草蒙筌》："新采香润，陈久干枯。"《本草纲目》："久则油黑，不可用。"《本草乘雅半偈》："久则油黑，不堪用矣。"《本草品汇精要》："道地：眉州（今四川眉山）。类诃梨勒而轻。"

清代《本草备要》："久则油，不可用。"《本草便读》："……味甘温，气香，质润。"《本草求真》："……久则油黑不可用。"《本草述钩元》："……久则油黑不堪用。"

民国《药物出产辨》："……广东则以新会、东莞为好肉，连州、罗定次之，广西则南宁、百色皆有。"

1963 年版《中国药典》一部："以个大、仁饱满、无空壳者为佳。紫黑色、体较轻、有裂口者质次。"1977 年版《中国药典》一部："以个大、表面紫黑色具光泽、仁饱满、色黄白者为佳。"此后各版的药典均未再记载。

1996 年《中国药材学》："以个大、饱满、表面紫黑色、具光泽、仁饱满、色黄白者为佳。"

1999 年《中华本草》："以个大、表面具紫褐色光泽、仁饱满、色黄白者为佳。"《500 味常用中药材的经验鉴别》："使君子商品要求个大，外壳紫黑色有光泽、内仁饱满、色黄白者为佳。以福建所产'建君子'最著。"

2010 年《中华药海》："使君子以个大、颗粒饱满、种仁色黄、味香甜而带油性者佳。"

古代文献从产地对使君子进行品质评价，而现代文献多从色泽、饱满度等进行品质评价，未见明确的等级划分。

综上，使君子以个大、表面具紫褐色光泽、颗粒饱满、种仁色黄白者为佳。

ICS 11.120.01
C 23

团 体 标 准

T/CACM 1021.195—2018

代替T/CACM 1021.161—2018

中药材商品规格等级　淡竹叶

Commercial grades for Chinese materia medica

LOPHATHERI HERBA

2018-12-03 发布

2018-12-03 实施

中 华 中 医 药 学 会 发布

目　次

前　言

T/CACM 1021《中药材商品规格等级》标准分为 226 个部分：
——第 1 部分：中药材商品规格等级标准编制通则；
……
——第 194 部分：中药材商品规格等级　使君子；
——第 195 部分：中药材商品规格等级　淡竹叶；
——第 196 部分：中药材商品规格等级　白茅根；
……
——第 226 部分：中药材商品规格等级　玄明粉。
本部分为 T/CACM 1021 的第 195 部分。
本部分代替 T/CACM 1021.161—2018。
本部分按照 GB/T 1.1—2009《标准化工作导则　第 1 部分：标准的结构和编写》给出的规则起草。

本部分代替 T/CACM 1021.161—2018，与 T/CACM 1021.161—2018 相比较，标准编号进行了调整，并重新进行了编辑。
本部分由中药材商品规格等级标准研究技术中心及道地药材国家重点实验室培育基地提出。
本部分由中华中医药学会归口。
本部分起草单位：福建中医药大学、中国中医科学院中药资源中心、中药材商品规格等级标准研究技术中心、北京中研百草检测认证有限公司。
本部分主要起草人：黄泽豪、黄璐琦、郭兰萍、金艳、詹志来、何雅莉、郑丽香。
本部分所代替标准的历次版本发布情况为：
——T/CACM 1021.161—2018。

中药材商品规格等级　淡竹叶

1　范围

本部分规定了淡竹叶的商品规格等级。

本部分适用于淡竹叶药材生产、流通以及使用过程中的商品规格等级评价。

2　规范性引用文件

下列文件对于本部分的应用是必不可少的。凡是注明日期的引用文件，仅所注明日期的版本适用于本部分。凡是不注明日期的引用文件，其最新版本（包括所有的修改版本）适用于本部分。

T/CACM 1021.1—2016 中药材商品规格等级编制通则。

3　术语和定义

T/CACM 1021.1—2016 以及下列术语和定义适用于本部分。

3.1

淡竹叶　LOPHATHERI HERBA

本品为禾本科植物淡竹叶 *Lophatherum gracile* Brongn. 的干燥茎叶。夏季未抽花穗前采割，晒干。

4　规格等级划分

根据市场流通情况，该药材商品均为统货。应符合表1要求。

表1　规格等级划分

等级	性状描述
统货	长 25～75cm，茎呈圆柱形，有节，表面淡黄绿色，断面中空。叶片披针形，有的皱缩卷曲，长 5～20cm，宽 1～3.5cm；表面浅绿色或黄绿色。叶脉平行，具横行小脉，形成长方形的网格状，下表面尤为明显。体轻，质柔韧。气微，味淡

注1：当前药材市场淡竹叶质量、价格上无明显差别，均为统货。

注2：药典规定淡竹叶药用部位为干燥茎、叶，而目前市场上有带花穗或根头的不符合药典规定，应注意鉴别。

注3：目前市场上可见淡竹叶里面掺杂有白茅［*Imperata cylindrica*（L.）Beauv.］的叶，应注意鉴别。

注4：关于淡竹叶药材历史产区沿革参见附录A。

注5：关于淡竹叶药材品质评价沿革参见附录B。

5　要求

除应符合 T/CACM 1021.1—2016 的第7章规定外，还应符合下列要求：

——无变色；

——无霉变；

——杂质不得过3%。

附录 A

（资料性附录）

淡竹叶药材历史产区沿革

古代本草对淡竹叶的产地都没有详细的记载，《本草纲目》《本草汇言》《本草易读》《植物名实图考长编》等均只记载：处处原野有之。清代吴其浚在《植物名实图考》中有较为详细的记载："今江西、湖南原野多有之。"

近现代以来，各类书籍对淡竹叶的产地多有记载。《中国药材学》记载淡竹叶"主产于浙江、安徽、湖南、四川、湖北、广东、江西，广西、贵州、福建、江苏、河南、云南等地亦产，以浙江产量大，质量优，习称'杭竹叶'"。《中华本草》对淡竹叶产地的记载与《中国药材学》相似，而《500味常用中药材的经验鉴别》及《金世元中药材传统鉴别经验》对淡竹叶产地的记载更为详细，均记载淡竹叶"主要分布于华东、华南、中南及西南地区。主产于浙江余姚、奉化、临海、杭州、兰溪、长兴、宁波；江苏苏州；安徽霍山、歙县；湖南黔阳、邵阳、衡阳；四川温江、邛崃、雅安、乐山、洪雅；湖北孝感；广东清远、从化、增城；江西萍乡、武宁、修水、瑞昌等地。以浙江杭州一带所产'杭竹叶'为优"。但根据近两年的市场调查和产地调查，华东、华南各省皆有产，但多为自产自销，全国药材市场的主要货源多来自四川。

附录 B

（资料性附录）

淡竹叶药材品质评价沿革

对于淡竹叶的产量与质量的记载，大多数人认为以浙江所产的"杭竹叶"为佳，在《中国药材学》《中华本草》《500 味常用中药材的经验鉴别》《新编中药志》《金世元中药材传统鉴别经验》等书中均有此记载。由上述可知，全国多个省市均产淡竹叶，多分布于长江以南、华南、台湾及西南各省，而以浙江的淡竹叶产量大、质量优，为最佳。

ICS 11.120.01
C 23

团 体 标 准

T/CACM 1021.196—2018
代替T/CACM 1021.162—2018

中药材商品规格等级 白茅根

Commercial grades for Chinese materia medica

IMPERATAE RHIZOMA

2018-12-03 发布
2018-12-03 实施

中 华 中 医 药 学 会 发布

目　次

前　言

T/CACM 1021《中药材商品规格等级》标准分为 226 个部分：
——第 1 部分：中药材商品规格等级标准编制通则；
……
——第 195 部分：中药材商品规格等级　淡竹叶；
——第 196 部分：中药材商品规格等级　白茅根；
——第 197 部分：中药材商品规格等级　皂角刺；
……
——第 226 部分：中药材商品规格等级　玄明粉。
本部分为 T/CACM 1021 的第 196 部分。
本部分代替 T/CACM 1021.162—2018。
本部分按照 GB/T 1.1—2009《标准化工作导则　第 1 部分：标准的结构和编写》给出的规则起草。
本部分代替 T/CACM 1021.162—2018，与 T/CACM 1021.162—2018 相比较，标准编号进行了调整，并重新进行了编辑。
本部分由中药材商品规格等级标准研究技术中心及道地药材国家重点实验室培育基地提出。
本部分由中华中医药学会归口。
本部分起草单位：福建中医药大学、中国中医科学院中药资源中心、中药材商品规格等级标准研究技术中心。
本部分主要起草人：杨成梓、黄璐琦、郭兰萍、詹志来、安昌。
本部分所代替标准的历次版本发布情况为：
——T/CACM 1021.162—2018。

中药材商品规格等级   白茅根

1 范围

本部分规定了白茅根的商品规格等级。

本部分适用于白茅根药材生产、流通以及使用过程中的商品规格等级评价。

2 规范性引用文件

下列文件对于本部分的应用是必不可少的。凡是注明日期的引用文件，仅所注明日期的版本适用于本部分。凡是不注明日期的引用文件，其最新版本（包括所有的修改版本）适用于本部分。

T/CACM 1021. 1—2016 中药材商品规格等级编制通则

3 术语和定义

T/CACM 1021. 1—2016 以及下列术语和定义适用于本部分。

3.1

白茅根 IMPERATAE RHIZOMA

本品为禾本科植物白茅 *Imperata cylindrica* Beauv. var. *major*（Nees）C. E. Hubb. 的干燥根茎。春、秋二季采挖，洗净，晒干，除去须根和膜质叶鞘，捆成小把。

3.2

直径 diameter

白茅根药材根茎的直径。

4 规格等级划分

根据市场流通情况，将白茅根药材分成"选货"与"统货"两个等级。应符合表 1 要求。

表 1 规格等级划分

等级	性状描述	
	共同点	区别点
选货	呈类圆柱形，表面黄白色或淡黄色，具纵皱纹，无毛，微有光泽。节明显，稍突起，节间长短不等。体轻，质略脆，断面皮部白色，多有裂隙，放射状排列，中柱淡黄色，易与皮部剥离。气微，味微甜	长短均匀，直径≥0.3cm，杂质不得过 1%
统货		长短不均匀，杂质不得过 3%

注1：当前药材市场白茅根以统货为主，少见选货，以直径和杂质含量为等级划分标准，以条粗、杂质含量少的为优质品。

注2：杂质主要为其未去除干净的非药用部位，如须根及膜质叶鞘等。

注3：关于白茅根药材历史产区沿革参见附录 A。

注4：关于白茅根药材品质评价沿革参见附录 B。

5 要求

除应符合 T/CACM 1021. 1—2016 的第 7 章规定外，还应符合下列要求：

——无变色；

——无虫蛀；

——无霉变。

附录 A

（资料性附录）

白茅根药材历史产区沿革

白茅根的生境分布较早记载于东汉本草，《神农本草经》曰："生山谷田野。"《本草经集注》曰："茅根，生楚地山谷田野，六月采根。"楚地的范围，大致包括了现在的湖北、湖南、上海、江苏、浙江、山东、江西、贵州、广东、重庆、河南、安徽等地。直至宋代前，诸本草记载均无变动。

宋代《本草图经》："生楚地山谷田野，今处处有之。"明代《救荒本草》："生楚地山谷，今田野处处有之。"明代《本草蒙筌》："旷野平原，无处不生。"清代《草木便方》："生于山坡、荒地及耕种的砂地内。分布于我国各省区。"

1963 年版《中国药典》一部首次收载白茅根：均系野生，全国大部分地区均有产。1977 年版《中国药典》记载同 1963 年版。《中国植物志》记载，白茅根产于辽宁、河北、山西、陕西、新疆等北方地区，生于低山带平原河岸草地、沙质草甸、荒漠与海滨，也分布于非洲北部、土耳其、伊拉克、伊朗、中亚、高加索以及地中海区域。《中国药材学》：全国各地均产。华北地区产量较多。多自产自销。《中华本草》记载：生于路旁向阳干草地或山坡上。分布于东北、华北、华东、中南、西南、陕西以及甘肃等地。《500 味常用中药材的经验鉴别》中记载：白茅根商品均来源于野生，全国大部分地区均有分布与出产，多自产自销。《现代中药材商品通鉴》中记载：全国各地均有生产，销全国各地。《新编中药志》记载：在我国南部草地优势植物，生态幅度广，生长于谷地河床至旱草地。向阳山坡、果园地、撂荒地以及田坎、堤岸和路边草地。分布于河南、山东、江苏、安徽、江西、福建、台湾、湖北、湖南、广东、广西、海南、贵州、四川、西藏等省（自治区）。在《中华药海》中记载为：本品以野生者入药，喜阳耐旱，多生于路旁、山坡、草地中。全国各地均产。

综上所述，古代本草记载的白茅根产区主要为楚地山谷田野，处处有之，与现代文献基本一致，产地广泛，全国各地均产。古人认为白茅根处处有之；今人认为全国均产，且华北地区产量大。两者有共通之处，均说明白茅根分布广泛，全国各地都有分布。

附录 B

(资料性附录)

白茅根药材品质评价沿革

古代对白茅根的品质评价以外观性状特征为主，收期、产地加工、炮制等均与此有关。南北朝的《本草经集注》曰："茅根，生楚地山谷田野，六月采根。"宋代《本草图经》："六月采根用……刘禹锡《传信方》疗痈肿有头，使必穴方，取茅针一茎正尔，全煎十数沸，服之，立溃。若两茎即生两孔，或折断一枝为二，亦生两穴。"宋代前皆记载六月采根，说明宋代以前六月采的白茅根质量最好。

明代《本草蒙筌》记载："收采法去皮衣，掐断忌犯铁器。"说明在采收加工时应去皮衣，且忌用铁器。明代《本草崇原》："根甚洁白，味甘如蔗，其根柔软如筋。故一名地筋，干之夜视有光，故腐则变为萤火茅，叶可以苫盖，及供祭祀苞苴之用。"

清代《植物名实图考》："其芽曰茅针，白嫩可啖，小儿嗜之。"又有描述曰："紫茹未拆，银线初含，苞解绵绽，沁鼻生津，物之洁，味之甘，洵无伦比。"形象地描述了白茅根性状之洁白，味之甘美，沁人心脾。清代《本草求真》："茅以白者为良。"说明白茅根以根茎洁白者为佳。

现代文献主要是从白茅根的采收加工、性状特征方面来进行品质评价。

1963 年版《中国药典》一部收载："均系野生；以条粗肥、色白、无须根、味甜者为佳。"认为条粗肥、色白、没有须根、味道甜的白茅根为佳。1977 年版《中国药典》一部："以条粗、色白、味甜者为佳。"则认为条粗、色白、味道甜的白茅根更好。《中国药材学》记载："全年可采，以秋季为好；本品以条粗、色白、味甜者为佳。"说明秋季采的白茅根质量更好，并以条粗、色白、味甜者为佳。《中华本草》记载："春秋季采挖，除去地上部分和鳞片状的叶鞘，洗净，鲜用或者扎把晒干；以条粗、色白、味甜者为佳。"《500 味常用中药材的经验鉴别》中记载："白茅根商品均为统货，不分等级。白茅根商品以条粗、色白、味甜者为佳。"《现代中药材商品通鉴》中记载："春、秋二季采挖，洗净，除去须根及膜质叶鞘，晒干，捆成小把。一般均为统货。无臭，味微甜。"《中华药海》记载："冬春季采挖，除去地上部分及鳞片状叶鞘，洗净，切段或扎把晒干备用。以粗肥、色白、无须根、味甜者为佳。"

综上所述，从总结的古代文献中可以看出，古人以楚地田野所采白茅根为佳，采收期在六月间，要求白茅根根茎洁白，用时去皮衣，且忌用铁器。而在现代的文献著作记载中，白茅根适宜春秋冬季采挖，要除去地上部分及鳞片状叶鞘，以粗肥、色白、无须根、味甜者质量为佳。

ICS 11.120.01

C 23

团 体 标 准

T/CACM 1021.197—2018

代替T/CACM 1021.163—2018

中药材商品规格等级 皂角刺

Commercial grades for Chinese materia medica

GLEDITSIAE SPINA

2018-12-03 发布   2018-12-03 实施

中华中医药学会 发布

目　次

前　言

T/CACM 1021《中药材商品规格等级》标准分为226个部分：
——第1部分：中药材商品规格等级标准编制通则；
……
——第196部分：中药材商品规格等级　白茅根；
——第197部分：中药材商品规格等级　皂角刺；
——第198部分：中药材商品规格等级　茵陈；
……
——第226部分：中药材商品规格等级　玄明粉。
本部分为 T/CACM 1021 的第197部分。
本部分代替 T/CACM 1021.163—2018。
本部分按照 GB/T 1.1—2009《标准化工作导则　第1部分：标准的结构和编写》给出的规则
起草。
本部分代替 T/CACM 1021.163—2018，与 T/CACM 1021.163—2018 相比较，标准编号进行了调
整，并重新进行了编辑。
本部分由中药材商品规格等级标准研究技术中心及道地药材国家重点实验室培育基地提出。
本部分由中华中医药学会归口。
本部分起草单位：陕西中医药大学、中国中医科学院中药资源中心、中药材商品规格等级标准研
究技术中心、北京中研百草检测认证有限公司。
本部分主要起草人：刘清、黄璐琦、郭兰萍、詹志来、金艳、卫昊、王继涛、孙涛、白吉庆、何
雅莉、郭琦。
本部分所代替标准的历次版本发布情况为：
——T/CACM 1021.163—2018。

中药材商品规格等级 皂角刺

1 范围

本部分规定了皂角刺的商品规格等级。

本部分适用于皂角刺药材生产、流通以及使用过程中的商品规格等级评价。

2 规范性引用文件

下列文件对于本部分的应用是必不可少的。凡是注明日期的引用文件，仅所注明日期的版本适用于本部分。凡是不注明日期的引用文件，其最新版本（包括所有的修改版本）适用于本部分。

T/CACM 1021.1—2016 中药材商品规格等级编制通则

3 术语和定义

T/CACM 1021.1—2016 以及下列术语和定义适用于本部分。

3.1

皂角刺 GLEDITSIAE SPINA

本品为豆科植物皂荚 *Gleditsiae sinensis* Lam. 的干燥棘刺。全年均可采收，干燥，或趁鲜切片，干燥。

4 规格等级划分

根据市场流通情况，将皂角刺药材分成"选货"与"统货"两个等级。"选货"项下根据直径、长度等进行等级划分。应符合表1要求。

表1 规格等级划分

等级		性状描述	
		共同点	区别点
选货	一等	为主刺和1~2次分枝的棘刺。主刺长圆锥形，刺端锐尖。表面紫棕色或棕褐色。体轻，质坚硬，不易折断。木部黄白色，髓部疏松，淡红棕色；质脆，易折断。气微，味淡	主刺长10~15cm或更长，直径≥0.5cm，分刺长1~6cm
	二等		主刺长4~8cm或更长，直径≥0.4cm，分刺长1~4cm
	三等		主刺长2~5cm或更长，直径≥0.3cm，分刺长1~3cm
统货			大小不等

注1：当前药材市场皂角刺规格按照直径进行划分，因此市场根据皂角刺的直径大小进行等级的划分，即直径越大等级越高。

注2：皂角刺药材有野生及栽培品，均可按以上标准划分。

注3：目前市场有野皂荚、日本皂荚等伪品混充皂角刺，而市场上还有不符合药典规定的段规格，应注意鉴别。

注4：市场另有陈货，即存放时间较长的皂角刺商品，由于暴露空气中，因此气味淡且外观颜色加深，这类商品容易不合格，需注意鉴别。

注5：另皂角刺的质量可能与皂荚树的生长年限有关，需进一步研究。

注6：关于皂角刺药材历史产区沿革参见附录A。

注7：关于皂角刺药材品质评价沿革参见附录B。

5 要求

除应符合 T/CACM 1021.1—2016 的第7章规定外，还应符合下列要求：

——无变色；

——无虫蛀；

——无霉变；

——杂质不得过3%。

附录 A

（资料性附录）

皂角刺药材历史产区沿革

皂角刺最早记载于元代朱丹溪《本草衍义补遗》中，其味淡，气微。

宋《本草图经》曰："皂荚，出雍州川谷及鲁邹县，今所在有之，以怀、孟州者为胜。"

明《本草蒙筌》曰："皂荚，味辛、咸，气温。有小毒。所在各处有生，怀孟州并属河南者独胜。"

明《本草纲目》曰："皂荚生雍州山谷及鲁、邹县。"

明《救荒本草》曰："生雍州川谷及鲁之邹县，怀孟者为胜，今处处有之。"

《中国药学大辞典》："陈仁山药物生产辨云，产广东乐昌、广西怀集，浙江等省亦有出。实则此物生于皂荚树上。各处皆产之。"

《中国药材学》："皂角刺主产于河南、江苏、湖北、广西，以河南、江苏、广西产量大。"

《500味常用中药材的经验鉴别》收载的皂角刺商品来源野生、栽培均有。主产于河北、山西、河南、山东、江苏、湖北、广西等省区。全年均产，以春、夏两季采收为宜。

《中华本草》收载的皂角刺主产于河南洛阳、信阳、南阳，江苏泰兴、句容、溧阳，湖北恩施、宜昌，广西全县、龙胜、永福、凌乐。此外，安徽、四川、湖南、浙江、贵州、陕西、甘肃、河北、江西、山东、山西、辽宁等地亦产。

《中药植物原色图鉴》收载的皂角刺生于山坡丛林；多为栽培。分布于我国河北、河南、山西、山东及长江以南各省（区）及台湾。

张贵君《现代中药材商品通鉴》收载的皂角刺主产于河南洛阳、信阳、南阳，江苏泰兴、句容、溧阳，湖北恩施、宜昌，广西全县、龙胜、永福、凌乐。以河南、江苏、湖北、广西产量大，销全国并出口。此外，安徽、四川、湖南、贵州、浙江、陕西、甘肃、河北、江西、山东、山西、辽宁等地亦产。

《中华药海》："皂角刺主产于江苏、湖北、河北、山西、河南、山东。此外，广东、广西、四川、安徽、浙江、贵州、陕西、江西、甘肃等地亦产。"

《金世元中药材传统鉴别经验》："肥皂荚以山东邹县产者品质优良，为本省历史上的'地道药材'。此外，该省的历城、肥城、坟上、泰安亦少量出产。四川绵阳、雅安、西昌；陕西安康均产量亦丰。其他如河南、湖北、贵州、云南等地皆有分布。北京海淀、房山、门头沟等区也有产。"

药材资料汇编：皂角刺的产地越来越广泛，先有陕西、山东、河南，后依次增加了广东、广西、浙江、江苏、湖北、河北、山西、安徽、四川、贵州、甘肃、江西、辽宁、台湾、云南、北京。总体来说，皂角刺主产于华西、华中及华东部分地区。其道地产区的变迁较大，宋朝时为陕西省北部及甘肃等地和山东邹县，明朝时为陕西省北部及甘肃等地、山东邹县、河南沁阳市及河南孟州市，民国时为广东乐昌、广西怀集及浙江。目前主产于陕西、山东、河南、广西、江苏、湖北等地，与今皂角刺的主要栽培产区较为接近，基本上全国各地均产。

附录 B

（资料性附录）

皂角刺药材品质评价沿革

1962 年《陕西中药志》："本品以干燥，质坚而重者为佳。"

1963 年版《中国药典》一部："以片薄、纯净、整齐者为佳。"

1977 年版《中国药典》一部："以外皮色紫棕者为佳。"

1996 年《中国药材学》："本品以个大、质坚、色紫棕者为佳。"

1999 年《500 味常用中药材的经验鉴别》："皂角刺商品以身干、整齐或净片、中心砂粉状、无杂质掺入者为佳。"

1999 年《中华本草》："以片薄、纯净、无枝梗、色棕紫、切片中间棕红色、糠心者为佳。"

2001 年《现代中药材商品通鉴》："原装以色深紫、质坚、个大者为佳。片统装以片薄、无杂质、整齐、无枝茎、中心粉砂者为佳。"

2010 年《中华药海》："以片薄、纯净、整齐者为佳。"

综上，历代对于皂角刺的规格等级划分强调大小、色泽、质地，并在此基础上结合性状，如中心砂粉状等进行评价。为制定皂角刺商品规格等级标准提供了依据。

ICS 11.120.01
C 23

团 体 标 准

T/CACM 1021.198—2018

代替T/CACM 1021.164—2018

中药材商品规格等级 茵陈

Commercial grades for Chinese materia medica

ARTEMISIAE SCOPARIAE HERBA

2018-12-03 发布

2018-12-03 实施

中华中医药学会 发布

目 次

前　言

T/CACM 1021《中药材商品规格等级》标准分为 226 个部分：
——第 1 部分：中药材商品规格等级标准编制通则；
……
——第 197 部分：中药材商品规格等级　皂角刺；
——第 198 部分：中药材商品规格等级　茵陈；
——第 199 部分：中药材商品规格等级　海金沙；
……
——第 226 部分：中药材商品规格等级　玄明粉。

本部分为 T/CACM 1021 的第 198 部分。

本部分代替 T/CACM 1021.164—2018。

本部分按照 GB/T 1.1—2009《标准化工作导则　第 1 部分：标准的结构和编写》给出的规则起草。

本部分代替 T/CACM 1021.164—2018，与 T/CACM 1021.164—2018 相比较，标准编号进行了调整，并重新进行了编辑。

本部分由中药材商品规格等级标准研究技术中心及道地药材国家重点实验室培育基地提出。

本部分由中华中医药学会归口。

本部分起草单位：陕西中医药大学、中国中医科学院中药资源中心、中药材商品规格等级标准研究技术中心、北京中研百草检测认证有限公司。

本部分主要起草人：杨新杰、王薇、黄璐琦、郭兰萍、詹志来、金艳、颜永刚、张岗、胡本祥、程虎印、何雅莉。

本部分所代替标准的历次版本发布情况为：
——T/CACM 1021.164—2018。

中药材商品规格等级 茵陈

1 范围

本部分规定了茵陈的商品规格等级。

本部分适用于茵陈药材生产、流通以及使用过程中的商品规格等级评价。

2 规范性引用文件

下列文件对于本部分的应用是必不可少的。凡是注明日期的引用文件，仅所注日期的版本适用于本部分。凡是不注明日期的引用文件，其最新版本（包括所有的修改版本）适用于本部分。

T/CACM 1021.1—2016 中药材商品规格等级编制通则

3 术语和定义

T/CACM 1021.1—2016 以及下列术语和定义适用于本部分。

3.1

茵陈 ARTEMISIAE SCOPARIAE HERBA

本品为菊科植物滨蒿 *Artemisia scoparia* Waldst. et Kit. 或茵陈蒿 *Artemisia capillaris* Thunb. 的干燥地上部分。春季当幼苗高 6 ~ 10cm 时采收或秋季花蕾长成至花初开时采割，除去杂质及老茎，晒干。春季采收的习称"绵茵陈"，秋季采割的称"花茵陈"。

4 规格等级划分

根据市场流通情况，按照采收季节不同，将茵陈药材分成"绵茵陈"与"花茵陈"两个规格。应符合表 1 要求。

表 1 规格等级划分

规格	性状描述	区别点
绵茵陈	多卷曲成团状，灰白色或灰绿色，全体密被白色茸毛，绵软如绒。茎细小，长 1.5 ~ 2.5cm，直径 0.1 ~ 0.2cm，除去表面白色茸毛后可见明显纵纹；质脆，易折断。叶具柄；展平后叶片呈一至三回羽状分裂，叶片长 1 ~ 3cm，宽约 1cm；小裂片呈卵形或稍呈倒披针形，条形，先端尖锐。气清香，味微苦	绵茵陈多卷曲成团状，灰白色或灰绿色，全体密被白色茸毛
花茵陈	茎呈圆柱形，多分枝，长 30 ~ 100cm，直径 2 ~ 8mm；表面淡紫色或紫色，有纵条纹，被短柔毛；体轻，质脆，断面类白色。叶密集，或多脱落；下部叶二至三回羽状深裂，裂片条形或细条形，两面密被白色柔毛；茎生叶一至二回羽状全裂，基部抱茎，裂片细丝状；头状花序卵形，多数集成圆锥状，长 1.2 ~ 1.5mm，直径 1 ~ 1.2mm，有短梗；总苞片 3 ~ 4 层，卵形，苞片 3 裂；外层雌花 6 ~ 10 个，可多达 15 个，内层两性花 2 ~ 10 个；瘦果长圆形，黄棕色。气芳香，味微苦	花茵陈茎呈圆柱形，多分枝，表面淡紫色或紫色；头状花序卵形，多数集成圆锥状；瘦果长圆形，黄棕色

注1：茵陈药材以野生品为主，各地有少量栽培，均可按以上标准划分。

注2：当前药材市场流通茵陈药材均为绵茵陈，未见有花茵陈销售，因 2015 年版《中国药典》收载花茵陈，故花茵陈市场统货销售应满足药典性状要求，暂作保留。

注3：市场另有陈货，即存放时间较长的茵陈商品，由于暴露空气中，挥发性成分容易散失以及氧化，因此气味淡且外观颜色变黄，这类商品容易不合格，需注意区分，因此在本部分不制定陈货规格。

注4：关于茵陈药材历史产区沿革参见附录 A。

注5：关于茵陈药材品质评价沿革参见附录 B。

5 要求

除应符合 T/CACM 1021. 1—2016 的第 7 章规定外，还应符合下列要求：

—— 无变色；

—— 无霉变；

—— 杂质不得过 3% 。

附录 A

（资料性附录）

茵陈药材历史产区沿革

茵陈始载于《神农本草经》，列为上品："味苦平。主风湿寒热，邪气，热结黄疸。久服轻身，益气耐老。生邱陵阪岸上。"简单概述了其性味、功能与主治，并简略说明其产地环境（生邱陵阪岸上）。

魏晋时期《名医别录》记载："茵陈蒿，微寒，无毒。……生太山及丘陵坂岸上。五月及立秋采，阴干。"明确指出了产地为山东泰山，采集时间为五月或立秋。

唐《新修本草》载："生太山及丘陵坂岸上。五月及立秋采，阴干。今处处有，似蓬蒿而叶紧细。茎，冬不死，春又生。"说明其产地较广泛。

宋代苏颂《本草图经》记录为："茵陈蒿，生泰山及丘陵坡岸上，今近道皆有之，而不及泰山者佳。"认为山东泰山所产茵陈质量较佳。

明代《本草纲目》记载："时珍曰：茵陈昔人多莳为蔬，故入药用山茵陈，……今淮扬人，二月二日犹采野茵陈苗，和粉面做茵陈饼食之。后人各据方士所传，遂致混乱。今山茵陈二月生苗，其茎如艾。其叶如淡色青蒿而背白，叶歧紧细而扁整。九月开细花黄色，结实大如艾子，花实并与庵？花相似，亦有无花实者。"此对茵陈蒿的原植物描述为蒿属艾组（Artemisia）植物，但是何种植物难以考证。

《新编中药志》记载：茵陈主产于陕西、河北、山西等省。商品通称绵茵陈，陕西产者称西茵陈，质量最佳。

《中华本草》记载：猪毛蒿主产于陕西、河北、山西等省。茵陈蒿主产于山东、江苏、浙江、福建等地。

徐国钧《中国药材学》收载：茵陈主产于安徽、陕西、江西、河北、河南、江苏、浙江等地。以安徽、湖北、江苏产量大，以陕西产者质量佳，习称西茵陈。

《中药大辞典》收载：茵陈多生于山坡、河岸、砂砾地。全国大部地区均有分布。主产陕西、山西、安徽。此外，山东、江苏、湖北、河南、河北、四川、甘肃、福建等地亦产。

综合以上古代文献及现代文献考证，古代文献中茵陈生太山及丘陵彼岸上，今处处有。现代文献中载茵陈产地分布极广，主产于安徽、陕西、江西、河北、河南、江苏、浙江、山西、四川、甘肃、福建等省。

附录 B

（资料性附录）

茵陈药材品质评价沿革

历代对茵陈品质评价较少。历代本草仅宋代苏颂《本草图经》记录茵陈品质："茵陈蒿，生泰山及丘陵坡岸上，今近道皆有之，而不及泰山者佳。"因此，古代本草著作以山东泰山所产茵陈为佳。

近代文献主要是从茵陈的产地来进行品质评价。

1996 年《中国药材学》收载："茵陈主产于安徽、陕西、江西、河北、河南、江苏、浙江等地。"以陕西产者质量佳，习称西茵陈。1999 年《中华本草》收载："猪毛蒿主产于陕西、河北、山西等省。茵陈蒿主产于山东、江苏、浙江、福建等地。"以陕西产者质量佳，习称西茵陈。2002 年《新编中药志》收载："茵陈主产于陕西、河北、山西等省。"以陕西产者质量佳，习称西茵陈。2006 年《中药大辞典》收载："茵陈多生于山坡、河岸、砂砾地。全国大部地区均有分布。主产陕西、山西、安徽。此外，山东、江苏、湖北、河南、河北、四川、甘肃、福建等地亦产。"以陕西产者质量佳，习称西茵陈。因此，现代文献则认为陕西所产西茵陈质量最佳。

综上所述，茵陈药材分布广泛，古代书籍对茵陈主要是从产地来说明其品质，以山东泰山所产茵陈最优。近代文献也是从产地来评价其品质，以陕西所产西茵陈质量最佳。因此，在制定茵陈商品规格等级标准时，主要依据的是市场所提供信息。

ICS 11.120.01
C 23

团 体 标 准

T/CACM 1021.199—2018

代替T/CACM 1021.165—2018

中药材商品规格等级　海金沙

Commercial grades for Chinese materia medica

LYGODII SPORA

2018-12-03 发布
2018-12-03 实施

中 华 中 医 药 学 会 发布

目　次

前　言

T/CACM 1021《中药材商品规格等级》标准分为 226 个部分：

——第 1 部分：中药材商品规格等级标准编制通则；

……

——第 198 部分：中药材商品规格等级　茵陈；

——第 199 部分：中药材商品规格等级　海金沙；

——第 200 部分：中药材商品规格等级　乌梅；

……

——第 226 部分：中药材商品规格等级　玄明粉。

本部分为 T/CACM 1021 的第 199 部分。

本部分代替 T/CACM 1021.165—2018。

本部分按照 GB/T 1.1—2009《标准化工作导则　第 1 部分：标准的结构和编写》给出的规则起草。

本部分代替 T/CACM 1021.165—2018，与 T/CACM 1021.165—2018 相比较，标准编号进行了调整，并重新进行了编辑。

本部分由中药材商品规格等级标准研究技术中心及道地药材国家重点实验室培育基地提出。

本部分由中华中医药学会归口。

本部分起草单位：陕西中医药大学、中国中医科学院中药资源中心、中药材商品规格等级标准研究技术中心、北京中研百草检测认证有限公司。

本部分主要起草人：王兴海、杨琳、白吉庆、黄璐琦、郭兰萍、詹志来、高速、王磊。

本部分所代替标准的历次版本发布情况为：

——T/CACM 1021.165—2018。

中药材商品规格等级　海金沙

1　范围

本部分规定了海金沙的商品规格等级。

本部分适用于海金沙药材生产、流通以及使用过程中的商品规格等级评价。

2　规范性引用文件

下列文件对于本部分的应用是必不可少的。凡是注明日期的引用文件，仅所注明日期的版本适用于本部分。凡是不注明日期的引用文件，其最新版本（包括所有的修改版本）适用于本部分。

T/CACM 1021.1—2016 中药材商品规格等级编制通则

3　术语和定义

T/CACM 1021.1—2016 以及下列术语和定义适用于本部分。

3.1

海金沙　LYGODII SPORA

本品为海金沙科植物海金沙 *Lygodium japonicum*（Thunb.）Sw. 的干燥成熟孢子。秋季孢子未脱落时采割藤叶，晒干，搓揉或打下孢子，除去藤叶。

4　规格等级划分

根据市场流通情况，该药材商品均为统货。应符合表1要求。

表1　规格等级划分

规格	性状描述
统货	本品呈粉末状，棕黄色或浅棕黄色，体轻，手捻有光滑感。置手中易由指缝滑落。气微，味淡

注1：海金沙药材只有一个主产区有选货和统货，药材市场只有统货一个等级。

注2：市场上有个别海金沙药材按产区来划分规格等级，因为药材市场多以就近产区来采购，因此本部分不制定此类规格。

注3：市场上海金沙的陈货和新货从外观特征看并无太大差异，因此在本部分不制定陈货规格。

注4：关于海金沙药材历史产区沿革参见附录A。

注5：关于海金沙药材品质评价沿革参见附录B。

5　要求

除应符合 T/CACM 1021.1—2016 的第7章规定外，还应符合下列要求：

——无霉变；

——杂质不得过3%。

附录 A

（资料性附录）

海金沙药材历史产区沿革

海金沙入药始载于《嘉祐本草》，列为草部下品。《嘉祐本草》曰："出黔中郡（今四川彭水）。"
宋代·苏颂《本草图经》中有："海金沙，生黔中山谷，湖南亦有。"新增了湖南产区。
《证类本草》中记载："海金沙出黔中郡。"
北宋《图经衍义本草》中记载："海金沙，黔州。"
南宋《宝庆本草折衷》、明代《本草品汇精要》《本草蒙筌》、李时珍《本草纲目》中有："海金沙，出黔中郡，湖南亦有。"由此看出海金沙的产地未扩大。
在《本草蒙筌》中有："只云出产黔州。（属云南）"与其他本草中古今地名不一致。
明代《本草乘雅半偈》和《本草易读》中记载："出黔中、江浙、湖湘、川陕皆有，生山林下。"其中新增了江浙、湖北、四川、陕西产地，而且对其生境描述更加明确，主要生长在林下。
清朝《本草从新》中记载："产黔中及河南。"又增加了在河南的分布。
清朝《本草述钩元》和吴其浚的《植物名实图考》中有："出黔中郡，江、浙、湖、湘、川、陕皆有之。"系统总结了海金沙的产区主要分布于湖南、湖北、四川、贵州、江苏、浙江、陕西等地。
结合古代文献，通过查阅《500味常用中药材的经验鉴别》《中药植物原色图鉴》《中华药海》《中国药材学》《中华本草》《现代中药材商品通鉴》《新编中药志》《中药大辞典》等现代专著，总结出海金沙主要产自我国的河南、陕西、安徽、江苏、浙江、福建、台湾、江西、湖南、湖北、广东、广西、四川、贵州、云南等省（区）。

附录 B

（资料性附录）

海金沙药材品质评价沿革

海金沙商品的品质评价在之前的古代文献中未见详细描述。古代本草《本草品汇精要》、李时珍《本草纲目》、卢之颐《本草乘雅半偈》、《本草易读》、《本草备要》、《本草从新》、吴其浚《植物名实图考》大多都是对海金沙孢子的颜色的描述："其色黄如细沙也。状如蒲黄粉，黄赤色。"《本草逢原》中记载："市铺每以沙土杂入，须淘净，取浮者曝干，捻之不沾指者真。"也是对海金沙真伪品的鉴别，没有相关品质的评价。

1963 年版《中国药典》一部中有："以干燥、黄棕色、质轻光滑、能浮于水、无泥沙杂质、引燃时爆响者为佳。"

1977 年版《中国药典》一部："以色棕黄、体轻、手捻光滑者为佳。"

徐国钧《中国药材学》中记载："本品以身干、质轻、色黄棕、无叶片、有光滑感者为佳。"

《中华本草》中记载："以色棕黄、体轻、手捻光滑者为佳。"

《500 味常用中药材的经验鉴别》中有："海金沙商品以身干、黄棕色、质轻、光滑、能浮于水面、无泥沙杂质、引燃时有火焰声响者为佳。"与 1963 年版《中国药典》描述一致。

张贵军《现代中药材商品通鉴》中有："本品以身干、色黄棕、质轻、无杂质、有光滑感者为佳。"

《中药大辞典》与《中华药海》中有："以干燥、黄棕色、质轻光滑、能浮于水、无泥沙杂质、引燃时爆响者为佳。"与 1963 年版《中国药典》描述一致。

综上，海金沙的产地越来越广泛。清朝以前大都记载为"海金沙，出黔中郡，湖南亦有"；清朝以后，记载海金沙的产地分布极广，分布于我国的湖南、湖北、四川、贵州、江苏、浙江、河南、陕西等省；综合现代专著，总结海金沙的产区主要分布于河南、陕西、安徽、江苏、浙江、福建、台湾、江西、湖南、湖北、广东、广西、四川、贵州、云南等省（区）。此外，经走访调研亳州、安国、荷花池、三棵树等药材市场，发现市面所售海金沙大多为江西、江苏、四川、重庆、山东产海金沙，其他产区的海金沙在市场上较少见。海金沙的品质评价以干燥、黄棕色、质轻光滑、能浮于水、无泥沙杂质、引燃时爆响者为佳。本次制定海金沙商品规格等级标准是以现代文献对海金沙药材的质量评价和对产地、市场调查情况为依据，从鉴别、色泽和质地等方面进行评价，最终将其规格定为统货。

ICS 11.120.01
C 23

团 体 标 准

T/CACM 1021.200—2018
代替T/CACM 1021.166—2018

中药材商品规格等级 乌梅

Commercial grades for Chinese materica medica

MUME FRUCTUS

2018-12-03 发布   2018-12-03 实施

中华中医药学会 发布

目　次

前　言

T/CACM 1021《中药材商品规格等级》标准分为 226 个部分：

——第 1 部分：中药材商品规格等级标准编制通则；

……

——第 199 部分：中药材商品规格等级　海金沙；

——第 200 部分：中药材商品规格等级　乌梅；

——第 201 部分：中药材商品规格等级　秦皮；

……

——第 226 部分：中药材商品规格等级　玄明粉。

本部分为 T/CACM 1021 的第 200 部分。

本部分代替 T/CACM 1021.166—2018。

本部分按照 GB/T 1.1—2009《标准化工作导则　第 1 部分：标准的结构和编写》给出的规则起草。

本部分代替 T/CACM 1021.166—2018，与 T/CACM 1021.166—2018 相比较，标准编号进行了调整，并重新进行了编辑。

本部分由中药材商品规格等级标准研究技术中心及道地药材国家重点实验室培育基地提出。

本部分由中华中医药学会归口。

本部分起草单位：陕西中医药大学、中国中医科学院中药资源中心、无限极（中国）有限公司、中药材商品规格等级标准研究技术中心、北京中研百草检测认证有限公司。

本部分主要起草人：陈金文、杨琳、黄璐琦、郭兰萍、詹志来、白吉庆、高速、杨蕾、余意、马方励。

本部分所代替标准的历次版本发布情况为：

——T/CACM 1021.166—2018。

中药材商品规格等级　乌梅

1　范围

本部分规定了乌梅的商品规格等级。

本部分适用于乌梅药材生产、流通以及使用过程中的商品规格等级评价。

2　规范性引用文件

下列文件对于本部分的应用是必不可少的。凡是注明日期的引用文件，仅所注明日期的版本适用于本部分。凡是不注明日期的引用文件，其最新版本（包括所有的修改版本）适用于本部分。

T/CACM 1021.1—2016 中药材商品规格等级编制通则

3　术语和定义

T/CACM 1021.1—2016 以及下列术语和定义适用于本部分。

3.1

乌梅　MUME FRUCTUS

本品为蔷薇科植物梅 *Prunus mume*（Sieb.）Sieb. et Zucc. 的干燥近成熟果实。夏季果实近成熟时采收，低温烘干后闷至色变黑。

3.2

粒　grain

单位质量内所含乌梅药材的个数。

4　规格等级划分

根据市场流通情况，将乌梅药材分成"选货"与"统货"两个等级。"选货"项下根据个头大小、每千克粒数等进行等级划分。应符合表1要求。

表1　规格等级划分

等级		性状描述	
		共同点	区别点
选货	一等	本品呈类球形或扁球形，表面乌黑色或棕黑色，皱缩不平，基部有圆形果梗痕。果核坚硬，椭圆形，棕黄色，表面有凹点；种子扁卵形，淡黄色。气微，味极酸	个大、质润、肉厚。每千克≤200 粒
	二等		个中等、质润。每千克200～360 粒
	三等		个偏小、质干。每千克≥360 粒
统货			大小不等

注1：古代文献、主产区及市场加工方法有烟熏至色变黑或棕黑色，为非药典所规定的产地初加工品种。性状：表面乌黑色。

注2：市场上的部分乌梅商品有红梅、蝴蝶梅、耳梅等规格等级，而药典对乌梅的加工和外观有相应的要求，因此本部分不制定此类规格。

注3：市场上乌梅的陈货和新货从外观特征看并无太大差异，因此本部分不制定陈货规格。

注4：关于乌梅药材历史产区沿革参见附录A。

注5：关于乌梅药材品质评价沿革参见附录B。

5　要求

除应符合 T/CACM 1021.1—2016 的第7章规定外，还应符合下列要求：

——无虫蛀；

——无霉变；

——杂质不得过3%。

附录 A

（资料性附录）

乌梅药材历史产区沿革

乌梅入药始载于《神农本草经》，列为中品，原作"梅实"。《神农本草经》曰："梅实味酸平。主下气，除热，烦满，安心，肢体痛，偏枯不仁，死肌，去青黑痣，恶疾。生川谷。"

乌梅的原植物梅的生境分布最早记载于《诗经·召南》，其有"摽有梅，其实七兮"，"顷筐墍之"。这类诗句表明梅是一种召南（今陕西岐山西南）地区人们所熟悉的果树。

《诗经·陈风》中有"墓门有梅"，《曹风》中也有"鸤鸠有桑，其子在梅"。这些史实说明西周至春秋时期，梅在当时黄河流域的陕西、山东都有栽培。

《管子·地员篇》中有："五沃之土……其梅其杏，其桃其李，其秀生茎起。"夏纬瑛认为"地员篇"所论的地域在今黄河下游，成文时代为战国。这也说明，梅是先秦时期黄河下游河南等地栽培的果树。

《山海经·中山经》中记载："灵山……其木多桃、李、梅、杏。"辛树帜推测《中山经》的作者"必生长于所在地之人"，"必接近楚国之人或竟是楚人所作"。结合魏晋时期成书的《名医别录》记录有梅"生汉中"这种推测不无道理。汉中毗邻楚国地界，属长江流域的汉水流域，很可能陕西和河南的梅就是从湖北西北部这一三省交汇地区引入栽培驯化的。

吴国学者陆机在《毛诗草木鸟兽虫鱼疏》指出，"梅，杏类也，树及叶皆如杏而黑耳。实赤似杏而酸"。这些史料说明梅是长江中下游地区人们熟悉的果树。

晋代左思的《蜀都赋》有"梅李罗生"的记述；同一时期郭义恭的《广志》也记载："署名梅为 ，大如雁子。"说明西南四川是梅的重要产地。

魏晋时期《名医别录》、南朝时期陶弘景的《本草经集注》及唐代《新修本草》记载："生汉中，五月采，火干。"说明其产地为"汉中"，今陕西南部、四川北部。

孟琯《岭南异物志》记载："南方梅繁如北杏，十二月开。"进一步说明唐朝人们已经注意到梅主要分布在南方，杏主要分布在北方。

宋代苏颂《本草图经》中记载："梅实，生汉中川谷，今襄汉、川蜀、江湖、淮岭皆有之。又，下有杨梅条，亦生江南、岭南。"说明乌梅的生境为汉中川谷（今陕西南部、四川北部），至宋代，襄汉、川蜀、江湖、淮岭（今长江中下游的襄水和汉水流域共同流经区域、四川、两湖、江苏、安徽、岭南）都有。

苏东坡《题梅圣俞诗后》有"驿使前时走马回，北人初识越人梅"，及陆佃在《埤雅》中注意到北方没有梅，进而发挥想象力认为"梅至北方多变而成杏"。也说明当时人们普遍认为这是一种南方的植物。

明代早期《救荒本草》中记载："梅杏树，生辉县太行山山谷中，树高丈余，叶似杏叶而小又颇尖，微涩边有细锯齿，开白花结实如杏实大，生青熟则黄色，味微酸，救饥摘取黄熟梅果食之。"本书中记载的名字是梅杏树，主要说明梅生长在河南省辉县太行山中。

明《本草品汇精要》中记载："【地】《图经》曰生汉中川谷，今襄汉、川蜀、江湖、淮岭皆有之。【道地】郢州今安吉为胜。"说明乌梅的生境为襄汉、川蜀、江湖、淮岭（今长江中下游的襄水和汉水流域共同流经区域、四川、两湖、江苏、安徽、岭南）都有。明朝时期乌梅药材在郢州（今武汉市武昌），在明朝是安吉（今浙江湖州）出产较多。

明·李时珍《本草纲目》也再次印证了："陆佃《埤雅》言梅入北方变为杏，郭璞注《尔雅》

以枏为梅，皆误矣。枏即枏木，荆人呼为梅，见陆玑《草木疏》。"从宋朝开始人们普遍认为梅是一种南方的植物。

明·卢之颐的《本草乘雅半偈》记载："品类极繁，江梅遗核野生，不经栽接者，名直脚梅，凡山谷水滨，及荒凉迥绝之处，皆此本也。"说明当时认为梅不经接栽的为直角梅，大多生长在山谷水边和荒凉的地方。

1928年《增订伪药条辨》中有："炳章按：乌梅，杭州出者，肉厚、核小、色黑、性潮润者，佳。绍兴枫桥出者，性燥、核大、肉薄、色黑微黄者，略次。别处出，总要肉厚、色黑、性糯为佳。"说明杭州产的乌梅品质最佳，绍兴枫桥产的略次，别的地方产的要肉厚、性糯品质较好。

通过总结《中国药材学》《中国植物原植物彩色图鉴》《常用中药材品种整理和质量研究　南方协作组》《500味常用中药材的经验鉴别》《历代本草药性汇解》《金世元中药材传统鉴别经验》等现代专著，发现乌梅的产地分布极广，主产于四川江津、綦江、邛崃、岳池、合川，福建永泰、上杭、崇安、蒲田、清流，贵州修文、息烽、威宁，湖南常德、郴县、衡阳，浙江长兴、萧山，湖北襄阳、房县，广东番禺、增城等地；在江苏、安徽、江西、湖南、云南、广西、广东、台湾各地也有分布。

附录 B

（资料性附录）

乌梅药材品质评价沿革

乌梅商品的品质评价在之前的古代文献未见详细描述。明代《本草品汇精要》中描述为："郢州今安吉为胜。"其道地药材产自郢州（今武汉市武昌），在明朝是安吉（今浙江湖州）出产较多。

明代卢之颐撰《本草乘雅半偈》描述为："入药以野生，及未经就接者为贵。"乌梅入药以没有经过嫁接的野生的为上品。

清朝《本草从新》中记载："产安吉者。肉浓多脂、最佳。"即乌梅产自安吉（今浙江湖州）的肉浓多脂的是较佳的。

1963 年版《中国药典》一部：以个大、外皮乌黑、肉厚核小、柔润、味极酸者为佳。

1977 年版《中国药典》一部：以个大、肉厚、柔润者为佳。

《中药大辞典》：以浙江产品质量较好，以四川产量较大。

徐国钧《中国药材学》：本品以个大、肉厚、核小、外皮色乌黑，味酸者为佳。

《中华本草》：【药材及产销】以四川产量最大，浙江长兴质量最佳。【药材鉴别】以个大、肉厚、柔润、味极酸者为佳。

张贵军《现代中药材商品通鉴》：以浙江产品质量较好，以四川产量较大。

《500 味常用中药材的经验鉴别》：乌梅商品以个大，肉厚，核小，外皮乌黑，不破裂，味极酸者质佳。以产于浙江长兴者为最佳。四川、福建产区所产亦量大质优。商品以"耳梅"为优，"红梅"较次。

《中华药海》：以个大，肉厚，核小，外皮乌黑色，不破露核，柔润，味极酸为佳。

《金世元中药材传统鉴别经验》：以个大、肉厚、柔润、外皮乌黑、味酸者为佳。

综上，乌梅在我国分布较广，西周至先秦时期梅在当时黄河流域的陕西、山东、河南都有栽培，后期乌梅生境的记载越来越多，主产于四川、福建、云南、浙江等地。此外，经走访调研亳州、安国、荷花池、三棵树等药材市场，发现市面所售乌梅大多为四川、云南产乌梅，福建产区的乌梅在市场上较少见。乌梅的品质评价以个大，肉厚，核小，外皮乌黑，不破裂，味极酸者质佳。本次制定乌梅商品规格等级标准是以现代文献对乌梅药材的质量评价和对产地、市场调查情况为依据，从乌梅药材颗粒大小、色泽和质地等方面进行评价、分级。

ICS 11.120.01
C 23

团 体 标 准

T/CACM 1021.201—2018

代替T/CACM 1021.167—2018

中药材商品规格等级　秦皮

Commercial grades for Chinese materia medica

FRAXINI CORTEX

2018-12-03 发布

2018-12-03 实施

中华中医药学会 发布

目　次

前　言

T/CACM 1021《中药材商品规格等级》标准分为 226 个部分：
——第 1 部分：中药材商品规格等级标准编制通则；
……
——第 200 部分：中药材商品规格等级　乌梅；
——第 201 部分：中药材商品规格等级　秦皮；
——第 202 部分：中药材商品规格等级　茜草；
……
——第 226 部分：中药材商品规格等级　玄明粉。
本部分为 T/CACM 1021 的第 201 部分。
本部分代替 T/CACM 1021.167—2018。
本部分按照 GB/T 1.1—2009《标准化工作导则　第 1 部分：标准的结构和编写》给出的规则起草。
本部分代替 T/CACM 1021.167—2018，与 T/CACM 1021.167—2018 相比较，标准编号进行了调整，并重新进行了编辑。
本部分由中药材商品规格等级标准研究技术中心及道地药材国家重点实验室培育基地提出。
本部分由中华中医药学会归口。
本部分起草单位：陕西中医药大学、中国中医科学院中药资源中心、中药材商品规格等级标准研究技术中心、北京中研百草检测认证有限公司。
本部分主要起草人：白吉庆、王小平、王芳、王兴海、陈金文、杨琳、杨蕾、唐志书、黄璐琦、郭兰萍、金艳、詹志来、杨光、何雅莉、杨新杰。
本部分所代替标准的历次版本发布情况为：
——T/CACM 1021.167—2018。

中药材商品规格等级　秦皮

1　范围

本部分规定了秦皮的商品规格等级。

本部分适用于秦皮药材生产、流通以及使用过程中的商品规格等级评价。

2　规范性引用文件

下列文件对于本部分的应用是必不可少的。凡是注明日期的引用文件，仅所注明日期的版本适用于本部分。凡是不注明日期的引用文件，其最新版本（包括所有的修改版本）适用于本部分。

T/CACM 1021.1—2016 中药材商品规格等级编制通则

3　术语和定义

T/CACM 1021.1—2016 以及下列术语和定义适用于本部分。

3.1

秦皮　FRAXINI CORTEX

本品为木犀科植物白蜡树 *Fraxinus chinensis* Roxb.、尖叶白蜡树 *Fraxinus szaboana* Lingelsh.、宿柱白蜡树 *Fraxinus stylosa* Lingelsh. 或苦枥白蜡树 *Fraxinus rhychophylla* Hance 的干燥枝皮或干皮。春、秋二季剥取，晒干。

4　规格等级划分

根据市场流通情况，将秦皮药材商品分成"选货"和"统货"，"选货"项下根据枝皮与干皮分为"一等"和"二等"。应符合表1要求。

表1　规格等级划分

等级		性状描述	
		共同点	区别点
选货	一等	外表面灰白色、灰棕色或黑棕色，内表面黄白色或棕色，平滑，质坚硬，不易折断，断面纤维性较强。气微，味苦	主要为枝皮，呈筒状或槽状，厚1.5~3mm。外表面光滑、灰白色、灰棕色至黑棕色或相间呈斑状，平坦或稍粗糙，有灰白色圆点状皮孔及细斜皱纹，部分具分枝痕
	二等		主要是干皮，为长条状块片或半筒状，厚3mm以上。外表面灰棕色，具龟裂状沟纹及红棕色圆形或横长的皮孔
	统货		不规则的条或块状，厚薄不均

注1：当前药材市场秦皮规格按照药材厚度进行划分，市场根据秦皮厚度进行等级的划分，即皮厚者等级高。

注2：药典对皮的厚度有相应的要求，即皮的厚度>1.5mm，而目前市场上有不符合药典规定的秦皮药材，应注意鉴别。

注3：市场存在陈货，即存放时间较长的秦皮药材商品，由于暴露空气中，苷类成分容易转化成苷元，这类商品多不合格，需注意鉴别。

注4：关于秦皮药材历史产区沿革参见附录A。

注5：关于秦皮药材品质评价沿革参见附录B。

5 要求

除应符合 T/CACM 1021. 1—2016 的第 7 章规定外，还应符合下列要求：

——无变色；

——无虫蛀；

——无霉变；

——杂质不得过 3%。

附录 A

（资料性附录）

秦皮药材历史产区沿革

秦皮始载于《神农本草经》，明确的产地记录见于魏晋时期的《名医别录》："生庐江及宛朐。"庐江为今安徽省合肥市庐江县，宛朐为今山东菏泽县西南部，位于黄河沿岸。可见，安徽是秦皮产地，多生长在山谷及河岸。

南北朝的《本草经集注》中记载："生庐江川谷及宛朐。"从中也可延续安徽产秦皮。

宋代的《本草图经》中记载："秦皮，生庐江川谷及冤句，今陕西州郡及河阳亦有之。"说明秦皮在安徽庐江、山东菏泽生长以外，还增加了陕西、河南一些地区。由此可见，《图经》中记载的秦皮除了在安徽庐江、山东菏泽生长，在陕西和河南孟县也有发现，地处黄河沿岸。

明代《本草品汇精要》记载以山西省和甘肃省为秦皮药材的道地产区："【道地】河中府（即今山西省永济县）、成州（甘肃省南部的陇南山区）。"

明代《本草纲目》中记载："别录曰：秦皮生庐江川谷及冤句水边。二月、八月采。弘景曰：俗云是樊槻皮，而水渍以和墨书，色恭曰：此树似檀，叶细，皮有白点而不粗错，取皮渍水便碧色，书纸看之皆青色者，是真。颂曰：今陕西州郡及河阳亦有之。其木大都似檀，枝干皆青绿色。叶如匙头许大而不光。并无花实，根似槐根。俗呼为白桪木。"因此，秦皮增加了陕西、河南的产地。

清代《植物名实图考》中记载："秦皮生庐江川谷及冤句，今陕西州郡及河阳亦有之。"因此认为陕西地处黄河沿岸，较适宜秦皮的生长。

据《金世元中药材传统鉴别经验》记载，秦皮以野生为药用主要来源，近年来，东北地区和北方城市绿化普遍栽种。目前秦皮的主要栽培产区与历代本草提及的产地相差较大。从本草考证来看，秦皮的产地越来越广泛，先确安徽、山东有产，后依次记载了河南、陕西、甘肃等地产。其道地产区的变迁较大，明朝时为河中府、成州。目前秦皮药材仍以野生资源为主要来源，主产地为陕西、四川、辽宁。

附录 B

（资料性附录）

秦皮药材品质评价沿革

历代对秦皮品质评价较少。明代的《本草品汇精要》记载："【地】生庐江川谷及冤句，今陕西州郡、河阳亦有之。【道地】河中府（即今山西省永济县）、成州（甘肃省南部的陇南山区）。"《本草品汇精要》是通过产地来评价秦皮的品质。

1963 年版《中国药典》："均以整齐、条长呈筒状者为佳。"

1977 年版《中国药典》："均以条长呈筒状、外皮薄而光滑者为佳。"

1999 年《500 味常用中药材的经验鉴别》："秦皮以条长、整齐、色灰白、有斑点者为佳。"

2002 年《新编中药志》第三卷："均以条长呈筒状、外皮薄而光滑、干皮除去皮鳞、苦味浓者为佳。"

本课题组结合药典质量标志对所收集同株秦皮基原植物来源的枝皮和干皮有效成分含量检测均表明，枝皮含量大于干皮。不同种类秦皮基原植物也呈现该规律。金世元提出秦皮"以条长呈筒状、外皮薄而光滑、苦味浓者为佳"，显示为枝皮主要特征。

综上，明代《本草品汇精要》对秦皮产地描述为"【道地】河中府、成州"。传统认为秦皮的规格等级划分主要强调条长、整齐，可作为制定秦皮商品规格等级标准重要依据。结合秦皮主产地陕西、辽宁、四川等地调查，以及安国、亳州、三棵树、荷花池中药材专业市场调查，秦皮以其入药部位来源、皮色、条大小作为质量评价的主要依据。

ICS 11.120.01
C 23

团 体 标 准

T/CACM 1021.202—2018
代替T/CACM 1021.168—2018

中药材商品规格等级 茜草

Commercial grades for Chinese materia medica

RUBIAE RADIX ET RHIZOMA

2018-12-03 发布

2018-12-03 实施

中华中医药学会 发布

目　次

前　言

T/CACM 1021《中药材商品规格等级》标准分为 226 个部分：
——第 1 部分：中药材商品规格等级标准编制通则；
……
——第 201 部分：中药材商品规格等级　秦皮；
——第 202 部分：中药材商品规格等级　茜草；
——第 203 部分：中药材商品规格等级　路路通；
……
——第 226 部分：中药材商品规格等级　玄明粉。

本部分为 T/CACM 1021 的第 202 部分。

本部分代替 T/CACM 1021.168—2018。

本部分按照 GB/T 1.1—2009《标准化工作导则　第 1 部分：标准的结构和编写》给出的规则起草。

本部分代替 T/CACM 1021.168—2018，与 T/CACM 1021.168—2018 相比较，标准编号进行了调整，并重新进行了编辑。

本部分由中药材商品规格等级标准研究技术中心及道地药材国家重点实验室培育基地提出。

本部分由中华中医药学会归口。

本部分起草单位：陕西中医药大学、中国中医科学院中药资源中心、中药材商品规格等级标准研究技术中心、北京中研百草检测认证有限公司。

本部分主要起草人：胡本祥、黄璐琦、郭兰萍、詹志来、金艳、何雅莉、白吉庆、黄慧珍、安衍茹、刘清、程虎印、王薇、彭亮、刘玉勇、杨新杰。

本部分所代替标准的历次版本发布情况为：
——T/CACM 1021.168—2018。

中药材商品规格等级 茜草

1 范围

本部分规定了茜草的商品规格等级。

本部分适用于茜草药材生产、流通以及使用过程中的商品规格等级评价。

2 规范性引用文件

下列文件对于本部分的应用是必不可少的。凡是注明日期的引用文件，仅所注明日期的版本适用于本部分。凡是不注明日期的引用文件，其最新版本（包括所有的修改版本）适用于本部分。

T/CACM 1021.1—2016 中药材商品规格等级编制通则

3 术语和定义

T/CACM 1021.1—2016 以及下列术语和定义适用于本部分。

3.1

茜草 RUBIAE RADIX ET RHIZOMA

本品为茜草科植物茜草 *Rubia cordifolia* L. 的干燥根和根茎。春、秋两季采挖，除去茎苗，去净泥土，晒干。

4 规格等级划分

根据市场流通情况，将茜草药材商品分为"选货"和"统货"两个等级。应符合表1要求。

表1 规格等级划分

等级	性状描述	
	共同点	区别点
选货	表面红棕色或暗棕色，具细纵皱纹和少数细根痕；皮部脱落处呈黄红色。质脆，易折断，断面平坦皮部狭，紫红色，木部宽广，浅黄红色，导管孔多数。气微味微苦，久嚼刺舌	根直径（中部）大于0.25cm
统货		丛生粗细不等的根，有须根

注1：茜草药材以野生品为主。

注2：在市场调研的过程中，发现市场有大叶茜草出售。

注3：关于茜草药材历史产区沿革参见附录A。

注4：关于茜草药材品质评价沿革参见附录B。

5 要求

除应符合 T/CACM 1021.1—2016 的第7章规定外，还应符合下列要求：

——无变色；

——无走油；

——无虫蛀；

——无霉变；

——杂质不得过3%。

附录A

（资料性附录）

茜草药材历史产区沿革

茜草的生境分布最早记载于秦汉时期的《神农本草经》，《神农本草经》曰："生山谷。"未明确具体位置。

魏晋时期《名医别录》描述为："生乔山（即桥山，皇帝葬地，今陕西省境内）。"

南朝《本草经集注》描述为："生川谷。"

唐代苏敬《新修本草》描述为："生乔山（即桥山，皇帝葬地，今陕西省境内）山谷。"

宋代苏颂《本草图经》描述为："生乔山（即桥山，皇帝葬地，今陕西省境内）川谷，今近处皆有之。"描述了茜草生境处处都有。

宋代《证类本草》描述为："生乔山（即桥山，皇帝葬地，今陕西省境内）川谷。东间诸处乃有而少，不如西多。"

明代《本草纲目》描述为："生乔山（即桥山，皇帝葬地，今陕西省境内）川谷。"

明代《本草品汇精要》记载了："【地】〔图经曰〕生乔山（即桥山，皇帝葬地，今陕西省境内）山谷，今近处皆有之。"

明代卢之颐撰《本草乘雅半偈》描述为："出乔山（即桥山，皇帝葬地，今陕西省境内）山谷。"

明代《本草蒙筌》记载为："多产郊原。"

清代张志聪《本草崇原》描述为："始出乔山（即桥山，皇帝葬地，今陕西省境内）山谷及山阴（山坡背阴的一面）谷中，东间诸处虽有而少，不如西间之多，故字从。"描述了陕西产者质量好。

吴其浚《植物名实图考长编》中的记载为：生乔山（即桥山，皇帝葬地，今陕西省境内）山谷，二月、三月采根，暴干。

沈连生《神农本草经图谱》收载茜草主产于陕西、江苏、安徽等地。分布于山坡、林边、灌丛、草丛阴湿处。

1963年版《中国药典》一部收载茜草主产于陕西、河北、河南、山东等地。

徐国钧《中国药材学》收载茜草主产于陕西、河南、安徽、河北、山东，湖北、江苏、浙江、江西、甘肃、辽宁、山西、广东、广西、四川等地亦产。

《中华本草》收载茜草主产于陕西渭南、河南嵩县，安徽、河北、山东、湖北、江苏、浙江、江西、甘肃、辽宁、广东、广西、四川等地亦产。

《中药大全》收载柏子仁主产于陕西、河南、安徽、河北、山东等省，其他各省亦多有生产。

张贵君《现代中药材商品通鉴》收载茜草生产于陕西、河北、山东、河南、安徽、江苏、山西等地。以陕西、河南产量大，质量佳。

《实用本草纲目彩色图鉴》收载茜草生长于山坡岩石旁或沟边草丛中。分布于安徽、江苏、山东、河南、陕西等地。

《中国药材图鉴 中药材及混伪品鉴别》收载茜草生于山坡、路旁、沟边、田边、灌丛中及林缘。

《中华药海》收载茜草主产于陕西、河北、河南、山东等地。以陕西、河南产量最大，品质最佳。

金世元《金世元中药材传统鉴别经验》收载茜草全国大部分地区均有分布，主产于陕西渭南，河南嵩县，安徽六安、芜湖，河北安定、邢台，山东莒南、蓬莱。此外湖北、江苏、浙江、江西、甘肃、辽宁、广东、广西、四川等地也产。以陕西渭南、河南嵩县产量大且质量优。

综合以上古代文献及现代文献考证，古代文献中茜草生长在乔山（即桥山，皇帝葬地，今陕西省境内）山谷中。

现代文献中茜草产地分布极广，主产于陕西、河南、安徽、河北、山东、湖北、江苏、浙江、江西、甘肃、辽宁、山西、广东、广西、四川、广东、广西、四川等省区。

综合以上古代文献及现代文献所述，茜草以陕西、河南产者为好。此外河北、江西、江苏、安徽、甘肃、辽宁、山西、广东、广西、四川等地也产。

附录 B

（资料性附录）

茜草药材品质评价沿革

1. 古代本草

南朝《本草经集注》记载："此则今染绛茜草也。东间诸处乃有而少，不如西多。生川谷。"唐代苏敬《新修本草》描述为："茜根，味苦，寒，无毒。可以染绛。一名地血，一名茹藘，一名茅蒐，一名蒨。生乔山（即桥山，皇帝葬地，今陕西省境内）山谷。二月、三月采根，曝干。畏鼠姑。"未描述具体的生长境地。宋代苏颂《本草图经》描述为："茜根，一作，生乔山（即桥山，皇帝葬地，今陕西省境内）川谷，今近处皆有之，染绯草也。"明代卢之颐撰《本草乘雅半偈》描述为："出乔山（即桥山，皇帝葬地，今陕西省境内）山谷，今圃人作畦种莳矣。"清代张志聪《本草崇原》描述为："茜草《诗》名茹，《别录》名地血，一名染绯草，又名过山龙，一名西天王草，又名风车草。始出乔山（即桥山，皇帝葬地，今陕西省境内）山谷及山阴（山坡背阴的一面）谷中，东间诸处虽有而少，不如西间之多，故字从西。"

2. 现代文献

近代文献主要是从茜草的产地来进行品质评价。

1963 年版《中国药典》一部：以条粗长、表面暗紫红色、断面棕红色、无苗及泥沙者为佳。1977 年版《中国药典》一部：以条粗长、外皮色红棕、断面色黄红者为佳。《中华本草》：以条粗长、表面红棕色、有细纵纹及少数须根痕、断面红棕色者为佳。《中药大全》：以根粗长、表面红棕色、内碴红橙色或橙色、少细须根、无芦茎者为佳。《现代中药材商品通鉴》：以条粗长、表面红棕色或棕色，具有细纵皱纹及少数细根痕，断面黄红色者为佳。《中华药海》：以条粗长，表面红棕色，内深红色，分歧少，无茎苗及细须根少者为佳。《金世元中药材传统鉴别经验》：以条粗长、表面红棕色、断面黄红色者为佳。

古代文献总结为茜草近处皆有，未主要记载产地方面的评价，茜草具体性状质量方面的评价较少，无品质方面的具体记载，现代文献记载茜草的品质评价以条粗长、表面红棕色、断面黄红色者为佳。故而商品规格以其直径为主要指标划分。

ICS 11.120.01
C 23

团 体 标 准

T/CACM 1021.203—2018
代替T/CACM 1021.183—2018

中药材商品规格等级 路路通

Commercial grades for Chinese materia medica

LIQUIDAMBARIS FRUCTUS

2018-12-03 发布   2018-12-03 实施

中华中医药学会 发布

目　次

前　言

T/CACM 1021《中药材商品规格等级》标准分为 226 个部分：
——第 1 部分：中药材商品规格等级标准编制通则；
……
——第 202 部分：中药材商品规格等级　茜草；
——第 203 部分：中药材商品规格等级　路路通；
——第 204 部分：中药材商品规格等级　石菖蒲；
……
——第 226 部分：中药材商品规格等级　玄明粉。
本部分为 T/CACM 1021 的第 203 部分。

本部分代替 T/CACM 1021.183—2018。

本部分按照 GB/T 1.1—2009《标准化工作导则　第 1 部分：标准的结构和编写》给出的规则起草。

本部分代替 T/CACM 1021.183—2018，与 T/CACM 1021.183—2018 相比较，标准编号进行了调整，并重新进行了编辑。

本部分由中药材商品规格等级标准研究技术中心及道地药材国家重点实验室培育基地提出。

本部分由中华中医药学会归口。

本部分起草单位：九州通中药材电子商务有限公司、中国中医科学院中药资源中心、中药材商品规格等级标准研究技术中心、北京中研百草检测认证有限公司。

本部分主要起草人：杨元、黄璐琦、郭兰萍、金艳、詹志来、黄本锐、张怀、林飞、蔡丽娟、崔灿。

本部分所代替标准的历次版本发布情况为：
——T/CACM 1021.183—2018。

中药材商品规格等级　路路通

1　范围

本部分规定了路路通的商品规格等级。

本部分适用于路路通药材生产、流通以及使用过程中的商品规格等级评价。

2　规范性引用文件

下列文件对于本部分的应用是必不可少的。凡是注明日期的引用文件，仅所注明日期的版本适用于本部分。凡是不注明日期的引用文件，其最新版本（包括所有的修改版本）适用于本部分。

T/CACM 1021.1—2016 中药材商品规格等级编制通则

3　术语和定义

T/CACM 1021.1—2016 以及下列术语和定义适用于本部分。

3.1

路路通　LIQUIDAMBARIS FRUCTUS

本品为金缕梅科植物枫香树 *Liquidambar formosana* Hance 的干燥成熟果序。冬季果实成熟后采收，除去杂质，干燥。

4　规格等级划分

根据市场流通情况，按照表面尖刺和喙状小钝刺是否全部折断，将路路通分为"撞刺"和"未撞刺"两个规格。各规格项下均为统货。应符合表1要求。

表 1　规格等级划分

规格	等级	性状描述	
		共同点	区别点
撞刺	统货	本品为聚花果，由多数小蒴果集合而成，呈球形，直径 2~3cm。基部有总果梗。表面灰棕色或棕褐色，小蒴果顶部开裂，呈蜂窝状小孔。体轻，质硬，不易破开。气微，味淡	路路通表面尖刺和喙状小钝刺已全部折断，未折断比例≤3%
未撞刺	统货		有多数尖刺和喙状小钝刺

注1：路路通均为野生。路路通药材虽有大小之分，但直径相差不大，价格较低，故不按直径大小做较细划分。

注2：有隔年果刺已脱落者不可药用，不属于撞刺规格。

注3：有的果上面有枫香脂属于自然现象，并非发霉。

注4：关于路路通药材历史产区沿革参见附录A。

注5：关于路路通药材品质评价沿革参见附录B。

5　要求

除应符合 T/CACM 1021.1—2016 的第 7 章规定外，还应符合下列要求：

——无虫蛀；

——无霉变；

——杂质不得过 3%。

附录 A

（资料性附录）

路路通药材历史产区沿革

晋代《南方草木状》描述："惟九真郡（今越南清化省东山县北）有之。"最早记载产地为今越南清化省东山县北。

唐代《新修本草》枫香脂记载为："一名白胶香，所在大山皆有，商、洛（今在陕西省东南部、秦岭东段南侧，东与河南省接壤，东南和湖北省毗连）之间多有。"到唐代《新修本草》明确了枫香树的生境分布为有大山的地方，在商、洛（今在陕西省东南部、秦岭东段南侧，东与河南省接壤，东南和湖北省毗连）地区分布较多。

宋代《本草图经》记载："脂，旧不载所出州郡，云所在大山皆有，今南方及关陕（今陕西地区）多有之。《南方草木状》曰：枫实惟九真有之。用之有神，乃难得之物。"据唐代《新修本草》到宋代《本草图经》的记载，枫香树多分布在陕西地区。

宋代《证类本草》记载："所在大山皆有。唐本注云：商洛（今在陕西省东南部、秦岭东段南侧，东与河南省接壤，东南和湖北省毗连）之间多有。南方草木状曰：唯九真郡（今越南清化省东山县北）有之。图经曰：枫香脂，旧不载所出州郡，云所在大山皆有，今南方及关陕（今陕西地区）多有之。"宋代《证类本草》对宋代《本草图经》、晋代《南方草木状》中的产地做了引用，其产地没有变化。

明代《本草品汇精要》记载："【地】《图经》曰：旧本不载所出州郡，所在大山皆有，今南方及关陕（今陕西地区）多有之。〔唐本注云〕生商洛（今在陕西省东南部、秦岭东段南侧，东与河南省接壤，东南和湖北省毗连）之间。"明代按产地细分，总结了历代本草中的产地，其产地同样是分布在有大山的地方，南方多产，陕西省东南部、秦岭东段南侧，东与河南省接壤，东南和湖北省毗连，陕西地区分布较多。

清代赵学敏《本草纲目拾遗》收载："枫果，出浙临安县署后安乐山（浙江省杭州安乐山）者，名钱坟枫果，最佳。"至清代，收载了路路通的药用，并且指出了以浙临安县署后安乐山（浙江省杭州安乐山）地方产的质量为好。

《中药大辞典》收载："路路通主产于江苏、浙江、安徽、福建、湖北等地。"

1963 年版《中国药典》一部收载："路路通多系野生，主产于江苏、浙江、湖北、陕西等地，以个大、无泥土及无果柄者为佳。"

《全国中草药汇编》收载："路路通生于土壤湿润而肥沃的林边、坡地或村旁疏林中。分布于全国大部分省区，北自河南，南至福建、广东，东至台湾，西至西南诸省。"

叶橘泉《本草钩沉》收载："路路通分布在东至山东，南至两广，西至四川，北至河南均有。常见于丘陵、山坡、荒野、树林间，亦有栽培于风景区供观赏的。"

《常用中药鉴定大全》收载："路路通主产于江苏、浙江、安徽、福建、湖北、湖南、陕西等地。此外，河南、广西、四川、贵州、青海、云南等地亦产。以个大、色黄、无泥、无果柄者为佳。"

《中国药材学》收载："路路通主产于江苏、安徽、浙江、福建、湖北、湖南、陕西，以个大、色黄、无泥、无果柄者为佳。"

《中华本草》收载："路路通产于江苏、浙江、安徽、福建、湖北、湖南、陕西等地，以个大、色黄、无泥、无果柄者为佳。"

《中药大全》收载："路路通主产于江苏、浙江、湖北、安徽等地。华北地区亦有产，以个大，无泥土者为佳。"

《500 味常用中药材的经验鉴别》收载："路路通均为野生，主产于江苏、浙江、安徽、江西、福建、海南等地，以身干、个大、无泥土及果梗者为佳。"

《现代中药材鉴别手册》收载："路路通主产于浙江、江苏、陕西、安徽、湖北等省。"

《现代中药材商品通鉴》收载："路路通主产于江苏、浙江、安徽、福建、湖北、湖南及陕西等省。"

《实用本草纲目彩色图鉴》收载："路路通野生于山地常绿阔叶林中。分布于秦岭及淮河以南各地。主产于江苏、浙江、安徽、福建、湖北、湖南、陕西等省。"

《中国药材图鉴　中药材及混伪品鉴别》收载："路路通生于温暖、湿润、肥沃土壤的平原及丘陵山区，分布于河南、陕西、青海、安徽、江苏、浙江、福建、台湾、湖北、湖南、广东、广西、云南、贵州、四川、西藏等省区。"

《中药材鉴定图典》收载："路路通主产于江苏、安徽、浙江、福建等地，以个大、色黄、无果梗者为佳。"

《中华药海》收载："路路通分布陕西、河南、湖北、安徽、江苏、浙江、福建、台湾、贵州、青海、西藏。"

附录 B

（资料性附录）

路路通药材品质评价沿革

清代赵学敏《本草纲目拾遗》收载："枫果，出浙临安县署后安乐山（浙江省杭州安乐山）者，名钱坟枫果，最佳。"至清代，收载路路通作为药用，并且指出了以浙临安县署后安乐山（浙江省杭州安乐山）地方产的质量为好。

在近代文献中描述如下：

1963 年版《中国药典》一部收载："以个大、无泥土及无果柄者为佳。"

《常用中药鉴定大全》收载："以个大、色黄、无泥、无果柄者为佳。"

《中国药材学》收载："以个大、色黄、无泥、无果柄者为佳。"

《中华本草》收载："以个大、色黄、无泥、无果柄者为佳。"

《500 味常用中药材的经验鉴别》收载："以身干、个大、无泥土及果梗者为佳。"

《中药大全》收载："以个大，无泥土者为佳。"

《北京市中药饮片炮制规范》收载："以个大、色棕褐者为佳。"

《中药材鉴定图典》收载："以个大、色黄、无果梗者为佳。"

综上，路路通的品质评价以个大、色黄、无泥土、无果柄者为佳。

ICS 11.120.01
C 23

团 体 标 准

T/CACM 1021.204—2018
代替T/CACM 1021.185—2018

中药材商品规格等级 石菖蒲

Commercial grades for Chinese materia medica

ACORI TATARINOWII RHIZOMA

2018-12-03 发布
2018-12-03 实施

中 华 中 医 药 学 会 发布

目　次

前　言

T/CACM 1021《中药材商品规格等级》标准分为 226 个部分：
——第 1 部分：中药材商品规格等级标准编制通则；
……
——第 203 部分：中药材商品规格等级　路路通；
——第 204 部分：中药材商品规格等级　石菖蒲；
——第 205 部分：中药材商品规格等级　野菊花；
……
——第 226 部分：中药材商品规格等级　玄明粉。

本部分为 T/CACM 1021 的第 204 部分。

本部分代替 T/CACM 1021.185—2018。

本部分按照 GB/T 1.1—2009《标准化工作导则　第 1 部分：标准的结构和编写》给出的规则起草。

本部分代替 T/CACM 1021.185—2018，与 T/CACM 1021.185—2018 相比较，标准编号进行了调整，并重新进行了编辑。

本部分由中药材商品规格等级标准研究技术中心及道地药材国家重点实验室培育基地提出。

本部分由中华中医药学会归口。

本部分起草单位：九州通中药材电子商务有限公司、中国中医科学院中药资源中心、中药材商品规格等级标准研究技术中心、北京中研百草检测认证有限公司。

本部分主要起草人：杨元、黄璐琦、郭兰萍、金艳、詹志来、黄本锐、张怀、林飞、蔡丽娟、崔灿。

本部分所代替标准的历次版本发布情况为：
——T/CACM 1021.185—2018。

中药材商品规格等级 石菖蒲

1 范围

本部分规定了石菖蒲的商品规格等级。

本部分适用于石菖蒲药材生产、流通以及使用过程中的商品规格等级评价。

2 规范性引用文件

下列文件对于本部分的应用是必不可少的。凡是注明日期的引用文件，仅所注明日期的版本适用于本部分。凡是不注明日期的引用文件，其最新版本（包括所有的修改版本）适用于本部分。

T/CACM 1021.1—2016 中药材商品规格等级编制通则

3 术语和定义

T/CACM 1021.1—2016 以及下列术语和定义适用于本部分。

3.1

石菖蒲 ACORI TATARINOWII RHIZOMA

本品为天南星科植物石菖蒲 *Acrorus tatarinowii* Schott 的干燥根茎。秋、冬二季采挖，除去须根和泥沙，晒干。

4 规格等级划分

根据市场流通情况，按照直径大小等，将石菖蒲药材商品分为"选货"和"统货"两个等级。应符合表1要求。

表1 规格等级划分

等级	性状描述		
	共同点		区别点
选货	本品呈扁圆柱形，多弯曲，常有分枝，长 3 ~ 20cm，直径 0.3 ~ 1cm。表面棕褐色或灰棕色，粗糙，有疏密不匀的环节，节间长 0.2 ~ 0.8cm，具细纵纹，一面残留须根或圆点状根痕；叶痕呈三角形，左右交互排列，有的其上有毛鳞状的叶基残余。质硬，断面纤维性，类白色或微红色，内皮层环明显，可见多数维管束小点及棕色油细胞。气芳香，味苦、微辛。无须根		直径≥0.7cm
统货			直径≥0.3cm

注1：2015 年版《中国药典》要求石菖蒲药材要去须根，但是市场和产地上有把没有去须根的作统货，不符合规定。

注2：石菖蒲来源于野生的，尚无家种。受资源所限，目前市场上石菖蒲多以一年生的小石菖蒲常见，直径基本上不超过 0.8cm。

注3：石菖蒲不是圆柱形的，测的所谓的直径就是宽度，如果后期以宽度为制定等级的指标，有可能人为的在晒干之前压扁，需做好防范措施。

注4：关于石菖蒲药材历史产区沿革参见附录 A。

注5：关于石菖蒲药材品质评价沿革参见附录 B。

5 要求

除应符合 T/CACM 1021.1—2016 的第 7 章规定外，还应符合下列要求：

——无变色；

——无虫蛀；

——无霉变；

——杂质不得过 3%。

附录 A

（资料性附录）

石菖蒲药材历史产区沿革

菖蒲产地最早出现于魏晋《名医别录》，其载："生上洛（陕西商洛市）及蜀郡严道（四川荣经县），一寸九节者良，露根不可用。""上洛"即今陕西商洛市，"蜀郡严道"即今四川荣经县，即当时菖蒲的产地在陕西商洛及四川一带。

南北朝陶弘景《本草经集注》记载石菖蒲："上洛郡属梁州，严道县在蜀郡，今乃处处有，生石碛上，概节为好。"表明石菖蒲不仅仅产于陕西商洛、四川一带，而是很多地方都有生长（"今乃处处有"）。

唐代《新修本草》转录了《本草经集注》有关石菖蒲的描述。

五代《日华子本草》："石菖蒲出宣州，二月、八月采取。""宣州"即今安徽省宣城市，表明石菖蒲在安徽省也有产出。

宋代苏颂的《本草图经》："菖蒲生上洛池泽及蜀郡严道，今处处有之，而池州、戎州者佳。"池州为今安徽的池州市，戎州为今四川省宜宾、南溪、屏山等地，所述与《本草经集注》一致，并首次指出安徽池州、四川宜宾等地产出的石菖蒲品质较好（"而池州、戎州者佳"）。

宋陈承在《本草别说》中记载："今阳羡山中，生水石间者，其叶逆水而生，根须络石，略无少泥土，根叶极紧细，一寸不啻九节，入药极佳。二浙人家以瓦石器种之，旦暮易水则茂，水浊及有泥滓则萎。近方多用石菖蒲，必此类也。其池泽所生，肥大节疏粗慢，恐不可入药，唯可作果盘，气味不烈而和淡尔。""阳羡"即今江苏省宜兴市南部，"二浙"泛指浙江、江苏，说明宋代石菖蒲在江苏、浙江亦有产出。

明代的《本草蒙筌》记载："池郡（属南直隶）最多，各处亦有，生石涧中为美，一寸九节方灵。""南直隶"辖境今江苏、安徽两省大部和上海市及江西婺源县，"最多"表明当时石菖蒲主产地位于安徽、江苏、上海、江西一带，其他地方亦有生产（"各处亦有"）。

清代的《玉楸药解》："生石中者佳。四川道地，莱阳出者亦可用。"直接指出四川产石菖蒲为道地药材，山东莱阳产的也可以用。

综合以上古代文献，石菖蒲的产地主要有陕西商洛，四川荣经县、宜宾、南溪、屏山，安徽池州，江苏宜兴，上海，江西婺源，山东莱阳；四川为石菖蒲的道地产区。

《中华本草》："【药材及产销】石菖蒲主产于四川、浙江、江苏。以四川、浙江产量大，销全国。"

《全国中草药汇编》："长江以南各地均有，多生于溪涧、沟渠、池沼水流处的石缝、岩隙间。"

《中药大辞典》："石菖蒲主产于四川、浙江、江苏。"

《本草钩沉》："长江以南各地均有，多生于溪涧、沟渠、池沼水流处的石缝、岩隙间。"

《中国药材学》："主产于四川、浙江、江苏，以四川、浙江产量大，质量优，销全国。"

《实用本草纲目彩色图鉴》："生于海拔 20～2600 米密林下湿地或溪涧旁石上。分布于黄河以南各地区。"

《中药材鉴定图典》："主产于四川、浙江、江苏、江西等地。"

《金世元中药材传统鉴别经验》："【产地】我国长江流域各省均有野生。主产于浙江的浦江、兰溪、乐清、文成、长兴、奉化、新昌，江苏的苏州、泰州、宜兴，安徽的歙县、六安，以及四川、湖南、湖北等省。"

从现代文献可以看出，石菖蒲的主产地为四川、浙江、江苏、安徽、江西。湖北、湖南等长江流域各省也产。

综上，石菖蒲的主产地为四川、浙江、江苏、安徽、江西。湖北、湖南等长江流域各省也产。

附录 B

（资料性附录）

石菖蒲药材品质评价沿革

石菖蒲的品质从《名医别录》开始就有所提及："一寸九节者良，露根不可用。"以一寸药材有九个环节的品质优良。

南北朝《雷公炮炙论》："凡使，采食尚生者，根条嫩黄质硬节稠，长一寸有九节者是真也。"以环节稠密，长一寸有九节者是真正石菖蒲。

南北朝《本草经集注》："生石碛上，概节为好。"以生长在石头上的，多环节的质量较好。

唐《新修本草》："一寸九节者良。露根不可用。生石碛上，概节为好。"沿袭了陶弘景的品质评价观点。

唐《本草拾遗》："今阳羡山中生水石间者，其叶逆水而生，根须络石，略无少泥土，根叶极紧细，一寸不啻九节，入药极佳。"生长在水石之间的，叶紧细，一寸不止九节的石菖蒲入药效果最好。

宋《本草图经》："一寸九节者佳，亦有一寸十二节者。其生蛮谷中者尤佳。人家移种者亦堪用，但干后微辛香坚实，不及蛮人持来者。"一寸九节、十二节的石菖蒲，尤其是生长于山谷中的质量较好，人工种植的石菖蒲不及山里人带来野生品。强调生境对石菖蒲质量的影响。

宋《证类本草》："衍义曰：菖蒲，世又谓之兰荪，生水次，失水则枯，根节密者气味足。其石菖蒲根络石而生者，节乃密，入药须此等。"说明作为药用的石菖蒲采用络石而生且环节密的石菖蒲较好。

明《本草品汇精要》："［用］根一寸九节，坚实者为好。"根茎上一寸有九节、质地坚实的石菖蒲质量较好。

明《本草蒙筌》："生石涧中为美，一寸九节方灵。拣去露根，埋土者堪用，露出者去之。生石涧而叶细嫩者，名菖蒲，根小节稠，味甚辛烈，堪收入药。"好的石菖蒲药材特点有：生长在石涧中，一寸九节，土里生长（非露根），根茎瘦小节稠密，气味辛烈。

明《本草原始》："石菖蒲色紫，折之有肉，中实多节者良，不必拘泥于九节。"明确说明石菖蒲以多节为好，不必拘泥于一寸九节，与2015年版《中国药典》要求基本一致。

清《本草乘雅半偈》："望夏作花黄色、紫色者佑善。以茎瘦节密折之中心微赤，嚼之辛香少渣者，入药最佳。"断面微红色，根茎瘦小、环节稠密、嚼之辛香少渣者药用效果好。

清《本草崇原》："菖蒲处处有之，种类不一。其生流水中，根茎络石，略无少土，稍有泥渣即易凋萎。此种入药为良。李时珍曰：菖蒲凡五种，生于水石之间，根细节密者，名石菖蒲，可入药，余皆不堪。"强调"根茎络石，略无少土"生境对石菖蒲品质的影响，节密、根瘦品质较好。

清《本草备要》："根瘦节密，一寸九节者良。"观点与前人一致。

清《玉楸药解》："生石中者佳。四川道地，莱阳出者亦可用。"明确指出四川为石菖蒲的道地产地。

清《本草新编》："根瘦节密，一寸九节者良。"观点与前人一致。

清《植物名实图考长编》："本草衍义：根节密者，气味足，其石菖蒲根络石而生者，节乃密，入药需此等。抱朴子：菖蒲石上生，一寸九节已上，紫花者尤善。"入药石菖蒲要求气味足、络石而生且环节稠密。

综观古代诸本草，可以看出石菖蒲品质结论基本一致，即均是以"根瘦小，质坚实，节稠密，气芳香，味道足，嚼之少渣者为佳"。

《中药材商品规格质量鉴别》："菖蒲以条子粗壮，节密、质坚实，香气浓郁者质量好，其为芳香开窍药，芳香挥发性成分是有效成分。因此，石菖蒲的质地坚实、气香比水菖蒲浓，其质量较好，水菖蒲质松，气较淡而质逊，仅为地区性用药。"

《中国药材学》："以条粗、断面类白色、香气浓者为佳。"

《现代中药材商品通鉴》："以条粗、断面类白色、香气浓者为佳。"

《金世元中药材传统鉴别经验》："以身干、条长、粗壮、坚实，无须根者为佳。"

综合近现代各本草书籍，石菖蒲以身干、条长、粗壮、坚实、无须根、香气浓者为佳。

综上，石菖蒲的品质应以身干、条长、粗壮、节密、坚实、无须根、香气浓者为佳。

ICS 11.120.01
C 23

团 体 标 准

T/CACM 1021.205—2018

代替T/CACM 1021.186—2018

中药材商品规格等级　野菊花

Commercial grades for Chinese materia medica

CHRYSANTHEMI INDICI FLOS

2018-12-03 发布

2018-12-03 实施

中 华 中 医 药 学 会 发布

目　次

前　言

T/CACM 1021《中药材商品规格等级》标准分为 226 个部分：
——第 1 部分：中药材商品规格等级标准编制通则；
……
——第 204 部分：中药材商品规格等级　石菖蒲；
——第 205 部分：中药材商品规格等级　野菊花；
——第 206 部分：中药材商品规格等级　竹茹；
……
——第 226 部分：中药材商品规格等级　玄明粉。

本部分为 T/CACM 1021 的第 205 部分。

本部分代替 T/CACM 1021.186—2018。

本部分按照 GB/T 1.1—2009《标准化工作导则　第 1 部分：标准的结构和编写》给出的规则起草。

本部分代替 T/CACM 1021.186—2018，与 T/CACM 1021.186—2018 相比较，标准编号进行了调整，并重新进行了编辑。

本部分由中药材商品规格等级标准研究技术中心及道地药材国家重点实验室培育基地提出。

本部分由中华中医药学会归口。

本部分起草单位：九州通中药材电子商务有限公司、中国中医科学院中药资源中心、华润三九医药股份有限公司、中药材商品规格等级标准研究技术中心、北京中研百草检测认证有限公司。

本部分主要起草人：杨元、黄璐琦、郭兰萍、金艳、詹志来、黄本锐、张怀、谭沛、张辉、林飞、蔡丽娟、崔灿。

本部分所代替标准的历次版本发布情况为：
——T/CACM 1021.186—2018。

中药材商品规格等级 野菊花

1 范围

本部分规定了野菊花的商品规格等级。

本部分适用于野菊花药材生产、流通以及使用过程中的商品规格等级评价。

2 规范性引用文件

下列文件对于本部分的应用是必不可少的。凡是注明日期的引用文件，仅所注明日期的版本适用于本部分。凡是不注明日期的引用文件，其最新版本（包括所有的修改版本）适用于本部分。

T/CACM 1021. 1—2016 中药材商品规格等级编制通则

3 术语和定义

T/CACM 1021. 1—2016 以及下列术语和定义适用于本部分。

3. 1

野菊花 CHRYSANTHEMI INDICI FLOS

本品为菊科植物野菊 *Chrysanthemum indicum* L. 的干燥头状花序。秋、冬二季花初开放时采摘，晒干，或蒸后晒干。

4 规格等级划分

根据市场流通情况，按照杂质率的多少等，将野菊花药材商品分为"选货"和"统货"两个等级。应符合表 1 要求。

表 1 规格等级划分

等级	性状描述		
	共同点		区别点
选货	呈类球形，直径 0.3~1cm，棕黄色。总苞由 4~5 层苞片组成，外层苞片卵形或条形，外表面中部灰绿色或浅棕色，通常被白毛，边缘膜质；内层苞片长椭圆形，膜质，外表面无毛。总苞基部有的残留总花梗。舌状花 1 轮，黄色至棕黄色，皱缩卷曲；管状花多数，深黄色。体轻。气芳香，味苦		杂质率≤1%
统货			1%＜杂质≤3%

注 1：市场上有好多出售的野菊花是菊米（未开放的花骨朵）、已经盛开的野菊花。2015 年版《中国药典》要求野菊花是花初开放时采摘，所以菊米和盛开的野菊花均不符合药典要求，并需注意此类商品混掺现象。

注 2：野菊花多来源于野生，受到人力成本、采摘过程等因素影响，市场上较多带有花梗的野菊花，应注意区分。

注 3：市场上野菊花商品杂质率普遍存在超标的现象，应注意区分。

注 4：野菊花产地干燥加工时有 2 种加工方式，一种是直接晒干，一种是先在铁锅里炒一下收朵杀青后再晒干。炒过的野菊花表面有一点点焦黑，和晒干的区分不太大，故不因产地加工方式划分规格等级。

注 5：关于野菊花药材历史产区沿革参见附录 A。

注 6：关于野菊花药材品质评价沿革参见附录 B。

5 要求

除应符合 T/CACM 1021. 1—2016 的第 7 章规定外，还应符合下列要求：

——无变色；

——无虫蛀；

——无霉变。

附录 A

（资料性附录）

野菊花药材历史产区沿革

明代《本草纲目》记载："苦薏处处原野极多。"未明确野菊花产地的具体地方。

清代《本草纲目拾遗》记载："菊米。处州出一种山中野菊，土人采其蕊干之，如半粒绿豆大，甚香而轻圆黄亮。云败毒散疗，去风清火、明目第一。产遂昌县石练山。（处州：今浙江省丽水市。遂昌县石练山：今浙江省丽水市遂昌县石练山。）"描述了野菊花的产地为浙江省丽水市遂昌县石练山。

《中药大辞典》记载："生于山坡草地、灌丛、河水湿地，海滨盐渍地及田边、路旁。广布于华北、东北、华东、华中及西南。"

《本草正义》记载："菊米，此浙江遂昌县石练山中之特产。（遂昌县石练山：今浙江省丽水市遂昌县石练山。）"

《中国药用植物志》记载野菊花："广布东北、华北、华中、华南及西南各地。生于山坡草地、灌丛、河边水湿地、滨海盐渍地、田边及路旁。印度、日本、朝鲜、苏联也有分布。"

《神农本草经彩色图谱》记载野菊花："野菊全国各地均有。生于路旁、山坡或杂草丛中。"

《江西省中药饮片炮制规范》1991 年版记载野菊花："主产于江苏、四川、广西、广东等省区。"

《湖南省中药饮片炮制规范》1993 年版记载野菊花："湖南省各地均产。"

《中药采收鉴别应用全书》记载野菊花："全国各地均有分布，以药材完整、香气浓者为佳。"

《中国药材学》记载野菊花："主产于江苏、四川、广西、山东等地，本品以完整、色黄、香气浓者为佳。"

《中华本草》记载野菊花："生于山坡草地、灌丛、河水湿地，海滨盐渍地及田边、路旁。广布于华北、东北、华东、华中及西南。"

《500 味常用中药材的经验鉴别》记载野菊花："全国大部分地区均有分布。主产于江苏、安徽及江南各省区，以色黄、无梗、不碎、气香、花未全开者为佳。"

《现代中药材商品通鉴》记载野菊花："全国各地均有。"

《新编中药志》记载野菊花："广布东北、华北、华中、华南及西南各地，以叶多、花刚开、香气浓者为佳。"

《广西省中药饮片炮制规范》2007 年版记载野菊花："（产地）广西。"

《中华药海》记载野菊花："全国大部分地区均有分布。"

《中药材鉴定图典》记载野菊花："主产于湖北、安徽、江苏、江西等地，传统经验认为，以完整、色黄、气香者为佳。"

《金世元中药材传统鉴别经验》记载野菊花："全国许多地区有产，主产于河南、陕西、山西、甘肃、河北、东北等地。"

综上，古代文献中自清代《本草纲目拾遗》才有野菊花产地的明确记载，主产于浙江省丽水市遂昌县石练山。现代文献中野菊花的产地分布极广，广布于华北、东北、华东、华中及西南。

附录 B

（资料性附录）

野菊花药材品质评价沿革

经查之前的历代古代文献，记载野菊花品质评价的文献甚少。清代《本草正义》记载："此遂昌县石练山中特产。"从上述文献可知，遂昌县石练山中的野菊花被当作特产，以产地来评价野菊花好坏，没有具体性状方面品质评价的记载。

以下为现代文献的记载：

《中药采收鉴别应用全书》记载："野菊花，以药材完整、香气浓者为佳。"

《中国药材学》记载："野菊花，本品以完整、色黄、香气浓者为佳。"

《500 种常用中药材经验鉴别》记载："野菊花商品以色黄、无梗、不碎、气香、花未全开者为佳。"

《新编中药志》记载："以叶多、花刚开、香气浓者为佳。"

《中药材鉴定图典》记载："传统经验认为，以完整、色黄、气香者为佳。"

综上，野菊花以完整、色黄、无梗、不碎、气香、花未全开者为佳。

ICS 11.120.01
C 23

团 体 标 准

T/CACM 1021.206—2018

代替T/CACM 1021.190—2018

中药材商品规格等级 竹茹

Commercial grades for Chinese materia medica

BAMBUSAE CAULIS IN TAENIAS

2018-12-03 发布

2018-12-03 实施

中 华 中 医 药 学 会 发布

目　次

前　言

T/CACM 1021《中药材商品规格等级》标准分为 226 个部分：
——第 1 部分：中药材商品规格等级标准编制通则；
……
——第 205 部分：中药材商品规格等级　野菊花；
——第 206 部分：中药材商品规格等级　竹茹；
——第 207 部分：中药材商品规格等级　青蒿；
……
——第 226 部分：中药材商品规格等级　玄明粉。
本部分为 T/CACM 1021 的第 206 部分。
本部分代替 T/CACM 1021.190—2018。
本部分按照 GB/T 1.1—2009《标准化工作导则　第 1 部分：标准的结构和编写》给出的规则
起草。
本部分代替 T/CACM 1021.190—2018，与 T/CACM 1021.190—2018 相比较，标准编号进行了调
整，并重新进行了编辑。
本部分由中药材商品规格等级标准研究技术中心及道地药材国家重点实验室培育基地提出。
本部分由中华中医药学会归口。
本部分起草单位：河北百草康神药业有限公司、中国中医科学院西苑医院、中国中医科学院中药
资源中心、中药材商品规格等级标准研究技术中心、北京中研百草检测认证有限公司。
本部分主要起草人：高峰、黄璐琦、郭兰萍、詹志来、李培红、高善荣、庞颖、田佳鑫、马
海光。
本部分所代替标准的历次版本发布情况为：
——T/CACM 1021.190—2018。

中药材商品规格等级 竹茹

1 范围

本部分规定了竹茹的商品规格等级。

本部分适用于竹茹药材生产、流通以及使用过程中的商品规格等级评价。

2 规范性引用文件

下列文件对于本部分的应用是必不可少的。凡是注明日期的引用文件，仅所注明日期的版本适用于本部分。凡是不注明日期的引用文件，其最新版本（包括所有的修改版本）适用于本部分。

T/CACM 1021. 1—2016 中药材商品规格等级编制通则

3 术语和定义

T/CACM 1021. 1—2016 以及下列术语和定义适用于本部分。

3. 1

竹茹 BAMBUSAE CAULIS IN TAENIAS

本品为禾本科植物青秆竹 *Bambusa tuldoides* Munro、大头典竹 *Sinocalamus beecheyanus*（Munro）McClure var. *pubescens* P. F. Li 或淡竹 *Phyllostachys nigra*（Lodd.）Munro var. *henonis*（Mitf.）Stapf ex Rendle 的茎秆的干燥中间层。全年均可采制，取新鲜茎，除去外皮，将稍带绿色的中间层刮成丝条，或削成薄片，捆扎成束，阴干。

4 规格等级划分

根据市场流通情况，按照加工方法的不同，将竹茹药材分为"齐竹茹"和"散竹茹"两个规格。各规格项下均为统货。应符合表 1 要求。

表 1 竹茹商品规格等级划分表

规格	等级	性状描述	
		共同点	区别点
齐竹茹	统货	宽窄厚薄不等，浅绿色、黄绿色或黄白色。纤维性，体轻松，质柔韧，有弹性。气微，味淡	呈长条形薄片状
散竹茹	统货		不规则丝条卷曲成团状

注 1：竹碎屑不符合药典性状要求，但因其价格优势，故市场上亦作竹茹使用。
注 2：市场中尚有竹茹球出售，因其属于饮片，故未将其作为药材进行规格等级划分。
注 3：竹类品种复杂，根据药材很难对其进行基原鉴定，建议对其增加分子鉴定项以对其基原进行确定。
注 4：关于竹茹药材历史产区沿革参见附录 A。
注 5：关于竹茹药材品质评价沿革参见附录 B。

5 要求

除应符合 T/CACM 1021. 1—2016 的第 7 章规定外，还应符合下列要求：

——无变色；

——无虫蛀；

——无霉变；

——杂质不得过 3%。

附录 A

（资料性附录）

竹茹药材历史产区沿革

竹茹最早记载于魏晋《名医别录》中，收于"淡竹叶"项下，谓："其皮茹，微寒，主治呕哕，温气寒热，吐血，崩中，溢筋。"说明当时所用竹茹应来源于淡竹。

北宋《证类本草》亦在"淡竹叶"后提及"皮茹"曰："䇲竹、淡竹、苦竹，《本经》并不载所出州土，今处处有之。竹之类甚多，而入药者惟此三种，人多不能尽别。……甘竹似䇲而茂，即淡竹也。……淡竹肉薄，节间有粉，南人以烧竹沥者，医家只用此一品，与《竹谱》所说大同小异也。"其中"淡竹肉薄"无从考证，但是"节间有粉"与今青秆竹幼时被白粉特点一致。今之淡竹常栽种于庭院，广泛分布于河南、山东及长江流域以南各地，青秆竹则广泛分布于广东、广西等华南地区，都符合其"南人以（淡竹）烧竹沥"的说法。所以认为当时所用竹茹之竹，与今竹茹的三种来源一致，且广泛分布于河南、山东及长江流域以南各地区。

明代《本草纲目》中亦收录前人所记："弘景曰：竹类甚多，入药用䇲竹，次用淡、苦竹。又一种薄壳者，名甘竹叶，药最胜。"该书中，首次记录了三种药用竹，均可取皮茹药用，且各有所长，谓："淡竹茹：【气味】甘，微寒，无毒。【主治】呕哕，温气寒热，吐血崩中，溢筋（《别录》）。止肺痿唾血鼻衄，治五痔（甄权）。噎膈（孟诜）。伤寒劳复，小儿热痫，妇人胎动（时珍）。""苦竹茹：【主治】下热壅（孟诜）。水煎服，止尿血（时珍）。""䇲竹茹，【主治】劳热（大明）。"分别记载了三种药用竹均可取皮茹。其中对淡竹的描述为"肉薄，节间有粉者。时珍曰：竹惟江河之南甚多，故曰，九河鲜有，五岭实繁，大抵皆土中苞笋，各以时而出，旬日落籜而成竹也。茎有节，节有枝；枝有节，节有叶。叶必三之，枝必两之"。符合现今青秆竹的特点。

民国《本草药品实地之观察》记载："应由何种竹上刨取，素无定规，据日本学者之考察，《纲目》所载之淡竹茹，当为禾本科之淡竹，即 *Phyllostachys henonis* Mitf. 之产生物云。本品之细者，长 12～20cm，径 0.5～1.0cm，作淡青色乃至淡黄绿色之纤细丝条，联合而团结之，粗者成带状之皮条，长 15～20cm，幅 0.3～0.5cm，厚 0.3～0.4cm，表面青灰色，里面淡青灰白色，呈缤纷错乱之状；质柔而韧；有特异之臭味。"认为《纲目》之竹茹主要来自淡竹，而其时药肆所售竹茹来源则"素无定规"。

1963 年版《中国药典》规定其来源："禾本科（Gramineae）植物淡竹 *Phyllostachys nigra* var. *henonis* Stapf 的茎除去外皮后刮下的中间层。"

1977 年版《中国药典》一部中其来源变为："禾本科植物青秆竹 *Bambusa breviflora* Munro、大头典竹 *Sinocalamus beecheyanus*（Munro）McClure var. *pubescens* P. F. Li 或淡竹 *Phyllostachys nigra* var. *henonis* Stapf 的茎的干燥中间层。"

附录 B

（资料性附录）

竹茹药材品质评价沿革

《新修本草》将其收入"竹叶"项"淡竹叶"后，另附曰："竹类甚多，此前一条云是篁竹，次用淡苦尔。又一种薄壳者，名甘竹叶，最胜。"提出药用竹中篁竹最佳。

《本草乘雅半偈》在"竹叶"项下收录了"竹茹"，于其后云："品类虽繁，入药宜用篁竹，次用淡苦二种。"提出药用竹宜用篁竹。

近代《现代中药学商品通鉴》中提到"将砍取的新鲜茎截成65cm左右，用特制刮刀刮取，先将外层表皮刮去后，第二层俗称'二青竹茹'，质最佳，其内层黄白色者质次，一般不用。亦有部分地区利用竹器生产刮下的竹丝作竹茹用，质次。"说明竹茹以青绿色者为最佳，黄白色者次之，竹碎屑最次。

近代《500味常用中药材的经验鉴别》中提到以身干、色绿、丝细均匀、质柔软、有弹性者为佳。

近代《金世元中药材传统鉴别经验》中亦提到以身干、色绿、丝细均匀、质柔软、有弹性者为佳。

综上，历代对于竹茹药用竹的来源均无定论，只是记载了不同竹茹具有不同的疗效。近代对竹茹根据色泽、粗细、竹丝均匀程度进行大致的等级划分，为制定竹茹商品规格等级标准提供了依据。

ICS 11.120.01
C 23

团 体 标 准

T/CACM 1021.207—2018

代替T/CACM 1021.194—2018

中药材商品规格等级 青蒿

Commercial grades for Chinese materia medica

ARTEMISIAE ANNUAE HERBA

2018-12-03 发布

2018-12-03 实施

中华中医药学会 发布

目　次

前　言

T/CACM 1021《中药材商品规格等级》标准分为 226 个部分：
——第 1 部分：中药材商品规格等级标准编制通则；
……
——第 206 部分：中药材商品规格等级　竹茹；
——第 207 部分：中药材商品规格等级　青蒿；
——第 208 部分：中药材商品规格等级　桑寄生；
……
——第 226 部分：中药材商品规格等级　玄明粉。

本部分为 T/CACM 1021 的第 207 部分。

本部分代替 T/CACM 1021.194—2018。

本部分按照 GB/T 1.1—2009《标准化工作导则　第 1 部分：标准的结构和编写》给出的规则起草。

本部分代替 T/CACM 1021.194—2018，与 T/CACM 1021.194—2018 相比较，标准编号进行了调整，并重新进行了编辑。

本部分由中药材商品规格等级标准研究技术中心及道地药材国家重点实验室培育基地提出。

本部分由中华中医药学会归口。

本部分起草单位：广西壮族自治区药用植物园、中国中医科学院中药资源中心、中药材商品规格等级标准研究技术中心、北京中研百草检测认证有限公司。

本部分主要起草人：韦树根、付金娥、缪剑华、黄浩、黄璐琦、郭兰萍、詹志来。

本部分所代替标准的历次版本发布情况为：
——T/CACM 1021.194—2018。

中药材商品规格等级　青蒿

1　范围

本部分规定了青蒿的商品规格等级。

本部分适用于青蒿药材生产、流通以及使用过程中的商品规格等级评价。

2　规范性引用文件

下列文件对于本部分的应用是必不可少的。凡是注明日期的引用文件，仅所注明日期的版本适用于本部分。凡是不注明日期的引用文件，其最新版本（包括所有的修改版本）适用于本部分。

T/CACM 1021.1—2016 中药材商品规格等级编制通则

3　术语和定义

T/CACM 1021.1—2016 以及下列术语和定义适用于本部分。

3.1

青蒿　ARTEMISIAE ANNUAE HERBA

本品为菊科植物黄花蒿 *Artemisia annua* L. 的干燥地上部分。秋季花盛开时采割，除去老茎，阴干。

4　规格等级划分

根据市场流通情况，按照叶片的多少、色泽是否均一、枝条的多少及大小等，将青蒿药材商品分为"选货"和"统货"两个等级。应符合表1要求。

表1　规格等级划分

等级	性状描述		
	相同点		区别点
选货	茎呈圆柱形，表面黄绿色或棕黄色，具纵棱线；质略硬，易折断，断面中部有髓。叶互生，暗绿色或棕绿色，卷缩易碎，完整者展平后为三回羽状深裂，裂片和小裂片矩圆形或长椭圆形，两面被短毛。气香特异，味微苦		叶片较多，色泽均一；枝条较少且为小枝居多
统货			叶片少，色泽不均一；枝条较多且大小不一

注1：当前药材市场青蒿规格没有划分，但会根据含青蒿叶片多少及枝条大小价格有所差异。叶片较多，枝条小的价格稍高；叶片少，枝条大价格稍低。药典对青蒿的枝条大小也有描述，直径0.2~0.6cm。因此，含叶率越高及枝条越小市场价格越高。

注2：四大药材市场上无全叶及花蕾的药材销售，但在产地如广西、湖南、重庆等省区有药厂收购，用于青蒿素的提取，价格高于药材市场上的青蒿药材。提取青蒿素药材的标准为：干货。叶互生，有长柄，叶片皱缩卷曲，展平后呈宽卵形或椭圆形，三回羽状复叶，深裂，两面被短毛，墨绿色。有浓郁的特殊香气，味苦。无杂质、无虫蛀、霉变。

注3：关于青蒿药材历史产区沿革参见附录A。

注4：关于青蒿药材品质评价沿革参见附录B。

5　要求

除应符合 T/CACM 1021.1—2016 的第7章规定外，还应符合下列要求：

——无变色；

——无虫蛀；

——无霉变；

——杂质不得过3%。

附录 A

（资料性附录）

青蒿药材历史产区沿革

青蒿的生境分布最早记载于秦汉时期的《神农本草经》："味苦寒，主疥搔，痂痒，恶创，杀虫，留热在骨节间。明目。一名青蒿，一名方溃。生川泽。"

魏晋时期《名医别录》："无毒。生华阴。"

南朝《本草经集注》："生华阴川泽。处处有之。"

唐代苏敬《新修本草》："生华阴川泽。处处有之。"

明代《本草品汇精要》："【地】出华阴川泽今处处有之。【道地】汝阴（今安徽阜阳一带）、荆（湖北荆州一带）、豫（河南一带）、楚州（江苏淮安一带）。"至明代《本草品汇精要》首次以道地的分布来描述青蒿，其道地产地为汝阴（今安徽省阜阳一带）、荆州（湖北荆州一带）、豫州（河南一带）、楚州（江苏淮安一带），说明了这些为青蒿的道地产区。

明代《本草蒙筌》："山谷川泽，随处有生。"

明代《本草纲目》和《本草乘雅半偈》："生华阴川泽，所在有之。"

清代《植物名实图考》："湖南园圃中几多，结实如茨实大、北地颇少。"

1963 年版《中国药典》一部："全国大部分地区均生产。"

《本草钩沉》（1988 年）中记载：我国东北、河北、山东、江苏、安徽、江西、湖北、浙江、福建、广东等省均有分布，多生于海滨沙地、山坡河岸、路旁草丛间。

《中国药材学》（1996 年）中记载：主产于湖北、浙江、江苏、安徽；其他地区亦产，多自产自销。

《神农本草经中药彩色图谱》（1996 年）收载黄花蒿全国均有，生长于旷野、山坡、路边、河岸等处。

《全国中药草汇编》（1996 年）收载青蒿生于荒野、山坡、路边、河岸等处。分布于我国南北各地。大头黄花蒿产于西南地区。

《中华本草》（1999 年）收载青蒿生于旷野、山坡、路边、河岸等处，分布于我国南北各地。

《500 味常用中药材的经验鉴别》（1999 年）收载青蒿全国大部分地区均有生产。

《中华药海》（2010 年）收载青蒿（黄花蒿）生于荒野、山坡、路边及河岸边。分布遍及全国。

附录 B

（资料性附录）

青蒿药材品质评价沿革

古籍中记载青蒿品质仅限"根、茎、子、叶并入药用，干者炙作饮香，尤佳""八、九月采带子者最好"，说明了青蒿以干品使用效果较佳，并记载了最佳的采收时期为八、九月份。无其他方面关于青蒿品质方面的具体记载。

1963 年版《中国药典》：以质嫩、色绿、香气浓者佳。

1977 年版《中国药典》：以色绿，叶多、香气浓者为佳。

《中国药材学》（1996 年）：以干燥、色青绿，质嫩，香气浓郁者为佳。

《中华本草》（1999 年）：以色绿、叶多、气香浓者为佳。

《中华药海》（2010 年）：以色黄绿、气香、无杂质者为佳。

综上，青蒿在我国分布较广，以广西、重庆、四川为道地产区。本次制定青蒿商品规格等级标准是以现代文献对青蒿药材的质量评价和市场调查情况为依据，从青蒿药材色泽，枝条大小、含叶多少等方面进行评价、分级。

ICS 11.120.01
C 23

团　体　标　准

T/CACM 1021.208—2018
代替T/CACM 1021.195—2018

中药材商品规格等级　桑寄生

Commercial grades for Chinese materia medica

TAXILLI HERBA

2018-12-03 发布

2018-12-03 实施

中华中医药学会 发布

目　次

前　言

T/CACM 1021《中药材商品规格等级》标准分为 226 个部分：
——第 1 部分：中药材商品规格等级标准编制通则；
……
——第 207 部分：中药材商品规格等级　青蒿；
——第 208 部分：中药材商品规格等级　桑寄生；
——第 209 部分：中药材商品规格等级　穿山甲；
……
——第 226 部分：中药材商品规格等级　玄明粉。
本部分为 T/CACM 1021 的第 208 部分。
本部分代替 T/CACM 1021. 195—2018。
本部分按照 GB/T 1. 1—2009《标准化工作导则　第 1 部分：标准的结构和编写》给出的规则起草。
本部分代替 T/CACM 1021. 195—2018，与 T/CACM 1021. 195—2018 相比较，标准编号进行了调整，并重新进行了编辑。
本部分由中药材商品规格等级标准研究技术中心及道地药材国家重点实验室培育基地提出。
本部分由中华中医药学会归口。
本部分起草单位：广西壮族自治区药用植物园、中国中医科学院中药资源中心、中药材商品规格等级标准研究技术中心、北京中研百草检测认证有限公司。
本部分主要起草人：付金娥、黄浩、缪剑华、韦树根、潘丽梅、黄璐琦、郭兰萍、詹志来。
本部分所代替标准的历次版本发布情况为：
——T/CACM 1021. 195—2018。

中药材商品规格等级　桑寄生

1　范围

本部分规定了桑寄生的商品规格等级。

本部分适用于桑寄生药材生产、流通以及使用过程中的商品规格等级评价。

2　规范性引用文件

下列文件对于本部分的应用是必不可少的。凡是注明日期的引用文件，仅所注明日期的版本适用于本部分。凡是不注明日期的引用文件，其最新版本（包括所有的修改版本）适用于本部分。

T/CACM 1021.1—2016 中药材商品规格等级编制通则

3　术语和定义

T/CACM 1021.1—2016 以及下列术语和定义适用于本部分。

3.1

桑寄生　TAXILLI HERBA

本品为桑寄生科植物桑寄生 *Taxillus chinensis*（DC.）Danser 的干燥带叶茎枝。冬季至次春采割，除去粗茎，切段，干燥，或蒸后干燥。

3.2

皮孔　lenticel

指茎枝表面隆起呈裂隙状的小孔。

4　规格等级划分

根据市场流通情况，按照未脱落叶片的多少及枝条的大小、粗细等，将桑寄生药材商品分为"选货"和"统货"两个等级。应符合表1要求。

表1　规格等级划分

等级	性状描述		
	相同点		区别点
选货	茎枝呈圆柱形，表面红褐色或灰褐色，具细纵纹，并有多数细小突起的棕色皮孔，嫩枝有的可见棕褐色茸毛；质坚硬，断面不整齐，皮部红棕色，木部色较浅。叶多卷曲，具短柄；叶片展平后呈卵形或椭圆形；表面黄褐色，幼叶被细茸毛，先端钝圆，基部圆形或宽楔形，全缘；革质。气微，味涩		未脱落的叶片较多，茎枝较小且大小、粗细较均匀
统货			叶片多已脱落，茎枝大小、粗细不等

注1：当前药材市场桑寄生规格未进行划分，但杂质较少，茎枝大小较为均匀的药材价格稍高，故以杂质含量及药材的匀称度为主要分级标准。此外，《中国药典》也有对于药材茎枝大小的要求。

注2：玉林药材市场上多习惯以不同的寄主进行划分，如杉木寄生、松树寄生、柿树寄生、桑树寄生等，不同寄主之间的药材价格差异很大，但在其他三大药材市场未见以不同寄主进行等级划分，故本次标准不对不同寄主的桑寄生药材进行划分。

注3：关于桑寄生药材历史产区沿革参见附录A。

注4：关于桑寄生药材品质评价沿革参见附录B。

5　要求

除应符合 T/CACM 1021.1—2016 的第7章规定外，还应符合下列要求：

——无变色；

——无虫蛀；

——无霉变；

——杂质不得过3%。

附录 A

（资料性附录）

桑寄生药材历史产区沿革

南北朝《本草经集注》："……生弘农川谷桑树上，……今处处皆有，以出彭城为胜。"

唐代《新修本草》："惟虢州有桑上者。"虢州即古之弘农。今之河南省灵宝县北。

明代《本草品汇精要》："【地】〔图经曰〕出弘农川谷桑树上，今处处有之。〔道地〕江宁府。"

明代《本草乘雅半偈》："桑上寄生生长在近海州邑，及海外之境。"

明代《本草纲目》："生弘农川谷桑树上。"

清代《本草崇原》："始出弘农川谷及近海州邑海外之境。"

清代《植物名实图考》："《本草衍义》谓有服他木寄生而死者，用寄生者，为可不慎？广西所产。多榕寄生。"说明记载中桑上寄生广西也产有。

《本草钩沉》（1988年版）的记载为：分布于华南、广东、广西等省，常寄生于桑、樟、木棉、八角枫等树上。

《神农本草经彩色图谱》（1996年）记载为：主产于广东、广西等地，常寄生于桑、柿、槐、龙眼、荔枝等树木上。

《中国药材学》（1996年）记载为：分布于福建、台湾、广东、广西、云南。生瑜桑科、山茶科、壳斗科等20科50余种植物上。主产于广西、广东；云南、贵州、四川、江西等地亦产。以广东、广西产量最大。

《全国中药草汇编》（1996年）记载为：桑寄生（广寄生）生于海拔20～400米平原或低山常绿阔叶林中，寄生于桑树、桃树、李树等多种植物上。分布于广西、广东、福建南部。

《中国药材图鉴　中药材及混伪品鉴别》（2008年）记载为：主产于广东三水、南海、顺德、中山，广西容县、苍梧；云南、贵州也产。

《500味常用中药材的经验鉴别》（1999年）记载为：主产于广东三水、海南、顺德、中山；广西容县、苍梧等地，以两广产量最大。

《中华本草》（1999年）记载为：主产于福建、广东、广西等地。

《中华药海》（2010年）记载为：分布于福建、台湾、广东、广西、云南、贵州、四川等地。

《金世元中药材传统鉴别经验》（2010年）记载为：主产于广东三水、海南、顺德、中山，广西容县、苍梧；云南、贵州也产。

附录 B

（资料性附录）

桑寄生药材品质评价沿革

自汉代至唐代，"桑上寄生"的来源单一，均为槲寄生。宋代至清代桑寄生药材中出现了桑寄生属植物，发展为多原性药材，可能也包括桑寄生，但槲寄生仍是桑寄生药材中的主流商品。现代著作记载的桑寄生原植物之一为桑寄生科钝果寄生属植物桑寄生 *Taxillus chinensis*（DC.）Danser.。

1977 年版《中国药典》："以枝细嫩、红褐色、叶多者为佳。"

《中国药材学》（1996 年）："以枝细、质嫩、色红褐、叶未脱落者为佳。"

《中华本草》（1999 年）："以枝细、质嫩，色红褐，叶多者为佳。"

《500 味常用中药材的经验鉴别》（1999 年）："广寄生以枝细、质嫩、红褐色、叶未脱落者为佳。"

《中华药海》（2010 年）："以枝细嫩，色红褐，叶多者为佳。"

《金世元中药材传统鉴别经验》（2010 年）："以枝细质嫩、色红褐色、叶未脱落者为佳。"

综上，桑寄生在我国南部及西南部均有分布，以广西、广东为主产区。本次制定桑寄生商品规格等级标准是以现代文献对桑寄生药材的质量评价和市场调查情况为依据，从桑寄生药材枝条大小均匀程度、叶片着脱多少等方面进行评价与分级。

ICS 11.120.01
C 23

团 体 标 准

T/CACM 1021.209—2018

代替T/CACM 1021.114—2018

中药材商品规格等级 穿山甲

Commercial grades for Chinese materia medica

MANIS SQUAMA

2018-12-03 发布

2018-12-03 实施

中华中医药学会 发布

目　次

前　言

T/CACM 1021《中药材商品规格等级》标准分为 226 个部分：

——第 1 部分：中药材商品规格等级标准编制通则；

……

——第 208 部分：中药材商品规格等级　桑寄生；

——第 209 部分：中药材商品规格等级　穿山甲；

——第 210 部分：中药材商品规格等级　羚羊角；

……

——第 226 部分：中药材商品规格等级　玄明粉。

本部分为 T/CACM 1021 的第 209 部分。

本部分代替 T/CACM 1021.114—2018。

本部分按照 GB/T 1.1—2009《标准化工作导则　第 1 部分：标准的结构和编写》给出的规则起草。

本部分代替 T/CACM 1021.114—2018，与 T/CACM 1021.114—2018 相比较，标准编号进行了调整，并重新进行了编辑。

本部分由中药材商品规格等级标准研究技术中心及道地药材国家重点实验室培育基地提出。

本部分由中华中医药学会归口。

本部分起草单位：中国中药有限公司、中国中医科学院中药资源中心、华润三九医药股份有限公司、中药材商品规格等级标准研究技术中心、北京中研百草检测认证有限公司。

本部分主要起草人：高雄志、赵润怀、张伟、兰青山、孙杰、王继永、焦春红、周海燕、黄璐琦、郭兰萍、詹志来、李军德、谭沛、张辉。

本部分所代替标准的历次版本发布情况为：

——T/CACM 1021.114—2018。

中药材商品规格等级　穿山甲

1　范围

本部分规定了穿山甲的商品规格等级。

本部分适用于穿山甲药材生产、流通以及使用过程中的商品规格等级评价。

2　规范性引用文件

下列文件对于本部分的应用是必不可少的。凡是注明日期的引用文件，仅所注明日期的版本适用于本部分。凡是不注明日期的引用文件，其最新版本（包括所有的修改版本）适用于本部分。

T/CACM 1021.1—2016 中药材商品规格等级编制通则

3　术语和定义

T/CACM 1021.1—2016 以及下列术语和定义适用于本部分。

3.1

穿山甲　MANIS SQUAMA

本品为鲮鲤科动物穿山甲 *Manis pentadactyla Linnaeus* 的鳞甲。收集鳞甲，洗净，晒干。

4　规格等级划分

根据市场流通情况，按照鳞片的大小、形状和有无皮肉等情况，将穿山甲药材商品分为"选货"和"统货"两个等级。应符合表1要求。

表1　规格等级划分

等级	性状描述				
	共同点	区别点			
			形状	长宽	杂质
选货	本品呈扇面形、三角形、菱形或盾形的扁平片状半折合状，中间较厚，边缘较薄。外表面黑褐色或黄褐色，有光泽，宽端有数十条排列整齐的纵纹及数条横线纹；窄端光滑。内表面色较浅，中部有一条明显突起的弓形横向棱线，其下方有数条与棱线相平行的细纹。角质，半透明，坚韧而有弹性，不易折断。气微腥，味淡		大小均匀，片形完整、均匀	3~5cm	无皮肉附着
统货			大小不均匀，片形各异	0.7~5cm	附着少量皮肉

注1：市场除"铁甲"外，另有"铜甲"质优。

注2：国内中华穿山甲数量日见稀少。当前市场尚有马来穿山甲、印度穿山甲、非洲大穿山甲等进口穿山甲流通。

注3：关于穿山甲药材历史产区沿革参见附录A。

注4：关于穿山甲药材品质评价沿革参见附录B。

5　要求

除应符合 T/CACM 1021.1—2016 的第7章规定外，还应符合下列要求：

——杂质不得过3%。

附录 A

（资料性附录）

穿山甲药材历史产区沿革

《中华本草》收载穿山甲主产于广西、云南、贵州、广东、湖南、浙江、福建、台湾等地。其中福建、广东、广西和云南等地数量较多。

1963 年版《中国药典》一部收载穿山甲主产于广西、广东、贵州、云南等地。

徐国钧《中国药材学》收载穿山甲主产于广西、广东、海南、云南、贵州、湖南、台湾、江西、湖北、安徽、江苏及浙江等地。

《500 味常用中药材的经验鉴别》收载穿山甲主产于华东、华南、西南地区。国外主产于印度、越南、缅甸等国。

张贵君《现代中药材商品通鉴》收载穿山甲主产于广东、海南、广西、云南、贵州、湖南等地。

金世元《金世元中药材传统鉴别经验》收载穿山甲分布于广西、云南、贵州、广东、海南，主产于广西西林、隆林、田林、凌云、乐业、靖西、大新、龙州，云南晋宁、富民、石屏、西畴、马关，以及越南、泰国、缅甸、印尼等国。近年来，多从邻国边境输入。

附录 B

（资料性附录）

穿山甲药材品质评价沿革

1963 年版《中国药典》一部：以片均、色青黑或灰黑、无臭气、不带皮肉者为佳。

《中国药材学》：本品以半透明、不带皮肉者为佳。

1977 年版《中国药典》一部：以半透明、不带皮肉者为佳。

《金世元中药材传统鉴别经验》：以片较小、青黑色或灰黄色、无腥气、不带皮肉之净甲片者为佳。

《500 味常用中药材的经验鉴别》：山甲片以片张大小均匀，棕褐色，无腥味，无带皮肉杂质者为佳。

综上，穿山甲以广西、广东、云南、贵州为好，福建、江西、湖南、湖北也为主产区，此外，海南、安徽、浙江、江苏、四川等省区也产。穿山甲的品质评价以片均、色青黑或灰黑、无臭气、不带皮肉者为佳。本次制定穿山甲商品规格等级标准以现代文献对穿山甲药材的质量评价和市场调查情况为依据，根据穿山甲药材大小、片形等方面进行评价、分级。

ICS 11.120.01
C 23

团 体 标 准

T/CACM 1021.210—2018

代替T/CACM 1021.122—2018

中药材商品规格等级　羚羊角

Commercial grades for Chinese materia medica

SAIGAE TATARICAE CORNU

2018-12-03 发布

2018-12-03 实施

中华中医药学会 发布

目　次

前　言

T/CACM 1021《中药材商品规格等级》标准分为 226 个部分：

——第 1 部分：中药材商品规格等级标准编制通则；

……

——第 209 部分：中药材商品规格等级　穿山甲；

——第 210 部分：中药材商品规格等级　羚羊角；

——第 211 部分：中药材商品规格等级　穿心莲；

……

——第 226 部分：中药材商品规格等级　玄明粉。

本部分为 T/CACM 1021 的第 210 部分。

本部分代替 T/CACM 1021.122—2018。

本部分按照 GB/T 1.1—2009《标准化工作导则　第 1 部分：标准的结构和编写》给出的规则起草。

本部分代替 T/CACM 1021.122—2018，与 T/CACM 1021.122—2018 相比较，标准编号进行了调整，并重新进行了编辑。

本部分由中药材商品规格等级标准研究技术中心及道地药材国家重点实验室培育基地提出。

本部分由中华中医药学会归口。

本部分起草单位：中国中药有限公司、中国中医科学院中药资源中心、中药材商品规格等级标准研究技术中心、北京中研百草检测认证有限公司。

本部分主要起草人：焦春红、赵润怀、兰青山、孙杰、高雄志、张伟、王继永、周海燕、黄璐琦、郭兰萍、詹志来、李军德。

本部分所代替标准的历次版本发布情况为：

——T/CACM 1021.122—2018。

中药材商品规格等级　　羚羊角

1　范围

本部分规定了羚羊角的商品规格等级。

本部分适用于羚羊角药材生产、流通以及使用过程中的商品规格等级评价。

2　规范性引用文件

下列文件对于本部分的应用是必不可少的。凡是注明日期的引用文件，仅所注明日期的版本适用于本部分。凡是不注明日期的引用文件，其最新版本（包括所有的修改版本）适用于本部分。

T/CACM 1021.1—2016 中药材商品规格等级编制通则

3　术语和定义

T/CACM 1021.1—2016 以及下列术语和定义适用于本部分。

3.1

羚羊角　SAIGAE TATARICAE CORNU

本品为牛科动物赛加羚羊 *Saiga tatarica Linnaeus* 的角。猎取后锯取其角，晒干。

3.2

骨塞　bone plug

羚羊角的基部横截面圆形，直径 3~4cm，内有坚硬质重的角柱，习称"骨塞"。它长约占全角的 1/2 或 1/3，表面有突起的纵棱与其外面角鞘内的凹沟紧密嵌合，从横断面观，其结合处呈锯齿状。

3.3

通天眼　tongtianyan

除去羚羊角"骨塞"后，角的下半段成空洞，全角呈半透明，对光透视，上半段中央有一条隐约可辨的细孔道直通角尖，习称"通天眼"。

3.4

血丝　xuesi

羚羊角嫩枝对光透视有红色细丝状物质，习称"血丝"。

3.5

血斑　xueban

羚羊角对光透视有紫黑色斑纹状物质，习称"血斑"。

3.6

青茬　qingcha

羚羊角基部稍呈青灰色，习称"青茬"。

4　规格等级划分

根据市场流通情况，将羚羊角药材分为五个等级。应符合表1要求。

表 1 规格等级划分

等级	性状描述			
	共同点	区别点		
		质地	表面	裂纹
一等	长圆锥形,略呈弓形弯曲,长 15～33cm;类白色或黄白色。除尖端部分外,有 10～16 个隆起环脊,间距约 2cm,用手握之,四指正好嵌入凹处。角的基部横截面圆形,直径 3～4cm,内有坚硬质重的角柱,习称"骨塞",骨塞长约占全角的 1/2 或 1/3,表面有突起的纵棱与其外面角鞘内的凹沟紧密嵌合,从横断面观,其结合部呈锯齿状。除去"骨塞"后,角的下半段成空洞,全角呈半透明,对光透视,上半段中央有一条隐约可辨的细孔道直通角尖,习称"通天眼"。质坚硬。气微,味淡	嫩	光洁如玉,"血丝""通天眼"可见	无裂纹
二等		稍老	较粗糙,无光泽,"血斑""血丝""通天眼"可见	有裂纹
三等			粗糙,无光泽	裂纹较多
四等		老	无光泽,有灰白色斑痕,基部有青茬	
五等			无光泽,不透明,骨化基部有青茬,瓣裂	深裂纹

注1:羚羊角是进口药材,《43 种进口药材质量标准》未对羚羊角商品规格等级进行划分。本部分按照羚羊角的质地划分等级,质嫩、光润、无裂纹者质佳。

注2:赛加羚羊是国家一类重点保护野生动物,按《关于加强赛加羚羊、穿山甲、稀有蛇类资源保护和规范其产品入药管理的通知》(林护发〔2007〕242 号)执行。

注3:关于羚羊角药材历史产区沿革参见附录 A。

注4:关于羚羊角药材品质评价沿革参见附录 B。

5 要求

除应符合 T/CACM 003—2016 的第 7 章规定外,还应符合下列要求:

——无杂质。

附录 A

（资料性附录）

羚羊角药材历史产区沿革

羚羊角始载于《神农本草经》，列为中品，是平肝息风、清热镇惊的要药。因其来源于国家一级保护野生动物赛加羚羊的角，故十分珍贵。

《本草经集注》曰："今出建平、宜都诸蛮山中及西域。"

1963 年版《中国药典》收载其"主产于苏联及我国新疆等地"。

《中华本草》所载"大部分从俄罗斯等地进口，我国新疆产少量，销全国"。

《金世元中药材传统鉴别经验》所载，历史上完全依靠进口，主产于俄罗斯、哈萨克斯坦、蒙古国。

我国新疆北部为赛加羚羊的历史栖息地，自 60 年代以后，野外再未发现其踪迹，赛加羚羊野外种群在我国野外已经绝迹。目前，甘肃濒危动物保护中心是是国内仅有的赛加羚羊人工繁育基地。

附录 B

（资料性附录）

羚羊角药材品质评价沿革

清《本草崇原》所载羚羊角："其角长尺余，有节特起环绕，如人手指握痕，得二十四节者尤有神力。"

1963 年版《中国药典》："以质嫩、色白、光润、有血丝、无裂纹者为佳。质老、色黄白、有裂纹者质次。"

《金世元中药材传统鉴别经验》："以质嫩、光润、有血丝血斑、通天眼透光明显、无裂纹者为优。"

综上，历代对于羚羊角的等级划分强调表面质地、光泽、有无裂纹，为制定羚羊角商品规格等级标准提供了依据。

ICS 11.120.01
C 23

团 体 标 准

T/CACM 1021.211—2018

代替T/CACM 1021.198—2018

中药材商品规格等级 穿心莲

Commercial grades for Chinese materia medica

ANDROGRAPHIS HERBA

2018-12-03 发布　　　　　　　　　　　　　　2018-12-03 实施

中 华 中 医 药 学 会 发布

目　次

前　言

T/CACM 1021《中药材商品规格等级》标准分为 226 个部分：

——第 1 部分：中药材商品规格等级标准编制通则；

……

——第 210 部分：中药材商品规格等级　羚羊角；

——第 211 部分：中药材商品规格等级　穿心莲；

——第 212 部分：中药材商品规格等级　槐花；

……

——第 226 部分：中药材商品规格等级　玄明粉。

本部分为 T/CACM 1021 的第 211 部分。

本部分代替 T/CACM 1021.198—2018。

本部分按照 GB/T 1.1—2009《标准化工作导则　第 1 部分：标准的结构和编写》给出的规则起草。

本部分代替 T/CACM 1021.198—2018，与 T/CACM 1021.198—2018 相比较，标准编号进行了调整，并重新进行了编辑。

本部分由中药材商品规格等级标准研究技术中心及道地药材国家重点实验室培育基地提出。

本部分由中华中医药学会归口。

本部分起草单位：广西壮族自治区药用植物园、中国中医科学院中药资源中心、陕西中医药大学、山东省分析测试中心、内蒙古自治区中医药研究所、湖北中医药大学、昆明理工大学、广东药科大学、福建农林大学、贵阳中医学院、重庆市中药研究院、南京中医药大学、皖西学院、江西省中医药研究院、新疆维吾尔自治区中药民族药研究所、中药材商品规格等级标准研究技术中心、北京中研百草检测认证有限公司。

本部分主要起草人：蒋妮、刘丽辉、林伟、吴庆华、宋利莎、缪剑华、黄璐琦、郭兰萍、詹志来、唐志书、王晓、李旻辉、刘大会、崔秀明、杨全、张重义、周涛、李隆云、严辉、韩邦兴、虞金宝、徐建国。

本部分所代替标准的历次版本发布情况为：

——T/CACM 1021.198—2018。

中药材商品规格等级　穿心莲

1　范围

本部分规定了穿心莲的商品规格等级。

本部分适用于穿心莲药材生产、流通以及使用过程中的商品规格等级评价。

2　规范性引用文件

下列文件对于本部分的应用是必不可少的。凡是注明日期的引用文件，仅所注明日期的版本适用于本部分。凡是不注明日期的引用文件，其最新版本（包括所有的修改版本）适用于本部分。

T/CACM 1021.1—2016 中药材商品规格等级编制通则

3　术语和定义

T/CACM 1021.1—2016 以及下列术语和定义适用于本部分。

3.1

穿心莲　ANDROGRAPHIS HERBA

本品为爵床科植物穿心莲 *Andrographis paniculata*（Burm. f.）Nees 的干燥地上部分。秋初茎叶茂盛时采割，晒干。

4　规格等级划分

根据市场流通情况，将穿心莲药材商品分为选货和统货。应符合表1要求。

表1　规格等级划分

等级	性状描述		区别点
	共同点		
选货	本品茎呈方柱形，多分枝，长50~70cm，节稍膨大；质脆易折断。单叶对生，叶柄短或近无柄；叶片皱缩、易碎，完整者展平后呈披针形或卵状披针形，长3~12cm，宽2~5cm，先端渐尖，基部楔形下延，全缘或波状；上表面绿色，下表面灰绿色，两面光滑。气微，味极苦		叶含量≥90%，且枝条为小枝居多
统货			叶含量≥30%

注1：穿心莲选货多是在产区收购商收购药材后直接加工提供给药厂，用于穿心莲内酯的提取，基本不在各药材市场流通，价格远高于统货。

注2：药材市场上会有少量纯杆的药材出售，主要来源于前端产区剥离纯叶片后的剩料，一般用作兽药，价格远低于统货。

注3：关于穿心莲药材历史产区沿革参见附录A。

注4：关于穿心莲药材品质评价沿革参见附录B。

5　要求

除应符合 T/CACM 1021.1—2016 的第7章规定外，还应符合下列要求：

——无变色；

——无虫蛀；

——无霉变；

——杂质不得过3%。

附录 A

（资料性附录）

穿心莲药材历史产区沿革

1986 年，《中药大辞典》记载：穿心莲长江以南温暖地区多栽培。热带、亚热带部分地区有野生。

1994 年，《全国中草药汇编》记载：穿心莲长江以南温暖地区普遍种植，尤以广东、海南岛、广西、福建为多；在北方少数地区亦有引种栽培。

1996 年，《中国药材学》记载：穿心莲原产于亚洲热带地区。我国主要栽培于广东、广西、福建；云南、四川、江西、浙江、江苏、山东、上海、北京等地也有栽培。主产于广东、福建等地；江西、湖南、广西、四川及上海亦有栽培。

1999 年，《中华本草》记载：穿心莲在我国南方诸地均有栽培。本种原产东南亚。我国主产于广东、福建等地。此外，江西、湖南、广西、四川及上海等地亦产。

1999 年，《中药植物原色图鉴》：穿心莲生于湿热的平原、丘陵地区。分布于我国江西、福建、湖南、广东、海南、广西、四川等地，许多省（区）已广泛引种栽培。

2002 年《中国植物志》：我国福建、广东、海南、广西、云南常见栽培，江苏、陕西亦有引种；原产地可能在南亚。澳大利亚也有栽培。

2011 年《广东省中药材标准（第二册）》记载：穿心莲原产印度、斯里兰卡、巴基斯坦、缅甸、印度尼西亚、泰国、越南等东南亚各国。我国于 20 世纪 50 年代开始在广东、福建南部民间引种栽培。目前，我国南方诸地均有栽培。

1977 年版《中国药典》开始收载穿心莲，但是各版本均没有记载产地信息。

综上，认为穿心莲为东南亚品种，原产于亚洲热带地区，东南亚各国。我国广东、福建最先引种栽培，目前广东、广西、四川、福建、湖南、河南等南方各省（区）广泛栽培。

附录 B

（资料性附录）

穿心莲药材品质评价沿革

1977 年版《中国药典》一部记载：以色绿、叶多者为佳。

1986 年《中药大辞典》记载：宜夏季采收。

1994 年，《全国中草药汇编》记载：在未开花前采收为宜。

1996 年，《中国药材学》记载：本品以色绿、叶多者为佳。栽种当年，于现蕾、开花初期采收，质量较好（穿心莲总内酯含量最高）。

1999 年《中华本草》记载：根据《中华人民共和国药典》1995 年版规定，本品以干燥品计算，含脱水穿心莲内酯（$C_{20}H_{28}O_4$）不得少于 0.40%。

2011 年，《广东省中药材标准第（二册）》记载：穿心莲的地上部分已收载于《中国药典》2010 版第一部，规定叶含量不得少于 30%，而本品规定杂质不得超过 10%，即以茎叶含量计不得少于 90%。栽种当年，于现蕾、开花初期采收，质量较好，穿心莲内酯的含量最高。在广东每年可采收两次。以叶片多、颜色深绿、不带花枝或果实为佳。

2015 年版《中国药典》一部记载：叶不得少于 30%，穿心莲内酯和脱水穿心莲内酯总量不得少于 0.80%。

综上，穿心莲以色绿、叶多者为佳。于秋初茎叶茂盛时采割，质量较好（穿心莲总内酯含量最高）。

本次制定穿心莲药材商品规格等级标准是以现代文献对穿心莲的质量评价和市场调查为依据，根据叶含量将穿心莲药材分为统货和选货两个规格。

ICS 11.120.01
C 23

团 体 标 准

T/CACM 1021.212—2018

代替T/CACM 1021.205—2018

中药材商品规格等级 槐花

Commercial grades for Chinese materia medica

SOPHORAE FLOS

2018-12-03 发布

2018-12-03 实施

中华中医药学会 发布

目　次

前　言

T/CACM 1021《中药材商品规格等级》标准分为 226 个部分：

——第 1 部分：中药材商品规格等级标准编制通则；

……

——第 211 部分：中药材商品规格等级　穿心莲；

——第 212 部分：中药材商品规格等级　槐花；

——第 213 部分：中药材商品规格等级　毛冬青；

……

——第 226 部分：中药材商品规格等级　玄明粉。

本部分为 T/CACM 1021 的第 212 部分。

本部分代替 T/CACM 1021.205—2018。

本部分按照 GB/T 1.1—2009《标准化工作导则　第 1 部分：标准的结构和编写》给出的规则起草。

本部分代替 T/CACM 1021.205—2018，与 T/CACM 1021.205—2018 相比较，标准编号进行了调整，并重新进行了编辑。

本部分由中药材商品规格等级标准研究技术中心及道地药材国家重点实验室培育基地提出。

本部分由中华中医药学会归口。

本部分起草单位：中国中医科学院中药研究所、中国中医科学院中药资源中心、中药材商品规格等级标准研究技术中心、吉林华康药业股份有限公司、北京中研百草检测认证有限公司。

本部分主要起草人：李娆娆、张志杰、王智民、高慧敏、李慧、冯学锋、黄璐琦、郭兰萍、詹志来、何雅丽、张燕、朱继忠、刘传贵。

本部分所代替标准的历次版本发布情况为：

——T/CACM 1021.205—2018。

中药材商品规格等级 槐花

1 范围

本部分规定了槐花的商品规格等级。

本部分适用于槐花药材生产、流通以及使用过程中的商品规格等级评价。

2 规范性引用文件

下列文件对于本部分的应用是必不可少的。凡是注明日期的引用文件，仅所注明日期的版本适用于本部分。凡是不注明日期的引用文件，其最新版本（包括所有的修改版本）适用于本部分。

T/CACM 1021.1—2016 中药材商品规格等级编制通则

3 术语和定义

T/CACM 1021.1—2016 以及下列术语和定义适用于本部分。

3.1

槐花 SOPHORAE FLOS

本品为豆科植物槐 *Sophora japonica* L. 的干燥花及花蕾。夏季花开放或花蕾形成时采收，及时干燥，除去枝、梗及杂质。前者习称"槐花"，后者习称"槐米"。

4 规格等级划分

根据市场流通情况，将槐花药材商品分为"槐米"和"槐花"两个规格；在规格项下，根据是否进行等级划分，将槐米药材商品分成"选货"和"统货"两个等级，将槐花药材商品分成"统货"一个等级。应符合表1要求。

表1 规格等级划分

规格	等级	性状描述	
		共同点	区别点
槐米	选货	呈卵形或椭圆形，长2～6mm，直径约2mm。花萼下部有数条纵纹。萼的上方为黄白色未开放的花瓣。花梗细小。体轻，手捻即碎。气微，味微苦涩	杂质量1%以下，不得有色泽发黑的花蕾
	统货		杂质量3%以下，有少许色泽发黑的花蕾，发黑的花蕾不得占总量的2%
槐花	统货	皱缩而卷曲，花瓣多散落。完整者花萼钟状，黄绿色，先端5浅裂；花瓣5，黄色或黄白色，1片较大，近圆形，先端微凹，其余4片长圆形。雄蕊10，其中9个基部连合，花丝细长。雌蕊圆柱形，弯曲。体轻。气微，味微苦。杂质少于3%	

注1：关于槐花药材历史产区沿革参见附录A。

注2：关于槐花药材品质评价沿革参见附录B。

5 要求

除应符合 T/CACM 1021.1—2016 的第7章规定外，还应符合下列要求：

——无霉变。

附录 A

(资料性附录)

槐花药材历史产区沿革

　　槐花又名槐蕊（《本草正》），因未开之花为蕊，所以花蕾又称槐蕊，说明古人最初使用槐花的花蕾入药。其原植物豆科植物槐 Sophora japonica L.，又称国槐、中华槐，落叶乔木，始载于《神农本草经》，入药部位是果实，槐实（即槐角），列为上品。《嘉祐本草》中记载据《日华子本草》资料另立"槐花"条，说明槐花的使用年代起于五代。

　　槐花的原植物分布在《本草纲目》中记载，"［别录曰］槐实生河南平泽。［颂曰］今处处有之。其木有极高大者"。原来该植物在中国北部较为集中，北自辽宁、河北，南至广东、台湾，东自山东，西至甘肃、四川、云南。华北平原及黄土高原海拔 1000 米高地带，甚至在山区水少的地方都可以生长。

　　目前市场调查中发现，在河北安国药市，以河南、河北产地的槐花居多，也有宁夏的槐花在出售。而在安徽亳州药市，则以安徽、河南产地的槐花居多；在广州清平药市，收集到河南产地的槐花；在四川荷花池市场，收集到河北产地和山东青岛产地的槐花。另外，我们亲自去山西、陕西当地药房和药材批发部调查，发现均可以购买到当地的槐花样品。网上收购样品时，还可以收集到山东产地的样品。总的来说，目前槐花主要供货来源集中在河南、河北、安徽、山东、山西、陕西等地。

附录 B

（资料性附录）

槐花药材品质评价沿革

槐花又名槐蕊，始载于唐《日华子本草》（又称《大明本草》）。说明五代已经开始使用槐花。

宋《重修政和经史证类备用本草》、明《本草纲目》，清《本草述》等 30 余部本草书中均收载"槐花"，并且宋《本草衍义》中明确记载"收时折其未开花"入药。以后明《本草品汇精要》中指出"花未开者佳"。

有文献报道，历代医籍中配有槐花药名的方剂约 50 余个，而使用"槐花米"（杨梅疮丸）、"槐米"（牛黄定痛丸）作为处方用名的仅在明《证治准绳》、《外科大成》，清《嵩厓尊生全书》中偶见，由于在书中未记载其药用部位，也未区分二者的应用。

1985 年版《中国药典》将槐花和槐米分列为两个品种，分列依据为两者所含芦丁成分含量不同，但在用法用量、功能主治等项下的规定完全相同，而《全国中药炮制规范》则仅收载"槐花"一种，规定其药材来源为未开放的花蕾。2015 年版《中国药典》则是将槐花和槐米均收载在"槐花"项下，仅在来源中注明"夏季花开放或花蕾形成时采收"，并注明了前者习称"槐花"，后者习称"槐米"。除了性状描述和总黄酮含量和芦丁含量有所不同外，其余性味归经、功能主治和用法用量均相同。

综上所述，槐花在历史记载过程中多是以"槐花"来称呼该药物，实际使用的则是花蕾，并强调，"花蕾质优"。现代地方规范中则是记载槐米质优，槐花质次，而实际市场调查中也发现，如果购买时称呼"槐花"则付花，称呼"槐米"则付花蕾。并且无论在哪个药市购买，均认为槐米质优，而槐花质次。因此，本商品仅规定了两种规格，即"槐花"和"槐米"。传统认为，槐米以黄绿色、槐花以黄白色为佳。曾有"津槐米"（产于山东、河北、天津、河南、陕西）和"西槐米"（产于广东、广西、湖南）之分，且认为西槐米质量优于津槐米，由于目前在几个主要药市上广东、广西和湖南产地的产品在市场上少见，因此未按产地进行等级分类。由于槐米在晾晒过程中如果受潮容易出现黑粒现象，且黑粒中芦丁含量远远低于药典标准，因此在市场上有选货将黑粒选出，故本标准中槐米分为两个等级，即选货和统货。选货中不得出现黑粒。统货中可以有少许黑粒，黑粒者不得超过全部的 2%。槐花则只有统货一个等级。

ICS 11.120.01
C 23

团 体 标 准

T/CACM 1021.213—2018

代替T/CACM 1021.206—2018

中药材商品规格等级 毛冬青

Commercial grades for Chinese materia medica

PUBESCENTIS ILICIS RADIX

2018-12-03 发布   2018-12-03 实施

中华中医药学会 发布

目　次

前　言

T/CACM 1021《中药材商品规格等级》标准分为 226 个部分：

——第 1 部分：中药材商品规格等级标准编制通则；

……

——第 212 部分：中药材商品规格等级　槐花；

——第 213 部分：中药材商品规格等级　毛冬青；

——第 214 部分：中药材商品规格等级　桃儿七；

……

——第 226 部分：中药材商品规格等级　玄明粉。

本部分为 T/CACM 1021 的第 213 部分。

本部分代替 T/CACM 1021.206—2018。

本部分按照 GB/T 1.1—2009《标准化工作导则　第 1 部分：标准的结构和编写》给出的规则起草。

本部分代替 T/CACM 1021.206—2018，与 T/CACM 1021.206—2018 相比较，标准编号进行了调整，并重新进行了编辑。

本部分由中药材商品规格等级标准研究技术中心及道地药材国家重点实验室培育基地提出。

本部分由中华中医药学会归口。

本部分起草单位：中国中医科学院中药资源中心、中国中医科学院中药研究所、中药材商品规格等级标准研究技术中心、吉林华康药业股份有限公司、北京中研百草检测认证有限公司。

本部分主要起草人：张燕、李慧、马红星、朱继忠、黄璐琦、郭兰萍、刘传贵、李强、詹志来、金艳、何雅莉、郝庆秀、朱寿东。

本部分所代替标准的历次版本发布情况为：

——T/CACM 1021.206—2018。

中药材商品规格等级　毛冬青

1　范围

本部分规定了毛冬青的商品规格等级。

本部分适用于毛冬青药材生产、流通以及使用过程中的商品规格等级评价。

2　规范性引用文件

下列文件对于本部分的应用是必不可少的。凡是注明日期的引用文件，仅所注明日期的版本适用于本部分。凡是不注明日期的引用文件，其最新版本（包括所有的修改版本）适用于本部分。

T/CACM 1021.1—2016 中药材商品规格等级编制通则

1977 年版《中国药典》一部

《广东省中药材标准》2011 年版

3　术语和定义

T/CACM 1021.1—2016 以及下列术语和定义适用于本部分。

3.1

毛冬青　PUBESCENTIS ILICIS RADIX

本品为冬青科植物毛冬青 *Ilex pubescens* Hook. et Arn. 的根。夏、秋采收，洗净，切片，晒干。

3.2

毛冬青茎枝　*maodongqingjingzhi*

指毛冬青的茎或充分木质化的枝条。

3.3

毛冬青叶　*maodongqingye*

指毛冬青的叶片。

4　规格等级划分

根据市场流通情况，该药材商品均为统货。应符合表 1 要求。

表 1　规格等级划分

等级	性状描述
统货	根呈圆柱形，有的分枝，长短不一，直径 1 ~ 10cm。质坚实，不易折断。商品多为块片状，大小不等，厚 0.4 ~ 1cm，外皮灰褐色至棕褐色，稍粗糙，有纵向细皱纹及横向皮孔。切面皮部薄，老根稍厚，木部发达，黄白色或淡黄棕色，有致密的纹理。气微，味苦、涩而后甘

注1：毛冬青未收载入 2015 年版《中国药典》，但曾收于 1977 年版《中国药典》和《广西中草药》等地方药志中。传统为根入药，多来源于野生资源。市场上毛冬青根多为片状，切片后，片易折断，商品不分规格等级，统一为统货。

注2：由于毛冬青原植物为多年生灌木，根的获得难度比茎枝和叶大，在四大药材市场普遍流通着大量的毛冬青茎枝规格，同时广西玉林药材市场还流通有毛冬青叶规格，《广东省中药材标准》（2011 年版）收载为毛冬青的干燥根及茎。毛冬青茎枝和毛冬青叶不在本次商品规格等级标准制定范围内。

注3：关于毛冬青药材历史产区沿革参见附录 A。

注4：关于毛冬青药材品质评价沿革参见附录 B。

5　要求

应符合 T/CACM 1021.1—2016 的第 7 章定。

——无变色；

——无虫蛀；

——无霉变；
——杂质不得过3%。

附录 A

（资料性附录）

毛冬青药材历史产区沿革

据考证，冬青自《唐本草》至明《本草品汇精要》均附在《神农本草经》品种女贞条下。

同属狗骨也首见于唐·陈藏器著的《本草拾遗》，"木肌白似骨，故云狗骨"。

《本草纲目》记载，毛冬青具有养肝、护肝、清热的功效。特别适合容易上火、咽喉肿痛、烟酒过多、湿热、失眠、咳嗽、咳痰人群饮用。

到了清·吴其浚的《植物名实图考》（1848 年）卷 35 冬青条还出现同一种植物，二种不同图的混乱现象，吴氏还把岗梅错当作秦皮。

近代 1977 年版《中国药典》、《中国高等植物图鉴》、《广西中草药》、《广东省中药材标准》（2011 年版）收载为毛冬青的干燥根及茎，江西《草药手册》、《浙江民间常用草药》、《新编中医学概要》、《台湾植物志》、《台湾木本植物图志》、南药《中草药学》、《单方验方调查资料选编》、《广西实用中草药新选》等书中亦收载。

附录 B

（资料性附录）

毛冬青药材品质评价沿革

1999 年，卢赣鹏《500 味常用中药材的经验鉴别》，毛冬青商品以块片大小厚薄一致、外皮细、土黄色、断面多环纹者为佳。

冬青属中不少种类用作我国的传统中药材，具有清热解毒、消炎、镇咳、祛痰及治疗心血管疾病的作用，但大多数冬青属植物还是用作民间草药或是制药工业的原料药，也有部分植物的叶子被用作苦丁茶。冬青属的化学成分主要为三萜及三萜皂苷类、黄酮类、香豆素、木脂类及嘌呤类生物碱。现代对毛冬青的质量评价，多采用高效液相色谱蒸发光散射检测器或反向高效液相色谱对其中的皂苷类物质进行检测。

ICS 11.120.01
C 23

团 体 标 准

T/CACM 1021.214—2018

代替T/CACM 1021.41—2017

中药材商品规格等级 桃儿七

Commercial grades for Chinese materia medica

SINOPODOPHYLLI RADIX ET RHIZOME

2018-12-03 发布

2018-12-03 实施

中 华 中 医 药 学 会 发布

目　次

前　言

T/CACM 1021《中药材商品规格等级》标准分为 226 个部分：

——第 1 部分：中药材商品规格等级标准编制通则；

……

——第 213 部分：中药材商品规格等级　毛冬青；

——第 214 部分：中药材商品规格等级　桃儿七；

——第 215 部分：中药材商品规格等级　九里香；

……

——第 226 部分：中药材商品规格等级　玄明粉。

本部分为 T/CACM 1021 的第 214 部分。

本部分代替 T/CACM 1021.41—2017。

本部分按照 GB/T 1.1—2009《标准化工作导则　第 1 部分：标准的结构和编写》给出的规则起草。

本部分代替 T/CACM 1021.41—2017，与 T/CACM 1021.41—2017 相比较，标准编号进行了调整，并重新进行了编辑。

本部分由中药材商品规格等级标准研究技术中心及道地药材国家重点实验室培育基地提出。

本部分由中华中医药学会归口。

本部分起草单位：江西中医药大学中药资源与民族药研究中心，中国中医科学院中药资源中心、中药材商品规格等级标准研究技术中心、北京中研百草检测认证有限公司。

本部分主要起草人：钟国跃、梁健、李敏、王晓云、黄璐琦、郭兰萍、詹志来、金艳。

本部分所代替标准的历次版本发布情况为：

——T/CACM 1021.41—2017。

中药材商品规格等级 桃儿七

1 范围

本部分规定了桃儿七的商品规格等级。

本部分适用于桃儿七药材生产，流通以及使用过程中的商品规格等级评价。

2 规范性引用文件

下列文件对于本部分的应用是必不可少的。凡是注明日期的引用文件，仅所注明日期的版本适用于本部分。凡是不注明日期的引用文件，其最新版本（包括所有的修改版本）适用于本部分。

T/CACM 1021.1—2016 中药材商品规格等级编制通则

3 术语和定义

T/CACM 1021.1—2016 以及下列术语和定义适用于本部分。

3.1

桃儿七 SINOPODOPHYLLI RADIX ET RHIZOME

本品为小檗科植物桃儿七 *Sinopodophyllum hexandrum*（Royle）Ying 的干燥根及根茎。7~9月采挖，除去茎叶、泥土等杂质，晾干或晒干。

4 规格等级划分

根据市场流通情况，按照须根条数和单株重等将桃儿七药材商品分为三个等级。应符合表1要求。

表1 规格等级划分

等级	性状描述	
	共同点	区别点
一等	呈多株地下部绞结的短马尾状；棕黄色至红棕色至棕褐色；根状茎呈结节团块状，表面光滑或有不明显的纵纹；质硬脆，易折断，断面白色，角质状。味苦，气微。长1~4.5cm，直径0.5~1.4cm，可见茎痕，偶见茎残基；近根茎约1cm处直径0.02~0.35cm，长可达20cm	须根≥50条，单株重≥30g
二等		须根35~49条，单株重15~29g
三等		须根20~34条，单株重4~14g

注1：关于桃儿七药材历史产区沿革参见附录A。

注2：关于桃儿七药材品质评价沿革参见附录B。

5 要求

除符合 T/CACM 1021.1—2016 的第7章规定外，还应符合下列要求：

——无虫蛀；

——无霉变；

——杂质不得过3%。

附录 A

（资料性附录）

桃儿七药材历史产区沿革

据对市场调查，桃儿七主产区一直以陕西秦岭和甘肃为主，但随着资源的减少，近几年产地逐渐向青海、四川、西藏延伸。

附录 B

（资料性附录）

桃儿七药材品质评价沿革

经产地实地调查和市场调查时咨询药农、药材经销商，桃儿七在产地采挖后均系直接去除地上部分茎叶，摊晒晾干形成商品药材，在青海、甘肃、四川等地收购药材量较大，近年，因上述产地产量逐渐减少，也在西藏林芝等地收购。目前桃儿七药材尚无有关药材标准收载，药农和经销商在药材形状上并无特别的要求，一般以"个大，干燥"评价。从桃儿七药材的生产和经营现状看，"个大"应与桃儿七生长年限有关。但经各地采集和市场收集的桃儿七药材性状看，由于桃儿七常多株丛生，药材的"个大"多为2~4（6）株"丛生"植株的地下部绞结形成的马尾状，且药材中根茎较短，以须根为主。经对药材的须根近根茎部直径和须根数量的测定，不同产地的药材在大小、色泽、聚集株数等方面并无差异；同时，经大量单株样品的形态、大小等的测定值比较，也未能确定与生长年限相关的性状特征，难以根据性状划分药材商品等级，故作为一般性状特征，规定如下：

一等品，干货，呈多株地下部绞结的短马尾状；棕黄色至红棕色至棕褐色；根状茎呈结节团块状，表面光滑或有不明显的纵纹；质硬脆，易折断，断面白色，角质状。味苦，气微。长约1~4.5cm，直径0.5~1.4cm，可见茎痕，偶见有茎残基；近根茎约1cm处直径0.02~0.35cm，长可达20cm。水分不超过8%；总灰分不超过8.5%。无虫蛀、霉变。须根50条以上，单株重30g以上。鬼臼毒素含量不得低于3.5%。

二等品，干货，呈多株地下部绞结的短马尾状；棕黄色至红棕色至棕褐色；根状茎呈结节团块状，表面光滑或有不明显的纵纹；质硬脆，易折断，断面白色，角质状。味苦，气微。长约1~4.5cm，直径0.5~1.4cm，可见茎痕，偶见有茎残基；近根茎约1cm处直径0.02~0.35cm，长可达20cm。水分不超过8%；总灰分不超过8.5%。无虫蛀、霉变。须根35~49条，单株重15~29g。鬼臼毒素含量2.1%~3.4%。

三等品，干货，呈多株地下部绞结的短马尾状；棕黄色至红棕色至棕褐色；根状茎呈结节团块状，表面光滑或有不明显的纵纹；质硬脆，易折断，断面白色，角质状。味苦，气微。长约1~4.5cm，直径0.5~1.4cm，可见茎痕，偶见有茎残基；近根茎约1cm处直径0.02~0.35cm，长可达20cm。水分不超过8%；总灰分不超过8.5%。无虫蛀、霉变。须根20~34条，单株重4~14g。鬼臼毒素含量1.0%~2.0%。

ICS 11.120.01
C 23

团 体 标 准

T/CACM 1021.215—2018

代替T/CACM 1021.226—2018

中药材商品规格等级 九里香

Commercial grades for Chinese materia medica

MURRAYAE FOLIUM ET CACUMEN

2018-12-03 发布

2018-12-03 实施

中华中医药学会 发布

目　　次

前　　言

T/CACM 1021《中药材商品规格等级》标准分为 226 个部分：
——第 1 部分：中药材商品规格等级标准编制通则；
……
——第 214 部分：中药材商品规格等级　桃儿七；
——第 215 部分：中药材商品规格等级　九里香；
——第 216 部分：中药材商品规格等级　蟾皮；
……
——第 226 部分：中药材商品规格等级　玄明粉。
本部分为 T/CACM 1021 的第 215 部分。

本部分代替 T/CACM 1021.226—2018。

本部分按照 GB/T 1.1—2009《标准化工作导则　第 1 部分：标准的结构和编写》给出的规则起草。

本部分代替 T/CACM 1021.226—2018，与 T/CACM 1021.226—2018 相比较，标准编号进行了调整，并重新进行了编辑。

本部分由中药材商品规格等级标准研究技术中心及道地药材国家重点实验室培育基地提出。

本部分由中华中医药学会归口。

本部分起草单位：华润三九医药股份有限公司、广州中医药大学、中国中医科学院中药资源中心、北京中研百草检测认证有限公司。

本部分主要起草人：刘晖晖、邢建永、韩正洲、詹若挺、黄璐琦、郭兰萍、詹志来、李明辉、黄煜权、马庆、魏伟锋、吴正军、魏民。

本部分所代替标准的历次版本发布情况为：
——T/CACM 1021.226—2018。

中药材商品规格等级　九里香

1　范围

本部分规定了九里香的商品规格等级。

本部分适用于九里香药材生产、流通以及使用过程中的商品规格等级评价。

2　规范性引用文件

下列文件对于本部分的应用是必不可少的。凡是注明日期的引用文件，仅所注日期的版本适用于本部分。凡是不注明日期的引用文件，其最新版本（包括所有的修改版本）适用于本部分。

T/CACM 1021.1—2016 中药材商品规格等级编制通则

3　术语和定义

T/CACM 1021.1—2016 以及下列术语和定义适用于本部分。

3.1

九里香　MURRAYAE FOLIUM ET CACUMEN

本品为芸香科植物九里香 *Murraya exotica* L. 和千里香 *Murraya paniculata*（L.）Jack 的干燥叶和带叶嫩枝。

4　规格等级划分

根据市场流通情况，按照基原的不同，将九里香药材分为"九里香"和"千里香"两个规格。各规格项下均为统货。应符合表1要求。

表1　规格等级划分

规格	等级	性状描述
九里香	统货	嫩枝呈圆柱形，直径1~5mm。表面灰褐色，具纵皱纹。质坚韧，不易折断，断面不平坦。羽状复叶有小叶3~9片，多已脱落；小叶片呈倒卵形或近菱形，最宽处在中部以上，长约3cm，宽约1.5cm；先端钝，急尖或凹入，基部略偏斜，全缘；黄绿色，薄革质，上表面有透明腺点，小叶柄短或近无柄，下部有时被柔毛。气香，味苦、辛，有麻舌感
千里香	统货	嫩枝呈圆柱形，直径1~5mm。表面灰褐色，具纵皱纹。质坚韧，不易折断，断面不平坦。羽状复叶有小叶3~9片，多已脱落；小叶片呈卵形或椭圆形，最宽处在中部或中部以下，长2~8cm，宽1~3cm，先端渐尖或短尖，全缘；黄绿色，薄革质，上表面有透明腺点，小叶柄短或近无柄，下部有时被柔毛。气香，味苦、辛，有麻舌感

注1：九里香为双基原药材：九里香（植物名）植株常分布于较湿润的平地、缓坡、小丘陵的灌木丛中，广东等地多用于绿化与观赏，人工栽培比例大。千里香（植物名）常分布于低丘陵或海拔偏高的山地疏林或密林中，石灰岩地区较常见，多以野生为主，人工栽培占比小。

注2：千里香（植物名）与九里香（植物名）区别主要为：千里香小叶片呈卵形或椭圆形，最宽处在中部或中部以下，长2~8cm，宽1~3cm，先端渐尖或短尖；九里香小叶片呈倒卵形或近菱形，最宽处在中部以上。

注3：关于九里香药材历史产区沿革参见附录A。

注4：关于九里香药材品质评价沿革参见附录B。

5　要求

除符合 T/CACM 1021.1—2016 的第7章规定外，还应符合下列要求：

——无虫蛀；

——无霉变；

——杂质不得过3%。

附录 A

九里香药材历史产区沿革

九里香为芸香科植物千里香 *Murraya paniculata* （L.）Jack 或九里香 *Murraya exotica* L. 的干燥或新鲜叶及带叶小枝，因其花芳香袭人，人誉其香气远播，故名九里香、千里香。"九里香"之名最早见诸于记载的为明代医家，浙江义乌傅滋所编撰的《（新刊）医学集成》，该书又名《医学集成》刊于正德十一年（1516 年），是一部赅括内、外、妇、儿、骨伤、五官科等临床各科证治的综合性医著。傅滋师从同是义乌的虞抟，均为丹溪学派之传人。然而其在书中写的为"九里香草"，用于肚痛，为捣碎后浸酒服，似与九里香止痛的功效相近，但其言"草"，而九里香为芸香科小乔木，且根据中国植物志记载："产台湾、福建、广东、海南、广西五省区南部。常见于离海岸不远的平地、缓坡、小丘的灌木丛中。喜生于砂质土、向阳地方。"加之傅滋所生活的区域为浙江中部地区金华一带，至今很少有九里香分布，且在浙江民间也无使用习惯，因此傅滋所撰《医学集成》中的九里香恐非今日之九里香。

随后明代伟大药学家李时珍在其巨作《本草纲目》草部第二十一卷，草之十一中收录《神农本草经》《名医别录》《本草纲目拾遗》《海药本草》《开宝本草》等书中有记载但已经不用的"杂草九种，有名未用一百五十三种"，而九里香为李时珍根据《医学集成》中有见到而被收入《本草纲目》中。可见在李时珍时代九里香不为大家所熟悉，很少用之于临床。

明代医家张景岳在其《景岳全书》（1624 年）第六十四卷中也记载有九里香："白虎丹：（二九二）发则头面四肢眼目俱肿，而惟额上指尖两耳不肿及不见赤色者，方是其证。先将马桶洗净，用沸汤倾入，盖少顷，倾出盆内浴之，数次即退。再用车前草、九里香、马蹄香、枸杞苗即雁棱菜同捣烂，和麻油遍身自上而下擦之。"白虎丹类似于现代医学的肾病所致浮肿，考其所用皆为草本类捣烂外敷，因此九里香也当为草本类。清代《验方新编》疗疮部下也引用《景岳全书》该方，而清代赵学敏在其《本草纲目拾遗》（1765 年）中所记金钱草项下则写道："一名遍地香，佛耳草。俗讹白耳草、乳香藤、九里香、半池莲、千年冷、遍地金钱。其叶对生，圆如钱，铍儿草叶形圆，二瓣对生，象铙铍，生郊野湿地，十月二月发苗，蔓生满地，开淡紫花，间一二寸则生二节，节布地生根，叶四围有小缺痕，皱面，以叶大者力胜，干之清香者真。三月采，勿见火，纲目有积雪草，即此。但所引诸书，主治亦小异，故仍为补之，至纲目所载，言其治女子少腹痛有殊效，其方已载纲目，此不赘述。"此外晚晴医家陈三山的《药症忌宜》治诸疝中提及连钱草（一名蟹屦草，一名九里香。取汁入姜汁少许，饮之良），而积雪草在南方诸多地方习称连钱草，可见九里香即为积雪草之别名。

然而在清代外科专著《疡医大全》（1760 年）卷三十六中跌打部内提到另一个九里香，其用于治疗跌打气绝："仙人柴即九里香叶。捣自然汁一杯，灌下即苏。但心口有微热，能受此药，无有不活，名救命丹。"其后的《伤科汇纂》（1818 年）及《外科证治全书》（1831 年）均引用此段，均为治疗跌打损伤，其功效与今九里香 *Murraya exotica* L. 功效一致，且言其为柴，与九里香 *Murraya exotica* L. 小乔木相符，又只取其叶用，与今天使用茎叶也颇为接近，因此极为可能是 *Murraya exotica* L.，然因缺乏详细的形态记载，尚难以准确界定其基原。

清代岭南医家何克谏采药为人治病时，留心使用草药的经验，经过研究与整理，于康熙辛卯（1711 年）写成《生草药性备要》二卷记载："味辛，性温，止痛，消肿毒，通窍，能止疮痒，去皮风，杀疥。叶圆如指头大。其藤生真香异味，又名满山香"。民国岭南医家萧步丹在其《岭南采药录》引用《生草药性备要》几乎全部内容，在千里香项下言道："别名满山香，叶圆如指大。其藤甚香，味辛，性温，止痛，消肿毒，通关窍，止疮痒，去皮肤之风毒，杀疥虫。"而其在上声目次中也同时收录了九里香草，内容却与《本草纲目》一致。可见民国时九里香更多指的还是草本类，千里香才与今天药典所规定的九里香药材基原之一的千里香 Murraya paniculata（L.）Jack 相同。同时岭南地区可能民间已经将与千里香近缘的 Murraya exotica L. 称为九里香。两者非常接近，从文义来看，千里香与九里香均指的是其花香。

黄成就 1959 年在《植物分类学报》上发表的"中国芸香科植物初步研究"一文曾将九里香属分为 6 种及 2 变种：翼叶九里香 Murraya alta Drake，毛翼叶九里香 Murraya alta var hainanensis Swingle，九里香 Murraya paniculata，小叶九里香 Murraya paniculata var exotica 和凸果九里香 Murraya paniculata var omphlocarpha，四数花九里香 Murraya tetramera，山豆根叶九里香 Murraya euchrestifoloia，金氏九里香 Murraya koenigii。

而 1974 版的《海南植物志》将小叶九里香 Murraya paniculata var exotica 命名为中华九里香 Murraya paniculata var exotica，在 1978 年黄成就对九里香属的分类进行了修改，其在《植物分类学报》上发表的"中国芸香科植物资料"一文中将小叶九里香 Murraya paniculata（L.）var. exotica（L.）Huang 上升为种，更名为九里香 Murraya exotica L.，把原九里香更名为千里香 Murraya paniculata（L.）Jack，从而沿用至今。

据中国植物志记载："九里香与千里香是两个很近缘的种。二者的区别在于九里香的自然分布在离海岸不远的多属砂壤地方，喜阳光，耐干热，植株较矮小，但在香港邻近的大屿岛上，有颇高大的老龄树，其花与叶均较小。千里香则见于较内陆地区的山地林中，立地较湿润，颇耐荫。但也见于季节性干旱的石灰岩山地，在广东省阳山县的石灰岩山地次生林中，有以千里香为优势的混交林，树的胸径在 10 厘米以内，在博罗县罗浮山，有百年以内的老树，在海南三亚市的甘什岭密茂林中，有高达 12 米，距地表约 50 厘米处的树干直径达 35 厘米的老树。在器官形态上，九里香的小叶是在叶片的中部以上最宽，顶端钝，有时急尖或近于圆，成熟的果长与宽约略相等，顶急尖或钝；千里香小叶的最宽处通常在中部以下，顶端长渐尖，成熟的果长远过于宽，多呈狭长椭圆形，顶端锥尖。前者多栽种作绿篱，或作盆景，后者尚未见有栽培，而其根多作中草药用。在良好的环境条件下，后者的花远较大，花瓣长达 2 厘米，台湾产的多属此类。"

现代资源调查结果显示：九里香（植物名）植株常分布于较湿润的平地、缓坡、小丘陵的灌木丛中，喜生于砂质土、向阳地方，自然分布地区更靠南；广东等地多用于绿化与观赏，人工栽培比例大。野生千里香（植物名）常分布于低丘陵或海拔偏高的山地疏林或密林中，石灰岩地区较常见，花岗岩地区也有，人工栽培占比小；自然分布地区更偏北，产区主要分布在广东（云浮、茂名、清远、韶关、肇庆、惠州、河源、梅州等地）、广西（河池、崇左、百色、南宁、桂林等地）及周边与广东、广西接壤地区。

综上所述九里香之名最早见于明代，然而最早可能为积雪草类草本植物，多用于疗疮等，直到清代才较为明确的出现九里香 Murraya exotica L. 或近似乔木类植物，因其开花后气味芳香，因此习称为九里香，而积雪草类植物逐步弃用九里香的别名。同时近缘物种千里香也因其相近的植物学特性及功效，被清代岭南医家何克谏所著的《生草药性备要》所收录，然其名为千里香，其后植物分类学家进行植物定名时将九里香与千里香均划分入芸香科九里香属九里香组内，因其为近缘物种，且功效类似，均被《中国药典》所收载。

附录 B

（资料性附录）

九里香药材品质评价沿革

九里香药材为冷背药材，历代本草及《中国药典》资料中，未见系统评价九里香药材品质的记载。

ICS 11.120.01
C 23

团 体 标 准

T/CACM 1021.216—2018

代替T/CACM 1021.187—2018

中药材商品规格等级　蟾皮

Commercial grades for Chinese materia medica

BUFONIS CORIUM

2018-12-03 发布　　　　　　　　　　　　2018-12-03 实施

中华中医药学会 发布

目　次

前　言

T/CACM 1021《中药材商品规格等级》标准分为 226 个部分：
——第 1 部分：中药材商品规格等级标准编制通则；
……
——第 215 部分：中药材商品规格等级　九里香；
——第 216 部分：中药材商品规格等级　蟾皮；
——第 217 部分：中药材商品规格等级　蟾酥；
……
——第 226 部分：中药材商品规格等级　玄明粉。
本部分为 T/CACM 1021 的第 216 部分。

本部分代替 T/CACM 1021.187—2018。

本部分按照 GB/T 1.1—2009《标准化工作导则　第 1 部分：标准的结构和编写》给出的规则起草。

本部分代替 T/CACM 1021.187—2018，与 T/CACM 1021.187—2018 相比较，标准编号进行了调整，并重新进行了编辑。

本部分由中药材商品规格等级标准研究技术中心及道地药材国家重点实验室培育基地提出。

本部分由中华中医药学会归口。

本部分起草单位：中国中医科学院中药资源中心、安徽华润金蟾药业股份有限公司、中药材商品规格等级标准研究技术中心、首欣华源（北京）生物技术有限公司、北京中研百草检测认证有限公司。

本部分主要起草人：李军德、张恬、高波、罗川、康彦、杨艳、黄璐琦、郭兰萍、詹志来、李原。

本部分所代替标准的历次版本发布情况为：
——T/CACM 1021.187—2018。

中药材商品规格等级　蟾皮

1　范围

本部分规定了蟾皮的商品规格等级。

本部分适用于蟾皮药材生产、流通以及使用过程中的商品规格等级评价。

2　规范性引用文件

下列文件对于本部分的应用是必不可少的。凡是注明日期的引用文件，仅所注明日期的版本适用于本部分。凡是不注明日期的引用文件，其最新版本（包括所有的修改版本）适用于本部分。

T/CACM 1021.1—2016 中药材商品规格等级编制通则

陕西省药材标准（2015 版）蟾皮

3　术语和定义

T/CACM 1021.1—2016 以及下列术语和定义适用于本部分。

3.1

蟾皮　BUFONIS CORIUM

本品为蟾蜍科动物中华蟾蜍 *Bufo gargarizans* Cantor、黑眶蟾蜍 *Bufo melanostictus* Schneider 的干燥全皮。春、夏季捕捉成蟾，实施安死术后，剥取完整外皮，洗净，贴于干净板上或撑开，干燥。

4　规格等级划分

根据市场流通情况，蟾皮只有"统货"一个规格等级。应符合表 1 要求。

表 1　规格等级划分

等级	性状描述
统货	呈矩圆形、扁平或皱缩佝挛状薄片。外表面粗糙而呈灰绿褐色，有大小不等的棕褐色或焦黑色疣粒。内表面灰白色，与疣粒相对应处有相同大小的黑色浅凹点。四肢伸展或扭曲，质韧而不易折断。气微腥，味咸、微麻舌
注1：当前药材市场黑眶蟾蜍来源的蟾皮数量少且极难鉴别，故不将其与中华蟾蜍来源的蟾皮做规格区分。 注2：当前药材市场上有将蟾皮切块销售的情况，因此类产品无法判断品质且极难判别真伪，故不收纳。 注3：关于蟾皮药材历史产区沿革参见附录 A。 注4：关于蟾皮药材品质评价沿革参见附录 B。	

5　要求

除应符合 T/CACM 1021.1—2016 的第 7 章规定外，还应符合下列要求：

——无其余组织（肌肉、骨骼、内脏等）附着；

——无虫蛀；

——无霉变；

——杂质不得过 3%。

附录 A

（资料性附录）

蟾皮药材历史产区沿革

蟾蜍最早记载于东汉《神农本草经》中，味辛、寒，主邪气，破癥坚血，痈肿，阴疮，服之不患热病。但此处只记载了功效并未涉及药用部位。

魏晋陶弘景《名医别录》曰：蟾蜍生江湖池泽。五月五日取东行者，阴干用。因蟾蜍在阴阳学说中属阳，东、南为阳，西、北为阴，故古人认为东方的蟾蜍质量较好。

蟾蜍皮的药用首出自唐代孙思邈的《孙真人千金方》，谓"肠头挺出，蟾蜍皮一片，瓶内烧烟熏之，并傅之"。以后各家医书对其药用范围又不断有新的补充，元代曾世荣《活幼心书》记载"蛤蟆剥皮贴之治头上疮疖收毒即愈"。清代赵学敏在《本草纲目拾遗》中记载了用蟾蜍皮能拔大毒外出的功效。赵氏在书中引用《黄汝良行箧检秘方》，谓"指头红肿生毒，用活蟾一只，生剥，将皮外面向患处包，明日，其毒一齐拔出"。清代赵其光《本草求原》："贴疮瘰，艾灸。"均未涉及蟾皮的道地产区。

附录 B

（资料性附录）

蟾皮药材品质评价沿革

魏晋陶弘景《名医别录》曰："蟾蜍生江湖池泽。五月五日取东行者，阴干用。""此是腹大、皮上多痱磊者。其皮汁甚有毒，犬啮之，口皆肿。"因五月五日属于阳日，故古人认为端午节所取的蟾蜍质量佳。

唐代萧炳曰："腹下有丹书八字，以足画地者，真蟾蜍也。"描述了蟾蜍的形态与行为特征。

元代李仲南《永类钤方》云："蟾目赤，腹无八字者不可用。"认为目赤、腹部不带八字的蟾蜍不可以作药用。

清代赵学敏《本草纲目拾遗》："虾蟆、蟾蜍，二物各别，陶（弘景）将蟾蜍功状注虾蟆条中，遂使混然，采取无别。今药家所卖，亦以蟾蜍当虾蟆。且虾蟆背有黑点，身小，能跳接百虫，解作呷呷声，在陂泽间，举动极急；蟾蜍身大，背黑，无点，多痱磊，不能跳，不能作声，行动迟缓，在人家湿处。"详细描述了蟾蜍与蛙类的区别。

由上可知，按古籍描述蟾蜍形大、背上多痱磊、行动极迟缓、不能跳跃，亦不能解鸣的特征，与今之中华蟾蜍或黑框蟾蜍相符。

综上，历代大多只对药用蟾蜍的物种进行了明确，对于蟾皮规格等级并未进行详细划分，亦无明确道地药材之说，故蟾皮商品规格等级标准的制定主要以现代研究与生产实际为依据。

ICS 11.120.01
C 23

团 体 标 准

T/CACM 1021.217—2018
代替T/CACM 1021.204—2018

中药材商品规格等级 蟾酥

Commercial grades for Chinese materia medica

BUFONIS VENENUM

2018-12-03 发布　　　　　　　　　　　　　2018-12-03 实施

中华中医药学会 发布

目　次

前 言

T/CACM 1021《中药材商品规格等级》标准分为 226 个部分：

——第 1 部分：中药材商品规格等级标准编制通则；

……

——第 216 部分：中药材商品规格等级　蟾皮；

——第 217 部分：中药材商品规格等级　蟾酥；

——第 218 部分：中药材商品规格等级　琥珀；

……

——第 226 部分：中药材商品规格等级　玄明粉。

本部分为 T/CACM 1021 的第 217 部分。

本部分代替 T/CACM 1021.204—2018。

本部分按照 GB/T 1.1—2009《标准化工作导则　第 1 部分：标准的结构和编写》给出的规则起草。

本部分代替 T/CACM 1021.204—2018，与 T/CACM 1021.204—2018 相比较，标准编号进行了调整，并重新进行了编辑。

本部分由中药材商品规格等级标准研究技术中心及道地药材国家重点实验室培育基地提出。

本部分由中华中医药学会归口。

本部分起草单位：中国中医科学院中药研究所、中国中医科学院中药资源中心、中药材商品规格等级标准研究技术中心、吉林华康药业股份有限公司、北京中研百草检测认证有限公司。

本部分主要起草人：高慧敏、王智民、王鹏飞、房蕴歌、刘晓谦、李慧、黄璐琦、郭兰萍、詹志来、朱继忠、刘传贵。

本部分所代替标准的历次版本发布情况为：

——T/CACM 1021.204—2018。

中药材商品规格等级 蟾酥

1 范围

本部分规定了蟾酥的商品规格等级。

本部分适用于蟾酥药材生产、流通以及使用过程中的商品规格等级评价。

2 规范性引用文件

下列文件对于本部分的应用是必不可少的。凡是注明日期的引用文件，仅所注明日期的版本适用于本部分。凡是不注明日期的引用文件，其最新版本（包括所有的修改版本）适用于本部分。

T/CACM 1021.1—2016 中药材商品规格等级编制通则

3 术语和定义

T/CACM 1021.1—2016 以及下列术语和定义适用于本部分。

3.1

蟾酥 BUFONIS VENENUM

本品为蟾蜍科动物中华大蟾蜍 *Bufo bufo gargarizans* Cantor 或黑眶蟾蜍 *Bufo melanostictus* Schneider 的干燥分泌物。多于夏、秋二季捕捉蟾蜍，洗净，挤取耳后腺和皮肤腺的白色浆液，加工，干燥。

3.2

团蟾酥 *tuanchansu*

将除杂、滤过的蟾酥浆揉搓成形，放入圆型模具中，晾晒至干，习称"团蟾酥"。

3.3

片蟾酥 *pianchansu*

将除杂、滤过的蟾酥浆摊在玻璃板上，晒干或烘干，习称"片蟾酥"。

4 规格等级划分

根据市场流通情况，按照外观形状（加工方式和成型介质不同所致）及特征的不同，将蟾酥药材分为"团蟾酥"和"片蟾酥"两个规格。各规格项下均为统货。应符合表1要求。

表1 规格等级划分

规格	等级	性状描述	
		共同点	区别点
团蟾酥	统货	表面棕褐色或红棕色。气微腥，味初甜后有持久的麻辣感，粉末嗅之作嚏	扁圆形团块状或圆饼状，边缘稍薄，中间略厚，一面凸或微凸，一面平或微凹，表面光滑或者粗糙；质坚，不易折断，断面棕褐色，角质状，微有光泽；直径3～7cm
片蟾酥	统货		规则或不规则片状，表面光滑或者粗糙。质脆，易碎，断面红棕色，半透明；厚约2mm

注1：市售蟾酥掺伪混杂现象严重，伪品较难鉴别。经验辨别质量根据断面透明度。

注2：市售蟾酥按照指标性成分华蟾酥毒基和脂蟾毒配基的含量进行定价，含量越高，价格越高。

注3：蟾酥是需要特殊管理的28种毒性中药品种之一，也属于国家重点保护的（二级）野生动植物药材品种。

注4：关于蟾酥药材历史产区沿革参见附录A。

注5：关于蟾酥药材品质评价沿革参见附录B。

5 要求

除应符合 T/CACM 1021.1—2016 的第 7 章规定外，还应符合下列要求：

——无霉变；

——杂质不得过3%。

附录 A

（资料性附录）

蟾酥药材历史产区沿革

蟾酥原名蟾酥眉脂，始载于唐《药性论》，《日华子本草》称之为蟾蜍眉酥。《本草衍义》始有蟾酥之名，谓："眉间白汁，谓之蟾酥。以油单纸裹眉裂之，酥出纸上，阴干用。"

明《本草纲目》曰："蟾蜍多在人家下湿处，形大，背上多痱磊，行极迟缓，不能跳跃，亦不解鸣。蛤蟆多在陂泽间，形小，皮上多黑斑点，能跳接百虫，举动极急。二物虽一类，而功用小别，亦当分而用之……取蟾酥不一，或以手捏眉棱，取白汁于油纸上或桑叶上，插背阴处一宿，即自干，或安置竹筒内盛之，真者轻浮，入口味甜也。或以蒜及胡椒等辣物纳口中，则蟾身白汁出，以竹篦刮下，面和成块，干之。其汁不可入人目，令人赤肿盲，或以紫草汁洗点，即消。"

明《本草汇言》曰："蟾蜍锐头大腹，促眉浊声，皮上多，生江湖陂泽及人家园圃阴湿处。"说明了蟾蜍的生境，但未明确具体产地。

蟾酥产地最早记录于《明一统志》："蟾酥祁州（今河北安国）出，《元志》宋村有蟾池。"又说："（山西）代州五台、崞、定襄等县出有池尚存。"又云："归德府（今河南商丘）土产蟾酥。"可见蟾酥主产自河北、山西、河南。

近现代著作《增订伪药条辨》记载："江南出者为杜酥，要无面块，神色起亮光者佳。无锡出者，中有竹节痕；浙江杭（州）、绍（兴）出者为片子酥，粉质少者亦佳。山东出者为东酥，色黄黑，味麻辣。"增加山东与江南产地，并说明了质量佳的蟾酥性状。

《药物出产辨》记载："产直隶省北京东便之觉润、玉田，两县为最好，亦多出，山东产者次之。六七月收成。"

《中草药学》《中药材商品规格质量鉴别》《中国药材学》《中药志》《中华本草》《现代中药材商品通鉴》《500味常用中药材的经验鉴别》《中华道地药材》《金世元中药材传统鉴别经验》等现代专著记载蟾酥主产于江苏、河北、山东、浙江、四川等地，其中江苏启东有"蟾酥之乡"之称，山东产区的蟾酥质量较优。

附录 B

（资料性附录）

蟾酥药材品质评价沿革

历代对蟾酥品质评价较少，仅近现代著作《增订伪药条辨》以颜色、断面评价蟾酥质量，"江南出者为杜酥，要无面块，神色起亮光者佳。无锡出者，中有竹节痕；浙江杭（州）、绍（兴）出者为片子酥，粉质少者亦佳。山东出者为东酥，色黄黑，味麻辣。"《药物出产辨》记载："产直隶省北京东便之觉润、玉田，两县为最好，亦多出，山东产者次之。六七月收成。"

1963 年版《中国药典》："以质明亮、紫红色、断面色均一，沾水即泛白色者为佳。"

1977 年版《中国药典》："以色红棕、断面角质状、半透明、有光泽者为佳。"

《中药材商品规格质量鉴别》："一般认为山东的产品质量好，即团酥优于片酥。"

《中国药材学》："一般认为山东产品较佳。"

《中华本草 蒙药卷》："以色红棕、断面角质状、半透明、有光泽者为佳。"

《现代中药材商品通鉴》："以棕红色或紫黑色，半透明，断面光亮如胶（断面角质状），有光泽者为佳。"

《金世元中药材传统鉴别经验》："以外表及断面皆明亮、紫红色、不含杂质、蘸水即呈乳白色隆起者为佳。"

综上，古代典籍主要从产地、颜色、质地评价蟾酥的品质，不同产地的蟾酥均有优质品。近代文献主要是从颜色和断面来评价其品质，以色红棕、断面角质、半透明、有光泽者质量优。

当前流通领域蟾酥药材不存在等级划分，均是按照指标性成分华蟾酥毒基和脂蟾毒配基的含量之和是否符合《中国药典》标准进行评价，含量越高，价格越高。伪品常见，且较难鉴别。有经验的经营户根据断面透明度辨别质量。由于加工方式和成型介质不同，存在团蟾酥和片蟾酥之分。本次制定蟾酥商品规格等级标准以现代文献对蟾酥药材的质量评价和市场调查情况为依据，分为两个规格，各规格下不再分级。

ICS 11.120.01
C 23

团 体 标 准

T/CACM 1021.218—2018
代替T/CACM 1021.207—2018

中药材商品规格等级 琥珀

Commercial grades for Chinese materia medica

SUCCINUM

2018-12-03 发布　　　　　　　　　　　　　　2018-12-03 实施

中 华 中 医 药 学 会 发布

目　次

前　言

T/CACM 1021《中药材商品规格等级》标准分为 226 个部分：
——第 1 部分：中药材商品规格等级标准编制通则；
……
——第 217 部分：中药材商品规格等级　蟾酥；
——第 218 部分：中药材商品规格等级　琥珀；
——第 219 部分：中药材商品规格等级　炉甘石；
……
——第 226 部分：中药材商品规格等级　玄明粉。
本部分为 T/CACM 1021 的第 218 部分。
本部分代替 T/CACM 1021.207—2018。
本部分按照 GB/T 1.1—2009《标准化工作导则　第 1 部分：标准的结构和编写》给出的规则
起草。
本部分代替 T/CACM 1021.207—2018，与 T/CACM 1021.207—2018 相比较，标准编号进行了调
整，并重新进行了编辑。
本部分由中药材商品规格等级标准研究技术中心及道地药材国家重点实验室培育基地提出。
本部分由中华中医药学会归口。
本部分起草单位：湖北中医药大学、中国中医科学院中药资源中心、中药材商品规格等级标准研
究技术中心、马应龙药业股份有限公司、北京中研百草检测认证有限公司。
本部分主要起草人：陈科力、黄璐琦、郭兰萍、詹志来、余驰、李娟、曹艳、黄必胜、白玉。
本部分所代替标准的历次版本发布情况为：
——T/CACM 1021.207—2018。

中药材商品规格等级　琥珀

1　范围

本部分规定了琥珀的商品规格等级。

本部分适用于琥珀药材生产、流通以及使用过程中的商品规格等级评价。

2　规范性引用文件

下列文件对于本部分的应用是必不可少的。凡是注明日期的引用文件，仅所注明日期的版本适用于本部分。凡是不注明日期的引用文件，其最新版本（包括所有的修改版本）适用于本部分。

T/CACM 1021. 1—2016 中药材商品规格等级编制通则

1977 年版《中国药典》一部

《湖南省中药材标准》2009 年版

3　术语和定义

T/CACM 1021. 1—2016 以及下列术语和定义适用于本部分。

3.1

琥珀　SUCCINUM

本品为古代松科松属植物的树脂，埋藏于地下经年久转化而成。从地下挖出称"琥珀"，从煤中选出称"煤珀"，除去沙石、泥土及煤屑。

3.2

单个重量　single weight

单个琥珀药材块的质量。

4　规格等级划分

根据市场流通情况，按照来源不同，将琥珀药材分为"琥珀"和"煤珀"两个规格；在规格项下，根据是否进行等级划分，分成"选货"和"统货"两个等级，"选货"项下按照色泽和单个重量，将琥珀选货等级分为"一等"和"二等"。应符合表1要求。

表1　规格等级划分

规格	等级	性状描述	
		共同点	区别点
琥珀	选货 一等	呈不规则块状、颗粒状或多角形。表面黄棕色、血红色、及黑褐色，有的具光泽。质硬而脆，断面光亮，有的颜色不一。手捻有涩感。无臭，味淡，嚼之无沙感	呈块状，较完整。断面透明或半透明。最小的单个重量≥2g
	二等		碎块状或颗粒状。断面半透明或略透明。大小不一，颗粒状的很多单个重量<2g
煤珀	统货	呈多角形不规则块状、颗粒状，少数乳滴状，大小不一。表面淡黄色、黄棕色、红褐色及黑褐色，有光泽。质硬，断面有玻璃光泽。嚼之无沙感	

规格	等级	性状描述	
		共同点	区别点
注1：取95％乙醇溶液，滴于样品表面，放置数分钟，琥珀和煤珀样品表面不溶解，没有明显腐蚀的现象，不会变浑浊或软化成糊状，用手摸没有明显的黏手感。混淆品如柯巴树脂、橄榄树脂等则明显溶解、溶液变浑浊，用手摸有明显的黏手感。 注2：关于琥珀药材历史产区沿革参见附录A。 注3：关于琥珀药材品质评价沿革参见附录B。			

5 要求

除应符合 T/CACM 1021.1—2016 的第 7 章规定外，还应符合下列要求：

——无变色；

——无变软；

——杂质不得过3％。

附录 A

（资料性附录）

琥珀药材历史产区沿革

琥珀始载于《名医别录》。

《本草纲目》："琥珀出西番、南番，乃枫木津液多年所化。……出高丽、倭国者色深红。"

《全国中草药汇编》（1975 年）："一种'抚顺珀'，又称"千金寨煤珀""烟煤精"，是从煤矿层中采掘而来。"

《中药大词典》（1977 年）："琥珀产于云南、广西、福建、贵州、辽宁等地。"

《现代中药材商品通鉴》（2001 年）："以云南所产为道地药材。煤珀主产于辽宁抚顺。"

据文献报道，在我国第三纪抚顺煤田产有大量琥珀，内有昆虫遗体，是由形成煤层的植物的树脂固化而成。云南省保山、丽江、永平一带，河南省西峡县、南阳等地都有产出。国外主要产在波罗的海沿岸。另外，黑龙江、吉林、新疆、西藏、陕西、河南、湖北、四川等地亦产，其中以辽宁抚顺市露天煤矿的琥珀产量最高、质量最好。在辽宁首次发现的琥珀中的昆虫模式标本，如洪氏辽西花蚤、杨氏西露天斑蚜、鲁东背长扁甲等 6 件标本，有的甚至是新属新种，为人类揭开大自然的奥秘提供了重要的科学线索。发现煤珀的辽宁抚顺，为世界和我国三大宝石琥珀产地（缅甸、波罗的海沿岸、抚顺）之一。

琥珀商品规格按产地区分如下：

（1）云珀：质坚脆，透明，色深红，手捏之成碎末，无黏性，质最佳。分两等：一等血珀，橙红至赤褐色。二等柳青，色淡而带黄绿色，大块者可作器皿。

（2）广西珀：质松脆，含泥，甚透明，色红而带黄，燃之略有松香气，质次于云珀。

（3）河南珀：质轻松，色黄微红，捏之易碎，略带黏性，烧之亦有松香气，质次于广西珀。

（4）湖南珀：体重，质硬，色发黄，不发酥，用手捏不碎，质差。

（5）抚顺珀：体重，质坚硬，色发黑，烧之发黑烟并有煤气，质更差。

综上，辽宁抚顺是煤珀的主产地，为世界和我国三大宝石琥珀产地（缅甸、波罗的海沿岸、抚顺）之一。云珀质量最佳，但云珀多为产于缅甸的琥珀进口而来，且多为加工成宝石的边角余料。其他各地产量甚少。

附录 B

（资料性附录）

琥珀药材品质评价沿革

《雷公炮炙论》："凡使红松脂、石珀、水珀、花珀、物象、翳珀、琥珀。红松脂如虎珀，只是大脆文横；水珀多无红色，如浅黄，多粗皮；彼石珀如石重，色黄不堪用；花珀文似新马尾松，心文一路赤一路黄；物象珀，其内似有物，极为神妙；翳珀为众珀之长，故号曰翳珀；琥珀如血色，安于布上拭，吸得芥子者真也。"

《本草纲目》："色黄而明莹者，名腊珀；色若松香，红而黄者，名明珀；有香者，名香珀。出高丽、倭国者色深红。"

民国《增订伪药条辨》："以药用者之鉴别，以深红透明，质松脆者为血珀，最佳。""当以手心磨热，拾芥为真，近有以松脂伪造混售，松脂性味苦温，性不同则功自别。"这里的描述表明当时已有掺伪品出现，多以松香树脂类冒充。

《全国中草药汇编》（1975 年）：指出东北地区有一种"抚顺珀"，又称"千金寨煤珀""烟煤精"，是从煤矿层中采掘而来的。体重坚硬，色发黑，焚之发黑烟并有煤气，与琥珀来源不同，不宜作琥珀入药。

《中药大辞典》（1977 年）："以色红、明亮、块整齐、质松脆、易碎者为佳。块碎小、质较硬、色暗棕者为次。"

《中国药典》（1977 年）：琥珀"以色红、质脆、断面光亮者为佳"；煤珀"以色黄棕、断面有玻璃样光泽者为佳"。

琥珀的来源，主要依据其发掘于晚古生代石炭纪至中生代白垩纪和新生代第三纪、距今约 3～0.2 亿年前的黏土层、砂层或煤层中。一般采自地层中的称为"琥珀"，采自煤层中的称为"煤珀"。在我国第三纪抚顺煤田发现的琥珀，内有昆虫遗体，是由形成煤层的植物的树脂固化而成。因此，发现于煤层中的"煤珀"不能排除于"琥珀"药材之外。

综上，琥珀"以深红透明质松脆者为血珀，最佳"，"以色红、明亮、块整齐、质松脆、易碎者为佳"，即"以色红、质脆、断面光亮者为佳"。煤珀则"以色黄棕、断面有玻璃样光泽者为佳"。琥珀药材首先依据产地地质情况分为"琥珀"和"煤珀"两个规格，再将琥珀规格依据光亮和完整程度分为两个等级。

ICS 11.120.01
C 23

团 体 标 准

T/CACM 1021.219—2018
代替T/CACM 1021.208—2018

中药材商品规格等级 炉甘石

Commercial grades for Chinese materia medica

CALAMINA

2018-12-03 发布

2018-12-03 实施

中华中医药学会 发布

目　次

前　言

T/CACM 1021《中药材商品规格等级》标准分为 226 个部分：

——第 1 部分：中药材商品规格等级标准编制通则；

……

——第 218 部分：中药材商品规格等级　琥珀；

——第 219 部分：中药材商品规格等级　炉甘石；

——第 220 部分：中药材商品规格等级　芒硝；

……

——第 226 部分：中药材商品规格等级　玄明粉。

本部分为 T/CACM 1021 的第 219 部分。

本部分代替 T/CACM 1021.208—2018。

本部分按照 GB/T 1.1—2009《标准化工作导则　第 1 部分：标准的结构和编写》给出的规则起草。

本部分代替 T/CACM 1021.208—2018，与 T/CACM 1021.208—2018 相比较，标准编号进行了调整，并重新进行了编辑。

本部分由中药材商品规格等级标准研究技术中心及道地药材国家重点实验室培育基地提出。

本部分由中华中医药学会归口。

本部分起草单位：湖北中医药大学、中国中医科学院中药资源中心、中药材商品规格等级标准研究技术中心、马应龙药业股份有限公司、北京中研百草检测认证有限公司。

本部分主要起草人：陈科力、黄璐琦、郭兰萍、詹志来、张晓冬、陈龙、刘义梅、白玉、黄必胜。

本部分所代替标准的历次版本发布情况为：

——T/CACM 1021.208—2018。

中药材商品规格等级　　炉甘石

1　范围

本部分规定了炉甘石的商品规格等级。

本部分适用于炉甘石药材生产、流通以及使用过程中的商品规格等级评价。

2　规范性引用文件

下列文件对于本部分的应用是必不可少的。凡是注明日期的引用文件，仅所注明日期的版本适用于本部分。凡是不注明日期的引用文件，其最新版本（包括所有的修改版本）适用于本部分。

T/CACM 1021.1—2016 中药材商品规格等级编制通则

3　术语和定义

T/CACM 1021.1—2016 以及下列术语和定义适用于本部分。

3.1

炉甘石　CALAMINA

本品为碳酸盐类矿物方解石族菱锌矿，主含碳酸锌（$ZnCO_3$）。采挖后，洗净，晒干，除去杂石。

4　规格等级划分

根据市场流通情况，将炉甘石药材商品分成"选货"和"统货"，"选货"项下根据炉甘石的性状和氧化锌的含量分为"一等"和"二等"。应符合表1要求。

表1　规格等级划分

等级		性状描述	
		共同点	区别点
选货	一等	不规则块状，表面粉性，无光泽，凹凸不平，有蜂窝状小孔。体轻，易碎。气微，味微涩	白色或淡粉红色，体轻质松，表面蜂窝状小孔多，氧化锌含量≥50%
	二等		灰白色、灰色至深灰色，质较粗，有少量颗粒物，表面蜂窝状小孔较少，氧化锌含量在40%~49%
统货		不规则块状，表面粉性，无光泽，凹凸不平，有蜂窝状小孔。灰白色、灰色至深灰色，或淡粉红色。体轻，易碎。气微，味微涩。氧化锌含量≥40%	

注1：当前药材市场炉甘石均为统货，本次制定的炉甘石商品等级依据炉甘石的性状和有效成分氧化锌的含量。

注2：当前药材市场尚有水锌矿来源的炉甘石，但其来源不符合药典要求故未纳入本标准中。

注3：关于炉甘石药材历史产区沿革参见附录A。

注4：关于炉甘石药材品质评价沿革参见附录B。

5　要求

除应符合 T/CACM 1021.1—2016 的第7章规定外，还应符合下列要求。

——杂质不得过3%。

附录 A

（资料性附录）

炉甘石药材历史产区沿革

明代《本草品汇精要》："出川广，池州山谷。"池州为今安徽贵池县。

明代《本草纲目》："炉甘石所在坑冶处皆有，川蜀、湘东最多，而太原、泽州、阳城、高平、灵丘、融县及云南者为胜。"扩充了炉甘石的产地，指明炉甘石主产于四川和湖南，"太原、泽州、阳城、高平、灵丘"为今山西，即山西、广西融县和云南也产炉甘石。

《矿物药与丹药》（1962 年）中记载："广西僮族自治区和四川、云南、山西、湖南、河北等省均有出产。"

《中国矿物药》（1988 年）中记载："广西、辽宁之外，四川、云南、湖南等省亦有此资源。"强调了广西、辽宁为主产。

《实用中药炮制学》（1993 年）中记载："炉甘石产于广西。"

《矿物药及其应用》（1997 年）中记载："炉甘石分布在山西、广西、四川、辽宁、云南、湖南等地。"

《中华本草》（1999 年）中记载："炉甘石主产于广西融水苗族自治区的四项、融安县的长安圩、桂林葛家塘，都集散于桂林。四川、湖南等地亦产。"

《500 味常用中药材的经验鉴别》（1999 年）中记载："炉甘石主产于广西大苗山族自治县的四项、融安县的长安圩、桂林葛家塘。四川、湖南等地亦产。"

《现代中药学大辞典》（2001 年）中记载："主产于广西。四川、湖南亦产。"

《新编中药志》（2002 年）中记载："主产于广西。此外湖南、四川、云南等地亦产。"

《中药大辞典》（2006 年）中记载："产于广西、四川、云南、湖南等地。"

由于不断开采，目前山西、辽宁、河北等地的铅锌矿已经枯竭，广西一直作为炉甘石的主产地，另外四川、湖南、云南等地也是重要产出地。

附录 B

（资料性附录）

炉甘石药材品质评价沿革

明代《本草品汇精要》："其形腻软，棱层作块，大小不一，有粉红色如梅花瓣者，亦有清白色而挟石者，入药惟以纯白而腻者佳，余色粗粝为劣。"强调药用炉甘石以色白细腻者为佳，其他颜色粗糙挟石者为劣。这是对炉甘石质量最精彩的一段描述。

明代《本草纲目》："产于金坑者，其色微黄，为上。产于银坑者，其色白，或带青，或带绿，或粉红。"强调产于"金坑"，颜色微黄为上品。

现代炉甘石质量的记载较为一致。

《中国药典》（1977 年）："以体轻、质松、色白者为佳。"

《矿物药及其应用》（1997 年）："以体轻、质松、色白者为佳。"

《中华本草》（1999 年）："以色白、质轻、体松为佳。"

《中药大辞典》（2006 年）："以块大、白色或显淡红色、质轻者为佳。"

《500 味常用中药材的经验鉴别》（1999 年）中炉甘石被分为浮水甘石（水锌矿）和生甘石（菱锌矿）两种规格，其中浮水甘石"不规则之方块和圆块、质轻松、外白色，内土白色，又以夹面多少、体质轻重、色白暗而分等级，以入水可浮者为佳"，生甘石"不规则的方块状或圆状，微黄色、体硬"，"以体轻、质松、色白、入水可浮为佳"。

《新编中药志》（2002 年）中炉甘石商品被划分为三个等级："一级品：色白、质细嫩，体轻，杂质少；二级品：色较暗带褐，质较粗，体较重；三级品：色深、质粗，体重，杂质多。"

综上，炉甘石应以色白或淡红色，体轻，质松为佳；色深、质粗，体重，杂质多，粗糙挟石者为劣。

在从市场和产区收集到的 58 批炉甘石样品中，经鉴定 36 批为炉甘石正品，其中仅 2 批含菱锌矿，34 批为水锌矿；22 批为伪品。经测定，36 批炉甘石生品含氧化锌从 38.12% 至 69.96%，质量相差悬殊，经分析生品炉甘石中含有不同比例的方解石、白云石、异极矿等，单纯凭性状很难确定其真伪和质量等级，因此，在等级评定中，列入氧化锌含量测定。

ICS 11.120.01
C 23

团 体 标 准

T/CACM 1021.220—2018
代替T/CACM 1021.209—2018

中药材商品规格等级　芒硝

Commercial grades for Chinese materia medica

NATRII SULFAS

2018-12-03 发布

2018-12-03 实施

中 华 中 医 药 学 会 发布

目　次

前　言

T/CACM 1021《中药材商品规格等级》标准分为 226 个部分：
——第 1 部分：中药材商品规格等级标准编制通则；
……
——第 219 部分：中药材商品规格等级　炉甘石；
——第 220 部分：中药材商品规格等级　芒硝；
——第 221 部分：中药材商品规格等级　硼砂；
……
——第 226 部分：中药材商品规格等级　玄明粉。
本部分为 T/CACM 1021 的第 220 部分。

本部分代替 T/CACM 1021.209—2018。

本部分按照 GB/T 1.1—2009《标准化工作导则　第 1 部分：标准的结构和编写》给出的规则起草。

本部分代替 T/CACM 1021.209—2018，与 T/CACM 1021.209—2018 相比较，标准编号进行了调整，并重新进行了编辑。

本部分由中药材商品规格等级标准研究技术中心及道地药材国家重点实验室培育基地提出。

本部分由中华中医药学会归口。

本部分起草单位：湖北中医药大学、中国中医科学院中药资源中心、中药材商品规格等级标准研究技术中心、南漳县人民医院、北京中研百草检测认证有限公司。

本部分主要起草人：陈科力、黄璐琦、郭兰萍、詹志来、张晓冬、陈龙、刘义梅、刘大会、黄必胜。

本部分所代替标准的历次版本发布情况为：
——T/CACM 1021.209—2018。

中药材商品规格等级 芒硝

1 范围

本部分规定了芒硝的商品规格等级。

本部分适用于芒硝药材生产、流通以及使用过程中的商品规格等级评价。

2 规范性引用文件

下列文件对于本部分的应用是必不可少的。凡是注明日期的引用文件，仅所注明日期的版本适用于本部分。凡是不注明日期的引用文件，其最新版本（包括所有的修改版本）适用于本部分。

T/CACM 1021.1—2016 中药材商品规格等级编制通则

3 术语和定义

T/CACM 1021.1—2016 以及下列术语和定义适用于本部分。

3.1

芒硝 NATRII SULFAS

本品为硫酸盐类矿物芒硝族芒硝，经加工精制而成的结晶体。主含含水硫酸钠（$Na_2SO_4 \cdot 10H_2O$）。

4 规格等级划分

根据市场流通情况，该药材商品均为统货。应符合表1要求。

表1 规格等级划分

等级	性状描述
统货	为棱柱状、长方形或不规则块状及粒状。透明或半透明。质脆，易碎，断面呈玻璃样光泽。气微，味咸

注1：经过精制的芒硝，其检查必须符合药典标准，即不得显铁盐、锌盐和镁盐的反应；含重金属不得过百万分之二十，含砷量不得过百万分之二十；芒硝在105°C干燥至恒重，减失重量应为51.0%～57.0%。

注2：关于芒硝药材历史产区沿革参见附录A。

注3：关于芒硝药材品质评价沿革参见附录B。

5 要求

除应符合 T/CACM 1021.1—2016 的第7章规定外，还应符合下列要求：

——（芒硝）杂质少于1%。

附录 A

（资料性附录）

芒硝药材历史产区沿革

秦汉《神农本草经》："朴消，生山谷。"

汉代《名医别录》："朴消，生益州，有盐水之阳。"

魏晋《本草经集注》："朴消，今出益州北部汶山郡、西川、蚕陵二县界，生山崖上。"

唐代《新修本草》："朴消者，亦生山之阴，有盐咸苦之水，则朴消生于其阳。"

明代《本草纲目》："此物见水即消，又能消诸物，故谓之消。生于盐卤汁地，状似末盐。"

清代《本草备药》："生于卤地。"

依据上述资料，可见较早时期的朴消产于四川山区、山西等地，到了唐朝以后，其产地逐渐由山区变为盐湖矿床。

《中药大辞典》（1977 年）："芒硝主产于河北、天津、山东、河南、江苏、安徽、山西等海边地或盐场附近。"

《中国药材学》（1996 年）："芒硝全国各产盐区均有产，以河北产量大；亦产于山东、江苏、安徽盐碱地带，以及四川、内蒙古、新疆等内陆湖岩盐等地。"

《500 味常用中药材的经验鉴别》（1999 年）："芒硝主产于河北正定、献县，天津，河间、黄骅，山东梁山、胶东、威海卫，河南兰考、民权、濮阳，江苏泗阳、盐城、东台、泰州，安徽阜阳，山西介县、运城、安邑等盐场附近。"

《中华本草》（1999 年）："芒硝主产于河北正定、献县，天津，山东梁山、胶东，河南兰考、民权，江苏泗阳、盐城、东台，安徽阜阳，山西介县、运城等海边地或盐场附近。全国各地均销。"

《现代中药材商品通鉴》（2001 年）："芒硝主产于河北正定、献县，天津，河间、黄骅，山东梁山、胶东、威海，河南兰考、民权、濮阳，江苏泗阳、盐城、东台、泰州，安徽阜阳，山西介县、运城、安邑等盐场附近。销全国各地。"

《新编中药志》（2002 年）："芒硝多产于海边碱土地带、矿泉、盐场附近或潮湿的山洞中。分布于河北、河南、山西、陕西、山东、内蒙古、江苏、安徽、福建、湖北、四川、云南、贵州、青海、新疆等省（自治区）。"

综合以上古文献及现代文献所述，芒硝产地分布极广，主产于河北正定、献县，天津，河间、黄骅，山东梁山、胶东、威海，河南兰考、民权、濮阳，江苏泗阳、盐城、东台、泰州，安徽阜阳，山西介县、运城、安邑。此外，陕西、福建、内蒙古、贵州、云南、湖北、青海、新疆等地也产。

附录 B

（资料性附录）

芒硝药材品质评价沿革

古代文献中未见有对芒硝品质评价的详细描述。

1963 年版《中国药典》："以无色、透明块状结晶者为佳。"

1977 年版《中国药典》："以无色、透明、呈结晶块状者为佳。"

《中国药材学》（1996 年）："以结晶体呈冰条状、色莹白、透明、洁净者为佳，色暗含泥为次。"

《矿物药及其应用》（1997 年）："以无色、透明块状结晶，清洁、无杂质者为佳。"

《中华本草》（1999 年）："以条块状结晶、无色、透明者为佳。"

《500 味常用中药材的经验鉴别》（1999 年）："以结晶、透明、呈结晶块者为佳。"

《现代中药材商品通鉴》（2001 年）："以无色透明、呈结晶块状者为佳。"

综述上所述，古代文献对芒硝品质评价内容较少，现代文献对芒硝的品质评价应以无色、透明、呈块状结晶者为佳。2015 年版《中国药典》尚规定中药材芒硝中 Na_2SO_4 含量以干燥品计不得少于 99.0%。

ICS 11.120.01
C 23

团 体 标 准

T/CACM 1021.221—2018

代替T/CACM 1021.210—2018

中药材商品规格等级　硼砂

Commercial grades for Chinese materia medica

BORAX

2018-12-03 发布　　　　　　　　　　　　　　2018-12-03 实施

中 华 中 医 药 学 会 发布

目　次

前　言

T/CACM 1021《中药材商品规格等级》标准分为 226 个部分：
——第 1 部分：中药材商品规格等级标准编制通则；
……
——第 220 部分：中药材商品规格等级　芒硝；
——第 221 部分：中药材商品规格等级　硼砂；
——第 222 部分：中药材商品规格等级　紫石英；
……
——第 226 部分：中药材商品规格等级　玄明粉。
本部分为 T/CACM 1021 的第 221 部分。
本部分代替 T/CACM 1021. 210—2018。
本部分按照 GB/T 1. 1—2009《标准化工作导则　第 1 部分：标准的结构和编写》给出的规则起草。
本部分代替 T/CACM 1021. 210—2018，与 T/CACM 1021. 210—2018 相比较，标准编号进行了调整，并重新进行了编辑。
本部分由中药材商品规格等级标准研究技术中心及道地药材国家重点实验室培育基地提出。
本部分由中华中医药学会归口。
本部分起草单位：湖北中医药大学、中国中医科学院中药资源中心、中药材商品规格等级标准研究技术中心、襄阳市中心医院、北京中研百草检测认证有限公司。
本部分主要起草人：陈科力、黄璐琦、郭兰萍、詹志来、陈龙、刘义梅、黄必胜、白玉。
本部分所代替标准的历次版本发布情况为：
——T/CACM 1021. 210—2018。

中药材商品规格等级 硼砂

1 范围

本部分规定了硼砂的商品规格等级。

本部分适用于硼砂药材生产、流通以及使用过程中的商品规格等级评价。

2 规范性引用文件

下列文件对于本部分的应用是必不可少的。凡是注明日期的引用文件，仅所注明日期的版本适用于本部分。凡是不注明日期的引用文件，其最新版本（包括所有的修改版本）适用于本部分。

T/CACM 1021.1—2016 中药材商品规格等级编制通则

《北京市中药饮片炮制规范》2008 年版

3 术语和定义

T/CACM 1021.1—2016 以及下列术语和定义适用于本部分。

3.1

硼砂 BORAX

本品为硼酸盐类硼砂族矿物天然硼砂经加工精制而成的结晶，主含含水四硼酸钠（$Na_2B_4O_7 \cdot 10H_2O$）。

4 规格等级划分

根据市场流通情况，将硼砂药材商品分为"硼砂块""硼砂坠"和"硼砂粉"三个规格；在规格项下，根据是否进行等级划分，将硼砂块分成"一等"和"二等"两个等级，将硼砂坠和硼砂粉均分为"统货"一个等级。应符合表 1 要求。

表 1 规格等级划分

规格	等级		性状描述	
			共同点	区别点
硼砂块	选货	一等	不规则块状，大小不一。透明或半透明。表面具颗粒状或短柱状突起，有的一面较平整，常因风化而附有白色粉末。质脆易碎，有玻璃样光泽，条痕白色。无臭，味咸微甜，稍有凉感	无色透明或白色半透明结晶。质地均匀
		二等		白色半透明结晶，带黄白色，或杂有黄褐色、棕色、灰色部分
硼砂坠	统货		不规则棒状或圆锥状，中心有一棉绳贯穿。透明或半透明。表面具颗粒状或短柱状突起，常因风化而附有白色粉末。无色透明或白色半透明结晶。质脆易碎，有玻璃样光泽，条痕白色。无臭，味咸微甜，稍有凉感	
硼砂粉	统货		无色透明或白色半透明结晶性粉末。无臭，味咸微甜，稍有凉感	

注 1：本部分依据 2015 年版《中国药典》二部对硼砂的规定"本品含 $Na_2B_4O_7 \cdot 10H_2O$ 应为 99%～103%"。市售硼砂中有约 50% 的 $Na_2B_4O_7 \cdot 10H_2O$ 含量仅为 95%～98.49% 或大于103%。含量不足则杂质太多；含量过高则失水过多。这些硼砂均需要精制或重结晶，使含量符合要求后才能使用。

注 2：硼砂药材的含量测定方法：精密称定 1.5g 样品，置于锥形瓶中，加水 50mL 使溶解（必要时加热，放冷），加入 0.1% 甲基橙指示液 1 滴，用 0.5mol/L 盐酸滴定至溶液呈橙红色作为终点。每 1mL 0.5mol/L 盐酸滴定液相当于 50.34mg $Na_2B_4O_7$。

注 3：与硼砂在性状上类似的矿物很多，如白矾、芒硝等，市场调查结果也显示硼砂存在以铵明矾、氯化钠冒充的现象。应结合合理化鉴别如钠盐与硼酸盐的各种反应和含量测定结果准确鉴定硼砂药材。

注 4：关于硼砂药材历史产区沿革参见附录 A。

注 5：关于硼砂药材品质评价沿革参见附录 B。

5 要求

除应符合 T/CACM 1021. 1—2016 的第 7 章规定外，还应符合下列要求：

——无变色；

——杂质不得过 1% 。

附录 A

（资料性附录）

硼砂药材历史产区沿革

硼砂始载于五代吴越《日华子本草》，原作"蓬砂"，曰："蓬砂，味苦、辛、暖，无毒。"文中所述与现今的硼砂味甘、微咸显然不同。《本草品汇精要》亦记载："（气）气厚味薄……（臭）腥。"表明其有较强挥发性，说明当时所用"蓬砂"具有类似天然氯化铵的特征，应为硇砂之类。直到明代《本草纲目》才对硼砂的记载有本质的改变，李时珍曰："甘、微咸，凉，无毒。""硼砂生西南番，有黄白二种。西者白如明矾，南者黄如桃胶，皆是炼结成，如硇砂之类。"清·汪讱庵《本草易读》："生西南诸番。有黄白二种：西者白如明矾，南者黄如桃胶，皆是炼结而成。"清·汪昂《本草备要》、清·吴仪洛《本草从新》："色白质轻。出西番者，白如明矾，出南番者，黄如桃胶。"以上所述硼砂之形态特征"白如明矾""色白质轻"，与今硼砂药材基本一致。

现代，人们对硼砂的来源有了准确的判定和明确一致的描述，如《矿物药与丹药》（1962 年）中记载："属单斜晶系，为硼砂矿的矿石经熔化除去杂质结晶而成。"《中国矿物药》（1988 年）中记载："硼砂（$Na_2B_4O_7 \cdot 10H_2O$），单斜晶系。"《中国药材学》（1996 年）记载："本品为硼酸盐类矿物硼砂族硼砂经加工精制而成的结晶体。"《矿物药及其应用》（1997 年）记载："本品为天然产硼酸盐类硼砂族矿物硼砂，经加工精制而成的结晶体。主含四硼酸钠（$Na_2B_4O_7 \cdot 10H_2O$）。"

综上所述，硼砂在古代的药用历史大致可分为两个阶段，第一阶段成分以天然氯化铵为主；自《本草纲目》起为其第二阶段，所指即与现代硼砂一致。而现代文献记载硼砂的基原非常明确，为硼酸盐类硼砂族矿物硼砂精制而成的结晶，主含四硼酸钠（$Na_2B_4O_7 \cdot 10H_2O$）。

有关硼砂产地的记载始于宋《本草衍义》："出南番、西戎。"宋《本草图经》记载："出于南海。"明《本草品汇精要》记载："出于南海。"明《本草纲目》记载："硼砂生西南番，有黄白二种。"明《本草汇言》记载："硼砂，出南番西戎。"清《本草便读》记载："出南海诸番。"清《本草易读》记载："生西南诸番。"清《本草备要》及《本草从新》均记载："出西番、南番。"

古代对于硼砂的产地记载较模糊，通过查阅相关文献，西戎、西番应为同一所指，即现今中国西部的西藏、新疆、青海、甘肃等地区；当时的南海即为现今中国南海，南番应为现今中国南方地区。

而现代文献对硼砂的产地描述较为具体。《矿物药与丹药》（1962 年）中记载："我国青海省的柴达木盆地及阿拉善西山盐湖和昌都地区、西藏自治区的黑河和阿里地区为硼砂矿的主产地，西南、中南、西北各省亦有出产。"《中国矿物药》（1988 年）中记载："我国西藏为世界著名的硼砂产地之一。"《中国药材学》（1996 年）中记载："主产于青海、西藏；陕西、甘肃、新疆、四川、云南亦产。"《矿物药及其应用》（1997 年）中记载："硼砂形成于干涸的含硼盐湖中，主要分布于干燥的内陆地区，如青海、西藏、陕西、甘肃、四川等地。在四川康定、邓柯、白玉及河南洛阳、郑州等地加工。"《中华本草》（1999 年）记载："主产青海柴达木盆地及阿拉善西山盐湖、西藏黑河和阿里地区；四川、云南、新疆、陕西亦产。"《现代中药材商品通鉴》（2001 年）记载："产于青海的柴达木盆地及阿拉善西山盐湖和昌都地区，西藏黑河和阿里地区及四川、云南、新疆、陕西、甘肃等地亦产。"《现代中药学大辞典》（2001 年）记载："生产于青海、西藏。此外，云南、新疆、四川、陕西、甘肃等省区亦产。"《中药大辞典》（2006 年）记载："主产青海柴达木盆地及阿拉善西山盐湖、西藏黑河和阿里地区。"综上，硼砂主产于西藏黑河和阿里地区，青海柴达木盆地及阿拉善西山盐湖，以及甘肃、四川、云南等地。

附录 B

（资料性附录）

硼砂药材品质评价沿革

古代文献中未见有对硼砂品质评价的详细描述，到近代 1997 年《矿物药及其应用》才有记录："以无色透明、白色半透明、纯净、体轻、质脆者为佳。"

1999 年《中华本草》亦记载为"以无色透明、纯净、体轻质脆为佳"。

2001 年《现代中药材商品通鉴》记载硼砂为"统货。以色清白、纯洁、半透明者为佳"。

《500 味常用中药材的经验鉴别》依据产地将硼砂分为川月石和西月石两种规格。

2001 年《现代中药学大辞典》将硼砂分为川月石、西月石、黄月石、白月石四种规格："西月石，似冰糖状，上面的结晶阴白色，下面为雪白色，断面颗粒状，品质最佳。川月石，下面粗糙不平，色较暗。洋月石，主要为进口货，有黄白两种，黄月石块稍大，带黄褐色，呈玻璃状，有棱角结晶，透明或半透明，质坚脆，多作工业原料；白月石块较小，白色结晶半透明。"这里，明确说明，"黄月石"多作工业原料，不能直接入药。

综上，无色透明、白色半透明、纯净、体轻、质脆者为佳；色较暗，黄褐色，多作工业原料，质次。

目前市场上天然硼砂很少，主要来自于经过精制的工业用硼砂商品。工业用硼砂商品多为粉末状，标示含 $Na_2B_4O_7 \cdot 10H_2O$ 达到 95%。

市场上商品硼砂药材依据加工方法，分为"硼砂块""硼砂坠"和"硼砂粉"三种规格，市场上均为统货，以色白、纯净者为佳。流通商品中以硼砂块和硼砂粉较为多见。

按照 2015 年版《中国药典》二部对化学药品硼砂的规定，"本品含 $Na_2B_4O_7 \cdot 10H_2O$ 应为 99% ~ 103%"。样品中 $Na_2B_4O_7 \cdot 10H_2O$ 含量达到 99% 以上，说明是含量比较高的纯品。考察我们从市场上收集到的经 X 衍射和拉曼光谱法鉴定为正品硼砂的 40 个样品，发现其中有 10 个样品的 $Na_2B_4O_7 \cdot 10H_2O$ 含量大于 95% 小于 99.0%，占 25%。这一部分商品作为药用则需要进一步精制。硼砂块和硼砂坠为经结晶加工精制制得的块状物；硼砂粉为粉状物，作为原药材，容易污染，与工业用硼砂粉容易混淆，因此，在符合标准要求的同等含量下，倾向于认为硼砂块和硼砂坠的质量品质较好，硼砂粉略次。因此，在商品规格中分列。商品等级重点参考川月石和实际商品中硼砂块质量不同的状况进行等级划分。

ICS 11.120.01
C 23

团 体 标 准

T/CACM 1021.222—2018

代替T/CACM 1021.211—2018

中药材商品规格等级 紫石英

Commercial grades for Chinese materia medica

FLUORITUM

2018-12-03 发布   2018-12-03 实施

中 华 中 医 药 学 会 发布

目　次

前　言

T/CACM 1021《中药材商品规格等级》标准分为 226 个部分：

——第 1 部分：中药材商品规格等级标准编制通则；

······

——第 221 部分：中药材商品规格等级　硼砂；

——第 222 部分：中药材商品规格等级　紫石英；

——第 223 部分：中药材商品规格等级　白石英；

······

——第 226 部分：中药材商品规格等级　玄明粉。

本部分为 T/CACM 1021 的第 222 部分。

本部分代替 T/CACM 1021.211—2018。

本部分按照 GB/T 1.1—2009《标准化工作导则　第 1 部分：标准的结构和编写》给出的规则起草。

本部分代替 T/CACM 1021.211—2018，与 T/CACM 1021.211—2018 相比较，标准编号进行了调整，并重新进行了编辑。

本部分由中药材商品规格等级标准研究技术中心及道地药材国家重点实验室培育基地提出。

本部分由中华中医药学会归口。

本部分起草单位：湖北中医药大学、中国中医科学院中药资源中心、中药材商品规格等级标准研究技术中心、襄阳市人民医院、北京中研百草检测认证有限公司。

本部分主要起草人：陈科力、黄璐琦、郭兰萍、詹志来、陈龙、张晓冬、李娟、黄必胜。

本部分所代替标准的历次版本发布情况为：

——T/CACM 1021.211—2018。

中药材商品规格等级 紫石英

1 范围

本部分规定了紫石英的商品规格等级。

本部分适用于紫石英药材生产、流通以及使用过程中的商品规格等级评价。

2 规范性引用文件

下列文件对于本部分的应用是必不可少的。凡是注明日期的引用文件，仅所注明日期的版本适用于本部分。凡是不注明日期的引用文件，其最新版本（包括所有的修改版本）适用于本部分。

T/CACM 1021.1—2016 中药材商品规格等级编制通则

3 术语和定义

T/CACM 1021.1—2016 以及下列术语和定义适用于本部分。

3.1

紫石英 FLUORITUM

本品为氟化物类矿物萤石族萤石，主含氟化钙（CaF_2）。采挖后，除去杂石。

4 规格等级划分

根据市场流通情况，按紫石英药材商品有无杂石及其比例等情况，将其分为选货和统货。应符合表1要求。

表1 规格等级划分

等级	性状描述	
	共同点	区别点
选货	为块状物或粒状集合体。呈不规则块状，具棱角。紫色或绿色，深浅不匀，条痕白色。半透明至透明，有玻璃样光泽。表面常有裂纹。质坚脆，易击碎。气微，味淡	夹杂的不透明块状物（杂石）比例≤1%
统货		夹杂的不透明块状物（杂石）比例≤3%

注1：当前药材市场紫石英规格按透明度进行划分，其中半透明至透明部分氟化钙（CaF_2）含量高，质量较好，半透明至不透明颗粒，质量较差。因此市场根据半透明或透明部分比例进行等级的划分，即含半透明或透明部分越高等级越高。

注2：药典对紫石英的氟化钙（CaF_2）含量有相应的要求，即不得少于85%。

注3：市场有一类伪品，即全为深紫色或灰色不透明颗粒。这类商品中，杂质含量高，不宜药用，需注意按药典方法鉴别。

注4：关于紫石英药材历史产区沿革参见附录A。

注5：关于紫石英药材品质评价沿革参见附录B。

5 要求

应符合 T/CACM 1021.1—2016 的第7章规定。

附录 A

（资料性附录）

紫石英药材历史产区沿革

紫石英始载于《神农本草经》，列为上品。

《吴普本草》曰："紫石英，生泰山，或会稽。采无时，欲令如削，紫色达头如樗蒲者。"

《名医别录》曰："生泰山山谷，采无时。"

陶弘景曰："今第一用泰山石，色重澈下有根。次出雹零山，亦好。又有南城石，无根。又有青绵石，色亦重黑明澈。又有林邑石，腹里必有一物如眼。吴兴石，四面才有紫色，无光泽。会稽诸暨石，形色如石榴子。先时并杂用，今惟采泰山最胜。"

《开宝本草》："陇州山中多紫石英，其色淡紫，其质莹澈，随其大小皆五棱，两头如箭镞。煮水饮之，暖而无毒，比之北中白石英，其力倍矣。""今义阳山甚有之，一本南阳山谷中也。"

《本草纲目》引《太平御览》云："自大岘至泰山，皆有紫石英。泰山所出，甚瑰伟。平氏阳山县所出，色深特好。乌程县北垄山所出，甚光明，但小黑，东莞县爆山所出，旧以贡献。江夏矾山亦出之。永嘉固陶村小山所出，芒角甚好，但色小薄尔。"

综上，古代本草记录紫石英产地主要分布在山东（泰山）、浙江（会稽、诸暨、乌程、永嘉）、江西（南城）、河北（吴兴）等地，后发展至陕西和甘肃交界处（陇州）、四川东北（义阳山）、河南（南阳），后延伸至广东（东莞）、湖北（江夏）等地。

《中药大辞典》："产浙江、江苏、辽宁、黑龙江、河北、湖南、湖北、甘肃等地。"

《中华本草》："分布于浙江武义、义乌、金华一带，甘肃、河南、湖南也是主要分布区。此外，黑龙江、辽宁、山西、山东、江苏、安徽、江西、福建、湖北、广东、四川、贵州、云南等地亦有分布。"

紫石英为卤化物类矿物萤石原矿石，全年均可采挖，挑选紫色者入药。产浙江、甘肃、河南、黑龙江、辽宁、山西、山东、江苏等地，销全国。

附录 B

（资料性附录）

紫石英药材品质评价沿革

陶弘景《本草经集注》："今第一用泰山石，色重澈下有根。""会稽诸暨石，形色如石榴子，先时并杂用，今惟采泰山最胜。"

《开宝本草》："陇州山中多紫石英，其色淡紫，其质莹澈，随其大小皆五棱，两头如箭镞。煮水饮之，暖而无毒，比之北中白石英，其力倍矣。"

寇宗奭《本草衍义》（1116 年）曰："紫石英明澈如水精，但色紫而不匀。"

以上是古代本草对紫石英性状的精彩描述，"其色淡紫，其质莹澈"，说明其淡紫色，透明是其中药品质特征。

《中药大辞典》："以色紫、质坚者为佳。"

《中华本草》："以色紫、质坚、具玻璃光泽、无杂石者为佳。"现代药学著作明确其"色紫、质坚、具玻璃光泽、无杂石者为佳"。

在我们分析的 23 个紫石英样品中，14 个样品鉴定为正品，9 个为伪品或掺伪品，均用荧光反应和化学鉴定方法确认，同时用 X 射线衍射法确认。这些正品紫石英样品均为透明或半透明，具棱角；伪品不透明或不具棱角。这些鉴定为正品的样品符合药典描述的典型正品紫石英的描述，其质量可按透明度进行划分，其中半透明至透明部分的萤石（氟化钙 CaF_2）含量高，质量较好；半透明至不透明颗粒，萤石（氟化钙 CaF_2）含量较低，质量较差。因此，其等级可根据半透明或透明部分比例进行划分，即含半透明或透明部分越高、质量越好，等级越高。药典对萤石（氟化钙 CaF_2）含量有相应的要求，即不得少于 85%。进一步的调查发现，在天然萤石矿物中，绝大多数含有一定比例的其他矿物，其中萤石（氟化钙 CaF_2）比例达到药典标准的紫石英样品只是一部分，所以紫石英必须精心去除杂石。在这些样品中，有个别为粒状集合体，深紫色不透明，块状，棱角不明显，紫外灯下检视无荧光。这些特征不符合紫石英的典型性状，但其萤石的化学反应特征明显，X 射线衍射谱和含量测定显示其主要为萤石，我们认为这是粒状集合体紫石英的非典型性状，这些样品少，但要注意。结合古代文献、现代著作以及我们对紫石英样品的分析，制定紫石英的规格等级标准。

ICS 11.120.01
C 23

团 体 标 准

T/CACM 1021.223—2018

代替T/CACM 1021.212—2018

中药材商品规格等级 白石英

Commercial grades for Chinese materia medica

QUARTZ ALBUM

2018-12-03 发布 2018-12-03 实施

中华中医药学会 发布

目　次

前 言

T/CACM 1021《中药材商品规格等级》标准分为 226 个部分：
——第 1 部分：中药材商品规格等级标准编制通则；
……
——第 222 部分：中药材商品规格等级 紫石英；
——第 223 部分：中药材商品规格等级 白石英；
——第 224 部分：中药材商品规格等级 白矾；
……
——第 226 部分：中药材商品规格等级 玄明粉。
本部分为 T/CACM 1021 的第 223 部分。

本部分代替 T/CACM 1021.212—2018。

本部分按照 GB/T 1.1—2009《标准化工作导则 第 1 部分：标准的结构和编写》给出的规则起草。

本部分代替 T/CACM 1021.212—2018，与 T/CACM 1021.212—2018 相比较，标准编号进行了调整，并重新进行了编辑。

本部分由中药材商品规格等级标准研究技术中心及道地药材国家重点实验室培育基地提出。

本部分由中华中医药学会归口。

本部分起草单位：湖北中医药大学、中国中医科学院中药资源中心、中药材商品规格等级标准研究技术中心、襄樊市中心医院、北京中研百草检测认证有限公司。

本部分主要起草人：陈科力、黄璐琦、郭兰萍、詹志来、陈龙、明晶、黄必胜。

本部分所代替标准的历次版本发布情况为：
——T/CACM 1021.212—2018。

中药材商品规格等级　白石英

1　范围

本部分规定了白石英的商品规格等级。

本部分适用于白石英药材生产、流通以及使用过程中的商品规格等级评价。

2　规范性引用文件

下列文件对于本部分的应用是必不可少的。凡是注明日期的引用文件，仅所注明日期的版本适用于本部分。凡是不注明日期的引用文件，其最新版本（包括所有的修改版本）适用于本部分。

T/CACM 1021.1—2016 中药材商品规格等级编制通则

《湖北省中药材质量标准》2009 年版

3　术语和定义

T/CACM 1021.1—2016 以及下列术语和定义适用于本部分。

3.1

白石英　QUARTZ ALBUM

本品为氧化物类矿物石英族石英 Quartz，主含二氧化硅（SiO_2）。全年均可采挖，采挖后，除去杂石及泥沙。

4　规格等级划分

根据市场流通情况，按白石英药材商品颜色、有无杂石等情况，将其分为选货和统货。应符合表 1 要求。

表 1　规格等级划分

等级	性状描述	
	共同点	区别点
选货	六方柱状或粗粒状集合体。呈不规则块状，多具棱角而锋利，大小不一，表面不平坦而光滑，微透明至不透明，有脂肪样光泽。体重，质坚硬，碎断而不平坦，边缘较锋利，可刻划玻璃。气微，味淡	呈不规则块状，白色或乳白色。基本无杂石
统货		呈不规则块状或粗粒状，白色或乳白色，或微带黄色。杂石≤3%

注1：药材市场白石英药材尚有棱柱状结晶的水晶石英，结晶晶形比较完整，透明或半透明。全体无色或微呈白色，有玻璃光泽，质极坚硬。因商品极为少见，本次未列入规格。

注2：白石英很多伪品来自碳酸盐类矿物，因此必须检查碳酸盐：本品细粉200mg加稀盐酸2mL不溶解，不得产生二氧化碳气泡。

注3：白石英主含二氧化硅，具有硅酸盐的反应，鉴别如下：取本品约5mg，置铂坩埚中，加碳酸钾200mg，混匀。在600～700℃炽灼10分钟，冷却，加水2mL微热溶解，缓缓加入钼酸铵试液（取钼酸6.5g，加水14mL与氨水14.5mL，振摇使溶解，冷却，在搅拌下缓缓加入已冷却的32mL硝酸与40mL水的混合液中，静置48小时，滤过，取滤液即得）2mL，溶液显深黄色。

注4：关于白石英药材历史产区沿革参见附录A。

注5：关于白石英药材品质评价沿革参见附录B。

5　要求

应符合 T/CACM 1021.1—2016 的第 7 章规定。

附录 A

（资料性附录）

白石英药材历史产区沿革

本品始载于《神农本草经》。

《名医别录》中："白石英，生华阴山谷及太山。大如指，长二、三寸，六面如削，白澈有光。二月采，亦无时。"

陶弘景《本草经集注》："今医家用新安所出，极细长白澈者，寿阳八公山多大者，不正用之。《仙经》大小并有用，惟须精白无瑕杂者。如此说，则大者为佳。其四色英，今不复用。"

苏恭《新修本草》："白石英所在皆有，今泽州、虢州、洛州山中俱出。虢州者大，径三、四寸，长五、六寸。今通以泽州者为胜。"

李时珍在《本草纲目》白石英项下引《名医别录》记载，并又引寇宗奭之语，称："白石英状如紫石英，但差大而六稜，白色如水晶。"

依据上述本草记载，白石英古代产陕西（华阴）、山东（泰山）、安徽（新安）、山西（寿阳、泽州）、河南（虢州、洛州）等地。

现代专著《全国中草药汇编》《中华本草》《中药大辞典》等均收载中药材白石英来源为矿物石英。

《中药大辞典》记载："产江苏、广东、湖北、河北、福建、陕西等地。"

《中华本草》记载："产江苏、广东、湖北、福建、陕西等地。"

据调查，湖北省是本品主产区之一，全省各地均有分布，以通城及大别山区等地所产白石英品质最佳，以通城产量最大。完整的白石英晶体产于岩石晶洞中，块状的常产于热液矿脉中，也是花岗岩、片麻岩、砂岩等各种岩石的重要组成部分。

综上，白石英产于湖北、江苏、广东、福建、陕西、河北等省。以湖北通城和大别山区为白石英药材道地产区，最为有名。

附录 B

（资料性附录）

白石英药材品质评价沿革

《名医别录》："白石英，大如指，长二、三寸，六面如削，白澈有光。"

陶弘景《本草经集注》："今医家用新安所出，极细长白澈者，寿阳八公山多大者，不正用之。《仙经》大小并有用，惟须精白无瑕杂者。如此说，则大者为佳。其四色英，今不复用。"

苏恭《新修本草》："虢州者大，径三、四寸，长五、六寸。今通以泽州者为胜。"

《中药大辞典》记载："透明至不透明，具玻璃光泽或脂肪光泽。""以色白、明洁、有光泽、无杂色、杂质者为佳。"

《中华本草》记载："表面不平坦，半透明至不透明，具脂肪样光泽。""以色白、明洁、无杂色、杂质者为佳。"

市场销售的白石英以石英矿石为主，可见到以方解石冒充的白石英。据我们从湖北省各地采集和全国药材市场购得的 15 批样品经 X 衍射分析，10 批为正品白石英，4 批为方解石充伪的白石英，1批为方解石掺伪的白石英。

方解石是一种分布很广的碳酸钙矿物，敲击方解石可以得到很多方形碎块，故名方解石。晶形的方解石透明度高，多为淡黄白色，或无色或淡灰白色，遇盐酸释放气泡，容易与白石英区别开。

石英为三方晶系。晶体呈六方柱状，也常呈晶簇状、粒状等集合体。颜色为无色或白色，由于所含杂质关系，晶体常呈各种不同的颜色，以浅红、烟色、紫色等为常见。条痕白色。结晶体显玻璃光泽，块状体呈油状光泽，光泽强度不一。透明至半透明，也有不透明者。断口贝壳状，或不平坦状、参差状。

我们调查了 15 批白石英样品，经 X 衍射分析鉴定物相为石英的白石英样品，均为："不规则块状，白色或乳白色，有的微带黄色，微透明至不透明，有脂肪样光泽。边缘较锋利，可刻划玻璃。"没有一批样品是透明的或半透明的。

据称上海及北京地区所用石英为水晶。水晶和白石英为同一矿物石英，但水晶的结晶形比较完整而透明，无色或微呈白色，有玻璃光泽，质极坚硬。但目前商品中这种水晶石英作为白石英药材的很少。

综上，白石英药材的品质按本草和专著记载，以"白澈有光""精白无瑕杂""具脂肪样光泽""色白、明洁、无杂色、杂质者为佳"。据此，拟定白石英规格等级。同时，把水晶石英也记录在案。

ICS 11.120.01
C 23

团 体 标 准

T/CACM 1021.224—2018

代替T/CACM 1021.213—2018

中药材商品规格等级　白矾

Commercial grades for Chinese materia medica

ALUMEN

2018-12-03 发布

2018-12-03 实施

中华中医药学会 发布

目　次

前　言

T/CACM 1021《中药材商品规格等级》标准分为 226 个部分：

——第 1 部分：中药材商品规格等级标准编制通则；

……

——第 223 部分：中药材商品规格等级　白石英；

——第 224 部分：中药材商品规格等级　白矾；

——第 225 部分：中药材商品规格等级　龙骨；

——第 226 部分：中药材商品规格等级　玄明粉。

本部分为 T/CACM 1021 的第 224 部分。

本部分代替 T/CACM 1021.213—2018。

本部分按照 GB/T 1.1—2009《标准化工作导则　第 1 部分：标准的结构和编写》给出的规则起草。

本部分代替 T/CACM 1021.213—2018，与 T/CACM 1021.213—2018 相比较，标准编号进行了调整，并重新进行了编辑。

本部分由中药材商品规格等级标准研究技术中心及道地药材国家重点实验室培育基地提出。

本部分由中华中医药学会归口。

本部分起草单位：湖北中医药大学、中国中医科学院中药资源中心、中药材商品规格等级标准研究技术中心、襄阳市中心医院、北京中研百草检测认证有限公司。

本部分主要起草人：陈科力、黄璐琦、郭兰萍、詹志来、明晶、陈龙、黄必胜。

本部分所代替标准的历次版本发布情况为：

——T/CACM 1021.213—2018。

中药材商品规格等级　白矾

1　范围

本部分规定了白矾的商品规格等级。

本部分适用于白矾药材生产、流通以及使用过程中的商品规格等级评价。

2　规范性引用文件

下列文件对于本部分的应用是必不可少的。凡是注明日期的引用文件，仅所注明日期的版本适用于本部分。凡是不注明日期的引用文件，其最新版本（包括所有的修改版本）适用于本部分。

T/CACM 1021.1—2016 中药材商品规格等级编制通则

3　术语和定义

T/CACM 1021.1—2016 以及下列术语和定义适用于本部分。

3.1

白矾　ALUMEN

本品为硫酸盐类矿物明矾石经加工提炼制成。主含含水硫酸铝钾 $[KAl(SO_4)_2 \cdot 12H_2O]$。

4　规格等级划分

根据市场流通情况，按白矾药材商品的颜色等情况，将其分为选货和统货。应符合表1要求。

表1　规格等级划分

等级	性状描述	
	共同点	区别点
选货	不规则的块状或粒状。透明或半透明。表面略平滑或凹凸不平，具细密纵棱，有玻璃样光泽。质硬而脆。气微，味酸、微甘而极涩	无色透明或白色半透明，质地纯净
统货		有的无色透明或白色半透明，有的淡黄白色

注1：2015 年版《中国药典》规定"本品含含水硫酸铝钾 $[KAl(SO_4)_2 \cdot 12H_2O]$ 不得少于99.0%"。

注2：正品白矾和其伪品铵明矾在性状上相似度极高，白矾样品必须根据药典规定进行理化鉴别和检查，尤其是钾盐的鉴定和铵盐的检查，此外，还要进行铜盐、锌盐与铁盐的检查。

注3：关于白矾药材历史产区沿革参见附录A。

注4：关于白矾药材品质评价沿革参见附录B。

5　要求

除应符合 T/CACM 1021.1—2016 的第7章规定外，还应符合下列要求：

——无变色；

——杂质不得过1%。

附录 A

（资料性附录）

白矾药材历史产区沿革

白矾始载于《神农本草经》，列为上品，原名"矾石"，曰："一名羽涅，生山谷。"《吴普本草》曰："矾石一名羽涅，一名羽泽。"矾石，白色透明，须经煎炼燔制，故又称白矾，一名明矾。矾，即指燔石，也就是焙烧矿石，谓此矿石采得后，须经煎炼燔制，因作矾。李时珍认为："矾者，燔也。燔石而成也。"

通过考察历代本草矾石名实变迁，发现矾石在历代本草中名实变迁很大，《神农本草经》中矾石专指绿矾；《本草经集注》指多种矾的总称，但提出明矾多入药用；《新修本草》《本草图经》包括明矾、胆矾、绿矾及含锰的矾、含铅的矾等；《本草衍义》《日华子本草》《证类本草》《本草纲目》《本草品汇精要》则专指明矾。

《名医别录》："生河西（今甘肃、青海两省，黄河以西）山谷，及陇西武都（今甘肃省武都一带）、石门（今湖南省北部），采无时。"

《吴普本草》载："矾石生河西山谷，及陇西武都、石门，采无时。"

《新修本草》："生河西山谷，及陇西武都、石门，采无时。"说明白矾产于黄河以西的甘肃、青海省，甘肃省武都一带和湖南省北部石门。

南朝《本草经集注》："出益州北部西川（今四川境内），从河西来。"与上述文献记载略有不同，表明白矾的产地为四川和黄河以西的甘肃、青海省。

宋《本草图经》："生河西山谷及陇西、武都、石门。今白矾则晋州（今河北省石家庄市晋州市）、慈州（今河北磁县）、无为军（今安徽无为县）。"新增河北石家庄晋州市、河北磁县、安徽无为县等产地。

宋《证类本草》："生河西山谷及陇西武都、石门。采无时。"与《新修本草》记载相一致。

明《本草品汇精要》："生河西山谷及陇西武都石门，今白矾则晋州、慈州、无为军。"

明《本草纲目》对白矾产地的记载与上述文献有较大差别。时珍曰："出晋地者上，青州、吴中者次之。"表明白矾的产地为山西省、山东潍坊青州市和江苏苏州吴中区。

《本草崇原》："始出河西山谷及陇西武都石门，今益州、晋州、青州、慈州、无为州皆有。"

《中国矿物药》记载："今出益州北部西川。"

《中国药材学》记载："产于浙江、安徽、山西、湖北、福建、河北等地。"

《矿物药及其应用》记载："产于甘肃、山西、湖北、浙江、安徽、福建、河北等地。"

《中药大辞典》记载："主产于浙江、安徽、福建等地。"

《中华本草》记载："主产于浙江平阳，安徽无为，福建福鼎；山西、河北、湖北亦产。"

《500味常用中药材的经验鉴别》记载："主产于安徽无为、卢江；浙江平阳；福建福鼎，以及山西、河北、湖北等地。"

《现代中药材商品通鉴》记载："主产于甘肃、安徽、陕西、湖北、浙江、河北等地。"

《现代中药学大辞典》："主产于甘肃、安徽、山西、湖北、浙江等省。"

《新编中药志》记载："主产于浙江平阳，安徽无为，福建福鼎。此外陕西、河北、湖北等地亦产。"

附录 B

（资料性附录）

白矾药材品质评价沿革

古代有关白矾的品质评价仅在明代《本草纲目》中有所记载："出晋地者上，青州、吴中者次之。"产地不同，所出产白矾品质不同。

现代白矾的品质评价记载较为一致，1977年版《中药大辞典》："以无色透明者为佳。"

1996年《中国药材学》记载："本品以色白，透明，质硬而脆，整齐无杂质者为佳。"

1997年《矿物药及其应用》记载："以块大、无色透明、无杂质者为佳。"

1999年《中华本草》记载："以块大、无色、透明、无杂质者为佳。"

1999年《500味常用中药材的经验鉴别》记载："白矾商品均为统货，不分等级。以无色、透明者为佳。"

2001年《现代中药材商品通鉴》记载："统货。均以色白或无色透明、质硬而脆、无杂质者为佳。"

综上，现代白矾商品为统货，无等级之分，但均以色白、透明、质硬而脆、无杂质者为佳。本次制定白矾商品规格等级标准是参照了现代文献对白矾药材的质量评价和市场调查情况，从白矾药材透明度、颜色和完整程度等方面进行评价、分级。

ICS 11.120.01
C 23

团 体 标 准

T/CACM 1021.225—2018

代替T/CACM 1021.214—2018

中药材商品规格等级 龙骨

Commercial grades for Chinese materia medica

OS DRACONIS

2018-12-03 发布

2018-12-03 实施

中华中医药学会 发布

目　次

前　言

T/CACM 1021《中药材商品规格等级》标准分为226个部分：

——第1部分：中药材商品规格等级标准编制通则；

……

——第224部分：中药材商品规格等级　白矾；

——第225部分：中药材商品规格等级　龙骨；

——第226部分：中药材商品规格等级　玄明粉。

本部分为 T/CACM 1021 的第225部分。

本部分代替 T/CACM 1021.214—2018。

本部分按照 GB/T 1.1—2009《标准化工作导则　第1部分：标准的结构和编写》给出的规则起草。

本部分代替 T/CACM 1021.214—2018，与 T/CACM 1021.214—2018 相比较，标准编号进行了调整，并重新进行了编辑。

本部分由中药材商品规格等级标准研究技术中心及道地药材国家重点实验室培育基地提出。

本部分由中华中医药学会归口。

本部分起草单位：河北中医学院、中国中医科学院中药资源中心、中药材商品规格等级标准研究技术中心、北京中研百草检测认证有限公司。

本部分主要起草人：郑玉光、黄璐琦、郭兰萍、詹志来、李路亚、薛紫鲸、温子帅、木盼盼。

本部分所代替标准的历次版本发布情况为：

——T/CACM 1021.214—2018。

中药材商品规格等级　龙骨

1　范围

本部分规定了龙骨的商品规格等级。

本部分适用于龙骨药材生产、流通以及使用过程中的商品规格等级评价。

2　规范性引用文件

下列文件对于本部分的应用是必不可少的。凡是注明日期的引用文件，仅所注明日期的版本适用于本部分。凡是不注明日期的引用文件，其最新版本（包括所有的修改版本）适用于本部分。

T/CACM 1021. 1—2016 中药材商品规格等级编制通则

1977 年版《中国药典》一部

3　术语和定义

T/CACM 1021. 1—2016 以及下列术语和定义适用于本部分。

3.1

龙骨　OS DRACONIS

本品为古代哺乳动物如三趾马、犀类、鹿类、牛类、象类等的骨骼化石或象类门齿的化石，前者习称"龙骨"，后者习称"五花龙骨"。挖出后除去泥沙及杂质。五花龙骨极易破碎，常用毛边纸粘贴。

4　规格等级划分

根据市场流通情况，将龙骨药材商品分为"龙骨""五花龙骨"两个规格；在规格项下，根据是否进行等级划分，各规格均分为"统货""选货"两个等级。应符合表1要求。

表 1　规格等级划分

规格	等级	性状描述	
		相同点	区别点
龙骨	选货	呈骨骼状或已破碎呈不规则的块状，大小不一。表面白色、灰白色或淡棕色，多较光滑。有的具纹理与裂纹，或棕色条纹和斑点。质硬，断面不平坦，在关节处有多数蜂窝状小孔。吸湿性强。无臭，无味。以质硬、色白、吸湿性强者为佳	颜色、形状较为均一，质地坚硬吸湿性强，杂质少
	统货		破碎度较高，形状不一，少有泥质、砂质物
五花龙骨	选货（个）	呈不规则的块状，大小不一；有的呈圆柱状，长短不一，直径5~25cm。淡灰白色、淡黄白色或淡黄棕色，夹有蓝灰色或红棕色深浅粗细不同的花纹，偶有不具花纹者。表面平滑，时有小裂隙。质硬，较酥脆，易呈片状剥落	完整度较高，杂质较少
	统货		不规则，不完整的较多，少有泥质、砂质物

注1：目前市场龙骨也有按照石化成度进行等级划分，但其没有具体依据，因此不制定此规格。

注2：五花龙骨为象类门齿的化石，中部为实心，断面可见网络状"布衣纹"及环层状纹理，多沿环层纹剥落。

注3：目前市场龙骨药材尚存在伪品，多为现代普通动物骨骼加工后伪充，但其吸舌性较弱，无杂色，质较酥脆，常附着大量粉末，烧之有臭味，应注意鉴别。

注4：由于龙骨埋藏于第三世纪沉积岩（泥质岩和粉砂岩）及第四世纪沉积物中，经地壳活动，与砂、泥质混合堆团，结成化石或岩层，经现代人采挖后除去泥沙及杂质形成现代所用中药材龙骨。但是由于所埋藏沉积岩不同，埋藏于泥质岩中龙骨杂质少，埋藏于粉砂岩中龙骨杂质多，因此埋藏于泥质岩中龙骨药材质量优于埋藏于粉砂岩中龙骨，应注意鉴别。

注5：市场龙骨与五花龙骨药材完整者或个大者多作为标本或工艺品，很少作为药材使用，其价位远远高于入药龙骨价格。

注6：关于龙骨药材历史产区沿革参见附录A。

注7：关于龙骨药材品质评价沿革参见附录B。

5 要求

除应符合 T/CACM 1021.1—2016 的第 7 章规定外，还应符合下列要求：

——杂质不得过 3%。

附录 A

（资料性附录）

龙骨药材历史产区沿革

龙骨的生境分布最早记载于秦汉时期的《神农本草经》,《神农本草经》曰:"生山谷。"未明确具体位置。

《吴普本草》中记载:"生晋地（即今山西）山谷阴,大水所过处。"只描述了龙骨产自晋地（即今山西）山谷阴暗、大水所过的地方。

《雷公炮炙论》中记载:"雷公云:剡州（即今嵊州市）生者,仓州、太原（即今沧州、太原）者上。"描述龙骨生于剡州（即今嵊州市）,而沧州、太原的质量为好。

南朝《本草经集注》描述为:"生晋地（即今山西）川谷,及太山岩水岸土穴石中死龙处,采无时。今多出益州、梁州（即今四川一带,陕西汉中）间,巴（即今四川一带）中亦有骨。"描述了龙骨出于山西,现在多出产于四川、陕西。

唐代苏敬《新修本草》描述为:"龙骨,今并出晋地（即今山西）。"

宋代苏颂《本草图经》描述为:"龙骨并齿、角,出晋地（即今山西）川谷及泰山岩水岸土穴中死龙处,今河东州郡（即今四川一带,陕西汉中,太原）多有之。本方注云:此物出蜀中山涧大水中。"

宋代《证类本草》描述为:"剡州（即今嵊州市）生者,仓州、太原（即今沧州、太原）者上。"描述了龙骨生于剡州（即今嵊州市）,而沧州、太原的质量为好。

明代卢之颐撰《本草乘雅半偈》描述为:"出晋地（即今山西）,及太山、剡州（即今嵊州市）、沧州、太原（即沧州、太原）山岩水岸土穴中。"描述了龙骨产自山西,及泰山、嵊州市、沧州,山岩水岸土穴中。

清代张志聪《本草崇原》描述为:"晋地（即今山西）川谷及大山山岩,水岸土穴之中多有死龙之骨,今梁益（即今四川一带,陕西汉中）、巴（即今四川一带）中、河东州郡（即今四川一带,陕西汉中,太原）山穴、水涯间亦有之骨。"在山西川谷、水岸边多有龙骨,现在在四川、陕西、太原的山穴水岸边也有。

1963年版《中国药典》一部收载龙骨产于河南、河北、山西、内蒙古等地。

徐国钧《中国药材学》收载龙骨产于山西、内蒙古、陕西、甘肃、河北、广西、河南及青海等地。《中华本草》收载龙骨主产于河南、河北、山西、陕西、内蒙古、湖北、四川,甘肃亦产。

《500味常用中药材的经验鉴别》收载龙骨主产于山西、陕西、河南、甘肃、内蒙古、河北、湖北、四川等地,多系开山掘地所得。

张贵军《现代中药材商品通鉴》收载龙骨主产于河南、河北、陕西、山西及内蒙古、湖北、四川等地,多系开山掘地所得。

《中华药海》收载龙骨和五花龙骨均产于河南、河北、山西、陕西、山东、内蒙古、湖北、四川、云南、广西、青海等地。

金世元《金世元中药材传统鉴别经验》收载龙骨主产于山西晋中、晋东、晋北、晋南地区;陕西延安、榆林地区;内蒙古阿拉善盟、鄂尔多斯等地。其中以陕西吴起县"五花龙骨"最为驰名。此外,广西来宾、上林也有少量出产。

现代文献中龙骨产地分布极广,产于山西、陕西、河南、河北、内蒙古、广西、甘肃、青海、湖北、山东、云南、四川等省区。

综合以上古代文献及现代文献考证，古代文献中龙骨生长在山谷中，多在山西太原、嵊州市、沧州、四川一带、陕西汉中等产地的产者为好，在陕西、河南、甘肃、内蒙古、河北、湖北等地多系开山掘地所得。此外甘肃、青海、内蒙古、云南等省区也产。

附录 B

（资料性附录）

龙骨药材品质评价沿革

魏晋时期《吴普本草》记载："是死龙骨，色青白者善。"南北朝时期《雷公炮炙论》中记载："仓州、太原（即今沧州、太原）者上。骨五色者上，白色者中，黑色者次，黄色者稍得。经落不净之处不用，妇人采得者不用。"南朝《本草经集注》记载："今多出益州、梁州间（即今四川一带，陕西汉中），巴（即今四川一带）中亦有骨，欲得脊脑，作白地锦文，舐之着舌者，良。"唐代苏敬《新修本草》描述为："龙骨，生硬者不好，五色具者良。"宋代苏颂《本草图经》描述为："或云是龙蜕，实非死骨，得脊脑，作白地锦文，舐之着舌者良。凡入药，五色具者，尤佳，黄白色者次，黑色者下，皆不得经落不净处，则不堪用。"宋代《证类本草》描述为："剡州生者，仓州、太原（即今沧州、太原）者上。其骨细纹广者是雌，骨粗纹狭者是雄。骨五色者上。"明代卢之颐撰《本草乘雅半偈》描述为："五色具者上，白、黄色者中，纯黑者下矣。"清代张志聪《本草崇原》描述为："入药取五色具而白地碎纹，其质轻虚，舐之粘舌者为佳。黄白色者次之，黑色者下也。"从上述历代文献总结为仓州、太原（即今沧州、太原）产的，五色、舐之着舌的龙骨为好，主要记载了产地方面的评价和具体性状质量方面的评价，在近代文献中描述如下：

1963 年版《中国药典》一部：五花龙骨以质脆、分层，有蓝灰、红、棕等色的花纹，吸湿力强者为佳。龙骨以质硬、色白、吸湿力强者为佳。以上两类，五花龙骨较一般龙骨为优。

1977 年版《中国药典》一部：龙骨以质硬、色白、吸湿性强者为佳。五花龙骨以体较轻、质酥脆、分层、有花纹、吸湿性强者为佳。断面无吸湿性、烧之发烟有异臭者不可供药用。

《中国药材学》记载：五花龙骨以色白、有各种花纹、松透易碎、舐之粘舌者为佳。土龙骨质坚硬、不易破碎，一般认为质比较次。

《中华本草》：龙骨以质硬、色白、吸湿性强者为佳。五花龙骨以体较轻、质酥脆、分层、有花纹、吸湿力强者为佳。

《500 味常用中药材的经验鉴别》记载：龙骨以质硬、色白、吸湿性强者为佳。五花龙骨以体轻、质脆、分层，有蓝灰、红、棕等色的花纹，吸湿性强者为佳。但一般习惯认为以五花龙骨为优。断而无吸湿性，烧之发烟有异臭者不可供药用。

《中华药海》：五花龙骨又名：青花龙骨、花龙骨。以质脆、分层、有五色花纹、吸湿力强者为佳。龙骨又名白龙骨（《千金要方》），以质硬、色白、吸湿力强者为佳。但一般以五花龙骨为优。

《金世元中药材传统鉴别经验》：五花龙骨以质硬、分层有大理石样花纹，横断面具指纹吸湿者为佳。土龙骨以质硬、色白、吸湿力强者为佳。习惯认为五花龙骨优于土龙骨，但产量甚少。药用仍以土龙骨为主。

综上所述，龙骨以质硬、色白、吸湿性强者为佳。五花龙骨以体较轻、质酥脆、分层，有蓝灰、红、棕等色的花纹，吸湿性强者为佳。断面无吸湿性、烧之发烟有异臭者不可供药用。

ICS 11.120.01

C 23

团 体 标 准

T/CACM 1021.226—2018

代替T/CACM 1021.220—2018

中药材商品规格等级　玄明粉

Commercial grades for Chinese materia medica

NATRII SULFAS EXSICCATUS

2018-12-03 发布　　　　　　　　　　　　　　　　　2018-12-03 实施

中 华 中 医 药 学 会 发布

目　次

前　言

T/CACM 1021《中药材商品规格等级》标准分为226个部分：
——第1部分：中药材商品规格等级标准编制通则；
……
——第224部分：中药材商品规格等级　白矾；
——第225部分：中药材商品规格等级　龙骨；
——第226部分：中药材商品规格等级　玄明粉。
本部分为 T/CACM 1021 的第226部分。
本部分代替 T/CACM 1021.220—2018。
本部分按照 GB/T 1.1—2009《标准化工作导则　第1部分：标准的结构和编写》给出的规则起草。
本部分代替 T/CACM 1021.220—2018，与 T/CACM 1021.220—2018 相比较，标准编号进行了调整，并重新进行了编辑。
本部分由中药材商品规格等级标准研究技术中心及道地药材国家重点实验室培育基地提出。
本部分由中华中医药学会归口。
本部分起草单位：湖北中医药大学、中国中医科学院中药资源中心、中药材商品规格等级标准研究技术中心、南漳县人民医院、北京中研百草检测认证有限公司。
本部分主要起草人：陈科力、黄璐琦、郭兰萍、詹志来、张晓冬、陈龙、李娟、刘义梅、黄必胜。
本部分所代替标准的历次版本发布情况为：
——T/CACM 1021.220—2018。

中药材商品规格等级　玄明粉

1　范围

本部分规定了玄明粉的商品规格等级。

本部分适用于玄明粉药材生产、流通以及使用过程中的商品规格等级评价。

2　规范性引用文件

下列文件对于本部分的应用是必不可少的。凡是注明日期的引用文件，仅所注明日期的版本适用于本部分。凡是不注明日期的引用文件，其最新版本（包括所有的修改版本）适用于本部分。

T/CACM 1021.1—2016 中药材商品规格等级编制通则

3　术语和定义

T/CACM 1021.1—2016 以及下列术语和定义适用于本部分。

3.1

玄明粉　NATRII SULFAS EXSICCATUS

本品为芒硝经风化干燥制得。主含硫酸钠（Na_2SO_4）。

4　规格等级划分

根据市场流通情况，该药材商品均为统货。应符合表1要求。

表1　规格等级划分

等级	性状描述
统货	本品为白色粉末。气微，味咸。有引湿性
注1：关于玄明粉药材历史产区沿革参见附录A。	
注2：关于玄明粉药材品质评价沿革参见附录B。	

5　要求

除应符合 T/CACM 1021.1—2016 的第7章规定外，还应符合下列要求：

——无变色；

——杂质不得过1%。

附录 A

（资料性附录）

玄明粉药材历史产区沿革

玄明粉由芒硝精制而来，芒硝由朴硝精制而来。故芒硝的产地就是玄明粉的产地。

秦汉《神农本草经》："朴消，生山谷。"汉代《名医别录》："朴消，生益州，有盐水之阳。"

魏晋《本草经集注》："朴消，今出益州北部汶山郡、西川、蚕陵二县界，生山崖上。"

唐代《新修本草》："朴消者，亦生山之阴，有盐咸苦之水，则朴消生于其阳。"

明代《本草纲目》："此物见水即消，又能消诸物，故谓之消。生于盐卤汁地，状似末盐。"

清代《本草备药》："生于卤地。"

依据上述资料，可见较早时期的朴硝产于四川山区、山西等地，到了唐朝以后，其产地逐渐由山区变为盐湖矿床。

《中药大辞典》（1977 年）："芒硝主产于河北、天津、山东、河南、江苏、安徽、山西等海边地或盐场附近。"

《中国药材学》（1996 年）："芒硝全国各产盐区均有产，以河北产量大；亦产于山东、江苏、安徽盐碱地带，以及四川、内蒙古、新疆等内陆湖岩盐等地。"

《500 味常用中药材的经验鉴别》（1999 年）："芒硝主产于河北正定、献县，天津，河间、黄骅，山东梁山、胶东、威海卫，河南兰考、民权、濮阳，江苏泗阳、盐城、东台、泰州，安徽阜阳，山西介县、运城、安邑等盐场附近。"

《中华本草》（1999 年）："芒硝主产于河北正定、献县，天津，山东梁山、胶东，河南兰考、民权，江苏泗阳、盐城、东台，安徽阜阳，山西介县、运城等海边地或盐场附近。全国各地均销。"

《现代中药材商品通鉴》（2001 年）："芒硝主产于河北正定、献县，天津，河间、黄骅，山东梁山、胶东、威海，河南兰考、民权、濮阳，江苏泗阳、盐城、东台、泰州，安徽阜阳，山西介县、运城、安邑等盐场附近。销全国各地。"

《新编中药志》（2002 年）："芒硝多产于海边碱土地带、矿泉、盐场附近或潮湿的山洞中。分布于河北、河南、山西、陕西、山东、内蒙古、江苏、安徽、福建、湖北、四川、云南、贵州、青海、新疆等省（自治区）。"

综合以上古代文献及现代文献所述，芒硝产地分布极广，主产于河北正定、献县、河间、黄骅，天津，山东梁山、胶东、威海，河南兰考、民权、濮阳，江苏泗阳、盐城、东台、泰州，安徽阜阳，山西介县、运城、安邑。此外，陕西、福建、内蒙古、贵州、云南、湖北、青海、新疆等地也产。

附录 B

（资料性附录）

玄明粉药材品质评价沿革

《本草纲目》在解释玄明粉名称时说："玄，水之色也。明，莹澈也。"表明玄明粉是晶莹明澈的粉末状，色泽均一。这是对其质量的描述。此外，古代文献中未见有对玄明粉品质评价的详细描述。

1995 年版《中国药典》一部规定：玄明粉杂质含量限度按检查项规定：①铁盐与锌盐、镁盐：取用量减半，其他参见"芒硝"条。②重金属：本品含重金属不得过百万分之二十。③砷盐：本品含砷量不得过百万分之二十。此外，其主要成分含量，"按干燥品计算，含硫酸钠（Na_2SO_4）不得少于 99.0%"。

《中华本草》（1999 年）："以粉细、色白、干燥者为佳。"

《现代中药材商品通鉴》（2001 年）："以色白、细腻、无臭者为佳。"

综述上所述，古代文献对玄明粉品质评价内容较少，现代文献对芒硝的品质评价应以"粉细、色白、干燥""色白、细腻、无臭者为佳。"1995～2015 年版《中国药典》尚规定中药材芒硝中 Na_2SO_4 含量以干燥品计不得少于 99.0%，含重金属及含砷量均不得过百万分之二十。

附录　中药材商品规格等级标准信息统计码

1　中药材商品规格等级标准通则

2　中药材商品规格等级　人参

3　中药材商品规格等级　西洋参

4　中药材商品规格等级　黄芪

5　中药材商品规格等级　当归

6 中药材商品规格等级 甘草

7 中药材商品规格等级 丹参

8 中药材商品规格等级 党参

9　中药材商品规格等级　天麻

10　中药材商品规格等级　金银花

11　中药材商品规格等级　灵芝

12　中药材商品规格等级　铁皮石斛

13　中药材商品规格等级　茯苓

14　中药材商品规格等级　牡丹皮

15　中药材商品规格等级　红花

16　中药材商品规格等级　山楂

17　中药材商品规格等级　山药

18 中药材商品规格等级 黄芩

19 中药材商品规格等级 白芷

20 中药材商品规格等级 砂仁

21　中药材商品规格等级　百合

22　中药材商品规格等级　淫羊藿

23　中药材商品规格等级　羌活

24　中药材商品规格等级　浙贝母

25　中药材商品规格等级　杜仲

26　中药材商品规格等级　防风

27　中药材商品规格等级　地黄

28　中药材商品规格等级　薄荷

29　中药材商品规格等级　栀子

30　中药材商品规格等级　枳壳

31　中药材商品规格等级　黄连

32　中药材商品规格等级　川贝母

33　中药材商品规格等级　冬虫夏草

34　中药材商品规格等级　黄精

35　中药材商品规格等级　麦芽

36　中药材商品规格等级　芡实

37　中药材商品规格等级　连翘

38　中药材商品规格等级　远志

39　中药材商品规格等级　肉苁蓉

40　中药材商品规格等级　玄参

41　中药材商品规格等级　泽泻

42　中药材商品规格等级　五味子

43　中药材商品规格等级　牛膝

44　中药材商品规格等级　辛夷

45 中药材商品规格等级 艾叶

46 中药材商品规格等级 桂枝

47 中药材商品规格等级 枳实

48 中药材商品规格等级　青皮

49 中药材商品规格等级　山茱萸

50 中药材商品规格等级　枸杞子

51　中药材商品规格等级　川芎

52　中药材商品规格等级　桃仁

53　中药材商品规格等级　薏苡仁

54　中药材商品规格等级　黄柏

55　中药材商品规格等级　白芍

56　中药材商品规格等级　苍术

57　中药材商品规格等级　赤芍

58　中药材商品规格等级　鹿茸

59　中药材商品规格等级　沉香

60 中药材商品规格等级 木瓜

61 中药材商品规格等级 僵蚕

62 中药材商品规格等级 姜黄

63　中药材商品规格等级　西红花

64　中药材商品规格等级　莲子

65　中药材商品规格等级　化橘红

66　中药材商品规格等级　肉桂

67　中药材商品规格等级　葛根

68　中药材商品规格等级　苦杏仁

69　中药材商品规格等级　玫瑰花

70　中药材商品规格等级　酸枣仁

71　中药材商品规格等级　柴胡

72 中药材商品规格等级 巴戟天

73 中药材商品规格等级 木香

74 中药材商品规格等级 前胡

75　中药材商品规格等级　吴茱萸

76　中药材商品规格等级　秦艽

77　中药材商品规格等级　菟丝子

78 中药材商品规格等级　北沙参

79 中药材商品规格等级　何首乌

80 中药材商品规格等级　知母

81　中药材商品规格等级　五倍子

82　中药材商品规格等级　降香

83　中药材商品规格等级　益智

84　中药材商品规格等级　莪术

85　中药材商品规格等级　草豆蔻

86　中药材商品规格等级　豆蔻

87　中药材商品规格等级　高良姜

88　中药材商品规格等级　广藿香

89　中药材商品规格等级　鸡内金

90　中药材商品规格等级　牡蛎

91　中药材商品规格等级　干姜

92　中药材商品规格等级　独活

93　中药材商品规格等级　款冬花

94　中药材商品规格等级　蜈蚣

95　中药材商品规格等级　乌梢蛇

96　中药材商品规格等级　郁金

97　中药材商品规格等级　白及

98　中药材商品规格等级　百部

99　中药材商品规格等级　陈皮

100　中药材商品规格等级　半夏

101　中药材商品规格等级　延胡索

102　中药材商品规格等级　甘松

103　中药材商品规格等级　地龙

104　中药材商品规格等级　水蛭

105　中药材商品规格等级　全蝎

106　中药材商品规格等级　土鳖虫

107　中药材商品规格等级　白鲜皮

108　中药材商品规格等级　锁阳

109　中药材商品规格等级　香附

110　中药材商品规格等级　天冬

111 中药材商品规格等级 鸡血藤

112 中药材商品规格等级 山豆根

113 中药材商品规格等级 石斛

114　中药材商品规格等级　重楼

115　中药材商品规格等级　菊花

116　中药材商品规格等级　桔梗

117 中药材商品规格等级 夏枯草

118 中药材商品规格等级 刺五加

119 中药材商品规格等级 川楝子

120 中药材商品规格等级 石膏

121 中药材商品规格等级 牛蒡子

122 中药材商品规格等级 女贞子

123 中药材商品规格等级 红景天

124 中药材商品规格等级 胡黄连

125 中药材商品规格等级 藁本

126　中药材商品规格等级　柏子仁

127　中药材商品规格等级　太子参

128　中药材商品规格等级　猪苓

129 中药材商品规格等级 川牛膝

130 中药材商品规格等级 紫草

131 中药材商品规格等级 土茯苓

132　中药材商品规格等级　玉竹

133　中药材商品规格等级　桑叶

134　中药材商品规格等级　桑白皮

135　中药材商品规格等级　桑葚

136　中药材商品规格等级　金荞麦

137　中药材商品规格等级　仙茅

138 中药材商品规格等级 续断

139 中药材商品规格等级 桑枝

140 中药材商品规格等级 珠子参

141 中药材商品规格等级 白附子

142 中药材商品规格等级 银柴胡

143 中药材商品规格等级 苦参

144 中药材商品规格等级 龙胆

145 中药材商品规格等级 天花粉

146 中药材商品规格等级 板蓝根

147　中药材商品规格等级　莱菔子

148　中药材商品规格等级　威灵仙

149　中药材商品规格等级　决明子

150　中药材商品规格等级　草果

151　中药材商品规格等级　车前子

152　中药材商品规格等级　瓜蒌

153 中药材商品规格等级 附子

154 中药材商品规格等级 川乌

155 中药材商品规格等级 荆芥

156　中药材商品规格等级　白头翁

157　中药材商品规格等级　苍耳子

158　中药材商品规格等级　枇杷叶

159　中药材商品规格等级　鱼腥草

160　中药材商品规格等级　蒺藜

161　中药材商品规格等级　补骨脂

162　中药材商品规格等级　草乌

163　中药材商品规格等级　沙苑子

164　中药材商品规格等级　川射干

165 中药材商品规格等级 广金钱草

166 中药材商品规格等级 虎杖

167 中药材商品规格等级 天南星

168　中药材商品规格等级　益母草

169　中药材商品规格等级　麻黄

170　中药材商品规格等级　绵马贯众

171　中药材商品规格等级　白果

172　中药材商品规格等级　赤小豆

173　中药材商品规格等级　大青叶

174　中药材商品规格等级　地骨皮

175　中药材商品规格等级　防己

176　中药材商品规格等级　狗脊

177 中药材商品规格等级 谷芽

178 中药材商品规格等级 火麻仁

179 中药材商品规格等级 墨旱莲

180　中药材商品规格等级　蒲公英

181　中药材商品规格等级　神曲

182　中药材商品规格等级　葶苈子

183　中药材商品规格等级　王不留行

184　中药材商品规格等级　紫苏梗

185　中药材商品规格等级　紫苏叶

186 中药材商品规格等级 紫苏子

187 中药材商品规格等级 紫菀

188 中药材商品规格等级 车前草

189　中药材商品规格等级　木通

190　中药材商品规格等级　南沙参

191　中药材商品规格等级　南五味子

192　中药材商品规格等级　升麻

193　中药材商品规格等级　地肤子

194　中药材商品规格等级　使君子

195 中药材商品规格等级 淡竹叶

196 中药材商品规格等级 白茅根

197 中药材商品规格等级 皂角刺

198 中药材商品规格等级 茵陈

199 中药材商品规格等级 海金沙

200 中药材商品规格等级 乌梅

201　中药材商品规格等级　秦皮

202　中药材商品规格等级　茜草

203　中药材商品规格等级　路路通

204　中药材商品规格等级　石菖蒲

205　中药材商品规格等级　野菊花

206　中药材商品规格等级　竹茹

207　中药材商品规格等级　青蒿

208　中药材商品规格等级　桑寄生

209　中药材商品规格等级　穿山甲

210 中药材商品规格等级 羚羊角

211 中药材商品规格等级 穿心莲

212 中药材商品规格等级 槐花

213 中药材商品规格等级 毛冬青

214 中药材商品规格等级 桃儿七

215 中药材商品规格等级 九里香

216　中药材商品规格等级　蟾皮

217　中药材商品规格等级　蟾酥

218　中药材商品规格等级　琥珀

219 中药材商品规格等级 炉甘石

220 中药材商品规格等级 芒硝

221 中药材商品规格等级 硼砂

222　中药材商品规格等级　紫石英

223　中药材商品规格等级　白石英

224　中药材商品规格等级　白帆

225　中药材商品规格等级　龙骨

226　中药材商品规格等级　玄明粉